宫承波 刘逸帆◎主编

电视新闻频道发展研究

——兼论新媒体时代电视新闻的生存空间

中国广播影视出版社

图书在版编目（CIP）数据

电视新闻频道发展研究：兼论新媒体时代电视新闻的生存空间 / 宫承波，刘逸帆主编. — 北京：中国广播影视出版社，2016.6（2018.8重印）
 ISBN 978-7-5043-7658-9

Ⅰ. ①电… Ⅱ. ①宫… ②刘… Ⅲ. ①电视新闻—新闻工作—研究—世界 Ⅳ. ①G229.1

中国版本图书馆CIP数据核字（2016）第061985号

电视新闻频道发展研究
—— 兼论新媒体时代电视新闻的生存空间

宫承波 刘逸帆　主编

责任编辑	史闻峰
装帧设计	亚里斯
责任校对	张　哲

出版发行	中国广播影视出版社
电　话	010-86093580　010-86093583
社　址	北京市西城区真武庙二条9号
邮　编	100045
网　址	www.crtp.com.cn
微　博	http://weibo.com/crtp
电子信箱	crtp8@sina.com

经　销	全国各地新华书店
印　刷	涿州市京南印刷厂

开　本	787毫米×1092毫米　1/16
字　数	415（千）字
印　张	21
版　次	2016年6月第1版　2018年8月第2次印刷

书　号	ISBN 978-7-5043-7658-9
定　价	52.00元

（版权所有　翻印必究·印装有误　负责调换）

编 委 会

主任委员　张君昌　王　甫

主　　编　宫承波　刘逸帆

副 主 编　王维砚　张学成

执笔人员
　上篇
　　　第一章　薄　璐
　　　第二章　傲敦通拉嘎
　　　第三章　张学成
　　　第四章　王维砚
　　　第五章　陈　雪
　中篇
　　　第六章　王　杰
　　　第七章　吴星辰
　下篇
　　　第八至十一章　王维砚

目 录

上 篇 / **第一章**

CNN：世界上第一个24小时电视新闻频道

第一节　CNN诞生发展及频道组成 ………………………………………… 4
第二节　新时期的传播策略 ………………………………………………… 16
第三节　经验与教训 ………………………………………………………… 27

第二章

FOX：新闻频道娱乐化发展的成功案例

第一节　FOX新闻频道发展历程及现状 …………………………………… 39
第二节　频道发展策略研究 ………………………………………………… 60
第三节　对新闻娱乐化发展策略的思考 …………………………………… 70

第三章

BBC：公共服务与新闻专业主义的先驱

第一节　BBC发展历程回顾 ………………………………………………… 74
第二节　BBC新闻频道研究 ………………………………………………… 92
第三节　经验与教训 ………………………………………………………… 104

第四章

半岛电视台：战争报道中崛起的传媒黑马

第一节　半岛电视台阿语新闻频道 ………………………………………… 110
第二节　半岛电视台英语新闻频道 ………………………………………… 121
第三节　成功之道与发展之困 ……………………………………………… 127

第五章
NHK：观察亚洲的新闻窗口

第一节　NHK 与 NHK World TV 的诞生 …………………………140

第二节　NHK World TV 发展现状研究 ……………………………153

第三节　经验与启示 …………………………………………………161

中篇

第六章
凤凰卫视资讯台：环球视野下的华语之声

第一节　凤凰卫视资讯台的创立与发展 ……………………………172

第二节　新时期的传播策略 …………………………………………179

第三节　经验总结与问题分析 ………………………………………183

第七章
中央电视台新闻频道：后起的国家级强势华语媒体

第一节　央视新闻频道的开播 ………………………………………200

第二节　初现峥嵘：央视新闻频道起步时期（2003-2005）………215

第三节　方兴未艾：央视新闻频道发展时期（2006-2008）………232

第四节　勇攀高峰：央视新闻频道成熟完善期（2009 至今）……248

第五节　现状与不足 …………………………………………………257

下篇

第八章 新媒体环境下的电视新闻媒介生态重塑

第一节　新媒体与新媒体新闻 …………………………………… 265

第二节　新媒体环境下的电视新闻媒介生态重塑 ……………… 269

第三节　媒介生存空间 …………………………………………… 275

第九章 坚守与创新：电视新闻生存空间的维护

第一节　电视新闻内容传播的提升策略 ………………………… 277

第二节　电视新闻内容传播的整合策略 ………………………… 285

第十章 转型与重构：电视新闻生存空间的再造

第一节　电视新闻传播理念的转型与重构 ……………………… 289

第二节　电视新闻视觉语言的转型与重构 ……………………… 300

第三节　电视新闻听觉语言的转型与重构 ……………………… 309

第十一章 变革与开拓：电视新闻生存空间的拓展

第一节　电视新闻传播策略的变革与开拓 ……………………… 316

第二节　媒介融合视域下的电视新闻生存空间 ………………… 321

主要参考文献 ………………………………………………………… 324

/ 上篇 /

电视诞生于遥远的 20 世纪 20 年代。自问世以来，为观众传递消息、播发新闻，一直是电视媒介承担的一项重要功能。在过去，全天候播出电视节目、24 小时不间断直播电视新闻、把讯号发送到世界各地，那简直是不敢想象的事。进入 80 年代以后，随着电视制播技术的改进、电视新闻业务的成熟以及卫星电视的发展，24 小时新闻频道诞生的技术条件已经具备。

美国是传媒十分发达的国家，得益于先进的技术、宽松的土壤，世界第一家 24 小时电视新闻频道——CNN（美国有线电视新闻网）就孕育在此。从最初的不被看好到后来的业界标杆，CNN 逐渐成为后来者竞相追逐的对象。在美国本土，有 FOX（福克斯新闻网）、MSNBC（微软全国广播公司）这样的新闻巨舰与之厮杀；在世界其他地方，更有像 BBC（英国广播公司）这样的享誉全球的老牌媒体与之分庭抗礼。

日本二战以后经济发展迅猛，跻身发达国家行列，在亚洲乃至世界都拥有巨大的影响力。日本 NHK（日本放送协会）采用与 BBC 类似的公营体制，二战以后成为区域范围内颇具实力的媒体。而同样身处亚洲的半岛电视台（Al Jazeera），则选择了立足阿拉伯世界，通过不懈的奋起直追，终于获得了"海湾 CNN"的赞誉。作为发展中国家中为数不多的具有国际传播力的媒体，半岛电视台正在以不同于西方媒体的视角，解读着发生在本土和外域的新闻事件。

以上这些英语 24 小时新闻频道（个别频道包含本国语言），虽然成功道路不同、制胜方法各异，但综观其发展路径，依然是有法可循的。

没有哪家新闻媒体不把做好新闻和维护品牌作为首要任务。当重大新闻或者突发事件发生时，时效性、准确性、排他性被摆在了突出位置。谁家的新闻更快、更准、更独家，谁就会在新闻战场上斩获殊荣，这将给一个电视台带来远远超过其所获得的物质收益——品牌效应。

走差异化路线是关键。在激烈的媒体竞争中，要使自己更胜一筹，绝对不能盲目模仿跟风，要避免同质化。比如 FOX 新闻，走的就是跟其他媒体不同的娱乐化路线。FOX 的新闻主播观点犀利、点评大胆、语言新锐，给人耳目一新的感觉。半岛电视台则以中东地区事务报道为主轴，形成了别样的新闻报道维度，风格上跟西方主流媒体有所区别。

国际视野，全球表达。大获成功的电视新闻频道往往采用的是英语。这与英语在全球使用的广泛性是密切相关的。然而这个命题反过来推导却是不成立的。一个新闻频道要想在世界立足，还须具有国际视野。在这一点上，BBC做出了很好的诠释。BBC十分注意跨越文化、宗教等观念上的壁垒，这归功于BBC遣词造句时所秉持的客观中立的立场、不偏不倚的新闻写作手法。但凡世界级新闻媒体，无不在积极扩张自己的新闻帝国的同时，争夺看不见的文化版图。

总之，树立品牌、差异化竞争、全球化视野是电视新闻频道沙场角逐的制胜法宝。如今，新媒体时代已经到来，这对电视新闻频道来说，既是挑战，也是良机。如何应对挑战，把握机遇，成为当前各大媒体共同面对的课题。

第一章
CNN：世界上第一个 24 小时电视新闻频道

第一节　CNN 诞生发展及频道组成

享誉全球的 CNN，全称为 Cable News Network，是美国第一家 24 小时不间断进行新闻报道的有线电视新闻网，成立于 1980 年，创始人为泰德·特纳（Ted Turner）。它从美国南部崛起，创立之初连年亏损，曾一度陷入破产困境，不为业界同行认同，但又曾在多次重大报道中崭露头角，异军突起，成为美国最大的专门报道新闻的电视公司，同时也是世界最早出现的国际电视新闻频道。继在美国创办第一个 24 小时电视新闻频道并向美洲国家播放新闻之后，CNN 又开始进军欧洲和亚洲市场，不断扩张其新闻事业。如今，它已过而立之年，这个最初被人们戏谑为"鸡肉面条网络"（Chicken Noodle Network）的电视台，覆盖全球 200 多个国家和地区，以 12 种语言播出，拥有 10 亿观众。毋庸置疑，CNN 是新闻传播全球化与区域化的时代先锋，它所创造的价值和蕴含的巨大意义必将给媒介变革带来广泛而深远的影响。

一、CNN 的诞生与发展

从组织筹建到顺利开播，CNN 仅用了 374 天。从最初播音到称雄世界，它却走过了一条曲折的道路。

（一）特纳的奋斗与 CNN 的诞生

说到 CNN，就不得不提到它的创始人泰德·特纳（图 1-1）。特纳是个媒体天才，被人们称为"南方的喉舌"。他脾气败坏又怪诞，他讨厌新闻，觉得播放娱乐新闻更赚钱，没人爱看新闻，新闻里只有强奸和谋杀。[1] 然而，CNN 便是在这样一个叛逆却有着极大魅力的天才手里诞生的。

---

[1] ［美］里斯·舍恩菲尔德：《铸造 CNN》，机械工业出版社 2004 年版，第 8 页。

从计划、组织、成立到开播、发展，CNN 与特纳都有着密切的联系，他喜欢的一句话是：在潮流面前，人们或急流勇进，或被动跟从，或遭淘汰抛弃。① 事实上，起初特纳并不是什么著名的新闻人物，应该说他对运动更有兴趣。作为世界级帆船运动员，他勇于创新、敢于冒险，正是这种精神让他成就了 CNN。

1938 年 12 月 19 日，泰德·特纳出生在美国辛辛那提的一个富裕家庭，父亲是一位有着百万资产的企业家，性格怪异，且极具宗派倾向。特纳的童年孤独寂寞又缺少家人关爱，父亲的高傲和古板让儿时的他蒙受了巨大阴影。特纳从小养成了叛逆的性格，不喜欢父亲做出的安排但又不敢违抗。大学生活让特纳变得堕落，最后终因无

图 1-1　CNN 创始人：泰德·特纳

视校规、频惹事端被学校开除。退学之后的特纳无路可走，只能回到父亲的广告公司工作，父亲非但没有让特纳受到特殊待遇，还让他从最底层的广告推销员做起。不过，特纳具有精明的商人头脑，再加上疯狂的工作强度，半年之内他便一举成为了全公司业绩最好的推销员。公司的销售主管霍德森·爱德华这样评价特纳父子："他们父子俩是何等的相像，两人几乎不可能在一间屋里平和地待上 10 分钟，很快就会听到彼此冲着对方的喊叫，为各自的主张互相争辩，但他们却是谁也离不开谁。"②

好景不长，1963 年特纳的父亲突然自杀身亡，留给特纳的只有其苦心经营的广告产业和复杂的债务。特纳善于把握机会，运用非常规手段同债主打交道，是"常常不按套路出牌"的典型。他用一年的时间整顿了特纳广告公司，到 60 年代末，特纳终于将这一烂摊子经营成为该地区的广告业龙头。

20 世纪 70 年代初，美国的电视业发展前景广阔。1970 年，特纳斥巨资买下了亚特兰大一家即将破产的 UHF 电视台，并给它换了个新名字——WTCG（特纳通讯集团电视台）。随后，他又买下了每月亏损 3 万美元的美国电视 17 频道，并将电视网分布在亚特兰大郊区，同时建立了特纳通讯集团公司。17 频道是一家濒临破产的电视台，发射讯号十分微弱，收视率极低。为改善 17 频道的收视情况，特纳曾尝试用微波传送信号，但效果很不理想。1976 年特纳斥巨资买下了归时代公司所有的一颗卫星，利用卫星传送电视信号。至此，17 频道成为当时全美第二家使用卫星传送节目信号的电视台，该频道的节目覆盖 47 个州的 200 多万家庭，收视率以每月 5 万户的速度上升，盈利额达 4000 万美元，频道影响力也不断提升。接着，特纳又买下了亚特兰大勇敢者队（棒

---

① 王宇：《传媒巨子和他们的王国》，中国国际广播出版社 2006 年版，第 195—196 页。
② [美] Tony Tang：《全球最大的新闻频道 CNN》，上海财经大学出版社 2007 年版，第 39 页。

球队)、亚特兰大鹰队(篮球队)和亚特兰大火焰队(曲棍球队)①的赛事直播权,这些比赛让他的电视台拥有了更多的观众数量。

特纳将这种卫星发送的电视台变成了在当时广为流传的超级电视台,内容囊括了新闻、特殊事件、黄金时间的成人节目和儿童节目等多种类型。1979年,他的超级电视台延伸到了最偏僻的加拿大小镇,受到了当地人的普遍欢迎。这时,特纳把他的企业改名为WTBS(World Turner Broadcasting System),即特纳广播集团。

不过即使是超级电视台,特纳的全部家当加在一起也比不过当时独霸美国几十年之久的三大广播公司——美国广播公司(ABC)、全国广播公司(NBC)和哥伦比亚广播公司(CBS)。然而,生性爱冒险的特纳永远不知满足,他的风格是"继续寻找下一个挑战。你的机会不大,也要尝试每件事情。不要停止,跌倒了,爬起来,再跌倒,直到你发现自己在与风赛跑"。②于是,特纳把视线放在了24小时新闻报道这一并不被人看好的领域,然而,他的想法遭到公司大多数员工的反对。那时一般人都觉得电视新闻节目收视率低、制作费用高,只能赔钱。当时美国三大电视网经营时数有限的新闻节目,一年还亏损1.5亿美元。市场调查结果也显示,当时的人们对24小时电视新闻节目并不感兴趣。特纳却说:"飞机没制造出来之前,你去调查一下,看看有多少人愿意坐飞机!"③没有人劝得动特纳,只能"任其妄为",当时谁也不知道这种电视新闻的命运,就连特纳本人也说:"我做CNN主要是看它能不能成功。"④

CNN开播的消息一传出,便受到了电视界很多人的质疑,甚至广播行业都讽刺CNN为"鸡肉面条网络",更有人蔑称其为"鸡零狗碎电视台"。为实现24小时电视新闻报道的梦想,特纳投入了3500万美元的资产,这几乎卖掉了所有值钱的家当。

1980年6月1日,CNN在一片质疑声中创立,开始了24小时全天播报电视新闻的历程,并从此改写电视新闻报道有限时数的历史。那一天,特纳为CNN举办了一个露天酒会,邀请了数百名来宾,10英尺的喷水柱在军乐队演奏的《更近我主》(Nearer My God To Thee)乐声中显得更加魅力四射。特纳跟大家说:"CNN会一直播出,除非世界末日到来。就算那一天真的到来,我们也会在报道完这条爆炸性新闻以后,一边演奏着《更近我主》,一边关机。"⑤

CNN建立的地点是亚特兰大,与发达的传媒之都曼哈顿相比,有着极大的文化差异。就连CNN总裁吉姆·沃尔顿后来也回忆说:"在许多方面,它就像蛮荒的西部。"⑥亚特兰大不是美国的新闻中心,刚开播的CNN观众订户只有170万,远远不足特纳早期预计的一半;而且在最初的半年中,CNN每月的净亏损额高达200万美元,三大电

---

① [美] Tony Tang:《全球最大的新闻频道CNN》,上海财经大学出版社2007年版,第5页。
② [英] 露西·金-尚克尔曼:《透视BBC与CNN》,彭泰权译,清华大学出版社2004年版,第91页。
③ [美] Tony Tang:《全球最大的新闻频道CNN》,上海财经大学出版社2007年版,第6页。
④ [英] 露西·金-尚克尔曼:《透视BBC与CNN》,彭泰权译,清华大学出版社2004年版,第85页。
⑤ [美] Tony Tang:《全球最大的新闻频道CNN》,上海财经大学出版社2007年版,第192页。
⑥ [美] Tony Tang:《全球最大的新闻频道CNN》,上海财经大学出版社2007年版,第7页。

视网根本不把 CNN 放在眼里。另外，编辑队伍严重缺乏经验，一半的人都是刚从大学毕业的新手，另一半也只不过是一些或边远或鲜为人知的电视台里的无名小卒，只能边学边做。在 CNN 最艰难的时候，特纳四处筹款以维持电视台的正常运转，他总是从办公桌抽屉里拿出一把手枪，顶着自己的头对可能借给他钱的人说："我要开枪了，如果你不给我钱，我横竖都是一个死。"① 虽然是玩笑，但可以看出特纳办好 CNN 的决心与勇气。然而，这场与三大电视网，甚至是与全美所有电视台的新闻恶战才刚刚开始。

CNN 开播刚三个月便遇到了很大的麻烦。竞争对手哥伦比亚广播公司的子公司——美国无线电公司（RCA）的通讯卫星发射失败，而 CNN 恰好租借了其中的一个卫星转发器，没有转发器，其他方面的努力都功亏一篑。气急败坏的特纳只好诉诸法律，几经周折无线电公司才最终同意双方谈判。然而在谈判的关键时刻，特纳却抛下了 CNN 的烂摊子，驾着他的"顽强者号"参加了一年一度的"天网杯"帆船比赛。特大狂风把 30 艘船只打沉海底，公司总部与特纳失去了联系，人们都以为他就此葬身大海，就在这时，电话那边突然传来了特纳洪亮而清晰的声音，他驾驶的帆船不仅安全到达终点，还取得了比赛的胜利。

回到谈判桌前，特纳无法容忍无线电公司的拖沓推诿，他怒骂道："这场比赛我奉陪到底，假如我输了，你们也绝不会好过，我要叫你们活不下去！你们的总裁是不是不了解你们今天对我说了些什么？假如他知道了，你们的饭碗肯定不保！""我会与你们公司抗争到底，使你们的股票一文不值！我经过的风浪多得是，哪一次不是我最后取胜的？"② 特纳的话让在场的人目瞪口呆，与母公司的利益相比，他们遇到的对手更为强大，无线电公司只好妥协，CNN 获得了转发器。这次谈判为 CNN 带来了今后生存与发展的良机，也在 CNN 成长历程中留下了难忘的回忆。

在肯尼迪执政期间，美国开始设立白宫记者团，但只有国内一流的大众媒体才能进入白宫对政府及总统事务进行报道。为了能采访到重要的政治新闻，CNN 愿不惜一切代价获得进入白宫报道新闻的席位。但是，作为美国电视媒体垄断组织，三大电视网制造种种借口阻碍 CNN 的计划，白宫方面也不顾情面，拒绝接受 CNN 采访。

得知这一情形，特纳采取强硬对策，他以"违背新闻自由"和"妨碍有线新闻网公平交易权"为由向法院起诉，控诉白宫设立记者团违反了《公平交易法》，连带将当时的美国总统里根（Ronald Wilson Reagan）、里根的新闻秘书布莱德（James Brady）以及国务卿黑格（Alexander Meigs Haig）一同起诉。特纳还在华盛顿租下了一家戏院，专门播放有线新闻的特别节目——《电视：道德的战场》，指控三大电视网的不法和垄断行为，并为众议院的议员免费安装天线保证他们收看。另外，特纳还打算向国会请愿，要求就美国三大电视网"污染美国人心"一事进行调查。八个月后，

---

① [美] 里斯·舍恩菲尔德：《铸造 CNN》，机械工业出版社 2004 年版，第 10 页。
② [美] Tony Tang：《全球最大的新闻频道 CNN》，上海财经大学出版社 2007 年版，第 12-13 页。

法院判 CNN 获胜，并同意 CNN 在白宫记者团拥有一个高级记者的席位。这一次的胜利对 CNN 来说是一个重要的转折点，标志着未来的 CNN 将与三大电视网平起平坐。

1981 年里根总统遇刺事件的报道让 CNN 名声鹊起。当获知这一消息，CNN 立即让主持人伯纳德·肖尔进行特大事件的重要新闻报道，这一报道比其他广播网早了 2 分钟，比三大电视网早了 4 分钟。CNN 首位总裁瑞斯·熊费德不顾行规将 ABC 播出的枪击录像带转录下来在 CNN 上播报，尽管气坏了 ABC 的经理们，熊费德还是指导 CNN 进行了连续 29 小时的独家报道，让观众在第一时间了解整个事件的全过程以及里根总统的身体状况。三大电视网停止播报后，CNN 继续坚守岗位，许多地方台则开始转播 CNN 的新闻。

1982 年 1 月 1 日，CNN 二台（CNN Headline News）开播，领先美国广播公司和西屋公司联合于 1982 年 4 月 1 日开播的卫星新闻频道 3 个月时间。CNN 利用时间差抢占市场商机，与 150 万个家庭直接连接，并以最快的速度将新闻摘要发送到 87 个广播电视台，其中 66 个是三大电视网的附属台。特纳用 2500 万美元交换了 750 万个订户，这使 CNN 的竞争对手感到无可奈何，西屋公司的卫星新闻频道在开播一年后就亏损了 6000 万美元的投资额。①

1983 年，CNN 又连续报道了韩国航空公司 007 号班机被苏联空军击落、美国驻贝鲁特海军战队司令部被炸、美军入侵格林纳达等一系列消息，进而被美国国家广播协会授予了 PEABODY 奖，CNN 的初步胜利引起了同行们的极大关注。

1985 年 6 月，中东发生一起劫机事件，美国环球航空公司的 847 航班被恐怖分子劫持。经过政府与恐怖分子之间 17 天的谈判，恐怖分子最终在贝鲁特释放了 39 名美国人质。CNN 对这 17 天的谈判过程进行了连续的电视直播，连美国政府的决策者都是通过 CNN 的报道来了解这一事件的，这些报道成为决策者们做出决定的重要依据。这次直播是 CNN 所做的第一个重大突发性国际新闻报道，它为 CNN 赢得了更为理想的观众数量。

1986 年 1 月 28 日，"挑战者号"航天飞机第十次发射在肯尼迪发射中心进行。当地时间 11 时 38 分，"挑战者号"准时点火、升空，而在短短的 1 分 40 秒之后，航天飞机突然在空中爆炸，所有人的目光同时转向了这架航天飞机。CNN 将爆炸的整个过程拍摄下来，并作了实时转播，CNN 现场直播的报道实力又一次凸显。

从 1982 年 4 月 1 日 CNN 无线广播电台开播到 1985 年 9 月 1 日 CNN 国际台开播，再到 1988 年、1989 年国际台增加多语言新闻播报，CNN 的影响力逐年攀升。另外，1987 年 10 月 16 日的"黑色星期五"全球股市大崩盘事件、1988 年泛美 103 航班被炸、亚美尼亚大地震、"伊朗门"危机、阿拉斯加石油污染事件、1989 年美军入侵巴拿马事件以及 1991 年苏联强硬派上演针对总统戈尔巴乔夫的政变，CNN 都做了翔实的报道。1989 年美国的一次民意测验表明，观众对 CNN 的喜欢，已经远远超越了长期占据统

---

① [美] Tony Tang：《全球最大的新闻频道 CNN》，上海财经大学出版社 2007 年版，第 16 页。

治地位的美国无线电公司（RCA）。①

（二）海湾战争报道的完胜与 CNN 的发展

CNN 的建立成为美国乃至世界电视新闻史上的奇迹，一位新闻机构的主席这样评价 CNN 的诞生："你一直期盼着这样（全部播放新闻节目的电视网）的事情发生在纽约或洛杉矶，但是却在南部的亚特兰大突然出现了这样一个电视网。相比之下，其他的机构显得非常保守。他（特纳）既有勇气又有风格，最重要的是他敢于冒险，我对他的成就极为赞赏。"②1987 年，PEABODY 奖评委会称 CNN 是"创世纪的电视频道"。1991 年的海湾战争给 CNN 提供了一个展现自己的广阔舞台，在这次报道中 CNN 取得了完胜。

1991 年 1 月 16 日格林威治标准时间 23 时 35 分，海湾战争在中东打响。三大电视网的记者纷纷出动进行报道，但由于战争爆发后，伊拉克和科威特境内的国际电信线路全部被切断，世界各国派驻在战区的上千名记者只能靠伊拉克通往约旦首府安曼的一条电话线路与外界联系。各大电视网的记者们只能望战兴叹，ABC 的葛瑞·谢波德说完"现在显然正在进行空袭，天空中火光四起"便没了踪影。更令人失望的是，CBS 的主持人丹·拉瑟（Dan Rather）始终没有与巴格达的特派记者联系上，只好一句带过："根据美联社的报道，中东已经开战。"

海湾战争爆发之前，萨达姆就将所有媒体驱逐出境，但 CNN 却未雨绸缪，以每周 1.5 万美元的高价租用了伊拉克的军事设备进行战争报道，又以 30 万美元的价格买下了 6 台卫星电话，获得了卫星专线电话的独家使用权。海湾战争的主体部分一共打了 1 个月零 12 天，虽然每分钟 8 美元的卫星电话通话费使 CNN 的总开销高达 2500 万美元，但却换来了收视率的空前高涨。

CNN 的记者伯纳德·肖尔出现在电视屏幕上，他用夸张、幽默的语言向人们描绘了当时的现场："炸弹爆炸声像波涛一样每 15 分钟左右席卷一次，飞机投下炸弹后飞走了。你可以感到爆炸的炽热气浪一阵阵扑面而来。现在夜空闪耀，如同白昼，在我们西南方仿佛有成千上万只萤火虫在飞舞。我们马上爬到窗户那边去，把话筒伸过去，好让观众们清晰地听到我们今夜听到的声音……"③随后，霍利曼、阿内特与肖尔并肩作战，奏响了长达 17 小时的战争报道凯歌。

战争的第一天，仅在美国地区就有超过 6100 万家庭，约 1.5 亿观众收看了老布什总统（George Herbert Walker Bush）的谈话，这是美国电视史上收视率最高的单条新闻。④美国总统布什和伊拉克总统萨达姆都在各自的住处将电视机调到了 CNN 频道，随时了解战况。美国中央情报局局长威廉·韦伯斯特（William H. Webster）通过间谍卫星了解

---

① 王宇：《传媒巨子和他们的王国》，中国国际广播出版社 2006 年版，第 196 页。
② 王纬：《镜头里的"第四势力"——美国电视新闻节目》，北京广播学院出版社 1999 年版，第 142–143 页。
③ [美] Tony Tang：《全球最大的新闻频道 CNN》，上海财经大学出版社 2007 年版，第 20 页。
④ [美] Tony Tang：《全球最大的新闻频道 CNN》，上海财经大学出版社 2007 年版，第 21 页。

到伊拉克发射"飞毛腿"导弹的消息,当美国国家安全事务顾问斯考克洛福就导弹落地位置这一问题向韦伯斯特发问时,韦伯斯特毫不犹豫地说:"我们打开电视看看就知道了,CNN 说它会落在什么地方就会落在什么地方。"①

CNN 及时深入的报道一定程度上影响了国家军事和外交决策,它成为各国政治家们了解国外政治决策必不可少的媒介渠道。美国哥伦比亚大学新闻学院副教授金格尔德说:"CNN 不但改变了普通新闻及电视新闻的本质,而且也改变着战争及外交的本质。"②特纳这样说过:"现在安理会的议程也由我们 CNN 制定,我们的镜头到哪里,安理会就要讨论到哪里。"③海湾战争使 CNN 成了举世瞩目、家喻户晓的电视媒体,它在世界政治、军事、经济、文化等多方面都产生了深远影响,当时有评论称:"海湾战争有三个参战者——老布什、萨达姆和 CNN。"足见 CNN 在政治、军事等领域的影响力。

以海湾战争为契机,CNN 租用了 10 颗通讯卫星组成了更加庞大的全球电视传播网,覆盖 200 多个国家和地区约 10 亿观众。《华尔街日报》曾报道说,由于 CNN 报道海湾战况既迅速又充分,它的收视率激增,在欧洲的收视率从战前的 15% 飙升至 85%。④ 当时一项民意调查表明,观众对 CNN 的喜欢程度,已经远远超过了有极大影响力的三大电视网。CNN 成为仅次于迪斯尼、柯达和奔驰的第四大世界名牌。

战争结束后,世界各国高度重视卫星直播电视的发展,相继有 20 多个国家开办了共 50 多座国际卫星台,每天播出 300 多个节目,观众覆盖达全世界人口的三分之二。截止到 1991 年,CNN 总部已经建立起了 12 架卫星天线设备,向 265 个广播电视塔提供新闻的每日新闻供应社囊括其中,成为拥有 600 个分台的广播电视台和拥有西班牙语广播电视台的传媒巨子。

CNN 的新闻报道对美国政治、军事决策的影响并不总是积极的,在有些情况下也给美国政府施加了不小的压力。1992 年,索马里西德政府倒台后,索马里陷入军阀混战之中,美国趁机出兵索马里对其进行"人道主义援助",以维持其和平。不料,美国一到索马里便与当地大军阀艾迪德发生冲突,几经交手,双方都有所伤。艾迪德打出了心理战,他在一场伏击战中打死了 19 名美国士兵,又在战后对他们的尸体百般凌辱,并将录像带送给了 CNN。录像带里的画面让美国上下舆论哗然,一周后,经讨论、投票后的克林顿政府立即从索马里撤军,艾迪德取得胜利,美国政府只好饱尝 CNN 酿成的苦果。据说,美国最初出兵索马里也同样受到了 CNN 电视新闻报道的影响。1994 年 4 月美国国会众议院对外关系委员会专门开会讨论电视转播与对外政策的互动,随后产生了"CNN Effect"(CNN 效应)一词。它由 CNN 的报道引起,其效果又远远超

---

① [美] Tony Tang:《全球最大的新闻频道 CNN》,上海财经大学出版社 2007 年版,第 22 页。
② http://122.224.81.3/node2/node26108/node27322/node28296/userobject7ai24220.html。
③ [美] Tony Tang:《全球最大的新闻频道 CNN》,上海财经大学出版社 2007 年版,第 23 页。
④ [美] Tony Tang:《全球最大的新闻频道 CNN》,上海财经大学出版社 2007 年版,第 23–24 页。

出了CNN的报道本身,媒体的力量给政府决策带来的冲击和压力不可忽视。

进入20世纪90年代中期,CNN开始面临来自世界各方媒介竞争的压力。许多后来者都进入了24小时电视新闻报道这一领域:福克斯新闻频道(FNC)通过福克斯电视网提供24小时新闻服务;财经新闻网(FNN)以财经新闻为中心全新亮相;全国广播公司(NBC)与微软公司合资建立起24小时新闻频道MSNBC;BBC新开辟了报道新闻和时事的商业国际卫星网络BBC WORLD……尽管CNN在这期间也曾做过努力,例如1995年8月30日建立CNN.com、1995年12月19日又建立了CNN财经新闻网络(CNNfn),但这些新兴的竞争者削减了CNN头条新闻节目的观众数量,导致日平均观众数降到了1998年的15.4万户,减幅达10%。

1996年,特纳有线电视公司并入时代华纳公司。同年12月12日,首个时代华纳与特纳的合营机构CNN体育台(CNN Sports Illustrated)成立,它运用CNN的新闻采访资源及Sports Illustrated的丰富新闻经验,提供24小时最快、最深入的体育节目、新闻报道及赛事分析,吸引了1500万个电视用户。

(三)CNN的重组与挑战

进入21世纪,CNN在全球范围内面临着众多挑战,包括新世纪最初几年的再次重组、各国区域性电视台的崛起、互联网等新媒体的挑战,等等。在平面媒体、电视媒体、网络媒体纷出的竞争时代,受众群不断细分、重组,CNN必须重新考虑经营理念,不断适应新形势、新环境,以求在世界媒体竞争中突出重围。

2000年1月10日,美国在线宣布以1650亿美元收购时代华纳公司,CNN仍在时代华纳旗下继续发展。不久,特纳完全退出CNN管理层。2001年,CNN又随时代华纳集团并入美国在线(AOL),组建"美国在线—时代华纳公司",总价值高达3500亿美元,美国在线占有55%的股份,成为历史上媒体最大一起并购案。然而,合并后的新公司股价一直下跌,市值损失近2000亿美元,新公司的发展陷入困境。

CNN面临的压力也不小。2001年1月,就在美国联邦商业委员会(FCC)通过合并事宜后的第六天,CNN以提高工作效率为由宣布了裁员400人的消息,裁员人数占员工总数的10%。新公司对开支预算方面的紧缩政策让CNN新闻采集的能力受到影响,同时,当一向以严肃、客观、公正著称的电视新闻媒体遭遇以流行、娱乐因素为主导的商业买家,CNN在市场大潮中变得无所适从。就在裁员后不久,美国西雅图发生了6.8级的强烈地震,受裁员的影响,CNN没能及时将记者派驻到现场进行采访,导致CNN在很长一段时间内只能对当地新闻进行报道。

除了自身方面出现的困境,来自外部的挑战也给CNN造成了不小的障碍:CNBC把大量的商业化新闻变得更加人性化,MSNBC增加了不少贴近老百姓的脱口秀节目,福克斯新闻网找到了适应受众口味的节目经营策略……2001年第二季度,CNN的受众比去年同期减少了2%,相反,MSNBC的受众增长了25%,福克斯新闻的受众竟激增62%。[①]

---

① [美]Tony Tang:《全球最大的新闻频道CNN》,上海财经大学出版社2007年版,第171页。

好在事情远没想得那么糟糕。经过一系列的改革，CNN 的经营理念、报道方向都发生了一定的变化，它尽量用一些愉快轻松的节目迎合受众，这样在无重大事件的日子里也能吸引观众的注意，以增强竞争力。当然，有战争的地方还是少不了 CNN 的存在，它毕竟是 24 小时电视新闻报道的开山鼻祖。比如，在 2001 年发生的"9·11"事件中，CNN 国际频道第一时间发出了关于突发事件的最新报道，它在随后的 5 天内与国内 CNN 频道统一步调，集结所有节目时间让全球观众聚焦"9·11"。这一次的成功使得 CNN 收视率大为提高，网站访问量也不断增加，并一跃成为美国国内最受网民欢迎的网站之一。CNN 网站的日访问量达 460 万人次，与恐怖事件发生前的三个星期相比，访问量增加了 225%。①

一个月之后，美国又对阿富汗挑起战争，CNN 依旧上演了战争现场报道的重头戏。CNN 记者不顾生命危险将阿富汗首府喀布尔遭受轰炸的实况通过视频电话传回总部，成为 CNN 现场报道的独家新闻。2003 年伊拉克战争刚刚爆发 3 分钟，战场前线的实况就出现在 CNN 的电视画面当中。CNN 抓住机会，再一次以电视新闻现场报道取胜，在世人面前证明了自己的实力。美国《读者文摘》杂志发表评论说："CNN 已成为最普及的每日新闻来源，它有数以千万计的观众，是政治家、政策制定者、新闻从业人员以及任何想迅速看到突发性新闻和有关深入报道的人必须收看的电视台。"②

2004 年 12 月，印度洋爆发地震、海啸。CNN 利用自己独特的报道方式给全球观众留下了深刻印象。它将琐碎的实时报道拼凑整理成一篇长报道，每两小时左右更新一次内容。报道主题新、角度深、内容全，将突发事件发生的全过程都展现在了观众面前。为了这次胜利，CNN 派出了数十名记者全天 24 小时更新报道，还雇佣了 80 名当地人，其中包括约 20 名记者，他们唯一的目标就是：不惜一切成本，报道第一手的硬新闻。在海啸发生后的最初 10 天，CNN 共播放了大约 700 小时的电视画面。③与此前三个星期相比，全天收看 CNN 电视节目的观众人数增加 75%；在黄金时段，甚至吸引了 81% 的电视观众，从而一举超越老对手福克斯新闻频道。④

CNN 做出了如此之多的努力，尽管与美国在线—时代华纳公司合并，不可避免地改变了其经营策略，甚至 24 小时新闻报道曾被严重忽视和削弱，但它又凭借在各类重大突发事件中的突出表现找回了当年的自己，并巩固了其在电视新闻界的地位。

二、CNN 频道组成及主要节目

从 1980 年 6 月 1 日开播之日起，CNN 在全美的电视用户数量从最初的 170 万发展到后来的 8200 万，通过卫星网络覆盖全球超过 212 个国家和地区的 1.72 亿观众。它

---

① [美] Tony Tang：《全球最大的新闻频道 CNN》，上海财经大学出版社 2007 年版，第 180-181 页。
② 苗棣等：《美国有线电视网》，中国广播电视出版社 2008 年版，第 66 页。
③ [美] Tony Tang：《全球最大的新闻频道 CNN》，上海财经大学出版社 2007 年版，第 182 页。
④ [美] Tony Tang：《全球最大的新闻频道 CNN》，上海财经大学出版社 2007 年版，第 181 页。

不仅开创了24小时电视新闻这一全新的报道样式,而且将传统新闻报道带入全球化的发展进程。

(一)频道组成

CNN的节目迎合了各种受众的兴趣口味,既有严肃、客观的新闻现场直播,又不乏轻松、畅快的名人访谈。正如CNN对节目定位的自我标榜:"The World's Leader of News & Entertainment"(世界新闻业和娱乐业的领袖)。

CNN新闻集团旗下的新闻业务共有10项,分别是:CNN(新闻频道)、CNN Headline News(头条新闻/简明新闻频道)、CNN International(国际频道)、CNNfn(财经新闻频道)、CNNSI(体育新闻频道)、CNN en Espanol(西班牙语频道)、CNN Airport Network(机场新闻网)、CNN Radio(广播新闻)、CNN Radio Noticias(广播演示文稿)、CNN Interactive(网际网络)。这10项业务都有专门的分支机构承办,这些分支机构是CNN家族中相对独立的成员。以上10项业务中的前6项,是卫星有线电视网(Cable and Satellite Television Network),另有两项是广播业务。除此之外,CNN还有Allpolitics、My CNN两个网站,前者是与《时代》杂志合办、专门提供美国政治新闻的网站,并用电子邮件每周一向订户发送信息;后者是个性化服务网站,订户可以事先填写好自己的基本资料,诸如年龄、性别、收入、国籍、地址等,网站会根据订户特点,将个性化的新闻发送给不同订户。

CNN国内新闻频道是美国有线电视新闻网最先创办的广播机构,也是全球首家提供24小时电视新闻的新闻网络。国内新闻频道全天24小时不间断报道新闻和时事,全美8000多万用户家庭可以收看到。

CNN Headline News(头条新闻/简明新闻频道)(图1-2)1982年1月1日开播,报道全天候的重点新闻,一般以半小时为一单元,报道最新消息、突发新闻、健康、科技、天气、娱乐等信息,不断更新内容并轮流播出。该频道拥有超过8100万个家庭用户,在美国、加拿大、部分拉丁美洲及加勒比海的超过60万间酒店房间可以收看。CNN Headline

图1-2 CNN简明新闻频道

News半小时出现一次片头"Headline News",并附有"A CNN news network"(这是CNN的新闻网)、"Get to the point news"(进入焦点新闻)字样。每个单元的前15分钟主要报道综合新闻,后15分钟由四部分内容组成,分别是Top Stories(头条)、Headline Sports(体育新闻)、Life Styles(生活新闻)、Dollars and Sense(经济动态)。

在这半小时的时间里,包括了五六分钟的广告,一两分钟有关 CNN 各频道重要节目的预告,另外三四分钟穿插天气预报和股市行情。

CNN 国际频道,1985 年 9 月开播,该频道通过 23 个卫星将节目传送到世界 200 多个国家和地区,仅国外用户就达到 1.72 亿。另外,CNN 国内频道也将 CNN 国际频道的节目传送给国内用户,这样,CNN 国际频道的用户达 2.5 亿之多。该频道以英语为主,在亚太地区部分特别节目另配有当地文字字幕。根据服务地区和语言的不同,频道节目分为四个版本:欧洲版,按格林尼治时间编排;拉丁美洲版,按布宜诺斯艾利斯时间编排;美国版,按亚特兰大即美国东部时间编排;亚太地区版,按 13 个国家和地区(澳大利亚、印度、印度尼西亚、日本、韩国、马来西亚、新西兰、巴基斯坦、菲律宾、新加坡、泰国、中国台湾、中国香港)分别编排。CNN 国际频道能够在时间细节上注重当地受众的收视习惯,真正地使世界新闻报道摆脱了时间和空间的限制,西方报刊说它做到了"让全世界能在同一时间看到同样的新闻",而 CNN 则宣称自己是"一家预告时代风云的公司"。①

CNNfn,1995 年 12 月 29 日开播,周一至周五全天 24 小时实时报道股价、债券及期货市场、个人财务、科技和消费等相关信息。该频道在全球设有 8 个财经新闻分社,有超过 30 名记者和主播,以及 1700 多万的电视订户。

CNNSI,1996 年 12 月 12 日开播,全天 24 小时报道体育新闻,有超过 1500 万个电视用户。该频道的制作基地设在亚特兰大 CNN 中心,占地 2.4 万平方公尺,其摄像器材也相当先进。2002 年该频道关闭。

CNN en Espanol,1997 年 3 月 17 日开播,在拉丁美洲有超过 1050 万个电视用户,美国用户也不断增加,以西班牙语为主。它在布宜诺斯艾利斯、哈瓦那、耶路撒冷等地区设有新闻分社,主要报道国际及地区性新闻,所有制作、撰稿及报道均由拉丁美洲人负责。

(二)主要节目

CNN 国内频道的节目多以综合新闻报道为主,此外还有众多的新闻专栏、商业栏目、体育栏目等,这些节目专门报道相关领域的相关信息,综合分析时事新闻,视角独特、角度新颖。各类栏目具体节目如下:

综合新闻报道:《世界报道》《世界新闻》《新闻编辑部》《早编辑》《早间新闻》《今日新闻》《CNN 今日》《全球视点》《今日世界》等。

新闻专栏:《CNN 与时代》,是分析时事的新闻杂志类节目,它依托 CNN 与《时代周刊》的新闻源,对时事进行分析、调查、评述;《首都帮》,以专题讨论的形式进行谈话,由主持人和四位嘉宾对首都发生的大事件进行讨论。

商业栏目:《经济前沿》《钱线》等。

体育栏目:《今晚体育》《本周 NBA》《运动星期天》等。

---

① [美] Tony Tang:《全球最大的新闻频道 CNN》,上海财经大学出版社 2007 年版,第 29 页。

生活栏目：《我的方式》等。

此外，2000年世纪之交，CNN国内频道还推出了大型文献节目《千年》，介绍千年以来的国内外重大历史事件，资料丰富、内容全面，将人类文明发展足迹尽收眼底。

CNN国际频道针对世界各个地区做了不同类型、不同特色的节目，在该频道中，CNN国内频道的节目也会在此穿插播出。以CNN亚洲版为例，各类型节目具体如下：

新闻时事类：《亚洲今日新闻》《亚洲世界新闻》《亚洲新闻摘要》《有话直说》《CNN全球新闻》《美国新闻摘要》《CNN新闻教室》《新闻精华》《全球新闻交换网》等。

财经金融类：《亚洲商业新闻》《今日全球商情》《全球商情一周报道》《钱线》《一周金融情报》《大亨策略》等。

专题探讨类：《亚洲透视》《CNN新闻透视》《深度追踪》《放眼天下》《联合国特别通行证》等。

生活休闲类：《拉里·金现场》《流行登陆》《好莱坞万花筒》《大未来》《关怀地球》《科技大观》《CNN科技新时代》《电脑新世界》《您的健康》《旅游指南》等。

体坛快讯类：《世界体坛》《每周高尔夫球报道》等。

《拉里·金现场》（Larry King Live）（图1-3）是CNN频道的王牌脱口秀节目。该节目于1985年6月3日开播，2010年12月16日停播，在这期间，节目创下了CNN频道的最高收视率。该节目每天晚上9点至10点在CNN频道播出，主持人拉里·金被称为"广播访谈界的拳王阿里"，曾获得过无数奖项。拉里·金采访过美国总统、影视明星、行业精英等重要人物。从1987年起，拉里·金便在节目中穿吊带裤，直接、随机地对节目嘉宾进行提问，这成了该节目的主要标志。他曾毫不避讳地"拷问"迈克尔·杰克逊的恋童癖，也曾不加客气地质问美国总统布什如何看待"虐待"问题。例如，1992年美国总统老布什的得力助手奎尔做客《拉里·金现场》讨论"反对堕胎"的问题，借此向观众宣传总统的政治观点。当拉里·金问道："假如你的女儿和你说她要去堕胎，你会怎么回答呢？"奎尔不加犹豫地答道："不管她做出什么样的决定，我都会支持她！"[①]奎尔的回答顿时让所有观众感到惊讶，消息一出，老布什竞选军

图1-3　拉里·金与《拉里·金现场》

---

① [美] Tony Tang：《全球最大的新闻频道CNN》，上海财经大学出版社2007年版，第59页。

团的形象大打折扣,最后在竞选中败给了民主党候选人克林顿。"美国人可以不相信总统说的,但不能不相信拉里·金说的"①,可见拉里·金在美国是如此的重要。

第二节 新时期的传播策略

从 1980 年 6 月 1 日开播以来,CNN 一直在不断努力成为 24 小时全球电视新闻的霸主,它的宗旨就是"无论世界任何地方发生什么事,它都让人们感到远在天边,近在眼前"。②无论是 1996 年并入时代华纳公司,还是 2001 年又随时代华纳并入美国在线,CNN 一直秉持着它严肃、客观的新闻理念,用及时、详尽的现场直播带给观众不一样的视角和新闻。

三十多年过去了,CNN 不断改革自身经营理念、调整竞争策略,它在品牌塑造、媒体合作以及新媒体发展等方面都进行了不懈努力。

一、品牌重塑

在激烈的媒体竞争环境下,CNN 特别注重自身品牌的重塑,从内容到包装,整个过程都努力做到与众不同,这样 CNN 的品牌才会被受众所认可。

(一)节目内容

CNN 的主题永远是硬新闻,在 1980 年建台时,这一点就明显地体现出来了。以硬新闻取胜,始终走新闻专业主义道路,所报道的新闻必须是严肃、及时、详尽、全面的。有人说是战争成就了 CNN,是战争让 CNN 成为"无冕之王"。事实上,CNN 也反向影响了战争,影响了世界政治、军事、外交等方面的决策。

尽管重组后的 CNN 被迫接受"美国在线—时代华纳公司"在经营理念方面的改革,但 CNN 从未放弃对频道个性的坚守。而且从长远来看,公共政策新闻和国际重大突发事件始终都是频道关注的对象。与其他国际传媒相比,CNN 善于反其道而行之,在日常性的整点新闻报道中,除经济新闻、灾难新闻等常规内容,CNN 总是把重大事件的最新进展放在重要位置播出,这成为 CNN 报道新闻的一贯风格。

此外,CNN 也特别注重加强对新闻事件的深度报道能力。频道的专题探讨类节目和新闻杂志类节目,大多围绕当前重大新闻事件进行讨论,主持人邀请相关领域的嘉宾对此发表观点和见解,这样不但丰富了频道节目的类型和内容,更节约了电视新闻的制作成本,也使得节目更有说服力。对一条新闻进行多侧面、多角度的立体化分析,是 CNN 新闻报道的一大优势。

CNN 时刻关注频道节目的收视情况,并能够及时对节目做出调整。2003 年至 2007

---

① [美] Tony Tang:《全球最大的新闻频道 CNN》,上海财经大学出版社 2007 年版,第 57 页。
② [美] Tony Tang:《全球最大的新闻频道 CNN》,上海财经大学出版社 2007 年版,第 190 页。

年,CNN 主持人苏黛德·奥布莱恩(Soledad O'Brien)连续四年主持早 7 点至 9 点的《美国之晨》节目,但收视率始终不敌其他频道的电视节目,一直处于苦苦挣扎状态。2011 年 11 月 3 日,CNN 宣布从 2012 年年初开始,安排奥布莱恩掌管一档全新的晨间节目,彻底抛弃了旧的节目样式,尝试大胆创新。除此之外,CNN 西班牙语频道的节目内容也同样进行了改版,新节目包括了 CNN Dinero(开掘市场和商业趋势)、Noti Mujer(为女性打造的栏目)和 Europa Hoy(欧洲新闻),并同时配上了全新的主播阵容。

CNN 追求节目的多样性、全面性,从而让节目更具内涵,尽可能覆盖各年龄、各阶层、各领域的受众,以争夺更为广阔的新闻市场。

(二)品牌包装

CNN 非常重视频道的品牌包装与营销,与节目内容形成统一的风格,以此来扩大影响力。在 CNN 频道宣传片广告中,开头部分就以一种傲视群雄的气魄展现在观众面前:CNN GIVES MORE NEWS TO MORE PEOPLE IN MORE PLACES(图 1-4),在接下来的几个画面中,它一直用"more"这个词强调 CNN 在电视新闻领域的更胜一筹。CNN 明确提出它要比世界上其他媒体报道更多的新闻,并且在数量和质量上都远远超过他们。CNN 的新闻以诚信、快捷、精辟著称,最后特别用数字"1"作为画面背景强调自己在电视新闻领域的霸主地位,让观众对 CNN 的总体感觉能够长期停留在这个数字上,印象更加深刻。整个宣传片中,每一个画面都不乏"CNN"的字样,每一句宣传口号的主语也都是 CNN。

CNN 不仅在整体宣传片上做得到位,在各个节目及周年纪念活动中对自己的宣传也下了不少功夫。如《皮尔斯·摩根今夜秀》、美国"9·11"周年纪念等宣传片都获得了良好的传播效果。

图 1-4 CNN 频道宣传片

1997年开播的CNN西班牙语频道在十三年后重塑自己的品牌形象。它将红白相间的"CNN"台标顶部添加一个弯曲的字符——波浪号，添加之后，单词Network中字母"N"便成了西语中的鼻化音，这次改变赋予了该频道全新的形象，显得更富生机活力。

近几年，面临着福克斯新闻频道和MSNBC等强劲竞争对手的挤压，CNN及时改变了营销模式，让自己的利润更加丰厚，一直保持着增长势头。CNN约80%的广告收入来自于其捆绑了多种服务的跨平台销售套装，CNN Worldwide总裁吉姆·沃尔顿（Jim Walton Jim Walton）也在2010年表示，这种销售模式帮助CNN在过去六年里实现了逾10%的年利润增长，使其利润增长了两倍。①

单看节目收视率，CNN并没有在黄金时段超过其他同行，但盈利状况却节节攀升。CNN发言人也就此说道："尽管我们在所有美国有线电视台黄金时间的收视率排倒数第一，但CNN去年的盈利收入是六年来最好的，而且公司盈利在过去六年一直持续增长。从2003年开始，CNN每年的盈利都以10%的速度逐年递增。"②2009年，CNN全年营业利润约5亿美元，达到了其历史最高盈利水平。

CNN的全年收入中，只有10%来自黄金时段，其他90%的收入都来自于诸如滚动新闻、CNN.com网站、CNN国际频道、CNN西语频道等信息平台中非黄金时段的节目和服务。这种另类的多平台传播服务非但未让CNN淹没在媒介信息大潮之中，反而造就出越来越多的客户价值，这值得我们借鉴。

然而，从2009年以后，CNN受到来自自媒体等多种力量的打压，其2012年第二季度的黄金时段收视率已下跌到21年来的最低点，这直接导致CNN总裁吉姆·沃尔顿于7月27日宣布2012年年底辞职。CNN的市场份额也下跌到盈亏平衡的临界点，它所面临的挑战将不仅来自国际顶级新闻媒体，更来自全面崛起的"自媒体"。

（三）媒体运作

CNN对节目设置相当有讲究，其节目形态特别丰富，新闻、访谈、财经、生活等类型的节目在CNN各频道中都能找到，形成了消息节目与专题节目、杂志节目与专栏节目、日播节目与周播节目、日常节目与特别节目、直播节目与录播节目的有机统一。这些节目的整体组合形成了CNN新闻网的规模传播，尤其是那些现场直播的节目加强了直播间主持人与现场记者之间的互动，摒弃了传统、单调的新闻报道方式，增加了新闻现场感。

在节目的编排上，一些新闻类节目主要对新闻事件进行陈述式报道，不加主观评论，而对于那些杂志类或是话题讨论类节目来说，嘉宾、主持的观点以及场外观众的互动参与就会占据主导地位。主持人会随机挑选现场三四名观众以及一些专家、嘉宾进行现场视频连线，让双方一同参与讨论，各抒己见，表达看法。CNN这样做的目的就是

---

① http://www.ftchinese.com/story/001032816/ce.
② http://media.people.com.cn/GB/40606/12595734.html。

让观众成为节目的主角，主持人只是作为中间沟通人出现，这种角色置换的节目形式使传统的新闻模式有了实质性的改变和突破。

对于全球重大的新闻事件，从现场报道到深度分析，再到访谈讨论，这是CNN最近几年频道整体理念极为突出的运作特点，它让各频道、各栏目之间的媒体运作进行得有条不紊，充分发挥了电视新闻的多维优势。

二、区域化与全球化的进一步扩张

事实上，早在1985年，CNN的区域化与全球化发展意识就已经体现。那一年，CNN开办了CNN国际频道，力求将触角伸向世界各地，用新闻将地区与世界连接起来。到1990年，CNN的电视覆盖率已经达到美国全境的98%，美国65%的家庭在收看CNN的电视节目。① 而且，国外许多旅馆、饭店、大使馆、商业机构以及证券交易所也都订购了CNN的新闻。曾经有人这样说过，除非在格陵兰岛、西伯利亚深腹部、澳大利亚最西端或南极洲，任何人只要安装一个碟状天线即可接收CNN的节目，而不必支付其他费用。特纳用这种全天24小时电视新闻不间断的报道形式将世界连成一体，这是新闻传播的一次全新尝试，它实现了加拿大传播学者麦克卢汉提出的"地球村"理念，改写了"新闻"的定义，将"新近发生的事实"变成了"正在发生的事实"。

（一）推行区域差异化管理

与其他新闻频道不同，CNN国际频道尤其注重各地区新闻传播的差异化管理。因为它面向的是当地受众，新闻也必须迎合受众心理，用CNN国际频道高级副总裁兼总经理莉娜·戈尔登的话就是"不仅仅关注世界大多数人共同关心的国际新闻，而且通过提供当地的新闻，来争取该地区听众和观众的支持"。②

从1991年在各个国家和地区设立记者站到1992年记者站总数超过美国三大电视网的总和，可以看出CNN一直坚持"向外扩张"的全球化和区域化的新闻传播策略。CNN国际频道在香港和伦敦分别设立的具有节目制作和发送能力的"制作中心"，被看成是CNN在欧洲和亚洲的辐射源，CNN巧妙利用资源，在当地招聘记者和撰稿人，将节目制作出来在欧洲、非洲、中东、南亚、亚太、北美、南美等地区播放，根据当地的具体情况，每一地区节目播放的内容会有所不同。CNN国际频道最擅长从细节着手，设立9种语言对各语种国家的观众进行播报，进一步拉近了与观众的距离。

（二）树立区域化和全球化意识

CNN看到，在新闻媒介焦灼竞争的时代，人们获知新闻的手段和方法也发生了变化，首先是受众人群出现分化，中青年群体占主要比例；其次是为迎合受众喜好，新闻内容与类型不断变化。因此，当前的传播策略要具体情况具体分析，树立区域化和全球化意识。

---

① 邓相宇：《论广播广告的经营策略》，《山东社会科学》2005年第7期。
② 杜海清：《新闻巨擘CNN的市场制胜术》，http://www.chinavalue.net/Biz/Article/2008-7-2/122488.html。

图 1-5 CNN 对日本地震的报道

针对各个地区的不同情况与现状，CNN 的新闻报道突出了公正、平衡、准确、及时等特点，特别是对地区性事件，这一点在《世界报道》节目中尤为明显。例如，CNN 在对 2011 年 3 月 11 日发生的日本地震和海啸事件的报道中（图 1-5），集中突出"灾难本身"这一主题，而有关环境、经济、人性、家庭与社区的报道则占了次要地位。CNN 充分考虑当地民众的灾后心理，兼顾各方面影响，采取了十分谨慎的报道。日本地震给 CNN 带来了大规模的受众，面对这样世界关注的重大灾难性事件，人们不约而同地选择了 CNN，仅地震爆发当天，CNN 的访问量就达到了 227.3 万人次，这是 CNN 自 2009 年奥巴马就职典礼以来的最大访问量。①

此外，CNN 雇佣来自全世界不同国家的职员，这有利于不同国家、不同地区、不同观点的资源汇集，也有利于各类新闻的有力传送，更有利于培养员工的全球化意识。

三、新媒体领域的开发

自 20 世纪 90 年代，CNN 就开始推出新媒体计划，CNN.com 成为美国第一个电视新闻与网络相结合的新兴媒体。在这之后，CNN 又相继推出网络电视、移动媒体、手机电视等更多、更尖端的新媒体技术，CNN 在不断打造自己品牌的同时，也在引领着世界先进技术的潮流。面对席卷而来的新媒体浪潮，CNN 激流勇进，不惜花费重金提高频道的数字化、智能化和高效化水平，积极应对各种挑战。

（一）CNN.com 网站

CNN.com 建立于 1995 年 8 月 30 日，一周七天全天 24 小时报道新闻，内容包括新闻、体育、商业、娱乐、天气、政治、法律、科技、旅游、太空、健康、饮食、书籍、时尚、自然及专题讨论，它依托于互联网，全球网民都可以进行查阅与浏览。

CNN 网站发展到今天，在各重大国际事件中都占有一席之地，在美国电视媒体网站中成绩显著。仅 2008 年 11 月 4 日美国总统大选当天，CNN 网站的独立访问用户数就达到了 2700 万人，创下了历史纪录。根据数据统计，CNN 网站 2008 年 9 月份每日

---

① 《日本大地震报道大幅提升 CNN 访问量》，http://news.sina.com.cn/m/2011-03-17/172222133883.shtml。

第一章
CNN：世界上第一个24小时电视新闻频道

平均的独立访问用户数为500万人，总统大选这一天CNN的访问量超过平时的5倍，达到了惊人的2.76亿人次，几乎接近门户网站雅虎的访问量。在2011年3月11日日本地震发生当天，CNN网站一天的访问量在各大新闻网站中占据绝对优势。随着对日本地震和海啸事件报道的增多，CNN网站的日访问量不断上升，相关节目不断吸引着观众的点击，这次的报道轻松战胜了MSNBC和福克斯新闻网等强劲对手。由此可见，CNN.com将新闻信息快速传达给各类受众，成为人们获取新闻信息的便捷手段。

打开CNN网站主页（图1-6），会看到最顶端醒目的红色背景，红白相间的"CNN"标志挂在中央，旁边是一个旋转的地球，这是CNN的象征，表明CNN立志要把世界连在一起的决心。网站包括了Video（视频）、World（世界）、Travel（旅游）、iReport等14个分站，每个分站下面都有完备的信息，此外还有RSS订阅、Blog（博客）、CNN Mobile（CNN移动）等11个功能设置。① 在CNN.com主页中，正中间的是最新的滚动信息，包括了文字、图片、视频等各类报道，接着是"编辑推荐"（Editor's choice）的热门视频和图片，以供网民选择。CNN.com将所有信息进行分类，例如金融、体育、观点、科技、环境、旅游等，它们被分成大小一致的窗口，随时更换最新内容供人们阅读。CNN还设置了天气预报、证券期货、热点排行等辅助功能，为浏览网页的人们提供便利。总体来看，CNN网站的主页条理明晰，很少掺杂广告，且有明显的网站宣传标志，网站新闻元素占据主导，满足了人们获取新闻的欲望，给人一种大气、简约、安静的感觉。

图1-6　CNN网站首页

2009年10月，CNN对网站进行了改版，新版主页更加注重内容的展示，更方便读者浏览。改版后的CNN将信息与用户有效结合起来，使用户在近数千亿页面的庞大数据库中，用户可以通过首页找到更有价值的资讯，由此也可看出CNN对用户的重视程度。新版CNN网站提供的用户个性化推荐功能构成了主页中的重要内容，从而真正达到了用户与网站的互动，使用户掌握了更多的话语权。

（二）移动新媒体

CNN移动新媒体最初的产品服务就是CNN Mobile（图1-7），它于1992年2月创立，是专门通过移动设备向全世界提供新闻和信息的服务，也是第一个基于无线应用协议

---

① 刘笑盈、张聪：《CNN的新媒体战略》，《电视研究》2011年第8期。

图 1-7　CNN Mobile

（WAP）的世界范围增值业务。除了新闻业务之外，这些增值业务还包括天气预报、股票市值、电子邮件、班机时间表和银行业务等。到 2002 年，CNN Mobile 的客户数量就超过了 9000 万人，①越来越多的人开始接触移动网络，它会把 CNN.com 的内容发送到用户的手机浏览器上，此外还可以在移动设备上（例如手机、平板电脑）下载免费的 CNN 应用程序，用户不用受地域的限制，随时浏览信息，这为 CNN 新闻开辟了一条全新的求生之道。

CNN 不断为移动设备研制新的应用程序并开发系列产品。2010 年 7 月，CNN 在 iPhone 上推出了国际版新闻，12 月又推出了 iPad 版。② iPad 版 CNN 支持分享和评论，可以将新闻通过 Facebook、Twitter 和 Email 进行分享，并且支持离线浏览模式。③ CNN Mobile 副总裁路易斯·甘非常看好移动技术的前景，他认为移动技术不仅仅是广播电视的市场拓展工具，还可以创造巨大的利润。同时，路易斯·甘指出了移动技术创新收入的三个来源，即广告、无线通信服务商的合约（此举可以使 CNN 从无线通信服务商处获得一部分订阅收入）、个人应用程序费用（如 CNN 的 iPhone 应用程序）。④ 他对中国这种移动网络增速极快的通讯市场非常感兴趣，认为"对于全球新闻而言，中国是一个有趣的地方，不只因为中国居民，商务人士也想知道中国正在发生什么"，⑤ 而且 3G、4G 设备在中国国内市场上的销售前景也非常不错。当说到传统媒体与移动新媒体在营销上的区别时，路易斯·甘指出："人们用手机寻找特别的东西，当他们开始浏览时，手机广告的点击量是多于网站广告点击量的。因此我们用强制的方式投放广告。"⑥

移动通讯设备是当今通讯领域最重要的工具之一，无论是发达国家还是第三世界国家，大多数人都拥有手机。在先进移动通讯技术的支持下，用户可以随时随地认识了解国际新闻，人们可以通过微博、微博等应用程序进行转发、评论、意见表达，这无形中给 CNN 新闻带来了巨大的传播价值。

---

① 杜海清：《新闻巨擘 CNN 的市场制胜术》，http://www.chinavalue.net/Biz/Article/2008-7-2/122488.html。
② 刘笑盈、张聪：《CNN 的新媒体战略》，《电视研究》2011 年第 8 期。
③ 刘笑盈、张聪：《CNN 的新媒体战略》，《电视研究》2011 年第 8 期。
④ 唐若苧：《CNN 移动副总裁：如何用手机赚钱》，http://tech.xinmin.cn/2010/09/09/6743522.html。
⑤ 唐若苧：《CNN 移动副总裁：如何用手机赚钱》，http://tech.xinmin.cn/2010/09/09/6743522.html。
⑥ 唐若苧：《CNN 移动副总裁：如何用手机赚钱》，http://tech.xinmin.cn/2010/09/09/6743522.html。

第一章
CNN：世界上第一个24小时电视新闻频道

人们对移动互联网的依赖，甚至超越了桌面网络。就在2011年5月2日奥萨马·本·拉登（Osama bin Mohammed bin Awad bin Laden）被击毙的消息发布之后，CNN移动网站曾由于流量过大而一度出现宕机。针对这一问题，相关人士表示："移动网站的速度（与有线网络相比）更快。随着智能手机的普及，新闻网站开始更认真地关注移动服务。当人们听说一起事件，他们将会通过手机寻求确认。"①

（三）媒介融合

一直以来，传统媒介为受众提供信息的方式不够灵活，受众每天接收的信息固定而呆板，仅就电视而言，它已经不能完全满足受众的信息需求，甚而有人批评它为单向传播的媒介。《数字化生存》的作者尼葛洛庞帝（Nicholas Negroponte）这样说道："理解未来电视的关键，是不再把电视当电视看待。"② 媒介融合，给传统媒介带来了甜头，无论是报道方式还是经营理念，传统媒介都发生了不同程度的改变。

CNN的媒介融合战略具体体现在三个方面：一是通过线上互动、电视网播出以及线下服务相结合的"三点多面"方式全面铺设传播网；二是实施科技先导战略，积极与新媒体及新技术结合，占领新媒体制高点；三是实施跨平台销售，实现盈利的可持续发展。③

2007年7月，CNN联手与视频网站YouTube对美国总统大选候选人辩论实况进行全球直播（图1-8）。CNN与YouTube的这次联合首次将提问权全部交给选民，这是一种在政界选举中全新登场的直播方式。CNN随即打出口号"你提问，他们回答"，号召选民将提问视频上传到YouTube网站，现场从2500个提问中随机抽取25个，让七位民主党竞选人进行作答。所选中的

图1-8 2007年7月，CNN联手与视频网站YouTube对美国总统大选候选人辩论实况进行全球直播

问题既不避讳同性婚恋或是教育改善，也不恶意挑选猥亵或不适当的内容，而是尽量选取有创意的提问。这种方式相当于选民与竞选者的直接对话，选民拥有自由的提问权。在接下来的总统大选辩论中，CNN和YouTube继续联合为观众呈现精彩的直播。

---

① 维金：《本·拉登死讯引发CNN移动网站宕机》，http://tech.sina.com.cn/i/2011-05-02/20275472391.shtml。

② 朱羽君、付晓光：《创新与现代媒体的核心竞争力——CNN2008年美国大选报道策略分析》，《现代传播》2009年第2期。

③ 张聪、张焕萍：《CNN的"台网融合"之道》，http://www.cctv.com/cctvsurvey/special/d/20110913/105091.shtml。

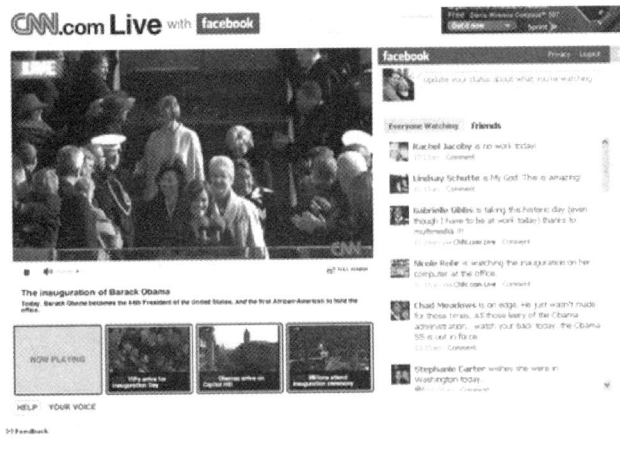

图 1-9　CNN 与社交网站 Facebook 一同推出的奥巴马就职网页报道

YouTube 因此吸引了更多观众的眼球，点击量激增，根据尼尔森媒体机构的调查结果，由于 YouTube 的参与，这次直播成了 2007 年度拥有最高成年观众收视率的总统大选辩论。[①]

在两年后的美国总统就职典礼上，CNN 又与社交网站 Facebook 一起推出奥巴马就职网页报道（图 1-9），Facebook 的网友可以通过 CNN 的视频信息进行评论和分享，主持人也可以通过观察现场用户来掌握节目的运行，真正实现了直播节目时间和空间的互动。

在 2008 年美国总统大选中，CNN 应用了一项先进的触摸屏技术——"魔术墙"（Magic Wall）（图 1-10）。这种技术所产生的画面既像电视，又像电脑，主持人可以将候选人选票数据、地理信息等内容生动有趣地呈现给观众，并可以将图片、文字进行自由缩放。"魔术墙"融合了各种媒介的功能，主持人完全可以用手来操作一切，也可以利用触摸屏自由整合所获取的信息，可操作性与参与性得到了完美提升。

图 1-10　CNN 在美国总统大选中使用的"魔术墙"技术

CNN 对美国总统大选做出了各方面的努力，除了以上通过媒介融合而产生的先进技术，CNN 还采用了一种高端的虚拟技术（图 1-11）。女记者和主持人利用信号传输实现了时空上的统一，看似距离很近，实则相隔甚远。这种技术一定程度上解决了无法避免的空间缺陷，画面十分逼真，给人造成了一种影像技术的虚幻感。

① 《YouTube 与 CNN 跨平台合作 借美总统大选跻身主流》，http://info.52z.com/html/11610.html。

不仅仅是在总统大选这样特殊的新闻事件上，CNN力图在每次的新闻报道中实现手机上网、短信、网络视频、博客、微博、电子邮件等众多媒介相互融合的传播方式。这是CNN的创新之处，也是它能够发挥整体信息传播的优势所在。

（四）自媒体

随着移动互联网的不断发展，人们参与信息传播的机会越来越多。当今时代的新闻不仅仅出自专

图1-11　CNN在美国总统大选中使用的虚拟技术

业记者之手，更有相当一部分来自于受众群体。CNN以一种公民参与新闻报道的全新形式——iReport——为我们呈现出了多元化的传播局面（图1-12）。

图1-12　CNN iReport网站页面

2005年，"卡特里娜"飓风席卷美国，CNN在这次报道中首次尝试一档《公民记者》（Citizen Journalist）的栏目，鼓励观众将自己的所见所闻以图片、视频的形式上传到CNN网站上，作为对CNN新闻的补充，《公民记者》被看作是CNN iReport的雏形。2006年8月1日，CNN正式推出了iReport，其用户被称为"iReporter"（自媒体记者）。

此栏目的注册用户以文本、图片、视频、音频等形式将文件上传到CNN网站上表达自己的观点和意见，CNN会对其进行核实，经编辑后作为一种新闻报道出现。iReport的宣传词是"你的声音，将和其他iReport记者一起，帮助塑造CNN报道什么

和如何报道",它的推出被认为是"CNN作为全球新闻领导者引领创新的又一个标志"。[①]

尽管CNN对iReporter不提供任何报酬,iReport依然吸引了众多的公民记者,他们的出现为CNN的新闻带来了丰富的新闻线索和素材。2011年3月开始,CNN iReport推出了新的报道形式:Open Story(图1-13)。CNN设定一个主题,利用地图作为一个纽带,《公民记者》可以在这个主题下报道相关的新闻,再由编辑将这些信息进行整合,形成多角度、多层面的主题新闻。

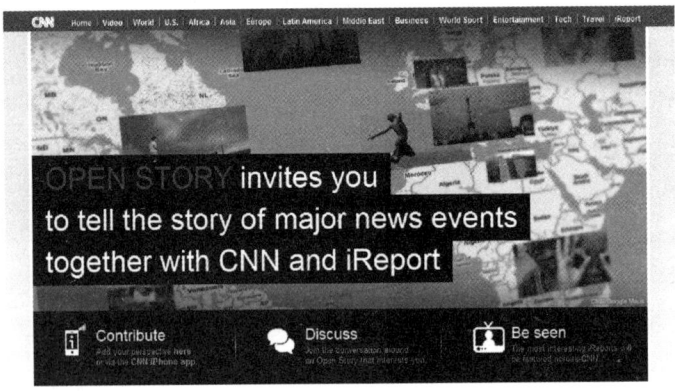

图1-13　CNN iReport全新推出的报道形式——Open Story

对于任何一个公民记者上传的报道,CNN iReport网站都要经过审核,并且有明显的标志区分,画面中左上角标有"CNN iReport"(图1-14)字样的为审查通过的,若标有"Not vetted by CNN"(图1-15)字样视为未审查通过的报道。对于如何上传高质量的图片、视频,CNN网站有专门的操作手册,指导公民记者"如何做专业的新闻",如摄影构图的黄金分割原则、摄像机操作的基本技巧等。此外还设有详细的投稿指南,以方便网民上传文件。

图1-14　画面中左上角标有"CNN iReport"字样的表示审查通过的公民新闻

图1-15　CNN iReport未经审核的报道

[①] 韩鸿:《论新媒体背景下的突发事件报道——以CNN日本地震报道中的iReport为例》,《电视研究》2011年第6期。

在2011年3月11日日本地震报道中，CNN iReport的功能就充分展现了出来。地震刚开始不久，CNN网站首页就向公民记者发出呼吁——"你在日本吗？随着事情的进展，请为我们的报道添加你的照片和录像！"[①]随即很多身处日本震区的公民记者陆续上传了自己的"现场报道"。其中，一位名叫Ryan McDonald的用户用镜头记录下了房子倒塌的瞬间，还同CNN现场直播间进行视频连线，他说道："我在这里做英语老师九年了，过去从来没有担心或者害怕地震，但是这次我真的很害怕。"像这样的声音在当时的报道中屡屡出现，他们用自己的亲身经历为观众提供了真实而震撼的现场画面和声音，这比记者在现场做严肃报道要精彩得多。

这次日本地震事件，CNN取得了巨大成功。iReport的发明给了广大用户以充分的话语权，同时也为新闻爱好者提供了平台。反过来，通过这些公民记者的自制新闻，CNN网站完善了自己的报道，更提升了媒体的公信力和影响力。

第三节 经验与教训

在当今媒体竞争日益激烈的形势下，弱肉强食的故事天天在上演。作为电视新闻巨头，CNN的发展之路并非一帆风顺，它曾辉煌成功过，也曾濒临破产过。一路走来，它带给了我们太多的经验与启示。

一、成功经验

CNN的最早合办者之一里斯·舍恩菲尔德说过："创立CNN是为了提供信息和对时间的理解，把它们置于历史的情境当中，用吸引人的图像去表现，去诠释；为了让观众能把自己的观点反馈到正在收看的电视节目中；为了实时提供财经新闻、体育新闻和娱乐新闻，而这是别人在此之前没有做到的；为了从早上6点到晚上6点一直持续不断地播送新闻，夜里也不间断；为了建立尽可能大的观众群体，这样就能卖广告赚钱。"[②] CNN做到了上述这些，特纳正是为了这些实现目标才踏上创立CNN征途的。

（一）始终如一的新闻坚守

真实的新闻报道是新闻节目的核心，特纳新闻工厂的成功很重要的原因就来自于对新闻本身的追求。

1. 准确定位，合理规划

从1963年特纳接管父亲的广告公司开始，他便看到了美国当时电视领域的广阔前景，并决定对自己的事业来一次从广告业向电视业的转型。这一实质性的飞跃让特纳的电视梦迈上了新台阶，他的潜力和勇气让一个美国南方小台悄然变成庞大的新闻工

---

① 韩鸿：《论新媒体背景下的突发事件报道——以CNN日本地震报道中的iReport为例》，《电视研究》2011年第6期。

② [美]里斯·舍恩菲尔德：《铸造CNN》，机械工业出版社2004年版，第1页。

厂，也引领了一个时代电视新闻事业的发展。

在 CNN 刚刚建立的时候，特纳就把它定位在"电视新闻现场直播"上，这是 CNN 保持领先的秘诀，现场直播能够将新闻背景和画面真实地呈现给观众，它吸引了世界上所有对新闻好奇的观众。就像当时《纽约时报》的记者曾经问熊费德："插播未经剪辑的画面是否意味着整天追逐救护车，为一些小火警而疲于奔命？"熊费德则回答："如果我们不这样做，就不会知道小火警是否会演变为一场芝加哥大火。"①

CNN 注重它的受众群，在创立之初，特纳就十分明确地将 CNN 的首批受众定位在重要政治家、企业家和中产阶级等中上层人士，这有助于确立节目的制作方向，能够帮助 CNN 准确确立节目内容与报道措辞。这样的受众定位很快给开播刚满一个月的 CNN 带来了 170 万的订户数量。随后，特纳又想尽办法在美国参议院各位议员的办公室、各国政府首脑办公室、三星级酒店等重要场合安装接收 CNN 节目的卫星天线，让这些成功人士第一时间收看到 CNN 的节目，了解世界重大新闻。

CNN 专做新闻，特纳将新闻分为直播报道、深度报道、人物访谈、话题探讨等各个类型，合理分配到不同时段，通过消息和特别节目、专栏与杂志节目、滚动新闻与重点报道，让观众对新闻事件充分吸收，从不同角度、不同声音、不同层面理解，而对节目本身而言，此举既扩大了信息量，又增强了新闻多样性。

2. 及时快速、权威独家

CNN 擅长做独家新闻，同时以迅速及时著称，这给新闻报道带来了绝对优势，也满足了观众获知信息的强烈欲望。报道的迅速及时为获取独家新闻奠定了基础，这不仅表现在对突发事件的迅速反应上，也表现在对某一新闻事件的跟踪报道上。1981 年里根总统遇刺事件中，CNN 的独家报道比其他广播网早了 2 分钟，比三大电视网早了 4 分钟，光凭这一细节就给 CNN 带来了巨大的影响力。在 2001 年美国加州森林大火的报道中，在当天东部时间下午 2 点零 3 分，CNN 报道大火烧掉了 1 英亩的土地，10 分钟过后，烧毁面积变成了 10233 英亩。在短短 10 分钟之内，CNN 的两次报道客观地反映了火势的蔓延程度，及时地传达了准确的信息，提升了报道的可信度。

CNN 的节目现场感很强，现场报道的记者多用长镜头交代事件的基本背景，记者的解说和画面保持一致，观众犹如亲临现场，给人一种强烈、真实的观感。也正是因为这种现场的真实感改写了新闻的定义，"新近发生的事实的报道"变成了"正在发生的事实的报道"，如今的电视新闻现场直播报道才有了如此大的进步。1991 年海湾战争刚刚爆发，电视中就出现了 CNN 对战争现场报道的画面，记者的解说与战争进程保持同步，这样的报道持续了 17 个小时，所有关于战争的细节都没有被放过。

凭借着及时、有效、深入的优点，CNN 独特的"议程设置"功能很大程度上影响了各国政治、军事、外交政策，重要政治家和外交家也会通过 CNN 的平台表达看法，达到既定目的，这在突发事件尤其是国际性事件中表现得最明显。1991 年海湾战争，

---

① [美] Tony Tang：《全球最大的新闻频道 CNN》，上海财经大学出版社 2007 年版，第 93-94 页。

美国和伊拉克总统都是通过关注 CNN 的新闻了解战争局势,以至于 CNN 被人们视为海湾战争除老布什和萨达姆之外的第三个参战者。

CNN 很注意新闻报道中的措辞,在建立之初,特纳就规定节目中不准使用"外国"一词,即使在伊拉克等战争中,也不可以使用诸如"敌人"或"敌方"的概念,这是 CNN 全球化报道视角的体现。另外在节目的编辑技巧上,CNN 试图在主持人串联词这类细节上下功夫,在插播广告之前,主持人会用"我也不知道广告之后要播什么,我们一起等待"代替"广告之后我们即将播放的内容是……"①,这样更能激起观众的兴趣。

3. 新闻审查,保证质量

CNN 在报道中积极遵守新闻审查制度,记者在采编过程中进行自我约束、自我控制、自我审查,有效避免了有关法律和法规的诉讼和压力。

CNN 在新闻报道上显得非常谨慎。具体来说,就是要和美国政府的利益保持高度一致,要符合美国政府的各项审查标准。CNN 在创建之初就大力宣扬美国白宫的政策,以致获得了"美国政府的传声筒"的称谓,各届美国政府也因此深深信赖 CNN。例如阿富汗战争中,针对美国政府对本·拉登电视发言的谨慎态度,CNN 发言人表示:不会实况转播有关恐怖组织的任何发言,并且一定会先对有关内容进行审核,然后决定如何处理。②

CNN 的自我审查和全球委托审查在整个审查过程中也发挥了极大作用。所有节目都以它的主持人为中心,其他采编人员各司其职,严格尊重岗位要求,每一条新闻、每一个镜头相关人员都有章可循,分工明确,从而减少了编辑过程中不必要的失误。全球的委托审查程序更加严格,在选取与美国政府有合作关系的国家电视台之后,经过编辑培训、指导新闻选题等程序后,稿件才能在 CNN 的节目里播出。

(二)灵活独到的传播策略

CNN 靠着严肃的新闻打天下,能够让这些新闻高质有效地传播出去,这成了 CNN 成功手册上的又一亮点。

1. 立足全球,面向市场

自 1980 年 6 月 1 日开播之日起,CNN 就迅速进入电视新闻领域,此后又于 1985 年 9 月 1 日开播了 CNN 国际台,触角慢慢伸向全球。它将世界新闻报道尽收麾下,并利用独特的报道方式上演着一场场"好戏"。

1988 年 5 月,CNN 的西班牙语节目覆盖了整个拉丁美洲。1989 年,CNN 国际台又扩大业务范围,采用多种语言对非洲、中东、印度次大陆、东南亚等地播放新闻节目,到 1990 年,CNN 的海外订户便达到 1000 多万,分布于 90 多个国家和地区。1995 年 8 月 30 日,CNN 拓展疆域,开辟 CNN 网站,观众可以摆脱地域限制,方便地利用网络读取新闻。2000 年 CNN 又在日本开办了亚洲首家新闻网站 CNN.co.jp,在网站扩张

---

① 苗棣等:《美国有线电视网》,中国广播电视出版社 2008 年版,第 73 页。
② [美] Tony Tang:《全球最大的新闻频道 CNN》,上海财经大学出版社 2007 年版,第 155 页。

中赢得巨大成功。

从CNN积极向海外扩张的进程中可以看到,CNN将新闻作为一种特殊的商品向全世界销售。特纳领导下的CNN不断关注市场变化,遵循市场规律,懂得把握重大新闻事件的报道机遇。CNN让事件现场与电视画面同步,正如特纳所说:"CNN播放着的就是世界上正在发生的事情,直到地球停止转动。想知道地球是怎么毁灭的吗?还是要看CNN。"①

CNN用多样的手段向全球扩张,在全球创办了多语种的节目并按照当地时间播放新闻节目。CNN注重节目内容、语言、风格的包装和本土化特色,以适应当地受众的收看习惯,增加受众群。比如,面对亚洲观众,CNN国际频道专门开设《亚洲今日新闻》《亚洲世界新闻》《亚洲新闻摘要》等新闻时事类节目,主要播报最新国际新闻、亚洲地区新闻、重要人物专访等内容,还设置了《亚洲商业新闻》等财政金融类节目、《亚洲透视》等专题探讨类节目,深受亚洲观众喜爱。

在国际互联网中,CNN同样利用优势资源拓展自身发展空间,例如专门通过移动设备向受众提供新闻和新闻资讯的CNN Mobile,以及合理利用公民记者获取新闻的CNN iReport等,这些都大大拓展了CNN新闻的报道空间。

2."美国良心",全球视角

CNN的电视新闻实现了传播学者所谓的"地球村"理念,在CNN,所有关于文化差异和社会习惯等复杂的东西都可以简单化,变成全球化的意识形态,面向所有受众。特纳曾表达过自己的理念:"我现在关切的议题,主要是全球利益,建立全球传播系统以帮助全人类携手同心。我四处旅游,并拥有这个星球上最多的信息渠道。当你明白家人、朋友、社会和星球正面临紧急状态后,势必产生较为负责的世界观。八十年代早期,我曾表示要成为美国的良心。"②

CNN用真实、权威、有效、及时的新闻报道践行着"美国的良心",这不仅是特纳曾经对新闻价值目标的追求,也是美国价值观和国家利益理论的体现。特纳所谓的"美国的良心"在于对新闻本身的忠诚,如实地报道现场所发生的一切以维护新闻的真实性。他在CNN节目中,适量安排每周两小时的《世界报道》,播出由各国合作电视台选送的电视新闻或者纪录片,除了暴力、性以及美国法律禁止的镜头外,CNN一经选用一律不做删减。CNN在全球几十个国家和地区建立了合作体系,目的就是要广泛挖掘各地新闻,以求报道全面。在这些与CNN合作的电视机构中,我国大陆就有央视、北京台、上海台、广东台和武汉台向CNN直供新闻。③

CNN重视合作伙伴的信息交流,在交流的过程中,他们传递信息的行为受到一个明确的契约限制。契约通过三个渠道实现:一是合作者传送电视节目前需报选题,

---

① 胡沈明:《新闻工厂——CNN》,《声屏世界》2003年第2期。
② 唐颖:《CNN国际新闻的传播策略》,《新闻前哨》2004年第4期。
③ 唐颖:《CNN国际新闻的传播策略》,《新闻前哨》2004年第4期。

CNN国际交流部编辑给予首肯或提出修改意见；二是传送的节目播出前，CNN编辑会传真给合作方告诉播出时间、播出次数以及简短评语；三是不定期地组织合作者到美国CNN总部培训。①

CNN的报道得到了美国政府的大力支持，在重要场合和事件中，CNN又积极为政府辩护，双方共同利益得到了实现。CNN在特殊情况下可以打破常规帮助政府解决难题，得到了政府的充分信任，从这一方面来看，CNN不愧为"美国的良心"。

3. 技术支持，资金保障

20世纪六七十年代，美国投入了大量资金开发卫星技术，使国内的广播电视节目通过卫星传到了世界各个角落。CNN抓住了机会，借助卫星技术，将频道节目传到其他国家的家庭电视中，从此打破了信号传输的地区界限。

1995年，CNN开办了24小时更新文字、图片、视频的多媒体服务网络。1998年，CNN又加快了数字化升级的步伐，使用数码编辑技术（AVID）进行新闻编辑，所有新闻素材都传送到一起，再由专业人员分类、剪切，制作完成的成品带被送进"消化间"（Digest Station），转成数码格式录入电脑中，最后以数字化形式出现。

CNN采用的蝶式卫星天线，可以同时接收来自不同地区的信息，这些信息通过数字压缩技术实现全天候传送，这对突发新闻进行实时报道非常有帮助。

在内部电脑系统中，CNN运用一种叫AVSTAR的管理系统，该系统具备了记者交稿、编辑排版、互通信息、互供资料等多种功能。在CNN总部庞大的编辑室中，上百名员工在这里工作，无声的电脑网络和身边的电话便取代了两个人的直面对话（图1-16），并且每部电话都可以录音、待机、转机、拨打长途电话。若电脑出现故障，检修人员会第一时间解决问题，或是通过远程控制排除故障。

图1-16　CNN总部编辑室

CNN重视资金投入。2004年，CNN在基础建设（硬件）项目上花费了5.5亿美元，其中最大的投入是在纽约时代华纳总部的新大楼里建立了新的演播室，这个演播室能够把在纽约所有的工作人员集中在一起。② 在对人员培训、调配以及资源整合中，CNN也投入了不少资金，提高了工作效率，保证了新闻报道的质量。

---

① ［美］Tony Tang：《全球最大的新闻频道CNN》，上海财经大学出版社2007年版，第133–134页。
② 苗棣等：《美国有线电视网》，中国广播电视出版社2008年版，第80页。

CNN 曾在自己的广告词中这样说："CNN 国际新闻网为全球最先进的新闻组织，带给您每周 7 天，每天 24 小时的全球直播新闻报道。任何突发的新闻，CNN 国际新闻网都会率先为您作现场报道。全球超过 210 个国家及地区均转播 CNN 的新闻。凭借先进的技术，第一时间，现场为您详尽地报道全球新闻的始末，令您仿如置身其中。"有了先进的技术和充足的资金做后盾，CNN 便能够专心做好纯粹的新闻。

（三）科学有效的管理模式

CNN 成功的新闻报道离不开背后规范有序、科学有效的经营与管理模式。

1. 内部管理，资源共享

除了先进的技术、丰富的新闻源之外，科学有效的内部管理也非常重要。CNN 在管理及运作方式上的特色来自于细密的专业分工和统一的整体协调，以及人力资源和信息资源的共享。

CNN 的成功运转得益于它的内部信息管理系统，这个系统可以将信息畅通无阻、高效有序地传到 CNN 总部，所有在总部工作的编辑和记者都要接触到这一信息管道。CNN 每个部门每天都有简短的编前会和编后会，以便及时安排报道任务，此外还会做定期交流。

CNN 的新闻资源库像一个庞大的图书馆，收藏了 1980 年以来的 25 万份资料带，平均每天就要收进 250 份资料带，主要保存总部的素材带、各种相关新闻机构的成品带、现任总统的所有素材集部分播放带。① 管理员对这些素材进行整理、编号，编辑和记者可以按照编号寻找想要的带子，不仅节省了查找时间，而且有利于保障工作的效率。同时，图书馆还配以诸如 Lexis-Nexis、道·琼斯互联网等数据库辅助大家的工作，扩大资料的搜集范围，提高新闻的报道质量。

CNN 的采编系统是其内部管理的一个重要部分，正如一位工作者打的比方："如果把 CNN 比作一个车轮，那么这个车轮的轴心就是新闻采编，它的遍布全球的 30 个分站，它的部门就像医学部、营养部、环境部、娱乐新闻部……这个车轮的辐条就是 CNN 的网络，CNN、CNN 国际频道、CNN 西班牙语频道、CNN 全新闻广播、CNN 全新闻西班牙语广播、头条新闻、机场广播网、国内新闻源（这是一个附属的提供新闻的机构）、国际新闻源（这是一个国际性的提供新闻的机构）。每一根辐条都使用来自中心的材料，而这些辐条也会向中心提供材料，他们是注入中心的财政收入流，使得中心能保持健康并不断发展壮大。"②

CNN 通过多种数据库实现了资源共享，各频道的节目都不是自给自足的，而是从共同的资源库选取素材，还可以根据需求进行删改以符合各自节目的特点，这有效避免了竞争，更合理规划了公用资源，达到了信息的智能化管理。

---

① [美] Tony Tang：《全球最大的新闻频道 CNN》，上海财经大学出版社 2007 年版，第 131 页。
② [英] 露西·金-尚克尔曼：《透视 BBC 与 CNN》，彭泰权译，清华大学出版社 2004 年版，第 134 页。

2. 并购重组，集团经营

早在特纳计划创建 CNN 的时候，他就有了并购重组的想法，是当时 24 小时电视新闻这块处女地让他萌生了从广告公司进军电视行业的观念。在这过程中，特纳先后买下了几近破产的 UHF 电视台和 17 频道，接着又买下了时代公司旗下的一颗卫星和各体育赛队的赛事播放权，经过整顿和管理，特纳的广播集团初具规模，盈利也相当可观。

在 CNN 的发展进程中，特纳利用股份制方法解决了公司在经营上遇到的难题。例如，从 1998 年开始，CNN 利用参股、控股，先后将法国、德国、俄国、西班牙、意大利、加纳、马来西亚、津巴布韦、乌干达、日本、中国香港等国家和地区的频道变为自己的电视频道，实现 CNN 节目的全球覆盖。①

1996 年，CNN 并入时代华纳公司，随之而来的是更为激烈的竞争。默多克是 CNN 的最大竞争对手之一，为了能实现把"默多克像臭虫一样压扁"的夙愿，特纳决定把 CNN 出售给时代华纳："时代华纳是我们去向的最好选择，我不想被一辆汽车碾过，让默多克来收购 CNN。但愿这种事情不会发生。"② 2001 年，CNN 又随时代华纳集团并入了美国在线（AOL），组建了"美国在线—时代华纳公司"，总价值高达 3500 亿美元，创造了历史上媒体兼并的最大规模。这一飞跃性举措促使 CNN 无须顾忌财政方面的障碍专心做新闻，为 CNN 未来的发展打下了坚实的资金基础，也让 CNN 能够鼓足底气与各强劲对手一决高下。

3. 鼓励竞争，人才至上

CNN 创立之初就特别重视人才的集纳和培养。当特纳有了 24 小时电视新闻报道的想法之后，头脑里最先想到的就是熊费德，他马上给熊费德打了电话，他说："Reese，你怎么样啊？""我很好，特纳，你呢？""我正在想做一个 24 小时的有线新闻，你觉得能行吗？""我觉得行。""你想做吗？""想。""那你来看我吧！"③ 就是这短短的通话缔造了 CNN，而 CNN 的创始人熊费德无疑作出了巨大的贡献。接着，特纳又聘请了拉·肖尔和卡瓦纳，他们一个主管编辑，一个主管制片，也为 CNN 的发展壮大付出了努力。

CNN 的记者不属于任何一个节目，而是属于整个频道。任何节目都可以用某一记者采集的新闻，还可以根据自己的节目需要加以修改整理。CNN 鼓励竞争，但会避免不必要的竞争。例如阿肯色州枪杀事件报道中，CNN 派出了四个摄制组，分别在该州的不同地点做采访报道。有时虽然一个场合只派一个记者，但会配多个摄像师，以从不同角度拍摄。

在人员雇佣方面，特纳坚持了"经济舱原则"，提倡边学习边挣钱，职工工资水平很低，但发展机会很多。在 CNN 起步阶段，特纳雇用了很多刚从大学毕业的年轻人，

---

① [美] Tony Tang：《全球最大的新闻频道 CNN》，上海财经大学出版社 2007 年版，第 117 页。
② [英] 露西·金-尚克尔曼：《透视 BBC 与 CNN》，彭泰权译，清华大学出版社 2004 年版，第 91 页。
③ 王利芬：《对话美国电视》，中信出版社 2006 年版，第 120 页。

称他们为"图像记者"（Video Journalist）。他们没有固定的职位，每半年一个周期，轮换编辑部的大部分岗位，在直播间、编辑室工作一段时间后，又在控制室负责上传录像，还经常给撰稿人跑腿、打杂，在编辑部接电话。

主持人在 CNN 的整个运作过程中显得尤为重要，在 CNN 频道中经常出现以主持人冠名的节目，例如《拉里·金现场》（Larry King Live）、《皮尔斯·摩根今夜秀》（Piers Morgan Tonight）。2002 年，在与 FOX、MSNBC 等同行们的人才争夺战中，CNN 喊出年薪 1400 万美元的高价，与拉里·金续签了 4 年合约，买断了这位名嘴。

CNN 大多数的记者、编辑和技术人员都有着对新闻狂热的追求，他们可以每天"疯狗般地工作"，这种专业精神在 CNN 的制作团队中弥足珍贵。

二、教训与启示

在 CNN 三十多年的发展历程中，有辉煌、也有辛酸，有成功、也有失败。我们没有理由不去反思这个庞大新闻集团的成长与发展，吸取教训和思考问题的过程，对我们来说意义重大。

（一）"新闻质量是媒体之本"

2011 年 9 月至 2012 年 7 月，CNN 的收视率表现出直线下滑的趋势，远远落后于福克斯新闻网和 MSNBC。2012 年第二季度，CNN 黄金时段收视率又跌至 21 年来最低点。接二连三的打击迫使 CNN 总裁吉姆·沃尔顿于 2012 年 7 月 27 日宣布将在年底辞职。沃尔顿说道："压力一直存在……我干这行已久。美国有线电视新闻网有起有落，像所有企业那样。我对这个公司一些部门感触非常强烈。在国际报道和移动领域，我们今年非常强势。显然，美国有线电视新闻网在美国的国内新闻报道中也有许多亮点，而亮点的存在合乎情理。"① 看得出，沃尔顿对 CNN 感慨良多，但收视率直线下降却是不争的事实。

究其根本，还是要看 CNN 的新闻本身是否讲究质量。最初的 CNN 信奉的编辑政策是"只要它流血，它就能上头条"。② 这种原则让那些很少看 CNN 节目的人做出了对 CNN 粗略的判断，批评 CNN 是"一英里宽，一英尺深"，或者"栩栩如生的墙纸"。谈及 CNN 的成功，以此为傲的人们都会不约而同地提到 CNN 对真实、客观、公正的新闻原则的追求。但近几年发生在 CNN 身上的一系列事件不得不让我们提高警惕，重新思考，CNN 是否真正站在了客观公正的新闻立场上？CNN 的新闻报道质量究竟如何？

2008 年 10 月 3 日上午九点左右，向来标榜公民新闻的 CNN iReport 出现了一则关于苹果公司创始人乔布斯（Steve Jobs）突发心脏病被紧急送往医院的消息。这则消息来自一位叫 Johntw 的网友，他第一时间发布了题为《史蒂夫·乔布斯因严重心脏病紧

---

① 《CNN 收视落后总裁沃尔顿年底辞职》，http://jingji.cntv.cn/20120729/104144.shtml。
② [英] 露西·金-尚克尔曼：《透视 BBC 与 CNN》，彭泰权译，清华大学出版社 2004 年版，第 140 页。

急入院抢救》的新闻。该消息称:"几小时前,乔布斯心脏病严重发作,已火速赶往欧洲。苹果内部人士称,乔布斯出现了严重的胸痛和呼吸短促症状,呼叫了医务人员紧急治疗。这名消息人士要求不被具名,但他十分可靠。"① 该消息迅速在互联网上传播,随即被新闻网站 Digg.com 转载,类似的消息在 Twitter 上也出现了十多条。9 点 25 分,在线杂志 Silicon Alley Insider(《硅谷内部情报》)也收录了此消息。

该报道导致苹果公司股价盘中创出一年中新低,仅消息发出的当天,苹果公司的早盘交易就从 105.04 美元跌至 94.65 美元,这意味着公司市值无形间损失了 90 亿美元。虽然 CNN 立即向美国证券交易委员会(SEC)提交了虚假新闻的信息并撤销了 iReport 上的报道,苹果公司大盘整体仍然受到下滑影响,最后于 97.07 美元收盘,下跌 3%。而 CNN 却发表声明,iReport 上的这篇文章"没有经过 CNN 记者审查,而且 CNN 记者也没有对此进行报道"。②

如今,公民参与新闻报道已是一种普遍现象,不可避免地有虚假新闻出现。毕竟公民记者们与专业新闻记者相比,没有高度的新闻敏感,没有经过系统的专业培训。对于公民记者报道的虚假新闻,人们众说纷纭,有人觉得"乔布斯假死新闻事件"对开辟草根新闻来说是一种极大的失败,也有人认为不能因为一次失实就否定一切。但是无可置疑的是,虚假新闻的出现有必要让 CNN 做出反省:必须强化受众的媒介素养,提高公民记者的采写能力,在参与新闻报道的同时必须对其他受众负责;专业记者要严格发挥好舆论导向的作用,及时对错误的公民新闻进行纠正,这样公民新闻与专业报道才能相得益彰、共同发展。

2012 年 6 月 28 日,CNN 在一条美国最高法院对奥氏医改做出判决的新闻中出现了严重错误。先是 CNN 主播布利策发出了"高院推翻医保法'强制医保'条款"的滚动快讯,接着是播报员约翰·金的直播:"(最高)法院推翻这一条款,对总统构成沉重打击。"仔细阅读判决书所有的司法意见后,CNN 主播约翰·金纠正错误,称判决是"总统奥巴马巨大、巨大的胜利"。抢到了头条,却抢错了头条,收视率急转直下让 CNN 十分尴尬。

在事实与速度面前,新闻必须视真实为生命,拿报道的时效换新闻的真实,最后只能瓦解媒体公信力。CNN 似乎越来越不值得人们信任了,至少现在并没有完全担负起特纳最初所说的要客观、真实地报道世界的使命。有时 CNN 有意地对事实做出选择,进而表现出一种典型的"亚特兰大的观点",这必然会打上一种鲜明的"美国式"烙印,同时,这些观点也会反映在与它相关的人、物、事上。

(二)美国政府的喉舌

作为政府的喉舌,CNN 非常引以为傲,因为 CNN 视美国政府为坚强的后盾,尤

---

① 《CNN 旗下网站假新闻致苹果市值蒸发 90 亿》,http://www.bianews.com/news/90/n-38090.html。
② 《CNN "乔布斯假死事件"显露草根新闻劣势》,http://media.ifeng.com/news/newmedia/stream/200810/1007_4268_819435.shtml。

其是在重大突发性事件报道中,CNN甚至会放弃新闻专业主义,毫不犹豫地选择倾向政府那边,为政府辩护。CNN就像是美国政府的传声筒,国家一有了什么政策,CNN就拿出来宣传,不论是对还是错,不论是否有违人道主义。

CNN的美国价值观被称作"美国的良心",当客观、公正、如实地报道与国家利益发生冲突的时候,CNN会毫不犹豫地放弃前者,追随国家利益,为政府说话。CNN为美国白宫政策辩护,用现场直播的形式为政府宣传,力图使这些政策深入人心。当爆发国际事件时,CNN会听从政府的安排,征求政府的意见,按照政府意愿进行报道。

自1991年的海湾战争以来,CNN在众多的国际事件报道中崭露头角,影响力越来越大,有人甚至宣称CNN在任何一件国际事件报道中都可以作为美国政府的副手。CNN可以进入所有的政府机构——美国前国务卿奥尔布赖特(Madeleine Korbel Albright)把CNN描述为"美国国家安全委员会的第十六名成员"。① 在海湾战争中,美国总统布什在白宫首先通过CNN了解到战争形势,伊拉克总统萨达姆也将电视机调到了CNN以观战局。科威特国王法赫德把CNN视为一条重要的外交渠道,并命令他的手下时刻关注CNN报道的内容,然后做出相应的对策和决定。根据1987年的一次调查显示,三分之二被调查的政治家在所有的电视广播网中都偏爱CNN。②

然而,在更多情况下,CNN都只能听任美国政府的差遣和安排,它必须要成为美军的发言人,要把战争的所有情况都如实汇报给美国政府。在海湾战争时期,美国五角大楼的CNN工作人员不仅要随时提供信息,更重要的是审查即将播出的信息是否符合美国政府的要求。

很多情况下,CNN并没有完全按照客观、公正的原则对战争报道,而是替美国政府垄断和歪曲了某些事实。伊拉克总统萨达姆很欣赏CNN"重事实报道而轻思想评价",这也是他在战争进行时刻关注CNN报道的原因。令他想不到的是,美军却利用CNN传播虚假新闻引诱对方上钩,表面上看起来客观中立,实则诡计多端。CNN报道大批美军正在科威特东部海上集结开来,对方对此做出了充分的准备,结果美军从相反方向由陆路进入伊拉克,给伊拉克军队来了个措手不及。

在与对手搞心理战方面,CNN算是帮了一个大忙,它利用电视画面的传播优势,打击对方军队的战争士气,动摇对方军心。美国政府让CNN记者登上航空母舰拍摄大量雄伟镜头以夸大美国军事力量,目的就是希望通过媒体让对方了解自己军事实力,从而动摇敌人军心。

CNN向对方渲染的画面从来都是宣扬美军的强大实力,实际上,很多事实被故意掩盖,这是既定的规矩,否则就会受到谴责。美国著名记者彼得·阿内特(Peter Gregg Arnett)在战争报道中多次表现出了对伊拉克死者的同情,后又因电视报道《死亡之谷》惹怒了美国主流社会,最后在北约轰炸南联盟之后被CNN解雇。2003年伊拉克战争中,

---

① [英]露西·金-尚克尔曼:《透视BBC与CNN》,彭泰权译,清华大学出版社2004年版,第127页。
② [英]露西·金-尚克尔曼:《透视BBC与CNN》,彭泰权译,清华大学出版社2004年版,第127页。

CNN新闻总裁伊森·乔丹由于提到了伊战中遇害记者被错当成敌人遭到攻击一事,最终落得个被迫辞职的下场。显然,个人的努力无法改变CNN为维护美国国家利益而进行"客观"报道的观念,长久以来,CNN一直坚持自己的原则——衷心为美国政府效力。

其实,CNN新闻全球化就是新闻美国化,在某种程度上,CNN新闻报道的话语方式带有浓重的美国味道,它用美国式价值观来观察世界,并用美国人的价值理念思考社会,这完全是美国新闻霸权主义的充分体现。许多像CNN这样的著名媒体对某些发展中国家存在根深蒂固的偏见,由于他们代表着国家立场与观念,其报道不可能体现公平、公正、客观的原则,也无法从根本上解决国际上有争议的问题,甚至不被其他一些国家所接受,这恰恰就是维护美国国家利益所导致的结果。

2009年8月,日本管理学家大前研一在他的新书《美国,再见?》中,严厉批评了CNN对亚洲新闻报道的偏颇。他在家工作时习惯性地将电视机打开,固定在CNN或者BBC频道,这种习惯持续了二十年,却发现CNN的报道九成都是垃圾。他说:"CNN的世界观仅止于万花筒般,播报各种奇闻趣事,但看在当事国的人民眼里,还不如不报。CNN新闻充斥以美国为中心的'CNN世界观',让人认为CNN没资格报道亚洲的新闻。美国媒体往往出现对美国歌功颂德,却以尖锐口吻批判世界的态度,报道趋于偏颇。"①

CNN的新闻专业主义受到了严重的质疑,人们不得不思考战争报道与国家利益究竟存在着怎样的关系,战争报道是更能体现一个国家的价值取向还是更能揭露它虚伪的外交本质,我们心知肚明。我们也自知,媒体的权利不能完全超过国家形象而存在,它必然要为国家政府效劳。作为喉舌,CNN的报道要反映美国利益,代表美国立场说话,而真正受到人们谴责的时候,CNN又要做美国政府的挡箭牌,为其辩护。可以说,CNN在一定程度上充当了美国政府牺牲品。

(三)CNN与中国

中国作为世界上最大的发展中国家,理所当然地成了CNN的重点报道对象。然而,CNN对中国的报道态度并不能用一两个词汇进行简单概括。CNN对中国的报道既有客观的一面,又存在偏见、主观的一面,对此必须进行辩证地分析。

一方面,秉承新闻专业主义原则,CNN对中国进行了较为客观的报道。1991年,CNN在中国建党80周年纪念之际播出了中央电视台选送的《红色读物畅销中国》;2005年5月,第九届《财富》全球论坛在北京开幕,CNN又作为《财富》杂志的同门兄弟,推出了连续一周的《看中国》特别节目,客观地将一个迅速崛起的发展中国家真实地呈现给观众;2008年北京奥运会,CNN的新闻报道表现出一种相对客观和公正的态势,基本上能为受众所接受……2008年7月28日,上海外国语大学和中国国际舆情研究中心联合发布了《全球重要媒体对北京奥运报道的倾向性和态度研究》,该研究显示,在涉及五大洲14个国家的27家全球重要媒体关于北京奥运的500余篇报道中,

---

① 《日本管理大师:CNN九成是垃圾 没资格报亚洲新闻》, http://www.chinanews.com/gj/gj-ywdd2/news/2009/08-23/1830680.shtml.

有9家新闻媒体的报道相对比较公正，报道态度中立且稍偏正面，其中就包括CNN。

然而，始终代表美国政府利益的CNN在其报道中也会不经意流露出西方主流媒体的价值取向，有时这种取向会非常明显。2008年3月14日，中国西藏拉萨发生了打砸抢烧暴力事件，各国媒体均对此进行了报道。CNN对这一事件的报道并没有遵循客观原则。当时，有一张照片反映的是暴徒投掷石块攻击军车，CNN却故意将暴徒投掷石块的部分裁掉，只显示军车在路上行驶，有人在前面奔跑。此外，CNN主持人卡弗蒂还在节目中发表攻击言论直指中国，讽刺"中国的产品是垃圾"，指责"在过去50年里中国人基本上一直是一帮暴民和匪徒"。卡弗蒂的行为激起了中国人民的怒火，众多海外华人要求CNN向中国人民道歉，抗议卡弗蒂的辱华言论。

迫于舆论压力，CNN终于发表了简短的道歉声明。CNN表示，卡弗蒂和CNN都无意冒犯中国民众，CNN愿意对任何因为卡弗蒂的言论而觉得受到冒犯的人道歉。道歉之后，CNN在对中国的报道上发生了一些变化，例如在"5·12"汶川地震的报道中，CNN发表了一篇题为《中国的地震灾民忍辱负重》的新闻，报道灾区人民在受灾后遇到饮食、住宿等困难，但没有产生抱怨情绪，仍然相信中国政府的援救和帮助。很多美国读者看到后，均表达了对中国人民优良品质的敬佩，并为灾区地震受难者祈祷。

不过，必须看到，CNN有关中国报道的倾向性一直存在。2009年3月9日，CNN在一条名为《三重威胁》的视频新闻中，声称朝鲜、中国和伊朗将是潜在的军事冲突力量。这严重歪曲了中国在军事、政治、外交方面的政策。3月10日，CNN又利用视频《五角大楼：中国骚扰美国船只》和《美国驱逐舰驶入》将中国描绘为一个好战国家，而对美国做出的一些负面行为，CNN则采取了回避态度。

要想改变"西强我弱"的传播格局，我们有必要从自身方面增强实力。这不仅需要大力发展壮大国内的主流新闻媒体，而且迫切需要提升其在国际上的话语权，进而扩大其在国际上的传播影响力。

第二章
FOX：新闻频道娱乐化发展的成功案例

第一节 FOX 新闻频道发展历程及现状

美国人对传媒大亨默多克的态度，足以表明他们对福克斯电视网（FOX）的态度——爱恨交加——爱它呈现了美国佬从未在电视荧幕上见过的反传统、辛辣刺激的元素，恨它过于自卖自夸，不择手段地用血腥与暴力画面吸引年轻受众眼球。也正因此，许多美国人把福克斯电视网称作"不能与孩子一起观看的电视网"和"不道德的电视网"。[①] 但随着福克斯新闻频道的开播，人们似乎意识到"FOX"代表的不仅是狐狸的狡诈阴险，它还包含了创新、友好、特别、努力、年轻、聪明等含义。

随着传媒业高速发展和竞争加剧，美国有线新闻网体系如今已经形成了 CNN（Cable News Network，美国有线新闻电视网）、Fox News Channel（福克斯新闻频道）、MSNBC（Microsoft National Broadcasting Company，微软全国有线广播电视公司）三足鼎立的局面。其中，1980 年成立的美国有线电视新闻网鼻祖 CNN，长期以来在新闻网内占主导地位；1996 年由美国最早成立的全国性广播电视网 NBC 与软件业巨头微软公司 Microsoft 联手开办的 MSNBC，实力也不容小视；相比之下，在 1996 年成立的隶属于传媒大亨默多克的福克斯新闻频道的起点则较低："没有现成的演播室，没有明星主持人，甚至连起码的编播设备都捉襟见肘。"[②]

一、福克斯新闻频道的诞生

1996 年 10 月，也就是福克斯新闻频道正式确立上线的那一年，开创 24 小时新闻频道概念的 CNN 已开播长达 16 年之久。1995 年 11 月，鲁伯特·默多克宣布即将创办

---

① 陆生：《走进美国电视》，复旦大学出版社 2007 年版，第 39 页。
② [美] 斯科特·科林斯：《狐狸也疯狂——福克斯电视网和 CNN 的竞争内幕》，张卓译，华夏出版社 2007 年版，第 97 页。

一个"真正客观的新闻频道"与 CNN 竞争时,泰德·特纳说"我正盼着呢,像压扁臭虫一样压扁鲁伯特"。①

(一)罗杰·艾尔斯与默多克的"电视新闻"梦

传媒大亨默多克从 20 世纪 80 年代末就已经开始关注电视新闻领域,他最想实现的便是在美国成立一个类似于 CNN 的 24 小时有线电视新闻频道,只是一直以来很难崭露头角,未能获得成功。

在美国,默多克新闻集团旗下媒体包括福克斯广播公司即美国第四电视网(America's fourth TV network)、二十世纪福克斯电影公司和 35 家电视台(占全美电视台总数的 40%);在欧洲,他拥有英国天空广播公司(British Sky Broadcasting)以及旗下欧洲第一家 24 小时新闻频道——天空新闻频道。

与其他美国电视网相比,默多克资历雄厚、"老奸巨猾",为何久久不能实现其"美国新闻频道梦想"?因为当时在所有人看来,新闻频道已是 CNN 的天下,谁都无法轻易踏入这一领域,而默多克理所当然地被视作是特纳的"跟屁虫",而不是他自己所定义的"CNN 的竞争者"。

20 世纪 90 年代早期,默多克开始着手策划 24 小时新闻频道事宜,首先雇用了前 CBS(Columbia Broadcasting System 哥伦比亚广播公司)新闻主管德·戈登·索特(Van Gordon Sauter)创立福克斯新闻部,并开始策划 24 小时新闻频道提案,但不久索特离开了福克斯新闻部。

1996 年 2 月,刚从 CNBC(Consumer News and Business Channel,消费者新闻与商业频道)辞职的曾任三位美国总统大选媒体顾问的罗杰·艾尔斯②来到了默多克身边。默多克仿佛遇到了救星,毫不犹豫地决定让他帮助自己实现电视新闻频道的梦想,"默多克公开放言特纳的 CNN '过于自由主义',需要一个竞争者来恢复电视新闻的平衡。"③

罗杰·艾尔斯,1940 年 5 月 15 日出生于美国俄亥俄州沃伦县,1996 年加入新闻集团,同年创办了福克斯新闻频道(图 2-1),现任福克斯新闻频道董事长兼首席执行官,同时也是福克斯电视网董事长。

福克斯新闻频道发展至今,艾尔斯的功劳远在默多克之上。1962 年艾尔斯从俄

---

① [美]斯科特·科林斯:《狐狸也疯狂——福克斯电视网和 CNN 的竞争内幕》,张卓译,华夏出版社 2007 年版,第 69-71 页。

② 1995 年 12 月,NBC 的母公司 GE 与微软公司宣布合作,将旗下艾尔斯一手策划的"美国谈话"(American Talking)有线频道,改版为一个 24 小时的有线新闻频道,也就是如今的 MSNBC。NBC 出此策略的主要目的在于,借助母公司和微软之力在电视新闻领域与 CNN 一比高下,并争取实现电视与网络的优势互补。当时艾尔斯作为"美国谈话"有线频道的总裁,对他们的频道调整与人事安排非常不满,愤怒地辞职离开了。因此也有人说,催生美国第三家 24 小时新闻频道(FOX NEWS)的不是 CNN 而是 MSNBC,这不仅给默多克送来了艾尔斯,也成全了艾尔斯在电视业大显身手。

③ [美]斯科特·科林斯:《狐狸也疯狂——福克斯电视网和 CNN 的竞争内幕》,张卓译,华夏出版社 2007 年版,第 26 页。

亥俄州大学毕业，同年就被KYW①电视台的节目经理雇用为制作助理，没多久，他便一路升职为副制片人、股权注册人以及候补懂事。

艾尔斯大学期间在学校广播电台工作，起初决定进入电视行业，很大程度上也是因为这个。艾尔斯在二十多岁时就对媒介了如指掌，尤其了解美国主流观众的收视期望，同时对市场的观察也比他人更加敏锐，因此他在运作节目方面充

图 2-1 福克斯新闻频道编辑部

满动力、活力、智力。1967年，就美国校园里的反越战情绪，他在《迈克尔·道德拉斯秀》里策划了一档"陆海空三军周"（Armed Force Week）的栏目，主持人在节目中与海军一起潜水，参加反越障碍训练，以真实、刺激的电视画面受到了大量的表扬，同时也接到了总统林登·贝恩斯·约翰逊（Lyndon Baines Johnson）的电话，邀请他去白宫。后来，艾尔斯离开《迈克尔·道德拉斯秀》，开始了他职业生涯的第二个阶段，成了一名媒体顾问，而他的第一位顾客就是共和党总统理查德·尼克松。在20世纪80年代初，艾尔斯曾经决定返回电视行业，他在NBC制作了一档晚间谈话节目《明天》(Tomorrow)，不久这个节目就以失败告终。20世纪80年代，艾尔斯参与美国共和党总统候选人媒介方针制定，并助里根完成总统大选，重新成为了炙手可热的政治顾问。1984年10月，艾尔斯再次成为被媒体誉为"伟大的沟通者"(The Great Communicator）的里根总统的专属政治顾问，成功使73岁的里根总统连任。四年后，艾尔斯面对的是被人们比作"懦夫"的乔治·布什，因此在后来的一系列宣传活动中，他为布什准备了具有刺激性的、调皮的、活泼的演讲词，成功包装出一位"吃苦耐劳、活泼、可爱"的总统候选人，减弱了布什的"懦夫"公众形象，随之艾尔斯的媒体顾问生涯达到巅峰。1989年鲁迪·朱利安尼（Rudy GiulianiIII）的第一次纽约市长竞选失败使他决心离开政治领域，重返电视界。

在1993年，艾尔斯成立CNBC有线电视频道，并在NBC筹划另一个有线电视频道——"美国谈话"（American Talking），并在1994年7月4日成功将其推出，艾尔

---

① KYW：一家位于克利夫兰（后来迁至费城）的西屋电气公司拥有的电视台（Westinghouse station），当时该电视台有一位被称作"那个时代的奥普拉·温弗瑞"的主持人——迈克尔·道格拉斯。1968年1月，理查德·尼克松（Richard Nixon）作为嘉宾出现在《迈克尔·道格拉斯秀》（The Mike Douglas Show），为自己共和党总统选举进行宣传。

斯自己还主持了一档长达一小时的夜间谈话节目。在后来的运作过程中，艾尔斯遇到了种种阻碍，最终愤怒离开了 CNBC，来到了默多克新闻集团。

（二）福克斯新闻频道诞生

艾尔斯的出现，使得默多克"如虎添翼"，二人以"默多克出钱，艾尔斯出力"的方式立即启动了福克斯新闻频道的具体实施方案。美国有线电视新闻早已成为 CNN 的领地，因此想在美国确立一个有具有竞争力的有线电视新闻频道，启动资金和人才战略是重中之重，是决定竞争综合实力的最主要因素；其次是频道的品牌理念和目标受众群体的确立。

1. 启动资金超过 1 亿美金，远远超出 1980 年 CNN 3000 万美元的启动资金

1980 年特纳注资 3000 万美元启动了第一个 24 小时新闻频道 CNN，而 1996 年福克斯电视网新闻部每年同样要花费 3000 万美元的费用，才能维持其正常运作。但对于福克斯新闻频道而言，3000 万美金远远不足以让它面世，一是受制于 CNN 与 MSNBC 无人能及的实力；二是由于艾尔斯确实"一无所有"，"没有演播厅、没有设备、没有员工、没有明星、没有天才，而且没有来自任何人的信心"。① 鉴于此，艾尔斯首先决定提高启动资金，最终默多克决定花费超过 1 亿美元，这些仅仅是用于招兵买马，组建最基本的管理团队和新闻采编团队，而发行费用还需另外注资。

2. 艾尔斯大量吸收老员工和优秀电视制作人，组建最初的福克斯新闻频道团队

作为 CNBC 和美国谈话频道的创始人，在两年半的时间里，艾尔斯共吸收了 82 名老员工，为他省去了不少心思，因此他主要致力于电视网的建造和节目制作的具体实施方面；除了值得信任的部分老员工之外，艾尔斯还高价聘请了曾经给予他第一份工作的 KYW 电视台电视制作人切特·科利尔；另外，除了吸纳经验丰富的制作人外，艾尔斯还聘请了具有深度新闻采写能力的编辑室员工，例如，《时代》杂志总编辑约翰·莫迪（John Moody）在被 CNN、MSNBC 拒之门外后来到了艾尔斯门下，很快被委任为福克斯新闻采集业务的副主席。在莫迪的协助下，艾尔斯的新闻编辑室人员很快到位；同时聘请了第一批主持人，路易斯·阿吉尔、肖恩·汉尼提等。

3. 锁定"沉默的大多数"，使福克斯新闻频道产生效力

如前文所述，艾尔斯对美国受众的收视期待非常清楚，因此在新闻频道面世之前就已锁定那些没有发言空间的保守派受众。在具体的操作过程中，艾尔斯并没有盲目地根据自身经验判断目标受众，而是通过民主党民意调查机构进行了美国人媒介感知调查，最终确立了"拓宽辩论、扩宽言论"的目标。

4. 艾尔斯直面媒体报道偏见问题，提出两则宣传口号

艾尔斯直面媒体报道偏见问题，提出两则宣传口号——"公正与平衡"（Fair and Balanced）（图 2-2）、"我们报道，你们决定"(We report, You decide)。在这里，艾

---

① ［美］斯科特·科林斯：《狐狸也疯狂——福克斯电视网和 CNN 的竞争内幕》，张卓译，华夏出版社 2007 年版，第 28—74 页。

尔斯充分发挥了他在媒体顾问时期的经验和战术，在竞争初期就确立了新闻频道差异性品牌策略，不仅以带有挑衅色彩的宣传口号激怒了竞争对手，还在第一时间向那些被大众媒体忽略的保守派受众传达重要信号，确立了有效的竞争策略。

图 2-2　福克斯新闻频道宣传口号（2005 年）

一切就绪，但福克斯新闻频道投放市场时仅仅得到了 1700 万订户，这无疑是一个重大打击，但艾尔斯仍然想尽一切办法振奋士气等待频道正式开播。

"1996 年 10 月 7 日清晨，福克斯新闻频道向世界致意——或者至少是其中的正在收看它的一小部分地区。主持人路易斯·阿吉尔和艾莉森·克斯塔瑞尼首先出现在屏幕上。'现在是东部时间早晨 6 点。欢迎收看福克斯新闻频道'，阿尔吉说，随后克斯塔瑞尼开始播报新闻。"①

二、福克斯新闻频道应对挑战

在西方国家，电视新闻频道想要在短时间内崛起并打败同一时期的竞争对手，最直接的并且是唯一的手段就是利用好每一次"重大事件"，这不仅是新闻频道树立其权威与品质的最佳时机，也是打败竞争对手的最好手段。

在福克斯新闻频道开播之初，也就是在 20 世纪 90 年代末期，三大电视新闻频道收视率的排名依次为：CNN、MSNBC、FOX 新闻，直至 2003 年第二次海湾战争结束，福克斯新闻频道充分利用几次重大历史事件，即 2000 年美国总统大选、2001 年"9·11"事件、2003 年第二次海湾战争，通过孤注一掷的政治赌博，流畅鲜明、富有倾向性的报道，改写了自己在有线新闻中的地位。②（图 2-3）

（一）2000 年总统大选中的政治赌博

福克斯新闻频道在开播初期收视率并不理想，1997 年 2 月尼尔森媒体研究公司（Nielson Media Research，以下简称尼尔森）收视调查报告显示，福克斯新闻黄金时段的平均观众只有 1.6 万人，MSNBC 为 2.7 万，而 CNN 则高达 52.2 万人。③2000 年美

---

① ［美］斯科特·科林斯：《狐狸也疯狂——福克斯电视网和 CNN 的竞争内幕》，张卓译，华夏出版社 2007 年版，第 84 页。
② 陆生：《走进美国电视》，复旦大学出版社 2007 年版，第 64 页。
③ ［美］斯科特·科林斯：《狐狸也疯狂——福克斯电视网和 CNN 的竞争内幕》，张卓译，华夏出版社 2007 年版，第 134 页。

国大选为福克斯新闻频道提供了发展机遇,到了 2000 年 5 月,福克斯新闻 24 小时的平均观众数为 13.5 万,仍尾随于 MSNBC 的 15.5 万观众之后,同期美国有线电视新闻网的观众数是 24.9 万。但是到了共和党的大会期间,福克斯新闻的收视率一路飙升,黄金时段的平均观众人数超过了一百万,甚至在某些关键时刻超过了 CNN 的 160 万观众,MSNBC 则落后于福克斯仅为 75.6 万。从这一刻起,福克斯直接把矛头转向了 CNN。①

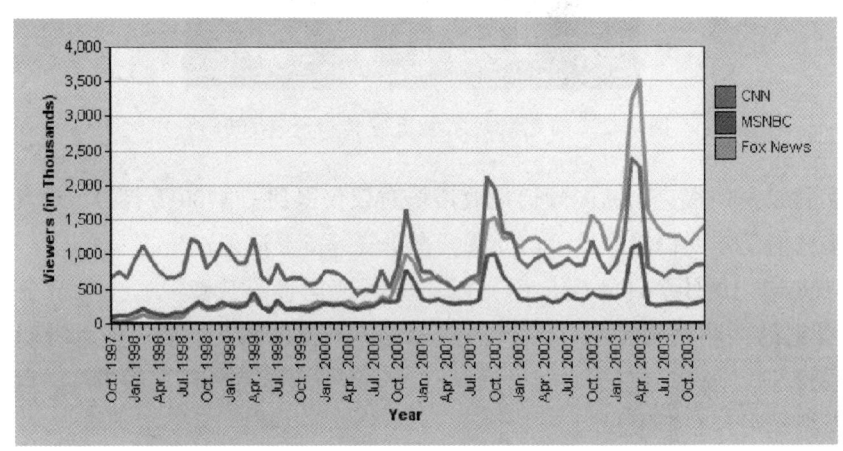

图 2-3 黄金时段有线新闻收视图(1997-2003)

众所周知,大众媒体对美国政治生活有着重大的影响,二者密不可分。在每年的总统大选中,候选人为了塑造自己的良好政治形象无一例外地选择大众媒体,通过不断地寻找曝光机会,让美国观众认识自己、记住自己。而在众多大众媒体中,电视则成了他们最佳的展示平台。

据有关统计,美国成年人几乎把一半的业余时间用于看电视、听广播和阅读报刊。在这些所有的媒体工具中,电视最具影响力。60%的美国人说,电视是他们获得有关选举、政府和当前大事的信息主要来源;报纸次之,但是远不及电视。而且,在所有媒体中,美国公众更加相信电视所发布的信息。②因此,大选对于美国电视媒体来说也是一次吸引受众、扩张领地的绝佳机遇,尤其是对在美国观众眼里相对"客观、严肃"的三大电视新闻频道来说,大选之夜也是他们的"狂欢之夜"。

从 2000 年美国总统大选激烈的竞争和难以预测性来看,足以称之为是一次真正意义上的世纪大选。随着 2000 年 11 月 7 日的临近,民主党候选人戈尔和共和党候选人小布什之间的三场电视辩论已经全部结束,舆论一致认为,戈尔在第一场略胜一筹,布什在第二场得分较多,多家民意测验显示布什的支持率一直遥遥领先,但美国各派

---

① [美]斯科特·科林斯著:《狐狸也疯狂——福克斯电视网和 CNN 的竞争内幕》,张卓译,华夏出版社 2007 年版,第 156-158 页。
② 袁征:《大众传媒与美国大选——透视美国 2000 年大选》,《中国青年报》2000 年 11 月 8 日,第 3 版。

大选专家纷纷预测戈尔能最终获胜。① 直至 2000 年 11 月 7 日晚 7 点 52 分，包括福克斯在内的多家媒体仍预测戈尔在佛罗里达获胜，而对于整个选举结果来说，佛罗里达州的选举结果无疑越来越有决定性。

在扑朔迷离的选票结果背后，CNN 与福克斯新闻也正在进行着一场硬仗。CNN 在总统大选报道方面仍然采取老套的全程直播方式，著名脱口秀节目主持人拉里·金（Larry King）一丝不苟地坐在直播大厅里工作，相比之下，福克斯新闻却从来没进行过总统大选现场直播，它采取了"旁敲侧击"策略，频繁地在电视节目中评论、爆料 CNN 记者与民主党的关系密切，与此同时专门聘请了帮助统计数据的选举顾问约翰·伊里斯（John Ellis），协助福克斯新闻频道的总统大选报道。也正因伊里斯的预测判断导致了 2000 年美国大选媒体报道的闹剧上演。

2000 年 11 月 8 日凌晨 2 点 16 分，福克斯新闻频道根据伊里斯的预测"布什输不了，他不会输掉佛罗里达州"预测报道了布什竞选胜利的消息，不到 2 分钟，NBC、CBS 和 CNN 都报出同样的结果，这时也有消息称，戈尔在给布什的私人电话里承认了竞选失败，于是所有媒体都在等待戈尔竞选总部正式宣布失败的讲话。但是大约在 3 点整时，佛罗里达州的统计数据又发生了变化，有消息称戈尔再次给布什致电收回了失败的消息。显然，福克斯在这次总统大选中扮演了引人注目的角色，在后来的长达六周的竞争中，福克斯的党派倾向性愈加明显，言论更加激烈，依然保持着与众不同的风格，俘获了对主流媒体大失所望的观众之心。②

2000 年总统大选之后不到一个月，佛罗里达州的州务卿凯瑟琳·哈里斯（Katherine Harris）出具了布什在该州获胜的证明，而福克斯新闻频道是当时唯一一家得到这份证明的电视网，并配上一幅图表向全国观众公布了该消息。而其他的电视网仍然对结果再三猜疑，直至美国最高法院推翻了佛罗里达法院要求在几个县重新人工记票的裁定。随后，12 月 13 日戈尔承认竞选失败。就在戈尔申请重新计票时，福克斯新闻频道主持人却在镜头前评论："我认为正在发生的是民主党的律师们已经在佛罗里达泛滥成灾。我们唯恐乔治·布什成为总统，唯恐制定民事诉讼的改革，从而断了他们大发横财的路子……"③ 这样的报道倾向理所当然得到了共和党的喜爱，因为他们深知，民主党操控着美国大部分大众媒体，而如今福克斯顺理成章地变成了他们的"救星"。

多项研究证明，福克斯在那一年的总统大选中采取的"预报"策略在很大程度上助长了共和党获胜的信念。研究表明，福克斯新闻频道的介入使得共和党候选人的票

---

① 席来旺：《2000 年美国大选透析》，《人民政协报》2000 年 10 月 28 日，第 3 版。
② [美] 斯科特·科林斯：《狐狸也疯狂——斯科斯电视网和 CNN 的竞争内幕》，张卓译，华夏出版社 2007 年版，第 149—160 页。
③ [美] 斯科特·科林斯：《狐狸也疯狂——斯科斯电视网和 CNN 的竞争内幕》，张卓译，华夏出版社 2007 年版，第 156—158 页。

数增长了 0.4-0.7 个百分点。① 艾尔斯在 2001 年众议院有关电视选举报道听证会上陈述，"我的确在内心相信，民主在 2000 年 11 月 7 日遭到我的电视网和其他人的伤害。我的确相信伟大的新闻职业后退了许多步。"②

（二）"9·11"事件——有线电视新闻竞争的转折点

每年的"9·11"纪念日福克斯电视台都会重播 2001 年 9 月 11 日早上发生的一切，美国福克斯电视台新闻频道副总裁说，"提醒人们今天是什么日子很重要。我们不会在其他时间使用这些图像，我们希望能够还原当时人们的感受"。福克斯新闻频道的"9·11：恐怖时间线"节目，在 2011 年 9 月 9 日又一次在真实时间还原了 10 年前的恐怖袭击；CNN 则在《尘埃中的恐怖》特别节目中，与医学专家探讨在世贸中心遗址工作的人们的健康问题。③

与其他电视网相比，福克斯新闻频道的行动有些残酷，像是在扒开刚刚愈合的伤疤，并给予沉重一击。但是"9·11"事件不但改变了美国的政治生活，也成为美国有线电视新闻的一个转折点，而其中最大的赢家便是福克斯新闻频道。它不仅使酷似股票行情滚条的"滚屏"新闻成为电视新闻的常规做法，更令众多的观众"发现了"福克斯新闻的存在。

2001 年 9 月 11 日上午八点半，福克斯新闻总监莫迪依照惯例在会议中心召集资深制片人开会，突然发现会议室里的电视监控器上出现了世贸中心浓烟滚滚的画面，所有制片人立刻出动报道此事。不久，新闻演播厅证实了现场摄像机捕捉到的画面，第二架飞机——联合航空的班机撞向了世贸大厦的南楼。此时，福克斯新闻主持人乔恩·斯考特（John Scott）坐在了演播室，在第二幢大楼被袭击后，斯考特向观众推测报道了这可能与基地组织有关，并进一步推断奥斯马·本·拉登与此事的紧密关系。"也许这是最早公开地把袭击与基地组织联系起来的全国新闻主持人"。④

在袭击发生后的几个小时里，来自各方的信息几乎都令人震惊，于是福克斯新闻频道想到了荧幕下方滚动新闻的方法，尽可能以最简洁的文字向观众传达了自来前方的所有消息。"滚屏"新闻很快就被 CNN 和 MSNBC 所采用。（图 2-4）

福克斯新闻在电视荧幕的左上方升起了一面美国国旗，所有的主持人和评论员都将本·拉登称为"坏蛋、魔鬼"。福克斯新闻杰拉尔多·利维拉（Geraldo Rivera）在报道中说，如果他看到，会亲手杀了他；欧瑞利说，如果塔利班拒绝配合寻找本·拉登，美国军队将横扫阿富汗。

---

① http://www.nber.org/papers/w12169。
② [美]斯科特·科林斯：《狐狸也疯狂——福克斯电视网和 CNN 的竞争内幕》，张卓译，华夏出版社 2007 年版，第 148 页。
③ 人民网：《"9·11"十周年倒计时，美国各大电视台几年节目盘点》，http://world.people.com.cn/GB/15576275.html。
④ [美]斯科特·科林斯：《狐狸也疯狂——福克斯电视网和 CNN 的竞争内幕》，张卓译，华夏出版社 2007 年版，第 162 页。

毫无疑问，国难当头福克斯新闻不加掩饰地表达了愤怒之情，这与 CNN 的报道形成了截然不同的风格。福克斯把电视新闻带到了一个前所未有的疯狂境地，它全然不顾批评家的指责，以"主人翁"的架势、泼辣的评论式报道吸引了众多绝望的美国民众，也迎合了政府鼓励民心和士气的做法。

图 2-4 乔恩·斯考特在"9·11 事件"中的直播截图

"9·11"之后，福克斯新闻频道的收视率持续上升，不仅让自己的爱国主义热情深入人心，更在有线新闻大战中大获全胜。它的日均收视人数上升了 43%，拥有了近 75 万观众，在 2002 年 1 月，第一次在黄金时段以及全天候都超过了 CNN。①（表 2-1、表 2-2）

表 2-1 有线新闻日间收视情况

Prime Time Cable News Viewership 1997-2003	CNN	MSNBC	Fox News	Total
Dec. 2001	1288	547	1243	3078
Jan. 2002	923	355	1094	2372
Feb. 2002	820	333	1219	2372

表 2-2 有线新闻黄金时段收视情况

Day Time Cable News Viewership 1997 to 2003				
Jan. 2002	670	307	654	1631
Feb. 2002	584	401	642	1627
Mar. 2002	573	253	664	1490

---

① 陆生：《走进美国电视》，复旦大学出版社 2007 年版，第 65 页。

（三）第二次海湾战争中的"摇旗呐喊"式报道

2003年3月第二次海湾战争即将爆发，伊拉克政府把所有美国媒体驱逐出境，既包括曾在第一次海湾战争中占尽先机的CNN，也包括正在冉冉升起的福克斯新闻频道。与此同时，美国政府决定在战争中首次组织"嵌入"式采访，挑选记者全程随军行动，通过卫星可视电话进行同步现场直播。

在经历了2000年总统大选和"9·11"有线新闻大战之后，CNN早已全副武装，准备再次掀起直播战争，与福克斯新闻一决高下。CNN计划投入3000万美元，用于战争报道的各项费用，而为前线记者购买的可视电话设备就花费了约20万美元。

莫迪意识到，福克斯新闻作为布什政府的支持者，在这场大战中它必须要有一席之地，并且要做出一番大事业。为此，莫迪在开战之前亲自走访伊拉克并在经历了几轮争辩后争取到15个签证，巴格达方面允许这些人进入他们的领地。但就在开战前夜，伊拉克政府以"报道的偏向性"为由，谴责并驱逐了福克斯新闻频道的所有工作人员和其他美国电视媒体记者。CNN利用它的独特优势，将唯一一个摄制组留在了伊拉克，尼克·罗伯特森成为了美国各大电视网留在城中的唯一记者。此时福克斯虽然可以借助其与阿拉伯电视网的合同得到信息供应，但是福克斯始终处于下风，莫迪心有怨恨，希望CNN的摄制组早日被赶出来。数天之后，CNN唯一的摄制组被驱逐，莫迪这才放下心继续与CNN对决。

2003年3月20日战争开始时，三大有线电视新闻网都进行了不间断报道，而福克斯新闻在战争报道中依然采用"摇旗呐喊"式报道，大打爱国主义旗帜，同时费尽心思制造戏剧效果吸引美国电视观众。

为了制造戏剧效果，福克斯新闻频道雇用戴安王妃生前的情人、英国陆军军官詹姆斯·休伊特负责战争解读和报道。福克斯新闻记者利维拉在现场报道中经常对着镜头失声痛哭或者放声怒骂，并且因为在战地报道中对着镜头在沙地上大画战争地图而差点被五角大楼通报驱逐出伊拉克，但福克斯新闻对此全然漠视。除此之外，福克斯新闻的拿手好戏就是标榜它的"超级爱国主义"立场，毫不掩饰地支持美军的每一次行动，并在电视节目中一次次地将"美国军队"称为"我们的军队"。① 对此，美国其他媒体和研究人士表示非常愤怒，认为它完全丧失了人性，但福克斯新闻却对之视而不见，继续自己的一贯作风。

CNN并没有像在第一次海湾战争中那样独揽全局、统治报道，在第二次海湾战争的第一个星期里，福克斯新闻频道吸引了平均560万黄金时段的观众，CNN以440万名观众落后于它，MSNBC则仅有220万观众。②

---

① 陆生：《走进美国电视》，复旦大学出版社2007年版，第66页。
② ［美］斯科特·科林斯：《狐狸也疯狂——福克斯电视网和CNN的竞争内幕》，张卓译，华夏出版社2007年版，第208页。

三、福克斯新闻频道走向成熟 ①

评判一家美国媒体的成功与否,对于研究机构来说着实是一件难事。美国政治环境的风云变幻决定着一家媒体的收视情况,而在众多美国观众和研究人士看来,收视率高并不一定是成功媒体的代表,因此基于简单的收视数据似乎很难判断谁胜谁负,研究数据充其量是给广告主的一份具有"说服力"的报告。但是对于各家有线电视新闻网来说,收视率决定着一切,他们日夜奋斗的终极目标也只是尽可能地比竞争对手吸引更多的观众。

据2005年美国新闻媒体报告显示,在"9·11"和第二次海湾战争之后,大多数美国观众表示,比起美国商业电视,他们越发信赖有线电视新闻频道提供的突发新闻系列报道和评论。当然,除了一些突发新闻外,每四年一届的美国总统大选也是各家电视网抢占资源和吸引受众的绝佳时期。

自2000年以来,福克斯新闻频道即将经历开办以来的第四次美国总统大选,如前文所述,2000年的总统大选为福克斯新闻频道奠定了坚实的受众基础,经历了2004年、2008年的总统大选,时至今日,福克斯新闻频道已不再是当年的"追赶者",显然成了真正意义上的电视新闻网收视"领头羊"。

(一)2004年总统大选中的积极表现使受众党派化更加明确

从2004年开始,美国三大有线电视新闻频道发展略显困难。之所以面临挑战,主要原因在于自福克斯新闻诞生以来,长达八年之久的有线电视竞争已使美国有线电视观众进入了饱和状态,CNN、MSNBC、福克斯新闻频道若想在此基础上吸引更多的受众或提高自身收视率,只能依靠吸引对方的受众,想要依靠吸引新的用户增加收视的希望几乎为零。2005年美国新闻媒体报告显示,因新媒体的不断发展壮大,三大有线电视新闻网开始担忧自身发展策略,"内容取胜"还是"技术取胜"?哪种方式才能在新媒体强势来袭的背景下保住电视新闻网的地位,发挥其优势?面临抉择,福克斯新闻频道毫不犹豫地选择了"内容取胜",并在后来的发展中成了一家收视率几乎持续平稳上升的电视新闻网。

在内容方面,福克斯新闻采取积极的报道策略,继续采用第二次海湾战中的报道风格,记者、主播在电视屏幕中任意表露个人观点,评论语句远远大于新闻事实陈述部分。据研究报告显示,福克斯新闻频道在伊战期间75%的报道带有个人观点,而在2004年的总统报道中,福克斯新闻频道中87%的报道带有个人观点,远远超过了CNN的7%的个人观点和MSNBC的27%的个人观点。从个别节目的内容来看,福克斯新闻频道著名的谈话类节目《欧瑞利因素》(*O'REILLY FACTOR*)全年节目中只有21%的内容与美国民众生活和娱乐有关,其余79%都是有关美国政府和选举的内容,而在79%的内容中,97%的内容都是比尔·欧瑞利表达的个人观点,甚至他所播报的

---

① 本部分主要参考《2004—2012年美国新闻媒体报告》(*The state of the news media*)的数据和内容。

新闻快讯中也大量存在个人观点，几乎见不到新闻客观性的存在。

正是因为福克斯新闻频道的记者、主播开始对 2004 年的总统大选大肆发表个人观点，美国有线电视新闻网受众的党派化趋势越发明显。如图 2-5 所示，在 2002 年大选中，几乎同样比例的共和党观众分别观看 CNN 和福克斯新闻，而到 2004 年大选时，大概有一半的共和党人选择观看福克斯新闻频道。

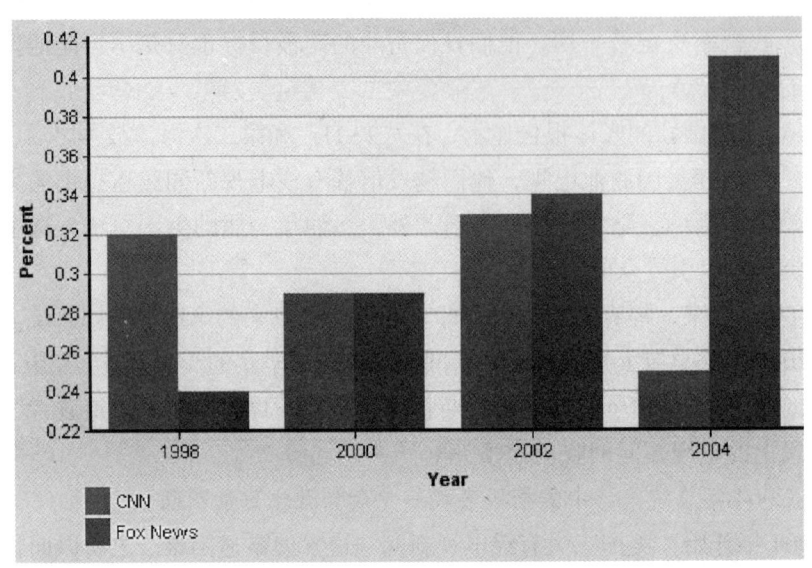

图 2-5 共和党受众在 CNN 和福克斯新闻频道受众中的比例[①]

受 2004 年总统大选影响，美国三大有线电视新闻网收视一直呈现上升趋势，10 月达到最高峰，而在大选最后的几个月时间里，观众数量呈现下降趋势，而福克斯新闻频道是唯一一家观众数量保持稳定的有线电视新闻频道。从 1 月份 20% 的观众数量上升到 11 月份 21% 的观众数量，相比之下，CNN 和 MSNBC 的观众数量都有所下降，分别从 22% 和 7% 下降到 15% 和 6%。

以上研究数据表明福克斯新闻频道已经形成了自身独特的发展模式，即通过公开大胆的言论吸引了众多保守派人士，不仅使得众多新的受众参与其中，还从竞争对手那里抢夺了部分受众，这显然给 CNN 和 MSNBC 带来了重创。

（二）2008 年福克斯收视率到达巅峰

一直以来，美国有线电视新闻频道的收视率都是随着政治大事件和突发事件的变化而随时产生波动。因此从 2004 年大选结束到 2007 年末，伴随新媒体的竞争压力，有线电视新闻频道收视率一直处于下降趋势或零增长的状态。

2006 年福克斯新闻频道黄金时段平均观众为 140 万，几乎是 CNN 的一倍，MSNBC 的三倍；在日间时段，所有有线电视新闻频道观众的 54% 选择观看福克斯新闻，

---

① *The state of the news media (2005)*，http://stateofthemedia.org/2005/cable-tv-intro/audience/。

同样是 CNN 的一倍和 MSNBC 的三倍。虽说以上数据表明福克斯新闻仍然是收视率"领头羊"，但同时它也是收视率下降程度最高的新闻频道。2005 年福克斯新闻频道是当时唯一一家黄金时段收视率增长的有线新闻频道，增长率为 9%，而相反，在 2006 年它的黄金时段收视率下降了 14%，这对它来说损失了大量的广告时段，给竞争对手带来了福音。

究其原因，美国分析专家认为，福克斯新闻频道多年来坚持的报道风格显得稍微老套，面对新媒体快速发展的巨大压力，它无法带来更多新鲜的意见和观点。而这时，一向没有观点可表露的 CNN 和 MSNBC 开始效仿福克斯新闻的报道风格，反而重新吸引了众多游离在外的不稳定的电视受众。

在新闻投资方面，福克斯新闻一如既往地将大量资金用于设备更新和明星主播的培养。据统计显示，2006 年福克斯新闻的预算大致从 2005 年的 3.67 亿美元增长至 4.28 亿美元。在人员建设方面，福克斯新闻频道海外工作人员人数翻了一番，并通过建立国际合作计划和增加自由职业者的参与，加大其国际新闻报道量。

具体到节目，2006 年福克斯新闻频道对节目策略稍加改动，重点打造早间新闻节目，确立"成功从早上开始"的竞争战略，早上 6 点至 9 点的杂志类节目《福克斯与朋友们》（FOX AND FRIENDS）中三位主持人用轻松、愉快的口吻与观众分享前一天的硬新闻，当然其中一定会带有福克斯式的评论穿插。除此之外，还有 11 点至下午 1 点的《福克斯在线》（FOX ONLINE）节目，围观中梳理网络头条新闻、最受关注的新闻事件，等等，而这些早间新闻策略很快也成了竞争对手效仿的典型案例。

在后来的两年时间里，福克斯新闻频道和其他两家有线电视新闻频道一样，收视率一直处于波动状态，从 2007 年末到 2008 年开始慢慢复苏，这要"归功于"2007 年美国大地上发生的几件骇人听闻的突发事件，如 4 月发生的美国弗吉尼亚理工学院枪击案，美国名模安娜·妮可·史密斯（Anna Nicole Smith）意外死亡和后续的一系列财产争夺案件，这些都成了一向热爱犯罪题材的福克斯新闻拿出来说事儿的极好题材，它也正是通过大肆渲染事件情节而再次吸引了观众。此外，福克斯新闻共组织举办了三次共和党候选人辩论会，另外还试图组织一次民主党候选人辩论会，但因民主党领导人拒绝参加被取消。

2007 年福克斯新闻频道黄金时段的平均观众数仍大大超过其他两家，与 2006 年相比增长了 2%；在全美 TOP10 新闻频道节目中，福克斯新闻频道节目占 8 位，《欧瑞利因素》仍然是全美观众最喜爱的脱口秀节目，每晚平均有 200 万观众观看此节目。

2008 年福克斯新闻频道的收视率和利润均达到巅峰，有专家预测，福克斯新闻频道观众数正达到饱和状态。对有线电视新闻频道而言，全年最关注的新闻大事件当然是总统大选。在这次大选报道上（表 2-3），福克斯略微改变了以往的报道策略，反而给两党候选人几乎相同的态度，而后又"自演自导"了一场大戏，许多保守派人士和福克斯新闻频道主播将这一报道策略称为真正提现了新闻的客观性，当然，对此有大部分人是持反对意见的。与2007年相比,2008年福克斯新闻频道黄金时段平均观众数达到179万,增长幅度为28%。(图2-6)

表2-3 美国主要电视新闻频道对两党候选人的态度①

频道	MSNBC		CNN		福克斯新闻网		在所有的媒体	
候选人	奥巴马	麦凯恩	奥巴马	麦凯恩	奥巴马	麦凯恩	奥巴马	麦凯恩
积 极	40%	9%	38%	15%	24%	22%	38%	15%
消 极	16%	75%	36%	59%	43%	38%	27%	57%
中 性	44%	16%	26%	25%	33%	41%	34%	29%

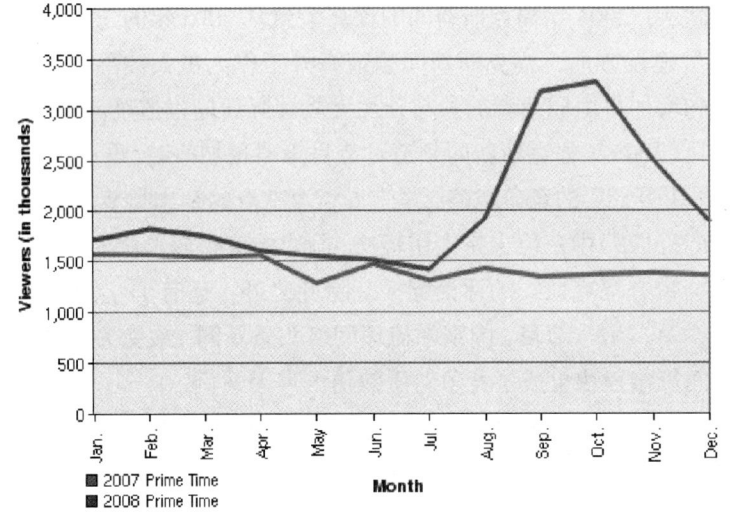

图2-6 福克斯新闻频道黄金时段观众增长趋势

在资金投入方面,2008年福克斯总共投入6.11亿美元,2008年5月1日,福克斯新闻频道在美国选定区域推出了高清频道,时代华纳有线电视公司在纽约州、德克萨斯州、密苏里州进行转播。此时福克斯新闻频道在美国国内已拥有亚特兰大、波士顿、芝加哥、达拉斯、丹佛、洛杉矶、迈阿密、纽约、旧金山、西雅图、华盛顿等11家分社,在国外共有6家分社,分别在巴黎、罗马、伦敦、莫斯科、耶路撒冷、中国香港等地。

(三)"最值得信赖"与"最不值得信赖"的新闻频道

2009年至2012年年初,福克斯新闻频道收视情况出现了下降的趋势,但这不仅仅是这一家有线电视频道面临的问题。

对于众多共和党人来说,福克斯新闻频道仍然是最值得信赖和最有利于自身的新闻频道,如2009年9月皮尤研究中心发表的一份报告显示,72%的共和党观众认为福

---

① 数据来源:*The state of the news media (2009)*。

克斯新闻频道是"有利的"。另外 2011 年 1 月，民主党下属的公共民调机构报告显示，福克斯新闻频道是全美受众第二个最值得信赖的电视新闻网，相比其他电视网络，50% 的受访者表示他们最信赖美国公共广播公司（PBS），42% 的受访者表示自己最信赖福克斯新闻频道；但与此同时，46% 的受访者表示自己最不信任的电视新闻网是福克斯新闻频道。

2009 年福克斯新闻频道聘用了 CNN 头条新闻主持格伦·贝克（Glenn Beck），一举获得了平均每日 232 万的观众数量，这给福克斯新闻带来了不少新鲜血液，使得本应在大选之后"一落千丈"的收视情况瞬间好转。但很不幸的是，因格伦·贝克坚决与奥巴马唱反调，多次在节目中提到"奥巴马是种族主义者"，这些观点遭到了广告商的抵制，他不得不在 2011 年 6 月 30 日完成自己最后一次节目后离开福克斯新闻频道。

虽然福克斯新闻频道的累积观众数量一直处在 CNN 之后，但是在黄金时间收视率上一直是"领头羊"。据 2012 年美国新闻媒体研究报告显示，2011 年的收视情况对福克斯新闻频道而言略显残酷，在 CNN 和 MSNBC 黄金时段观众数量略显上升的情况下，福克斯新闻频道几乎所有黄金时段节目都失去了部分受众。如《欧瑞利因素》从 2010 年每日平均 319.1 万观众下降到了 296.4 万观众，《汉尼提》从 2010 年每日平均 229.4 万观众下降到了 207.8 万观众。

在资金投入方面，福克斯仍然下大力气提高主播的薪水，同时 2011 年它不断提高订户费用，每月每户从 70 美分上升到 78 美分。埃尔斯认为，2008 年福克斯新闻频道与比尔、汉尼提等明星主播签约延长至 2012 年，这足以让福克斯新闻持续到 2012 年一直保持良好的收视情况。

今日的福克斯新闻显然不再是 1996 年那个比他人多出钱得到有线电视运营公司同意的"新生儿"，如今它可以凭借多年来积攒的人气在美国大地上"为所欲为"，毕竟它目前所处的有利地势是无人能及的。

四、福克斯新闻频道的节目设置

重大突发事件的新闻直播是 24 小时电视新闻频道最突出的特色，这也正是有线电视新闻一举打破三大电视网晚间新闻节目收视的根本原因。当然，频道定位不同，其在节目类型风格定义和报道形式上也会有不同的特色。总体而言，福克斯新闻频道的直播新闻侧重于信息量和快节奏，并且热衷于在电视节目中大量融入记者和主持人的观点。

福克斯新闻频道每天播出长达 17 小时的直播节目，其余为录播节目和重播节目。福克斯新闻频道作为 24 小时新闻频道，节目内容非常丰富,涵盖了所有类型的新闻节目，其中最主要的是新闻直播类节目和谈话辩论类节目。

在福克斯新闻频道网站上，我们可以看到该频道的黄金时段是 17：00-23：00，从节目的安排来看，以脱口秀节目为主，主要包括：《五》（The Five）、《特别报道》（Special Report with Bret Baier）、《福克斯报道》（Fox Report）、《欧瑞利因素》（The O'Reilly Factor）、《汉尼提》（Hannity）、《记录在案》（On the Record with Greta Van Susteren）等六档节目。（图 2-7）

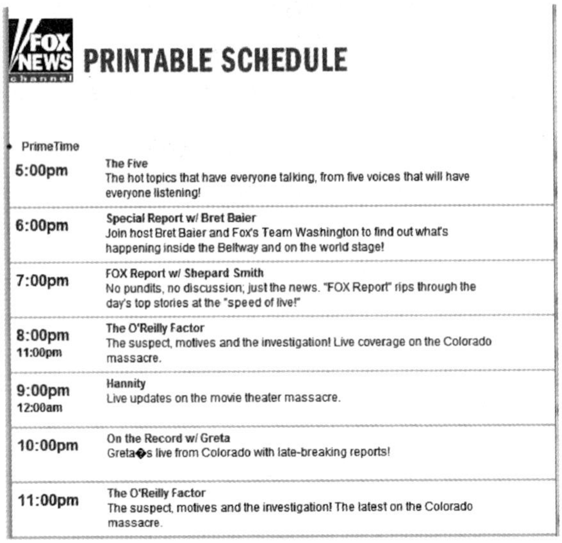

图 2-7 福克斯新闻频道黄金时段节目表

（一）谈话辩论类节目

福克斯新闻频道所有节目类型中深度谈话类节目和辩论类节目比重最大，这正是它在三家有线电视新闻网络中脱颖而出，并一直稳坐黄金档收视冠军宝座的原因所在，这类节目通常也被称为脱口秀。

谈话辩论类节目主要由主持人提供新闻背景，在不背新闻稿件的情况下，临场发挥，针对新闻事件或人物侃侃而谈从而以诙谐幽默的方式表达自己的观点，福克斯新闻频道的《欧瑞利因素》（图 2-8）是目前全美收视率最高的谈话辩论类节目。

1996 年 10 月，《欧瑞利因素》开播之初原名叫作《欧瑞利报告》，是美国有线电视新闻节目中收视率最高的晚间脱口秀节目。该栏目平均收视观众 190 万，已超过 CNN 王牌节目《拉里·金现场》，成为全美国有线电视新闻频道黄金时段最叫座的栏目。参加节目的嘉宾都是受到人们尊重的社会名流，只要是能吸引观众的当红政坛明星都可以成为欧瑞利的访问对象，不管他有多少丑闻，也不管他正在受到多么严厉的谴责。栏目所涉及的话题也颇有争议，比如总统丑闻、实习生失踪案、警察施暴、性教育、减税、人权问题等。2005 年 8 月，全美收视率位居前列的 12 个谈话辩论类栏目中，《欧瑞利因素》位居第一，收视人数高达 250 万。

主持人是这类节目成功的关键，他们必须要在精通谈话、采访技巧的同时博学多识。从政治、经济领域到国际大局势，从环境污染、同性恋婚姻到个人感情纠纷……主持人都要在节目中进行一番激烈的讨论，最后给观众一个相对满意的分析结果和相对清晰的观点。

图 2-8 《欧瑞利因素》主持人欧瑞利

谈话辩论类节目包括许多种类，比如新闻时事类谈话辩论节目、滑稽娱乐类节目和其他种类，福克斯新闻频道大多是新闻时事类谈话辩论节目。深度谈话辩论类栏目是福克斯新闻频道的基点，通过提供新闻背景、评论、意见等，增加新闻的深度和广度，体现自己和其他频道的差异，塑造频道的品牌形象。

（二）新闻直播类节目

新闻直播类节目致力于以最快速度全面报道国际国内发生的时事、政治、军事、财经、体育、环境、科技、健康等各个领域的事情，在固定的时间段播出，大致在清晨、早间、午间和下午时段。

图 2-9 《福克斯和朋友们》

福克斯新闻频道的滚动新闻栏目与其他有线电视新闻频道不同的是，无论报道一则短新闻还是报道一则突发大事件，主持人都不会忘记在其中夹杂自己的观点，久而久之形成了福克斯新闻频道独特的报道特色。福克斯新闻频道最典型的一个滚动新闻栏目是《福克斯和朋友们》（图2-9），从早间9点主持人会不断更新新闻，在第一时间向观众提供最有效的信息。观察福克斯新闻频道节目不难发现，所有节目中没有一档不发表观点只播报新闻，所有节目多多少少都带有一点"谈话"性质。

播出形式上，滚动新闻节目首先追求在特定时间内信息最大化，因此通常以篇幅短小、简洁易懂的形式出现。大多以主持人口播新闻加配图的形式播报新闻，随着技术的发展和受众的需求的改变，在这类新闻节目中能够看到更多地以现场电话连线或画面连线的方式播报新闻。

以下是福克斯新闻频道节目表。

播出时间	节目名称	节目类型 & 主要内容
5：00–6：00	《第一场福克斯与朋友》 FOX & Friends First	脱口秀（Talk Show） 作为《福克斯和朋友们》的前奏出现，大幅度提高了福克斯新闻频道早间收视率。 **常规板块**：政治新闻板块、社会新闻板块 　　　　　看谁在说话 Look who's talking 　　　　　问问专家 Ask our experts
6：00–9：00	《福克斯与朋友》 FOX & Friends	谈话节目（Talk Program） 综合类早间新闻节目，播报最新头条新闻并分析，政治类新闻方面主要与奥巴马唱反调，表现出明显的共和党倾向。 **常规板块**：政治新闻 Powerful Politics 　　　　　著名面孔 Famous Faces 　　　　　体育新闻 Kilmeade's Keeping Score 　　　　　社会新闻 News you can use 　　　　　饮食健康新闻 Good eating 　　　　　奇闻趣事 FOX flash 　　　　　理财、房地产类新闻 Shattered Dreams
9：00–10：01	《美国新闻编辑室》 America's NEWSROOM	新闻和谈话节目（News and Talk Program） 主要谈当前最新消息，侧重报道政治新闻，节目中经常做客两位观点对立的独立评论员或者专家，对新闻事件进行评价，引导观众从多角度思考问题。 **常规板块**：世界政治新闻 　　　　　政治新闻 Politics Fair and Balanced 　　　　　社会新闻 Because You Asked

第二章　FOX：新闻频道娱乐化发展的成功案例

（续表）

播出时间	节目名称	节目类型 & 主要内容
11：00–13：00	《正在发生》 Happening Now	突发事件和谈话节目 （Breaking Story and Talk Program） 主要报道美国和世界各地发生的突发新闻并进行讨论。 常规板块：直播新闻节目 As Seen on Happening Now 　　　　　政治新闻 Powerful Politics 　　　　　世界新闻 Around the World 　　　　　政坛人物解答问题 The Hot Seat 　　　　　各界成功人士解答 America's Asking 　　　　　各类社会调查报告 Small Business Now
13：00–15：00	《美国信息》 AMERICA Live with Megyn Kelly	新闻节目（News Program） 主要报道具有争议的社会问题和政治问题，主持人、嘉宾从法律的角度对问题进行辩论和解析。 常规板块：政治新闻 　　　　　凯利的法庭 Kelly's Court 　　　　　综合新闻 Power Panel
15：00–16：00	《谢博德·史密斯工作室》 Studio B with Shepard Smith	新闻谈话类节目（News and talking program） 对当天的重要新闻进行分析，节目中邀请专家和学者进行深度分析，此外还会利用非常多的网络新闻资源进行对比分析。 常规板块：新闻回顾 Studio B 　　　　　新闻分析 Fox Report
16：00–17：00	《你的世界由尼尔·卡沃特主持》 YOUR WORLD with Neil Cavuto	财经新闻、谈话节目（Business News/Talk Program） 分析每日股票行情和重要财经新闻，并结合近期政治新闻预测是否会影响股票走向和市场行情等。 常规板块：尼尔的特别空间 Neil's Space Special 　　　　　最大的贸易 Biggest Names in Business 　　　　　政治新闻 Powerful Politics 　　　　　独家报道 Your World Exclusives 　　　　　常用小知识 Biz Flash

(续表)

播出时间	节目名称	节目类型 & 主要内容
17:00–18:00	《五》 The Five	**政治、时事辩论类节目**（Roundtable Political Debate/Current Events Discussion） 五人围绕圆桌讨论当前政治和流行文化，节目名称由来也是因此，另外一个原因是，从开播开始一直在下午5点播出。此节目收视率仅次于《欧瑞利因素》，是美国民众非常喜爱的一档辩论类节目。 常规板块：五（新闻回顾部分）The Five 　　　　　五人讨论 One More Thing
18:00–19:00	《特别报道》 Special Report with Bret Baier	**政治新闻谈话类节目**（Political News/Talk Program） 主要报道评论当天的政治新闻，围绕国会、总统、最高法院等展开讨论，节目中穿插政坛名人采访。 常规板块：特别调查 Special Report Investigates 　　　　　全明星脸 All-Star Panel 　　　　　支出成本 The Cost of Spending 　　　　　网络独家报道 Web Exclusive Reports 　　　　　英国人的评论 Brit Hume's Commentary 　　　　　在线特别报道 Special Report Online 　　　　　政治葡萄 Political Grapevine
19:00–20:00	《福克斯报道》 FOX Report	**新闻广播**（Newscast） 播放全美新闻，类似新闻联播。 常规板块：横跨美国 Across America 　　　　　世界新闻 Around the World in 80 Seconds 　　　　　受众报告（由观众发来的一条新闻） 　　　　　　　　　U Report 　　　　　名人部落 G-Block 　　　　　娱乐新闻 Daily Britney 　　　　　历史上的今天 This Day in History

(续表)

播出时间	节目名称	节目类型 & 主要内容
20：00–21：00	《欧瑞利因素》 The O'Reilly Factor	政治脱口秀（Political Commentary） 美国有线电视新闻节目中收视率最高的晚间脱口秀节目，主要讨论当前具有争议的政治事件和政客。 常规板块：谈话要点 Talking Points Memo 　　　　　最新新闻 Top Story 　　　　　影响 Impact 　　　　　未解决的问题 Unresolved Problem 　　　　　个人故事 Personal Story 　　　　　重温新闻 Factor Follow-Up 　　　　　不同主题 Back of the Book 　　　　　观众来信 Factor Mail 　　　　　猪头和爱国者 Pinheads and Patriots 　　　　　每日提示 Tip of the Day 　　　　　每日一句 Word of the Day
21：00–22：00	《汉尼提》 Hannity	政治类节目（Political Program） 该节目主要对政治事件进行评论和辩论，嘉宾有自由派和保守派人员构成，观点碰撞激烈，非常受美国民众喜爱。 常规板块：政治新闻 Powerful Politics 　　　　　著名面孔 Famous Faces 　　　　　汉尼提的英雄 Hannity's Heroes 　　　　　真正的奥巴马 The Real Obama 　　　　　特别调查 Special Investigations

(续表)

播出时间	节目名称	节目类型 & 主要内容
22:00–23:00	《记录在案》 On the Record with Greta Van Susteren	时事评论节目 Current Affairs Program 关注社会类新闻事件，结合法律专家观点和民众采访，从道德、法律层面对事件进行深度解析和评论。 常规板块：地面报道 Griff on the Ground 　　　　　法律小组 Legal Panel 　　　　　重要的访谈 Can't-Miss Interviews 　　　　　特别报道 Specials 　　　　　现场访谈 Raw & Uncut 　　　　　讨论道德 On the Road 　　　　　回放 Flashback
3:00–4:00	《红眼睛》 Red Eye with Greg Gutfeld	讽刺脱口秀 Comedy Satire News parody 对政治、娱乐、体育、流行文化、商业、宗教等话题进行自由的讨论，经常以幽默讽刺的手段体现枯燥的新闻事件。 常规板块：赛前报告 Pregame Report 　　　　　半场报告 Halftime Report / Andy Levy 　　　　　闪电回合 Lightning Round 　　　　　赛后综述 Postgame Wrap-Up

第二节　频道发展策略研究

福克斯新闻频道的成功因素无疑是多方面的，它充分利用福克斯娱乐集团及其母公司福克斯新闻集团的优势迅速崛起。但福克斯新闻频道能够成为今日的美国新闻网的"领头羊"，更应归功于它所采取的精准的发展策略和明智的竞争路线，即新闻娱乐化路线。

于福克斯新闻频道而言，"娱乐化"不仅仅是电视新闻节目以软新闻为主并且更多将硬新闻软化，在这里，"娱乐化"体现的是宏观层面的指导意义。自福克斯新闻频道诞生之日起，无论是在新闻理念、操作手法和运营理念上都与传统理念持相反意见，始终以娱乐精神看待事物，这注定它会将"娱乐化"进行到底。

虽然我们不能称福克斯新闻频道为美国电视新闻娱乐化风潮的领头人，但它是目前唯一一家自始至终敢于将"娱乐化"融入自身新闻理念和操作手法中的电视新闻频道，也是最为"成功"的一家。本节试图从三方面阐释福克斯新闻频道的"娱乐化"发展策略：非传统的新闻理念、"默多克式"的报道手法和差异化的运营策略。

一、非传统的新闻理念

由于潜在的竞争压力和自身发展需求，在1996年频道开播之初，总裁罗杰·艾尔斯就提出了"公正与平衡"原则与"我们报道，你们决定"的宣传口号，指导其具体新闻运作。在当时的社会环境下，福克斯新闻频道的"公正与平衡"原则彻底颠覆了新闻客观性原则，其发展道路证明，正因为有了这个非传统而具有挑衅意味的新闻理念，才能够使福克斯新闻频道一路"过关斩将"，在短短的五年时间内跃居美国新闻频道收视率首位，并借此成功培养了一批忠实电视观众。

美国新闻界一直把客观性原则放在首位，但在福克斯新闻频道看来，新闻报道中无法达到完全客观、真实，即使存在也是"伪客观、伪真实"。"所谓公正和客观，是所有媒体在法律保护下发表意见的综合。福克斯新闻频道的存在是对其他自由派媒体的平衡，显示了'公正与平衡'，这一口号无疑是对传统新闻理念的一大冲击，成为福克斯新闻频道的突出形象标志。"① 其实，事实早已证明，当新闻变成人们的日常消费产品之时，美国新闻界的客观性原则自然早已成为虚幻，取而代之的是带有明显倾向性的新闻报道和娱乐化的新闻节目。而这些娱乐化的新闻节目，自然不敢标榜"客观、真实"。

在福克斯新闻频道面世之前，福克斯总裁罗杰·艾尔斯雇用民主党民意调查专家调查美国人的媒介感知（perceptions of media）。"大约65%到75%的美国人认为媒体有左派倾向，"艾尔斯说，"现在无论它左倾与否，如果他们认定了这个，那么只要你不右倾，这就留下了大量空间。在继续让自由派说他们想说的时候，用不同意见者的说法来平衡之，你就可以打开局面。"② 艾尔斯认为，"新的24小时新闻频道会产生效力，因为这些观众渴望在充满自由主义偏见的报道之外有其他的选择。保守派只能在谈话广播（talk radio）里发泄他们的沮丧，其他媒体常常对他们的观点嗤之以鼻。艾尔斯确切地知道如何赢得这些被禁锢的观众。"③ 因此，与其说福克斯新闻频道"公正与平衡"原则对抗了美国媒体"自由派偏见"，不如说它迎合了大部分被媒体冷落的"保守派意见"。从这个意义上说，福克斯新闻频道所提倡的"公正"不是真正意义上的公正，而是建立在对自由派"平衡"基础上的"公正"。④

---

① 穆国华、魏春洋：《福克斯新闻频道与新闻娱乐化》，《世界文化》2006年第3期。
② [美]斯科特·科林斯：《狐狸也疯狂——福克斯电视网和CNN的竞争内幕》，张卓译，华夏出版社2007年版，第90页。
③ [美]斯科特·科林斯：《狐狸也疯狂——福克斯电视网和CNN的竞争内幕》，张卓译，华夏出版社2007年版，第79—80页。
④ 王菊芳：《福克斯新闻频道沿河迅速崛起》，《电视研究》2008年第9期。

二、"默多克式"的报道手法

作为媒体大亨默多克旗下的媒体,福克斯新闻频道承袭了默多克媒体的两大特色:在政治新闻上,走的是爱国主义的新闻路线,把政治新闻节目娱乐化;在社会新闻上走的是花边主义的新闻路线,极尽夸张能事。①

(一)把爱国精神凌驾于新闻原则之上

尽管福克斯自我标榜的定位是"公正与平衡",但福克斯的雇员向公众表明:"我们不仅是记者,我们更是美国人!"(We are journalists, but we are also Americans!)这个口号充分表明福克斯处理新闻时的政治立场,把爱国主义凌驾于新闻原则之上,再也没有了自己所标榜的"公正性"。②密苏里新闻学院副院长 Esther Thorson 教授称之为"福克斯现象",并认为这种现象正引导美国新闻界走向歧途。但是不可否认的是,"福克斯现象"成就了 FOX 的今天,使它成为收视最高的新闻频道。

有人说,是"灾难"与"战争"成就了福克斯新闻频道,而"福克斯现象"也正起因于此。在 2001 年的"9·11"事件报道中,福克斯新闻频道首次高调表露自己的"爱国主义情怀"。当 CNN 禁止使用"恐怖分子"字眼来描述袭击者时,福克斯却把本·拉登称为"肮脏卑鄙小人"(dirtbag)和"妖魔"(monster),毫无疑问,这些带有强烈感情色彩的字眼恰好表达了许多美国人在袭击之后的情感。另外,就在此次报道中,福克斯首次做出直播和滚动新闻的决策,福克斯电视网图片总监里克·欧布赖恩(Rich O'Brian)决定把一面美国国旗标志放在屏幕画框的右上方一角。对此,新闻总监约翰·莫迪对他说,"里克,我认为这是我见到的最美丽的事物之一"。③

美国新闻界批评家对于福克斯的这一"壮举"瞠目结舌,"把台标与峥嵘岁月匹配起来,福克斯是不是就把自己等同于美国的全部?尽管批评家惊讶不止,电视网从没对拉大旗包裹自身说声道歉。9 月 11 日之后,福克斯频道决定一如既往,给'公平与平衡'一个灵活的含义。这不是'一次'战争,而是'我们'的战争"。④艾尔斯说,"经历了 9 月 11 日的灾难之后,许多观众似乎对福克斯新闻刮目相看,还有许多观众第一次发现了这家电视网"。

随后,在 2003 年美国政府第二次对伊开战时,福克斯新闻频道全程、同步、实地报道了战争,一如既往地大打"爱国主义"牌子,"用煽情的言语赞美自己一方,讥笑和嘲讽被视为敌人的另一方。有的福克斯新闻频道的主持人和前方记者,一改美国新闻界的惯例,在报道中把'美军'称为'我们的士兵',把'海军陆战队'称为'我

---

① 穆国华、魏春洋:《福克斯新闻频道与新闻娱乐化》,《世界文化》2006 年第 3 期。
② 毕竟、范序:《从福克斯现象看美国媒体偏见》,《当代传播》2005 年第 1 期。
③ [美] 斯科特·科林斯:《狐狸也疯狂——福克斯电视网和 CNN 的竞争内幕》,张卓译,华夏出版社 2007 年版,第 170 页。
④ [美] 斯科特·科林斯:《狐狸也疯狂——福克斯电视网和 CNN 的竞争内幕》,张卓译,华夏出版社 2007 年版,第 170 页。

们的海军陆战队'"。①

（二）强化个人主观评论与政治新闻娱乐化

在报道风格上，福克斯新闻频道和CNN完全不同，CNN是严肃、公正、客观新闻的提供者，而福克斯新闻频道是鲜明、个性、主观观点的奉献者。

福克斯新闻频道的比尔·欧瑞利曾说："如今的美国人，他们早已通过网络、广播节目、许多交通工具等获得了当天的新闻。因此，他们想通过电视新闻频道得到更多的深度分析和一方观点，而不是想重复收听同样的新闻。"②因此，除了新闻娱乐化，他们更注重为广大观众提供质量高、准确性高的新闻和全面、有力的新闻深度解析，在深度访谈、谈话、辩论类节目中主要提供新闻背景、分析、评论、综述、意见等，增加新闻的深度和广度。

福克斯新闻频道的分析充满了各种各样的观点和评论，大大丰富和拓展了话语空间，意在吸引那些对主流媒体报道方式厌倦了的观众，并反复地撞击它们内心绷得最紧的那根弦。这样一来，福克斯建立起非常清新的频道形象，每每在一件大事发生之后，即使人们收看了其他有线新闻网或报刊杂志的新闻，它们仍然会选择收看福克斯的新闻分析。③

在2009年9月福克斯新闻频道与白宫的大战中，福克斯新闻台的新秀格伦·贝克（Glenn Beck）在电视屏幕中用一张地图、一个武装直升机模型和几个玩具坦克陈述了他的作战计划。他说："白宫里的人是一群战争贩子！他们正在同伊拉克开战，同阿富汗开战，同本·拉登开战，同基地组织拼命，同塔利班交火。现在，他们将迎来新的敌人——福克斯新闻网。"④主持人用自身特有的语言风格和人格魅力感染受众，使严肃的政治议题变得低俗耐看，哗众取宠。

另外，福克斯新闻擅长在播出的新闻图片和视频上做手脚，用夸张的手段报道新闻，吸引观众。因《纽约时报》记者雅克·斯坦伯格（Jacques Steinberg）在2008年6月28日的报纸上指出"福克斯新闻频道的收视率将要有不祥的预兆"，福克斯新闻频道在2008年7月2日的《福克斯与朋友们》节目中，随意篡改了该记者的相貌，夸张地描述了该记者在《纽约时报》上的报道。

福克斯频道的著名访谈与辩论类节目《欧瑞利因素》（The O'Reilly Factor），已经超过CNN王牌节目之一的《拉里·金现场》，成为全美国有线电视新闻频道黄金时段最叫座的栏目。《汉尼提》（Hannity）也已经成为全美国有线电视新闻频道黄金时

---

① 《为什么多数美国人会支持伊战？——从福克斯现象透视美国的媒体误导》，http://www.tianya.cn/publicforum/Content/no06/1/27333.shtml.

② Meyers, Jim: "O'Reilly: Obama Turning U.S. Into 'Nanny State'", http://www.newsmax.com/Headline/oreilly-fox-obama-ailes/2010/03/28/id/354047.

③ 嵇美云：《从故事到话语：福克斯新闻频道的竞争策略解码》，《传媒》2008年第3期。

④ [美] 克里斯·麦格里尔：《福克斯新闻网大战白宫》，http://news.ifeng.com/opinion/topic/aobamavsfox/200910/1023_8456_1402124.shtm.

段最叫座的夜间辩论类栏目。①据最新统计数据显示，2011年，在全美收视率位居前列的13个访谈与辩论类节目中，《欧瑞利因素》仍然位列第一。

三、差异化的运营策略

福克斯新闻频道具有其他竞争对手所缺乏的两个优势：一个是精准的目标观众群，一个是具有卓越远见的领导人。②除此之外，福克斯新闻频道的成功，离不开它不惜血本打造各时间档的王牌主持。它利用主持人自身特有的语言风格和人格魅力感染受众，用独特的视角展现新闻事件，巩固其在受众心目中的地位。

（一）锁定保守派受众

基于福克斯新闻频道的"公正与平衡"原则，在它正式开播之前，本来就有保守意见的默多克与艾尔斯早早确立了他们的目标受众群，即一直抱怨被自由派忽略的保守派受众。

福克斯新闻吸引大量保守派受众，这一点可以从这个频道对美国大选报道的收视率上看出来。在对2000年总统选举的报道中，在共和党大会期间，福克斯新闻的收视率一路飙升，在某些关键时刻甚至超过了当时处于巅峰期的CNN，但到了民主党大会期间，福克斯新闻的观众数则会大大萎缩。③

当然，我们不能简单认为，福克斯新闻频道的受众群仅仅由一批美国保守派受众组成。除了保守派受众，它也有许多倾向自由主义的受众。相反，其余持自由派意见的多家电视网络的受众中，也有许多保守派受众。从根本而言，美国受众的"不稳定性"，取决于美国民众自身的特点，他们永远都是世界上最具智慧与挑战性的受众群体。

（二）不惜血本培养主持人

在培养主持人方面，福克斯新闻频道大量吸收带有保守派意见的新一代主持人，"他们或以一种独特的人格魅力，或以智慧和深度，或以锐利、尖刻，为各自的栏目汇聚人气"。④艾尔斯曾说："电视网看上去是否更好些没多大差别。归根到底，如果你有两个人坐在椅子上，如果你有两个恰到好处的人，你可能有更高的收视率。"

美国哥伦比亚大学新闻学院下属的"卓越新闻项目"（Project for Excellence in Journalism）"发表的《美国媒体2011年现状》报告中指出，2011年福克斯新闻频道大量更新了其主持人队伍。而2011年福克斯新闻频道的投资额也首次超过了CNN，他把72.2%的投资集中在培养频道主持人上。⑤除了福克斯新闻频道最具煽动力的老牌主

---

① 胡正荣：《欧美主要电视新闻频道解析》，http://www.cctv.com/tvguide/tvcomment/tyzj/zjwz/8504.shtml。
② 刘琼：《从福克斯新闻频道看中国新闻频道的发展》，《山东视听》2005年第1期。
③ [美]斯科特·科林斯：《狐狸也疯狂——福克斯电视网和CNN的竞争内幕》，张卓译，华夏出版社2007年版，第156页。
④ 孙卫华、白丽：《电视新闻的制胜策略——读〈狐狸也疯狂——福克斯电视网和CNN地竞争内幕〉》，《新闻爱好者》2009年第4期。
⑤ 数据来源：The year in news 2011，http://www.journalism.org/analysis_report/year_news。

持欧瑞利之外,这里还有称奥巴马为"种族主义者"和"对白人或白人文化有着根深蒂固仇恨"的新秀格伦·贝克;夜间政治评论节目《汉尼提与考姆斯》的主持人艾伦·考姆斯(Alan Colmes),被福克斯员工称为"一个强硬的自由主义者",而他在"今日美国"节目中却说"我很温和"。

据美国新闻媒体透露,2011年,欧瑞利的年薪高达1000万美元;汉尼提的薪水从未被透露过,但是不难猜测,一定是相当高的数字;① 因福克斯新闻频道与奥巴马政府口水战而一举成名的格伦·贝克,根据其2011年合同,年薪达到250万美元。②

能够为其雇员支付如此高的薪水,可想而知,福克斯新闻频道的广告收入非常可观。但是美国新闻界对福克斯新闻未来的广告收入持怀疑态度,2011年福克斯新闻频道的观众数量同比下降,这无疑会影响到它未来的广告收入。同时,该频道在政治脱口秀节目中对政府的讽刺,可能也会影响到它将来的广告收入。

四、福克斯新闻频道娱乐化发展策略成因

20世纪90年代以后西方新闻界出现了"新式新闻"(The new news)这一术语,最初采用这个术语的卡茨(John Katz)说:"新式新闻是一个速配的混合物,它部分是好莱坞电影和电视电影,部分是流行音乐和流行艺术,它将流行文化和名人杂志紧紧混合起来,使小报式的电视节目、有线电视和家庭录像互相结合。"③ 在"新式新闻"出现后,美国媒介分析家本·巴迪肯(Ben Bagdikian)创造出了一个新词汇——infotainment,即information(信息)和entertainment(娱乐)的组合,借以描述通过媒介传播出来的"信息+娱乐"形式的新闻,也就是我们所说的新闻娱乐化现象。

美国电视新闻娱乐化具体表现为:一是在内容上偏向软新闻(西方媒介称之为"大众新闻")或尽力使硬新闻软化。其表征是减少严肃新闻的比例,将名人趣事、日常事件及带煽情性刺激性的犯罪新闻、暴力事件、灾害事件、体育新闻、花边新闻等软性内容作为新闻的重点,全力从严肃的政治、经济变动中挖掘其娱乐价值;二是在表现形式上,强调故事性、情节性,从最初强调硬新闻写作中适度加入人情味因素,加强贴近性,演变为一味片面追求趣味性和吸引力,强化事件的戏剧悬念或煽情、刺激的方面,走"新闻故事化,新闻文学化"道路。20世纪末的辛普森杀妻案、戴安娜王妃之死以及美国总统克林顿绯闻案,显然是美国新闻史上新闻娱乐化的三大经典案例。④

电视新闻娱乐化现象只有在媒介环境内部因素和社会环境外部多种因素的合力作用下才得以产生。在市场经济条件下,"新闻日益以娱乐化的方式体现"是媒介发展

---

① Bill O'Reilly's indie instincts,http://articles.latimes.com/2010/mar/21/entertainment/la-ca-bill-oreilly21-2010mar21。
② Being Glenn Beck,http://www.nytimes.com/2010/10/03/magazine/03beck-t.html。
③ [美]沃纳·塞佛林等:《传播理论:起源、方法与应用》,孟颖等译,华夏出版社2000年版,第9页。
④ 穆国华、魏春洋:《福克斯新闻频道与新闻娱乐化》,《世界文化》2006年第3期。

的必经之路；而从媒介本身发展而言，随着电视机来到人们的生活中逐渐成为人们生活中不可缺少的伙伴时，它早已成为新闻娱乐化发展的最佳平台。因此，笔者试图从社会环境外部因素和媒介环境内部动因两方面剖析福克斯新闻频道娱乐化发展策略的成因。

（一）娱乐化发展的外部因素

福克斯新闻频道恰巧诞生于20世纪90年代末，正是欧美国家新闻媒体市场化改革走向成熟的时期，同时也正是受众的信息需求显现复杂多样化状态的特殊时期。

1. 政治：民主政治环境是娱乐化发展策略的前提条件

美国的政治环境和新闻自由的"含金量"一直是具有争议的话题，但不容否认，在美国，大众传媒与政治团体始终保持着密切的关系，这是显而易见的。在开放、民主的社会环境中，某个政治团体和经济利益集团无法拥有一家媒体，它只能是利用大众媒体为其特定的目的服务，而媒体则通过大肆渲染政治新闻尽情地"娱乐"美国政治，从而吸引更多的电视受众，提高其收视率。福克斯新闻频道正是诞生在保守主义日益壮大的时代，显然他们是长期被主流媒体所忽视的受众，也正因此福克斯新闻频道捡了个大便宜，锁定了它的受众群体。

进入90年代以后，美国的政治局势发生了重要变化，其中影响最大的是保守主义思潮的卷土重来。保守主义的这次重新得势，来势凶猛，对政府的经济和社会政策产生了深刻影响，加快、加深了从自由主义向保守主义方向的转变，并且对美国政治生活产生重要影响。①

自由主义长期主宰美国政治，给美国政治、经济、文化等各方面带来许多问题。社会福利过度膨胀、开支急剧增加、个人自由发展过头，结果是暴力犯罪猖狂，毒品泛滥，道德沦丧，家庭破裂，教育水平下降。这一切，危害社会安定，引起广大民众的不满。在文化方面，多元化文化无止境地流入，逐渐形成对主流文化的威胁。

因此在两党势力不相上下、群众具有言论自由的环境下，必然会带来媒介娱乐化的效应。对于美国政府而言，电视新闻娱乐化能够使其在媒体娱乐化渲染中，保持其最亲民的形象从而维护自身利益；而对媒体自身而言，娱乐化的表达为其带来了无限的活力与动力，让其得到了充分的发展，并且获得了巨大的经济收益。

当然，媒体在民主政治环境下也有其弊端，如信息混乱、良莠不齐，而媒介娱乐化就是这种弊端的具体表现之一。福克斯新闻频道诞生时，CNN作为第一家24小时电视新闻频道，尝试了无数次的包括总统大选和战争的现场直播，被称作是带来了新闻娱乐化的第一次高潮。在当时的情境下，福克斯新闻频道得以诞生，完全是因为美国民众允许不同声音的存在，而完善的法律制度为其言论自由提供了法律保障。

2. 经济：媒介竞争压力是"娱乐化"发展的原动力

经济发展模式必然决定着媒介的发展趋势和运营理念，市场经济发展必然会带来

---

① 李道揆：《九十年代的美国政治》，《美国研究》1997年第4期。

新闻媒介娱乐化现象。在残酷的市场竞争中，媒介作为一个盈利主体，必然会选择最有效的运营模式和操作方式来应对竞争对手，具体而言就是想尽办法使其受众群体日益壮大，从而吸引更多的广告资源，这是市场经济环境下的媒介生存之道。

默多克非常清楚福克斯新闻频道的处境，若不采取与其他竞争对手不同的运营理念，他必将会以失败而告终。事实证明，默多克的"娱乐化"策略彻底地颠覆了美国的客观、公正新闻理念，他试图将严肃新闻完全娱乐化，几乎将"新闻"与"娱乐"等同看待。

当所有人都对此抱有怀疑态度时，美国广大受众却为默多克生产的新闻产品提供了巨大的需求量，并日益增长。在消费主义的推动下，美国男女老少、各个阶层种族越来越排斥严肃的新闻信息，而更容易接受被"娱乐化"的政治新闻，追求更愉悦的精神消费体验。

其实，在新闻媒介的主要功能里就已经包括"娱乐"功能，是指向受众提供娱乐信息使人们的生活更加丰富。但是随着新闻媒介市场化脚步的加快，媒体选取新闻素材的标准发生了商业性倾向，也就是在生存压力之下，他们不得不去选择更能够贴近受众的信息，它通过"通俗化"的途径在迎合消费主义社会受众需求的同时，得到了生存空间。但如今看来，在巨大压力面前媒介不可能仅仅是"通俗化"，因无限制的迎合受众和商业需求，最终转变成了如今的新闻娱乐化。

当然，"媒介竞争压力是娱乐化发展的原动力"是适用于所有媒介发展进程的普遍原则，报纸、广播、电视统统选择向"娱乐化"进军。在电视新闻领域里只有默多克抓住了这个最佳时机，不仅重新定义了"娱乐化"在电视新闻里的运用，更是将其作为整个新闻频道的灵魂。这种做法正适应了美国民众的心理需求和欲望，在默多克的荧幕中人们似乎看到了自己的影子，因为每一位主持人都在使出浑身解数，通过不加掩饰的语言和动作抓住每一位受众的心。

其实大众传播理论中的"使用与满足"理论可以从另外一个角度解释此现象。也就是说，媒介想要获得收益，就必须使自己生产的产品满足受众需求，同时还需要不断利用媒介产品激发、诱导受众的欲望和消费激情，从而使其消费更多的媒介产品。只有这样，媒介才能够生存并得以更快、更长久地发展。

3. 文化：大众文化使"娱乐化"成为主流

所谓大众文化是与"精英文化"相对应的范畴，我们日常生活中所说的大众文化大多都是狭义的大众文化，也就是说它以大众传媒为基础，由大众参与并为大众而存在的一种文化。① 在世界各国，大众文化的实力疯狂扩张，影响力日益扩大，在某些方面已经开始替代了主流文化，同时压倒了精英文化。

大众文化的主要的形式之一是电视文化，而电视必然会将大众文化引领至娱乐时代。正如尼尔·波兹曼在《娱乐至死》中阐述的："电视只有一种不变的声音——娱乐

---

① 王晓华：《大众文化的独特功能与根本局限——个体文化概念的提出》，《南京社会科学》1995年第6期。

的声音。……电视正把我们的文化转变成娱乐业的广阔舞台。"① 电视以一种包容的态度囊括了所有有可能展现到受众面前的内容,更是让所有人都能够接受并享受到了曾经作为"精英文化"的内容,对于众多抱有"娱乐至上"态度的美国民众而言,电视机就是他们的生活好伴侣。

电视媒介的特征决定着它是传播大众文化最合适的平台,也可以说在特定时期二者是相辅相成的。在波兹曼看来,电视本不适合讲述深刻的道理,它只能展现浅显的、易懂的内容供人娱乐,从来就没有教育、指引受众的可能性。而大众文化之所以被称为"大众文化",就是因为它以浅显易懂的语言和方式出现,只有这样大众才可能参与其中,使其发展壮大。大众文化提倡自由,弱化教育、宣传作用,更多的是迎合了人们的感官享受和精神体验的欲望。在大众文化领域里,人们可以随意地按照个人方式解构事物,通过不同的方式将其展现到人们面前,这正给媒介娱乐化提供了温厚而肥沃的土壤。

电视新闻作为媒介产品,必将会顺应这种发展趋势,即使用大量的充满刺激的视觉效果满足大众需求,适应大众文化所带来的读图时代。电视媒介本身就是提供影像、图片、文字和声音的媒介,从自身发展角度思考,在读图时代它必然会使内容更加"大众"、易接受。因此,"娱乐化"成了电视新闻频道的"尚方宝剑",政治、宗教、教育无一不被娱乐,无一不被"变形",这不仅适应了信息社会的发展需求,更是符合了媒介发展的自身需求。

(二)娱乐化发展的内在动因

单从市场发展角度来看,如今福克斯新闻频道的娱乐化发展策略可谓是该行业中的成功典范。除了以上外部因素外,福克斯新闻频道得以制定如此"成功"的发展策略的内在动因有:首先,随着媒介快速发展,市场理念已经成为媒介运作的制度与动力,娱乐化成了媒介自身调整中的必然产物;其次,虽说媒体有"第四权力"之称,但从美国政府与媒体的关系来看媒体始终受制于政府,在得不到有效新闻源的处境下,媒介只能以娱乐的方式改变"游戏规则",维持日常新闻传播活动。

1.新闻娱乐化理念是媒介自身调整的产物

从媒介自身发展历程来看,新闻娱乐化理念是传媒业自身调整过程中的产物。著名电视编辑、主持人罗伯特·麦克尼尔总结电视新闻节目的成功诀窍是:"越短越好,避免复杂,无需精妙含义,以视觉刺激代替思想,准确的文字已经过时落伍。"② 这段总结足以证明西方客观、公正的新闻理念早已被遗弃,取而代之的是市场化的新闻理念,在利益至上的原则下减少新闻成本,收获最多受众是新闻媒体所真正追求的。

在硬新闻与软新闻的选择上,适应市场化原则,在媒体成本和最终传播效果方面

---

① [美]尼尔·波兹曼:《娱乐至死》,张艳译,广西师范大学出版社2004年版,第106页。
② [美]尼尔·波兹曼:《娱乐至死》,张艳译,广西师范大学出版社2004年版,第137页。

软新闻始终是人们的最佳选择。默多克家族善于刺激受众视听是美国民众所公认的事实，在新闻频道运营过程中，他毫不犹豫地使用娱乐化方式处理严肃新闻，在新闻资源获取方面不仅省去了巨额开支，还吸引了众多受众。福克斯新闻频道最擅长让主持人毫不费力地对某个新闻事件进行个人化评论，有时甚至误导了受众。但这种做法比起浪费人力物力制作硬新闻，是两全其美、再好不过的事情。

人们常说，好的新闻是靠讲故事的方式来表现的，受众更易接受故事化的方式表现严肃新闻。而如今在市场理念的推动下，本不擅长表达深度新闻的电视媒体与严肃新闻有了更远的距离。媒体人不再是新闻的"把关人""守门人"，受众则成了最终的评判者，能够使受众感到愉悦的新闻节目才是合格的、受欢迎的新闻节目。为了顺应这样的受众需求，媒体只能按照受众热爱的方式"讲故事"，即越娱乐越喜欢，因此自然而然从"讲故事"转变为"编故事"，歪曲了新闻事实。

如今，新闻不再是以告知为目的的媒介行为，而是在利益驱动下的符合受众和广告商需求的媒体产品，它必然会以娱乐化的方式出现在我们眼前。

2. 媒介处境使其以娱乐化方式改变"游戏规则"

对于美国电视新闻媒体来说，拥有政治大事件现场影像是最好不过的。但是美国政府深刻地了解，就算是在自由民主的范围之内，媒体的新闻自由也必须要在自己可控的范围之内。

在这方面，越南战争中新闻媒体的"过度"自由带来的惨痛后果成了美国政府永远的教训。而作为"第四权力"的媒体，是不应屈服于美国政府控制的，为争取受众，他们不得不以"娱乐化"方式与之对抗。在这方面，福克斯新闻频道做出了惊人的举动，以娱乐的方式改变"游戏规则"，维持日常新闻传播活动。美军"记者团制度"控制了记者的活动范围，严禁记者自由采访，并且对违反规则的记者采取严厉的惩罚。在这种情况下，电视媒体会想尽办法通过边角料信息制造出受众喜爱的"战时新闻"，策划、组织符合受众口味的轻松愉快的新闻节目，不仅能够使媒体在信息"空缺"的情况下保障自身发展，还能够吸引一大批受众。

在美国大选新闻方面，美国电视媒体更是大肆渲染报道，长时间地跟踪、关注政治人物花边新闻和负面新闻，通过报道这些"无关紧要"的新闻源来丰富所谓美国总统大选系列报道。事实上，在所有的报道内容里，谁都无法分辨真假，而受众也只是跟着"虚惊一场"，感受一下电视新闻带来的即刻刺激与快乐。

另外，在信息社会快速发展的今天，新闻媒体人的新闻价值观毫无疑问会受到享乐主义和消费主义的深刻影响。年青一代改变传统"游戏规则"是必然的趋势，这是他们自我娱乐的一种方式，也是今天新闻传播领域发生巨大改变的另一个重要原因。但是，在前辈们看来，娱乐化方式是媒体人自律精神缺失所导致的，这必将会给这一领域带来灾难性的后果。

第三节　对新闻娱乐化发展策略的思考

"福克斯式新闻"到底是不是"叫座不叫好"？学术界仁者见仁，智者见智。总体而言，一些人认为福克斯式的娱乐化发展道路是将来新闻媒体发展的总趋势，是不可避免和无法克服的；另一些人认为，新闻娱乐化最终会使新闻传播领域权威下降，腐蚀媒体公信力。于福克斯新闻频道而言，娱乐化发展策略为其带来了巨大的收获，并且在一定程度上促进了传媒行业的高速发展。本节着重分析福克斯新闻频道娱乐化策略的潜在危害和对我国新闻媒体未来发展的启示。

一、娱乐化策略潜在危害透析

随着信息技术的快速发展，借助新兴技术手段，新闻媒体的娱乐化发展道路是日益趋同的，各类媒介会尽可能地采取"软新闻"来争夺受众和市场，这是最基本的生存之道。但不容否认的是，新闻娱乐化现象所带来的危害也日益凸显。

（一）背离新闻真实性，侵害公众知情权

新闻娱乐化必然会带来对新闻真实性的背离，或多或少都会影响受众接收信息的质量与决策方向。真实是新闻的生命，是新闻的第一要义，也是媒体公信力的源泉。以最客观的方式保证新闻真实性，追求真相，拒绝弄虚作假，满足公众最基本的知情权是媒体报道新闻的宗旨。

适时的娱乐化方式，能够给社会带来好的影响，但是反之，过度的娱乐化会削减受众对媒体的信任度。随着受众对娱乐化需求的日益饱和与收视心态的日益日趋成熟，受众对真实、公正的新闻信息需求更加强烈。人们不再满足于个性化的、"满天飞"的激情言论，而是越发地追求与生活息息相关的政策变化，这些都属于严肃的硬新闻。

在新闻内容里，对受众日常决策具有指导意义的大多也是来自于严肃的政治、经济、法律等新闻。而如今，包括福克斯新闻频道在内的许多新闻媒体以娱乐化的方式挑战传统新闻报道理念，大众媒体里充斥着娱乐化的新闻报道，构成了媒体环境里的一个虚拟世界。而这些被娱乐化的新闻恰恰就是广大受众每天在收听收看的有关国家政治的报道，这些新闻报道构造了与现实生活不同的景象，这些必然会让受众对现实生活产生误解，无法实现帮助受众进行决策和引导受众的目的。

新闻娱乐化重构了新闻事实，弱化了新闻媒体监测环境、告知信息的功能，这些必将会影响一个国家社会经济发展脚步，并对社会文化和个人发展产生负面影响，不利于一个社会的安定团结。

（二）冲击媒体职业道德，腐蚀媒体公信力

拉尔夫·D.巴尼（Ralph D.Barney）认为："民主社会需要大众传媒的新闻记者提供多样化的信息和意见。只要大众传播媒介尽可能地向公众提供可供选择的意见，就是履行了媒介的道德责任。"①

新闻媒体一直崇尚客观公正，但是在市场理念的影响下一些从业者早就将其抛到脑后，他们所追求的是通过低成本、高效率的媒介产品吸引受众，从而满足广告商的需求以便保障个人生存。因此，新闻娱乐化必将会对媒体职业道德产生冲击，在新闻理想与生存压力面前，部分媒体人本能地选择保障后者，用各自的方式继续向受众讲故事。

当媒体职业道德受到冲击，加之新闻娱乐化营造出煽情、媚俗的社会氛围，媒体公信力必定会受到一定程度影响。媒体公信力的重要来源和关键要素是真实、客观、公正的报道原则，唯有媒体报道符合这三项原则时，媒体才能够得到受众和社会的信任和认同。

而在现实生活中，受众能够接触到的信息是通过市场原则筛选出来的，久而久之，民众在媒体构造的虚拟环境中失去了自身的判断力。他们无法识别信息的真假，从而无法产生对媒体的信任感和依赖感。

（三）影响个人价值观，涣散社会精神

美国学者拉扎斯菲尔德（Paul Lazarsfeld）和默顿（R.K.Robert King Merton）认为现代大众传播具有明显的"麻醉作用"，认为受众过度沉溺于媒介提供的表层信息和通俗娱乐中，就会降低积极参与社会实践的热情，而满足于"被动的知识积累"。②好的媒介环境必然会促进社会进步，促进个人发展；反之，浮躁的、娱乐化的媒介环境必然会阻碍社会发展和个人发展的脚步。

在媒体构造的虚幻世界中，受众处于"集体无意识"的状态，人们会随着媒体提供的娱乐化信息尽情地满足自身享乐欲望，无意识地进行判断、抉择。

福克斯新闻频道是典型中的典型，他们通过主持人带有报复性的、犀利的话语来满足电视荧幕前的受众，而受众却长期痴迷于这种刺激的表达方式，仿佛画面中主持人的所有观点已经代表了自己的观点。但事实是，受众在参与媒介活动时始终处于被动接受的地位，媒体所提供的信息和个人化评论很有可能就会成为他评判某件事物的准则，受众每天都在毫无抵抗的情况下的接受这种"精神压迫"。

在新闻娱乐化的氛围下，对某个新闻事件大家众说纷纭，受众只是习惯性地接受这些信息，久而久之，民众所看到的都是被媒体解构并且重新组合的信息，真实事件早已不存在。因此在这种环境下，作为个体，他很容易产生对媒体观点的依赖，个人价值观不稳定易产生变化，更容易产生自由、散漫的享乐主义情绪。长久以来，整个社会精神就会面临崩溃的边缘。

---

① 转引自陈慕瑜：《新闻娱乐化现象探讨》，暨南大学 2005 年硕士学位论文。
② 郭庆光：《传播学教程》，中国人民大学出版社 1999 年版，第 116 页。

二、对我国新闻媒体未来发展的启示

在市场经济的推动下，在信息技术快速发展的今天，新闻娱乐化已经成为当今大众传媒领域普遍存在的现象。借助现代技术，媒介使用简短的文字和具有强烈冲击力的视觉效果将新闻产品提供给受众，为他们打造轻松愉悦的生活氛围。

我国目前正处于社会转型时期，即从计划经济体制向社会主义市场经济转型，从一个封闭的、落后的农业社会逐渐转型至一个开放的、多元化的现代化社会，整个社会处于市场经济高速发展的时代。当然，随着社会经济市场化的脚步，我国媒介领域也迎来了从未有过的市场化潮流和大众化潮流。如今新闻娱乐化现象已经在我国各类媒体大面积兴起，从大城市到中小城市，从报纸到电视，对新闻娱乐化现象我们应树立正确的认识。

（一）娱乐化不等于低俗化

新闻娱乐化是媒体发展中必然的产物，但新闻娱乐化并不等于新闻低俗化，在娱乐化的发展过程中，我们应该注重"度"的把握。之所以人们本能的对新闻娱乐化产生反感，是因为人们混淆了娱乐化与低俗化两种概念，倘若新闻娱乐化超过了一定的界限，就容易流于庸俗和低级。

从某种程度上讲，新闻娱乐化给我国新闻媒介注入了新鲜血液，促进了新闻媒体的活跃发展，但不分题材、不分时空的娱乐化最终影响信息传播，则会给我国媒体的权威形象带来负面影响。

其实，对于新闻媒体而言，新闻娱乐化不仅是适应市场化需求的操作方式，也可以称其为一种新闻传播理念。我国大部分媒体是国家所有的，其言论和报道风格一直受国家层面的监督，这从很大程度上约束着媒体娱乐化的发展道路。而新闻娱乐化传播理念一直促使我国新闻媒体从业者解放思想，创新思维，不仅要保障节目质量，而且要能够得到广大受众的认可。但在新闻娱乐化强的劲势头下，我们很容易犯一味走搞笑、煽情路线，以低俗化路线追求经济效益的错误。

因此，若想继续在新闻娱乐化道路上有所发展，我国媒体工作者必需意识到娱乐化与低俗化之分，认清媒介自身的发展方向，在追求发展的同时更好地发挥其社会舆论引导作用。

（二）端正媒体的社会角色定位

尽管新闻娱乐化现象的出现从一定程度上折射出了媒体社会责任感的下降和媒体工作者职业道德的缺失，但却从另一个层面反映出媒体社会责任感对新闻信息传播健康发展的重要性。

新闻媒体是新闻信息的收集与传播者，是一个社会文化环境的重要组成部分。也正因此，媒体面对新闻娱乐化现象和残酷的媒介竞争时，应该理清思路，加强新闻工作者的责任心,在进行报道时应该本着为人民服务的思想,把真正有意义的新闻信息和评论展现给受众,不能仅仅是为了报道而报道,为了娱乐而娱乐。

媒体应该是社会良心的代表,是社会的"把关人"。随着我国市场经济的深入和成熟,民众更需要的是与自身生活息息相关的政策信息和时事新闻,而一味地对这类严肃的政治、经济、财经新闻进行娱乐化,不仅妨碍了民众获得信息,更降低了自身的新闻品质。

此外,普利策(Joseph Pulitzer)曾有过一个深刻的比喻:"倘若一个国家是一条航行在大海上的船,新闻记者就是船头的瞭望者。他要在一望无际的海面上观察一切,甚是海上的不测风云和浅滩暗礁,及时发出警告。"这段比喻告诉我们,媒体是一个社会的守望者,倘若在新闻娱乐化风潮下,守望者犯下错误,那么我们将会成为娱乐的牺牲品。作为守望者,媒体必定要立足人文关怀和社会责任心,保持时代意识和历史使命感。

(三)不是所有的电视新闻都适合"娱乐化"

娱乐化是电视新闻的一种有益探索,但事实证明并不是所有的新闻都适合进行娱乐化处理。

例如,在国家新出台某项政策时,电视媒体首先应对政策进行全文播读或不加评论的播送部分重要内容,一定要避免对其进行娱乐化处理或进行个人化评论。因为,当人们还不了解真实情况之前,媒体对此妄加评论很可能造成受众对政策法规的误读,或者影响受众的后续解读。

硬新闻与软新闻中,有些内容可以用讲故事的方式解读,但有些内容还是应保留新闻事件本身,以最朴实、简单的方式展现给受众。有些新闻报道为了追求离奇轰动效果,将报道中的某些元素进行放大,从而弱化了新闻事件本身,最终造成新闻失实或更大的恐慌。

因此,面对新闻娱乐化的潮流,媒体从业者不能一味地迎合受众的爱好去选择报道"软性新闻",而应该正确衡量软新闻与硬新闻的比重,在保障新闻真实性的前提下进行适当的娱乐化。

第三章

BBC：公共服务与新闻专业主义的先驱

第一节 BBC 发展历程回顾[①]

1922 年，英国广播公司（BBC）正式成立。BBC 是在资本主义上升时期以及无线电技术逐渐普及的时代背景下诞生的。起初的 BBC 是由无线电商联营的媒介集团，出售收音机谋取利润是其主要目的。几年之后，BBC 由民营的广播公司转变为公营机构，这标志着它的性质发生了根本性的变化，由此带来的影响是极其深远的。

作为世界第一家公营媒介，BBC 开启了一种全新的媒体运作模式。以公共服务为核心价值，BBC 展现出与以美国为代表的商营广播公司和以苏联为代表的国营广播机构截然不同的特色。作为公营媒体，BBC 不播放广告，经费来源主要是从受众那里征收的执照费。BBC 以提供公共服务为核心价值，它所提供的内容格调较高，多以新闻、教育、娱乐、服务等为主。不仅如此，BBC 还非常重视来自受众的反馈，并经常参与公益活动以提高自身形象。

BBC 起初只经营广播，随着时代发展，又增加了电视业务。发展到今天，BBC 已经成为涵盖广播、电视、新媒体的大型全媒体媒介机构，业务覆盖全球，在世界各地拥有数量庞大的忠实观众。除此之外，BBC 还提供书籍出版、报刊、英语教学、交响乐团等服务。

新闻是 BBC 所提供的公共服务中重要的组成部分。BBC 每天向全世界提供多种形式的新闻服务。比较重要的频率和频道有 BBC World Service（BBC 世界服务广播电台）、BBC News（BBC 面向国内的 24 小时电视新闻频道）、BBC World News（BBC 面向全球的 24 小时新闻频道）。

[①] 本节部分内容根据 BBC 官网提供的史料整理且照片的版权归 BBC 所有。史料及照片来源：http://www.bbc.co.uk/aboutthebbc/insidethebbc。

一、自身定位的艰难探索期（1922-1927）

（一）无线电波催生下的民营机构

19世纪末20世纪初，无线电技术逐渐发展起来。该技术在英国一经应用，便聚集了成百上千的无线电爱好者。由于无线电技术蕴含着巨大的商机，收音机厂商纷纷向邮政局提出开办电台的申请。

鉴于波段是稀缺资源，英国政府欲对申请加以控制，以避免发射信号重叠引起的混乱。经过政府与无线电商之间旷日持久的争论与商讨，邮政局提议由无线电申请商合办电台。很快，以马可尼公司为首的多家无线电商派出了八名代表，商讨建立广播机构的一系列问题。最终，各方一致同意建立一家垄断性的联合广播机构。

1922年11月15日，英国广播公司(British Broadcasting Company)注册成立。它的经费来自从听众那里征收的收音机执照费和出售收音机的销售牌照税。1923年1月18日，BBC获得邮政局颁发的执照。

BBC早期的节目主要是提供信息和娱乐。1922年11月14日下午6点，BBC的第一个电台"2LO"用中波从伦敦播出了第一个节目，内容是一则新闻公告。值得注意的是，BBC的新闻不能自行采集，只能转播报纸上的新闻或者播发来自通讯社的消息。在播送新闻的时候，播音员往往要重复一次，第一次播音语速正常，重复时语速变慢，好让听众可以拿笔记下对自己有用的信息。

BBC成立后的几年，收音机销量激增，收听BBC的节目是人们购买收音机的强大动力。到1924年，超过50%的英国国民都能听到BBC的节目。1925年，BBC的广播几乎覆盖了包括英伦全岛、英前殖民地在内的当时英帝国的绝大部分区域。①1926年，英国已有250万个家庭购买了广播执照。

虽然当时的BBC在英国仍处于"试水"阶段，但是没过多久，在BBC首任总经理约翰·里思的奋斗之下，BBC逐渐找到了自己的定位，并实现了由民营到公营的巨大转型，BBC自此跻身主流媒体行列，并长期居于主导地位，维持垄断达几十年，直到独立电视台（ITV）的出现。

（二）BBC之父——约翰·里思（John Reith）（图3-1）

里思之于BBC，就如乔布斯之于苹果公司，他将独特的个人理念与BBC的办台原则相结合，为BBC带来了开创性的运营模式。里思不仅是BBC的首任总经理，更重要的是，他为BBC的发展开拓了全新的思路，带领BBC走向了公营之路。里思在

图3-1 约翰·里思的画像

---

① http://www.politics.co.uk/issuebrief/domestic-policy/media-and-culture/bbc/bbc-$366584.html.

任期间所确定的一系列核心原则至今仍被 BBC 的员工们忠实地贯彻。二战期间，他成功阻止了政客想要控制 BBC 的企图，牢固地确立起 BBC 的三大目标：提供教育、信息和娱乐。

1. 从战壕到 BBC

第一次世界大战爆发时，里思只有 25 岁。1914 年，斐迪南大公在萨拉热窝遇害，世界大战一触即发。里思对此表示出异常的兴奋，他声称多年来一直在等待这一时刻的到来。战争爆发后，里思立即去了法国加入战斗。

"我生命的轨迹，很随意地就被改变了。"里思回忆说。在一次排雷中，他被一个德国狙击手射中左脸颊，险些丧命，他的服役生涯也就此画上句号。接着里思去做了军需用品生意，正是从这个时候开始，里思逐步了解了公司的运营。

1922 年，里思重返伦敦。一次，他不经意间在《晨报》上看到了 BBC 招聘总经理的启事。BBC 的发展轨迹，从此"很随意"地被改变了。当时 BBC 刚刚组建，无线电商们迫切需要一名总经理来打理 BBC。里思在无丝毫准备的情况下投了简历，令人意外的是，不懂广播的里思竟得到了这份工作。

2. 权倾一时的工作狂人

里思做事一向雷厉风行，他讨厌官僚式的效率低下的办事风格。BBC 每次播音之前，播音员通常要说这样一段话："这里是 2LO，英国广播公司伦敦广播电台。2LO 正在呼叫……"一天，BBC 的一位员工对里思说："你为什么不去掉那些关于'2LO'的废话？只说'伦敦呼叫'怎么样？"里思听后丝毫没有迟疑，直接给 BBC 的播音员打电话，让他立即照办。

"谁要是拥有了里思的工作，谁就能在这个国家呼风唤雨。"一位大主教如是说。有一次，他邀请坎特布雷的大主教戴维森来家里做客。戴维森说他喜欢听钢琴曲，于是里思拿起电话告诉了 BBC 的音乐主管。不一会儿，广播那边传来了专为戴维森演奏的钢琴曲。还有一次，时任首相的斯坦利·鲍德温在一个私人场合对里思讲起了当首相的一点"好处"：他曾为了免受堵车之苦，将车开到不该开的路。里思不以为然，他对首相说，只要他拿起书房的电话，随便给 BBC 几条指令，他的声音将传遍这个国家的数百万台收音机，影响无数人。首相不得不承认，这比自己厉害多了。

3. 借大罢工重塑 BBC

BBC 一问世便受到报界的百般刁难，报界经营者害怕 BBC 抢走自己的读者，以防止淹没官方声音为名，要求对 BBC 的播出内容和时间进行限制。建台以来 BBC 一直未能获得独立采播新闻的权力，只能转播报纸或通讯社的新闻。

里思深知广播的巨大潜力，他认为不能独立采播新闻将极大地限制 BBC 的发展。经过里思不懈地争取，报界做出让步，BBC 获得了有限的新闻自由——为了照顾报界的利益，播出新闻的时间被限制在晚上 7 点之后。

1926 年 5 月 3 日到 12 日，英国爆发全国工人大罢工。这原本是个政治事件，里思却借此机会破除了 BBC 不能采播新闻的限制，BBC 获得了空前的新闻自由。

这期间，报纸多因罢工而停刊，BBC 成为民众获取新闻的最主要的渠道。政府虽然有自己的官方报纸《不列颠公报》，但是和广播比起来，在信息传播上明显相形见绌。

《不列颠公报》的创办人和编辑正是温斯顿·丘吉尔，他意识到控制广播系统的必要性，积极游说首相鲍德温接管 BBC，里思知道此事后立即反对来劝说鲍德温。他对鲍德温说，接管 BBC 的举动无疑会使报道无法保持独立客观，结果只能是毁掉公司多年的声誉。最终，鲍德温接纳了里思的看法。

BBC 在大罢工期间冲破了只能在晚间 7 点以后播出新闻的禁令，在原来晚上 7 点播出新闻的基础上增加了早 10 点、午间 1 点、下午 4 点、晚间 9 点的新闻节目。在报道的同时，BBC 注意兼顾各个政治力量的声音，严守中立，在短短九天内，收听 BBC 节目的人迅速增加，甚至以前从不收听广播新闻节目的一些重要人物也在此期间变成了它的听众。

显而易见，里思在这一时期对 BBC 的重塑起到了关键作用。里思一向认为，BBC 应该服务于公众而非充当政府喉舌，BBC 的报道只需客观反映现实，因此在编辑方针上要保持不偏不倚。尽管在大罢工期间，BBC 略有妥协，但它表现出的新闻专业主义精神、不偏不倚的报道原则、独立自主的运营理念在后来的发展中一直得到传承，这也是里思留给 BBC 的重要遗产。

4. 里思主义

里思在传媒界的地位堪比特纳、默多克等传媒巨头。他认为广播不应迎合大众口味，而应该引领大众品位。在他的领导下，BBC 一直以来都占领着"高尚的道德领地"。①

图 3-2　里思（前排左三）与董事会成员的合影（1933）

---

① 露西·金-尚克尔曼：《透视 BBC 与 CNN》，彭泰权译，清华大学出版社 2004 年版，第 76—77 页。

在里思 1924 年出版的《全英广播》一书中，他声称："把人类社会所有的奋斗经历、知识及成果中最精彩的部分播送给最大量的听众是我们的责任。"①里思关于广播应该教育大众和提升大众品位的这一理念和原则，后来被概括为"里思主义"（Reithian）。"里思主义"也作为一个词条写进了《牛津英语辞典》。

在里思对 BBC 的设计中，有一点非常重要。那就是，BBC 必须独立于政府和商业利益。正是这一理念，引导 BBC 走上了与当时美国和苏联的广播完全不同的道路。在里思主义主导下的 BBC，显得更加公正、客观，其播送的节目无论在质量上还是品位上都比较高。

（三）民营到公营的蜕变

初建的 BBC 由于定位模糊显得异常尴尬。它由邮政局批准建成，跟政治无法撇开干系；它由无线电公司联合经营，难以摆脱商业的烙印。BBC 的垄断地位也招致了不同利益集团的不满，他们有的甚至呼吁取缔 BBC。

1923 年 4 月，赛克斯委员会产生，负责调查 BBC 的合法性。赛克斯委员会的调查结果倾向于维持 BBC 的垄断地位，并有将 BBC 从民营转制成为公营的苗头。到 1925 年，社会上基本接受了 BBC 处于垄断地位的事实。②

1925 年，克罗弗德委员会成立，专门研究执照即将到期的 BBC 未来去向问题。里思提出了酝酿已久的建立"公共服务广播"的想法：BBC 要有充分的独立性，必须排除来自政治和商业的压力；BBC 要提供优质的节目。1926 年，该委员会最终确立了英国公共广播体制模式，建议将 BBC 改造成独立于政府和商业之外的媒介组织。

英国政府基本接受了这个建议。1926 年 12 月 31 日，这是历史性的一天，民营性质的 BBC（British Broadcasting Company）改组成为公营的 BBC（British Broadcasting Corporation），里思继续担任总经理。由 Company 变为 Corporation，足显 BBC 性质之变化。

改组后 BBC 的与众不同之处在于，它的合法性来源于皇室颁布的《皇家宪章》（*Royal Charter*）和其附属《协议》（*Agreement*）。《皇家宪章》规定了 BBC 的公共性质、资金来源、公共使命和组织架构等最基本、最核心的问题。

1926 年 12 月 20 日，第一个《皇家宪章》颁布，它规定 BBC 以向民众收取广播执照费（后改为电视执照费）的形式筹集资金。正是这一规定，保证了 BBC 既能够不依赖政府，又可以不依赖广告收入，成为其编辑独立的基石。《皇家宪章》有效期为 10 年。也就是说，每过 10 年，《皇家宪章》需要修订一次，或者审议是否继续为 BBC 颁发宪章。现行《皇家宪章》于 2006 年修订通过，有效期从 2007 年 1 月 1 日到 2016 年 12 月 31 日。

从成立到现在，BBC 的财政收入仍然主要靠从用户那里征收的执照费。当今媒介形态飞速发展，人们除了通过收看电视之外，还可以通过其他方法（比如通过电脑、手机、

---

① Bob Franklin, *British Television Policy: A Reader*, London: Routledge, 2000, p.19.
② Asa Briggs, *The History of Broadcasting in the United Kingdom: The Birth of Broadcasting*, Oxford: Oxford University, p.329.

平板等移动终端）收看 BBC 的节目。英国法律规定，无论何种形式，民众都需要缴纳执照费。BBC 的公共性质决定了无论广播、电视还是网站，都不可以出现商业广告，也不能接受赞助。

BBC 的权力机构原先是管理董事会（Board of Governors），现改为 BBC 信托委员会（BBC Trust）。他们都是 BBC 的最高领导机构，负责监督 BBC 履行职责的情况，BBC 的总经理也由它们任命。二者都具有很大的独立性，他们代表缴纳执照费的用户对 BBC 进行监督，并对它的未来进行规划。

二、广播电视平顺发展期（1927—1938）

（一）BBC 广播撑起全球新视野

广播是一种听觉媒介，最能体现它特色的便是音乐。BBC 的广播节目充分抓住了这一特点，结合自身"提供信息、教育、娱乐"的使命，把音乐作为节目的重头戏。当时受技术所限，音乐都是以现场演奏的方式从电台传送给千家万户，这在今天看来是十分奢侈的。

BBC 每年都会在 7 月至 9 月举办规模宏大、持续两个月之久的 BBC 逍遥音乐会（BBC Promenade Concert），这极大地丰富了英国人的文化生活。逍遥音乐会始于 1895 年，旨在为一般英国大众提供听得起的音乐。1927 年，BBC 第一次转播逍遥音乐会的盛况，普通民众足不出户便可聆听从女王音乐厅传来的美妙音乐。

除了音乐节目，BBC 的少儿节目《儿童时间》（Children's Hour）也颇受欢迎。不仅孩子喜欢听，就连大人也近乎痴迷。据 BBC 官方史料记载，该节目最终停播的时候有 60 名议员表示了强烈抗议。《儿童时间》里最成功的一个板块要数 1929 年开播的《玩具城》（Toytown）了，该节目的生命甚至超过了它的母节目《儿童时间》，一直延续到 1963 年。

1932 年 5 月 15 日，也就是 BBC 成立后的第十年，广播大厦建成。这是英国首个专门用于广播的大厦，虽然并非 BBC 专用，但在民众心里，它就等同于是 BBC。

在广播大厦的大厅内有一个盾徽，上面刻着这样一句话："国与国之间应和平相处。"这个座右铭从 BBC 成立以来一直沿用至今。从中不难看出，BBC 成立之初就赋予了自己宏大的全球使命。这与大英帝国当时的全球野心不无关系。[①]

1932 年 12 月 19 日，BBC 帝国服务（BBC Empire Service）开播，昭示着 BBC 的声音将走出国门传遍世界，这得益于短波长距离信号传输技术的发展。英王乔治五世在 BBC 帝国服务开播仪式上发表了演讲，这是历史上英国君王的声音第一次出现电波之中（图 3-3）。在演讲中，乔治五世赞扬了无线电技术带来的便捷，并祝大英帝国的子民圣诞快乐。他特意选择了下午 3 点播音，为的是英国在世界各属地的民众都能选

---

① 王菊芳：《BBC 之道——BBC 的价值观与全球化战略》，三联书店 2013 年版，第 23 页。

图 3-3 乔治五世通过广播发表演讲

择合适的时间聆听。BBC帝国服务开播后便受到了世界各地民众的欢迎。

1936年爱德华八世退位事件再次让BBC声名远播。英王爱德华八世（Edward VIII）为了与离过婚的华丽斯·辛普森（Wallis Simpson）结婚，甘愿放弃自己的王位。1936年12月11日，爱德华通过BBC宣布退位。国王的声音通过电波迅速传遍各地，此言一出，举国震惊，在国内掀起了一阵又一阵的波澜，广播的力量再次彰显。

1938年，BBC开通阿拉伯语广播，这是BBC第一次用外语播音。BBC聘请了埃及广播电台的播音员艾哈迈德·艾芬迪（Ahmad Kamal Sourour Effendi），由于艾芬迪在阿拉伯世界家喻户晓，这使BBC的受众一夜之间增加了不少。同年9月，BBC开启对欧洲的广播服务，以法语、德语、意大利语进行播音。截止到二战爆发，BBC共对欧输出播音达9000小时，其中包括新闻、音乐和其他娱乐节目。

（二）电视服务开启媒介新纪元

BBC的发展史也是一部电视的发展史。BBC为新技术提供试验田，在它的"培育"下，世界第一家电视台诞生了。当时，约翰·罗杰·贝尔德（John Logie Baird）是电视的发明者之一。他与BBC开展合作，借用BBC发射器进行了一系列的实验。

1930年6月，BBC播出了它的第一个试验性电视剧《花言巧语的男人》（The Man With the Flower in his Mouth）。这是一部非常奇特的电视剧，角色只有三个，演员没有表演性动作，

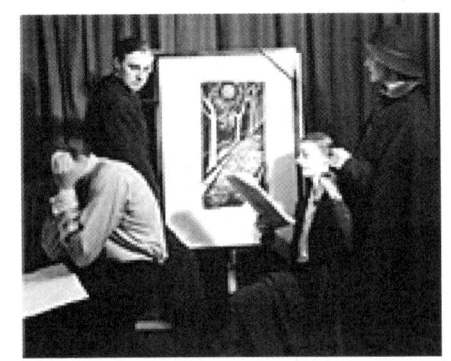

图 3-4 早期的电视剧直播

只有大段冗长的台词。为了补偿摄像机的缺陷，几位演员身着颜色怪异的服装，轮流坐到固定的椅子上表演，在镜头中几乎只能看见他们的头部。有一点值得注意，早期

的电视剧都是以现场直播的形式播出。

1935年，BBC在亚历山德拉宫租了一块地用来传输电视信号。这里从此便成为电视的摇篮。直到20世纪50年代，BBC多数电视节目都在这里生产。

1936年11月2日下午3:00，世界第一家电视——BBC电视服务（BBC Television Service）在亚历山德拉宫正式开播，标志着世界电视事业的开端。BBC电视服务的节目包罗万象，主要包括新闻报道、卡通、戏剧、体育赛事等。

开播当天，BBC电视服务首先播放了它的开机典礼，邮政局长和BBC总裁在电视上发表了讲话。开机典礼完毕，紧随其后的是一段电影形式的新闻播报，然后BBC电视服务将它紧急筹备的第一个节目——Here's Looking At You呈现给了全国的观众。该节目囊括了一系列的演出，持续十天之久，每天播放两次。与此同时，BBC电视服务还播放了一个长约15分钟的纪录片——《电视来到伦敦》（Television Comes to London），向观众介绍电视的发展历程。

BBC电视服务刚刚诞生就显示出巨大的潜力。仅在正式开播六个月之后，BBC的员工就将摄像机搬出工作室，开始外景直播了。

1937年5月12日，BBC播出了乔治六世国王和伊丽莎白王后的加冕盛况（图3-5）。这是一次真正的大型外景直播，BBC动用了三台摄像机（占总数的一半）来对现场实况进行报道，还有专人负责评论。人们第一次通过电视真切地看到了国王和王后的脸庞，这在当时是其他媒介望尘莫及的。

图3-5　BBC直播国王加冕盛况

1937年6月21日，温布尔顿网球锦标赛拉开帷幕，BBC电视服务对这次体育赛事进行了实况转播，并配有解说。BBC的工作人员将麦克风藏在人们不易察觉的地方，这样不至于分散人们的注意力。通过赛事直播，电视再一次向世人展示了它无穷的魅力。

1938年9月30日，BBC播出了首相张伯伦从慕尼黑谈判归来的事件，节目取名叫"我们时代的和平"。① 这次直播同样动用了三台摄像机进行拍摄，被认为是世界上第一次实况转播的新闻报道。

---

① 郭镇之：《中外广播电视史（第二版）》，复旦大学出版社2012年版，第22页。

三、新闻的强化与公信力的提升期（1939-1953）

（一）二战中树立国际声望

1939年9月1日，二战爆发，它给人类带来的灾难是前所未有的。电视业的发展几乎陷于停滞，然而广播业却凭借自身优势在这场战争中幸存下来，并得到极大的发展。

对于BBC的广播来说，二战的爆发为其创造了一个空前巨大的舞台。BBC在二战中出色的表现，使它名声大噪；它在战争中所坚持的新闻专业主义精神，奠定了其日后公信力的深厚基础。可以说，二战让世界重新认识了BBC。

1. 提供及时、真实的战场信息

二战中的BBC广播被政府接管（根据《皇家宪章》，政府有这个权力），政府意图使其发挥"喉舌"作用。在政治力量的影响下，BBC起到了强大的宣传鼓动作用，但其向来所坚持的客观中立、不偏不倚等理念也不免受到影响。即使是这样，BBC早在战争之前就已决定：报道事实要超越政治宣传。

整个二战期间，BBC实现了传播信息功能的最大化，教育和娱乐的功能被压缩，取而代之的是民众所关心的时事新闻类节目，比如《广播新闻》《战争报道》《新闻评论》等。BBC依靠遍布各地的信息网以及时下最先进的科技成果，使最新的消息能够在第一时间传到本土及其他目的国。

图3-6 战争中的BBC记者

问题在于，在德国占领区域是不允许收听BBC广播的，偷听者一律处以死刑。波兰的情况更加恶劣，连拥有收音机都是违法的。然而电波没有国界，BBC针对这些国家使用摩斯密码进行播音，使得一些同情盟军的人士可以及时得到外部消息，再将这些消息传播出去。BBC为饱受战争折磨的人们带来了巨大的精神慰藉。

电波的传输速度远远超过了印刷机的轮转速度,BBC 依靠广播一跃成为当时的主流媒体,曾经一度唱衰广播新闻的报界在世界大战期间的媒体大战中惨败。不少报社的记者纷纷投入 BBC 门下,这大大充实了 BBC 的广播队伍。有一半的英国人每天忠实地坐在收音机前等待着 BBC 的新闻。

BBC 自建立以来就认真践行真实高于一切的报道理念,对于很多人来说,"我在听 BBC"就意味着"那一定是真的"。二战的到来使得民众面对嘈杂的电波常常无所适从,他们逐渐意识到真实客观的声音是多么的重要。在欧洲,数以百万的民众深感德国控制的媒体不可信,他们更愿意把收音机调至 BBC 的频率。虽然在德国收听 BBC 是死罪,但是令人感到讽刺的是,就连希特勒本人也收听 BBC。BBC 的公信力就这样逐步建构起来。

在战争这种特殊情况下,某些真实的报道会给人们带来灾难。因此,BBC 从公共利益的角度出发,在真实性上做出了一定让步。比如,在报道英国遭受打击的时候,尽量用模糊化的语言,不去报道袭击造成的具体损失,也不说明遭受袭击的精确位置,这样既把可能对民众造成的不利影响降到最低,又使敌军无法获得确切的情况。

战争结束前 BBC 已经有了 40 种语言的广播,希特勒的宣传部长戈培尔承认:BBC 赢得了欧洲上空的"智力战争"。[1]

2. 坚守新闻专业主义精神

二战为 BBC 提供了一个天然的员工训练营。在这里,一大批优秀的记者、评论员、通讯员诞生了。他们秉持着新闻专业主义精神,奋战在各自的工作岗位,同时也潜移默化地构筑着 BBC 的媒体公信力。二战期间,BBC 总共做出了 235 次战地报道。战地记者携带着代表时下最先进的录音设备,深入前线阵地,顶着枪林弹雨记录最真实的声音(图 3-7)。

图 3-7 BBC 战地记者携带微型录音机深入战场

1940 年 9 月 7 日,德军突然向广播大厦投掷了一枚炸弹。炸弹从七楼破窗而入,并未爆炸,当消防队员赶到现场时,炸弹突然爆炸,致使七人丧生。当时播音员布鲁斯·贝尔弗莱格(Bruce Belfrage)正在里面播音,听众在收音机那头可以清晰地听到一声巨响。可是,敬业的布鲁斯尽管挂了一身的灰却毫不在意,继续坚持播音。

一个月后,更加严峻的考验来了。BBC 在伯明翰的发射器被摧毁,工作人员也都阵亡了。紧接着,埋在广播大厦门外的地雷引爆了,一时间人心惶惶。1941 年 5 月 10 日,希特勒的炸弹再次轰炸了广播大厦,损失极为惨重。尽管如此,BBC 的电波在硝烟中

---

[1] http://www.people.com.cn/GB/14677/21966/2347833.html。

从未消失。

3. 不忘公共服务使命

BBC一向以"提供信息、教育、娱乐"为己任。战时BBC的新闻报道唱了主角，然而作为一家公共服务性质的媒体，教育、娱乐依然是不可或缺的。

教育功能在此时被赋予了新的含义。当时，为了保证儿童的安全，大批儿童被转移到农村。校园里教材的短缺和时刻面临被轰炸的危险使教育事业几近瘫痪，广播无法继续成为课堂教学的补充了。BBC随机应变，立即修订了原来教育节目的播出方针。

在新方针的指引下，战前的教育类节目被大幅删改，新节目着重突出趣味性，以吸引受众；同时，新节目特意增加安抚的成分，在一定程度上消解了人们的不安情绪。为了使学校的教育不至陷于停滞，BBC还专为儿童开设了新闻和宗教方面的节目内容。一时间，来自学校的听众大幅上升。

即使在战争阴霾的笼罩之下，人们也需要一丝喘息，一刻休闲。BBC曾播放了一个叫作《又是那个人》（*It's That Man Again*）的喜剧，这个喜剧充满了对法西斯主义的讽刺，给听众带来了片刻欢愉。除了广播剧，在战争期间，音乐、宗教等节目也从未在BBC的电波中消失。

（二）战后电视新闻突飞猛进

电视业的发展在二战中严重受挫。早在二战正式爆发之前，BBC就已经提出了关闭电视的方案。关闭电视的原因主要有二：一是战时需要倾全国之力对付敌人，电视台占用国家资源太多，不得不关闭；二是敌军飞机可以通过电视信号发射器为其探路，从而给英国带来危险。由此可见，关闭电视确是迫不得已。

二战爆发当日，大约在中午12:15的时候，BBC电视节目突然中断。当时电视上正在播放迪士尼制作的米老鼠动画，民众对电视的最后记忆就停在了这一刻。（图3-8）

图3-8 电视关闭时正在播出的米老鼠动画片

1946年6月，BBC电视服务复播，首先出现在荧屏上的就是当年停播时未播完的米老鼠动画片。整体上，二战后，电视的发展速度越来越快，最具代表性的是电视新闻节目的发展。

1. 早期的电视新闻节目

1936年，BBC电视服务刚刚成立的时候，曾经播出过一段电影式的新闻。随着电视的不断发展，看电视的人越来越多，到了1948年，已经有10万英国家庭拥有电视，人们对于从电视上获取信息的需求也愈发强烈。

1948年，新闻节目正式在BBC电视服务落户了。BBC将一天的新闻制成一张张图片，串联成一组，按顺序播放，由著名播音员约翰·斯纳格（John Snagge）结合图片逐一解说。这种播报方式有一个非常致命的弱点：时效性差。由于新闻需要前期制作，且制作周期较长，所以播报的新闻经常是过时的。同年，BBC直播了奥运会，这在英国电视史上还是第一次。BBC把它最先进的科技都应用到了这次直播报道活动中来了。

1949年7月，BBC开始为观众提供天气预报。观众可以从电视机上看到地图、天气图表和幕后解说。直到1954年，解说员才从幕后走到台前。

1950年2月，BBC头一次对大选结果进行了电视直播，当时英国已约有35万家庭拥有电视。这次直播可以说是一次"特别节目"，它持续到了凌晨1点（BBC电视服务每晚10：30停机）。BBC秉持它历来所坚持的客观中立场，只对大选结果进行分析，而不作政治上的预测。同年8月，BBC第一次从欧洲大陆向国内发来电视直播，这也是BBC电视服务第一次将触角伸向国外。英国的人们从电视上了解到战争给欧洲带来的破坏以及当地的一些风土人情。

2. 电视新闻步入正轨

真正让电视走进千家万户的是女王伊丽莎白二世加冕事件（图3-9）。1953年6月2日，伊丽莎白二世行加冕礼。鉴于当年乔治六世加冕时的情形，BBC预测这次加冕仪式还会引起不小的轰动。然而BBC没有预见到的是，此次事件竟标志着电视时代的到来。

图3-9 BBC直播伊丽莎白女王加冕的电视图像

BBC直播加冕当天，派出了规模庞大的报道团队，其中包含7名评论员进行实况解说。经过女王允许，BBC第一次将摄像机安插在威斯敏斯特教堂。约有一千万人在自己家、朋友家、邻居家收看了实况直播，还有一千五百万人在公共场所收看。一时间，电视机销量大幅上升，电视观众数量第一次超越了广播听众，电视一跃成为主流媒体。

1953年11月11日晚上8:15，BBC推出了大型时事新闻节目《全景》（Panorama）。该节目至今仍在播出，是世界上播出时间最长的时事节目。

图3-10　BBC早期的电视新闻节目

1954年，BBC开始了每日电视新闻播报，这是一个巨大的进步（图3-10）。正如时任BBC总裁的伊恩·雅各布（Ian Jacob）所说："这对BBC未来的发展是一件意义深远的事情。"此时新闻播报的时效性已经有了明显的改善，每次时长约20分钟，并且还增加了专访节目。然而雅各布也看出了当前电视新闻所面临的一个难题：有相当多的新闻并不适合电视。换句话说，它们很难被视觉化。新闻播报往往延用广播的标准，在电视上"做广播"。每日新闻播出一年后，播出时长扩大了一倍，受众也逐渐增多。

此时，尽管人们对电视新闻的发展仍然莫衷一是，但是作为电视新闻的先驱，在质疑面前，BBC努力保持着自身的公信力，这是十分难能可贵的。

四、竞争中的BBC电视频道（1954-1997）

（一）独家垄断时代的终结

从最初成立到后来发展的三十年中，BBC一直占据着广播电视界的霸主地位。到19世纪50年代，英国社会中的议会议员以及电器商老板们对BBC的垄断地位日渐不满。上下两院的一些议员，特别是保守党议员，纷纷批评BBC的独占体制缺少竞争，积极鼓吹开办商业性电视频道。1952年，政府发布立法白皮书，主张允许竞争性成分引入电视。1954年7月30日，《独立电视法案》通过。该法案规定，成立一个与BBC性质相近的公共机构，管理商营电视广播。①

1954年8月4日，根据《独立电视法案》，独立电视局（ITA）成立。它是一个公共机构，负责管理商营电视。1955年9月，独立电视公司（ITV）在伦敦正式开播。民众对新开播的独立电视台产生了极大的兴趣，开播仅5分钟，原来收看BBC的电视观众就有65%都转向了它。到1957年，商营电视已经稳固地掌握了70%的观众。随着时间的流逝，部分观众渐渐回到BBC，并稳定下来，但ITV仍然稍微领先。②

---

① 郭镇之：《中外广播电视史（第二版）》，复旦大学出版社2012年版，第68页。
② 郭镇之：《中外广播电视史（第二版）》，复旦大学出版社2012年版，第70页。

独立电视台抢走了BBC一半多的观众，BBC的一家独大局面被无情地打破了。事实上，二者的竞争跟美国式的媒体竞争不同。它们本质上都属于公共性质的媒体，并且都在各自领域实施着垄断：独立电视台垄断广告，BBC垄断执照费。因此有人称这段历史时期为"双头垄断"时期。

商业广播在这一时期并未出现，因为BBC广播的发展足够成熟，地位也相当稳固，于是政府决定广播仍由BBC独占。这种垄断状态一直延续到20世纪70年代才被打破。

（二）"双头垄断"时期的竞争

1. 积极争取观众

1960年，BBC电视中心建成。这是世界上第一个专为非商业媒体设计的节目制作中心。BBC电视中心被喻为"电视产业的好莱坞"，数不清的精彩节目都在这里生产。很快，BBC电视中心也成了地标性建筑。BBC正是在这里与ITV展开了激烈竞争，竞争的重心转移到对观众的争夺。

1961年5月，《全景》节目专访了爱丁堡公爵，这是历史上皇室成员第一次接受电视专访。访谈在友好的气氛中进行，主持人理查德·丁布尔比（Richard Dimbleby）没有提什么争议性的话题。这次专访使BBC的收视率显著提高，同时也标志着皇室逐步走向现代化。电视让皇室家庭不再神秘，人们足不出户就能听到他们、看到他们，了解皇室所思所想甚至可以看到他们的生活起居。

为了与观众建立良好的关系，BBC于1961年10月推出了一档新节目——《视点》（Points of View）。节目组遴选出一些观众来信，由主持人在节目中以机智幽默的方式把观众的想法呈现出来，非常有趣。该节目还经常回放其他节目的精彩片段、演播时的小花絮等，供观众回味和娱乐。

1963年，BBC制作了它的第一个科幻类电视剧《神秘博士》（Doctor Who）。此片描述了一名神奇的名为"博士"的时间领主用他伪装成50年代英国警亭的时间机器Tardis在时间、空间中旅行的冒险。他与其搭档在时间、空间中探索悠游、惩恶扬善、拯救文明、帮助弱小。《神秘博士》无疑是个经典，它被吉尼斯世界纪录大全列为世界上最长的科幻电视系列剧，同时也被列入有史以来"最成功"的科幻电视系列剧。①

2. 彩色电视开启电视新纪元

温布尔顿网球锦标赛总是成为BBC的创新技术展示平台。1937年BBC第一次直播温网锦标赛的时候，人们才刚刚认识电视这种媒介。1967年7月1日，与以往不同，BBC-2开播并率先在全欧洲用彩色电视直播了这场比赛。

当时的英国彩电还没有普及，全国上下加起来还不到5000台，虽然影响力十分有限，但这足以让ITV嫉妒。之所以让BBC率先播出彩色电视，很大程度上是政府出于平衡其与ITV竞争的考虑。直到BBC-2开播两年之后，ITV才开始播放彩色电视。在彩色电视机普及之前，BBC的员工加紧"补课"，适应这项新技术。到了70年代初，全英

---

① http://baike.baidu.com/subview/419308/11108760.htm。

拥有彩电的家庭已达到 1200 万。1969 年，BBC-1 台也开始播放彩色电视。

1974 年，BBC 开办了首个图文电视服务节目《看事实》（CEEFAX，取"See Facts"的谐音），初衷是为了帮助聋人看懂电视。只要观众按下按钮，字幕就会代替图像出现或者显示在图像的前面。字幕技术在当今已经再平常不过了，但在当时可谓是新鲜玩意儿，BBC 借助新技术再次引领了潮流。《看事实》强调服务功能，主要提供新闻报道、体育赛事的报道、天气预报、音乐评论、旅游信息、笑话甚至闹钟功能。很快，《看事实》已经拥有了 2200 万用户。为了与 BBC 争夺用户，ITV 紧随其后推出了图文电视节目《预言》（*Oracle*）。

1981 年，BBC 与 ITV 直播了查尔斯王子（Prince Charles）与戴安娜王妃（Lady Diana Spencer）的新婚盛典。两家电视台对这次盛况报道的规模是空前的，并且吸引了全世界 74 个国家的约 7.5 亿观众收看。在英国，约有 2800 万人通过 BBC 和 ITV 观看了婚礼实况，相比之下，人们更信任 BBC，因此 BBC 的观众占了多数。2011 年，在威廉王子（Prince William）和凯瑟琳（Catherine Middleton）的婚礼直播中，BBC 仍拥有国内 70% 的忠实观众，地位相当稳固。

图 3-11 《早餐时间》节目

80 年代，英国观众的收视习惯有所变化，日间收看电视的人群逐渐增多。1983 年 1 月 17 日，BBC 顺势开办了英国第一个晨间电视节目——《早餐时间》（*Breakfast Time*）（图 3-11）。这个节目通常在比较轻松的氛围下进行，主持人和嘉宾坐在沙发上谈天说地。谈论的话题无所不包，可以是国家大事、爆炸新闻，也可以是减肥秘方、星座占卜。新颖的节目形式立即引来了大批观众，他们每天坐在电视机前享受 BBC 带来的精神早餐。就在《早餐时间》播出半个月后，ITV 也推出了同类节目，叫《早安，英国》，同样引起了观众的强烈反响。

（三）"一台两制"的实施

1. 平安渡过私有化浪潮

从 20 世纪 80 年代开始，经济自由主义重新流行起来，人们再度青睐自由竞争的市场经济。世界各国纷纷把已经国有化的企业重新私有化，把一些公共服务机构变为私人企业。在这一背景下，西方各国纷纷解除对广播电视领域的管制，使得各国的公共广播电视不同程度地受到影响，有的甚至一落千丈，面临生存危机。① 从1979年开始，保守党在英国逐渐形成一党独大的局面，"撒切尔主义"极力推行之下，不少国有企业被私有化。私有化浪潮很快席卷到了广播电视领域，BBC面临前所未有的生存危机。

由于卫星电视和有线电视等新技术的出现，广播所需的波段也不再稀缺，政府更加坚定了开放广播电视市场的决心。从80年代初开始，撒切尔政府一直试图对BBC进行私有化改造，并试图取消BBC的执照费。最终，由于政界人士的反对而且公众仍然喜欢看BBC的节目，撒切尔政府的企图没有成功。②

平安渡过私有化浪潮之后，BBC再次迎来了它的辉煌时期。

2. BBC环球公司的建立

虽然顶住了商业化的侵蚀，但是BBC需要承受政府对其资金上施加的压力。1991年，BBC的电视执照费下调了3%。电视执照费收入实质上的下降，迫使长期以来处于扩张态势的BBC，有必要通过增加收入来维持运营。③

1994年，英国政府通过了广播白皮书——《英国广播公司的未来》，再次确认了BBC在英国广播电视领域的核心地位。同时，政府支持BBC增加商业业务。在数字化和市场经济的新时代，BBC确立了新的发展战略，并开始进行机构改革，扩大收费服务项目。BBC希望在不危及公共目标的同时采取适度推进的商业化战略。④

1995年，BBC环球公司（BBC Worldwide）成立，⑤ 其前身是1979年成立的"BBC企业"（BBC Enterprises）。BBC环球公司是BBC的全资子公司，它主要通过向国外输出电视节目（包括BBC以及其他国内的电视节目），拓展BBC的品牌，其所有的盈利一概归BBC所有。除了出售电视节目之外，BBC环球公司还广泛经营书籍、音乐等其他业务。

虽然是商业化经营，但BBC环球公司依然是在《皇家宪章》及其附属《协议》的框架下诞生的，它需要忠实地履行以下几条原则⑥：

（1）履行BBC的公共服务使命；

（2）讲求商业效率；

（3）不得使BBC的声誉和品牌价值受损；

（4）遵从BBC有关公平交易的指导方针，避免扭曲市场机制。

---

① 袁军、庞亮：《中外广播电视史》，高等教育出版社2012年版，第263页。
② 袁军、庞亮：《中外广播电视史》，高等教育出版社2012年版，第264页。
③ 王菊芳：《BBC之道——BBC的价值观与全球化战略》，三联书店2013年版，第247-248页。
④ 郭镇之：《中外广播电视史（第二版）》，复旦大学出版社2012年版，第78页。
⑤ http://en.wikipedia.org/wiki/BBC_Worldwide。
⑥ http://www.bbcworldwide.com/about-us.aspx。

由此可见，设立 BBC 环球公司的目的：一是让 BBC 在国际市场上盈利，从而充实 BBC 的财政收入，填补执照费的不足；二是要在国外推广 BBC 的品牌，维持自身的声誉。

BBC 环球公司旗下经营的电视频道主要有①：BBC 美洲频道（BBC America）、BBC 加拿大频道（BBC Canada）、BBC 印度尼西亚频道（BBC Indonesia）、BBC 娱乐频道（BBC Entertainment）、BBC 高清频道（BBC HD）、BBC 儿童频道（BBC Kids）、BBC 知识频道（BBC Knowledge）、BBC 生活频道（BBC Lifestyle）、BBC 婴幼儿频道（CBeebies）、英国电视网（UKTV Network）10 个频道以及针对澳大利亚和新西兰的 BBC UKTV、BBC 世界新闻频道（BBC World News）（BBC 环球公司仅负责分发 BBC 世界新闻频道）。

BBC 环球公司的成立，标志着 BBC 全面开启"一台两制"的全球战略，即对内公共性质维持不变，对外采用商业化运作的模式以维持内部的公共服务体制。

3. BBC 世界新闻频道与 BBC 新闻频道的开播

由于 BBC 在国内最主要的财政来源就是执照费，难以开辟其他经济来源，BBC 只得把目光对准国外市场，开辟新的营收路径。

1991 年 3 月，商业化运营的 BBC 世界服务电视频道（BBC World Service Television）开播，它成了 BBC 世界新闻频道（BBC World News）的前身。在欧洲，该频道代替了原有的 BBC 欧洲台，广告主要由卫星电视提供商以及有线电视提供商提供；在亚洲，该频道作为一个 24 小时新闻频道而存在。频道的节目主要源自 BBC-1 和 BBC-2，以提供新闻信息为主。

1995 年，BBC 世界服务电视频道分化成两个频道：BBC 世界频道（BBC World）和 BBC 尊贵频道（BBC Prime）。前者仍然以播报新闻为主，后者则是 BBC 优秀节目的集锦。

1997 年 11 月，针对国内的 24 小时新闻频道 BBC News 24 成立，打破了天空电视台在英国国内的垄断地位，也为 BBC 的 24 小时新闻频道注入了新的活力。该频道是 BBC 新闻频道（BBC News）的前身。值得一提的是，BBC 新闻频道仅面向国内，它的运营仍然是靠收视费来维持。

2008 年，BBC 世界频道改名为 BBC 世界新闻频道，继续向全世界提供 24 小时新闻服务。除了新闻之外，它还播出包括纪录片、访谈节目、生活服务类节目等在内的各方面内容。在 BBC 所有的频道中，BBC 世界新闻频道拥有最大的受众群。同 BBC 其他频道相比，它在世界各地拥有更庞大的记者队伍、更多的办事处。

BBC 世界新闻频道隶属于 BBC 全球新闻部。该部门既不是 BBC 环球公司的机构也不靠收视费运营，它是 BBC 旗下的一个商业性组织，资金来自订户费和广告费。BBC 世界新闻频道的大部分新闻都来源于 BBC 新闻频道，这和 BBC 新闻的采集和编辑制度有关。

---

① http://en.wikipedia.org/wiki/BBC_Worldwide.

五、BBC 引领数字时代（20 世纪 90 年代至今）

1995 年，BBC 有四套全国性广播节目同时使用数字技术广播，成为世界上最早正式进行全国性数字音频广播的电台。① 同年，英国政府发表《关于数字地面电视的政府建议》，电视数字化被正式提上日程。作为对政府建议的响应，BBC 于 1996 年公布了《数字时代的广泛选择》一文，制订了实施数字广播电视的计划。

1998 年，BBC 第一个数字电视——BBC 选择频道（BBC Choice）诞生了。该频道主要播放音乐会、体育赛事等文体节目，另外也时常播出幕后花絮，向观众介绍 BBC 节目背后的故事，非常吸引人。2003 年，BBC 选择频道归入 BBC-3。

2002 年，全新的数字电视频道 BBC-4 开播。该频道的口号是："谁都需要一块思想天地。"在这样的口号之下，该频道主要播出艺术类、文化类、纪录片等高雅节目。

2011 年，BBC 在温网锦标赛再次展示了它的最新技术成果。这是 BBC 第一次在比赛中应用 3D 技术进行报道。只要用户拥有一台 3D 电视机，打开 BBC 高清频道便可享受 3D 画面带来的乐趣。

通过对传统广电媒体、互联网、移动终端各平台的全面覆盖，到现在为止 BBC 全媒体搭建已经初具规模。在 2012 年伦敦奥运会中，BBC 的全媒体运营在对赛事报道中体现得淋漓尽致。

在电视媒体上，BBC 采用超高清分辨率（7680×4320）形式播出体育赛事，将每个细节展现给观众。由于观众没有超高清接收设备，BBC 专门设立了户外大屏进行直播。经典的"红按钮"使观众获得良好的人机互动体验，观众可以快速找到自己想看的比赛。在网络上，BBC 在线对伦敦奥运的报道超过了 2500 小时，这对电视媒体是一

图 3-12　BBC 为伦敦奥运开发的手机客户端

个补充。此外，BBC 还开发了诸多与电视相关的应用程序（图 3-12），这些应用的明显特征就是社交媒体化，观众可以随时接收、点评比赛视频。BBC 利用传统的广播电视和新兴的互联网媒体（如电脑、手机、平板电脑、户外大屏等）打造了一场全媒体

---

① 袁军、庞亮：《中外广播电视史》，高等教育出版社 2012 年版，第 260 页。

直播盛宴，用 BBC 自己的话说就是：这是"第一次真正的数字奥运"。

第二节　BBC 新闻频道研究

一、BBC 电视频道的设置

BBC 的电视频道分为国内、国外两个部分。国内的电视频道主要靠从观众那里征收的电视执照费来维持运营；国外的电视频道走商业化运营路线，商业经营所获利润返回 BBC 并用来降低电视执照费。

（一）国内频道

频道	简介	Logo
BBC-1 （BBC One）	BBC-1 是 BBC 面向国内的综合频道，针对各个层次的观众，内容非常广泛，涵盖时事新闻、电视剧、真人秀、音乐、宗教等节目，这些节目多是从各个频道精选的最优秀的节目。	
BBC-2 （BBC Two）	BBC-2 定位比较高端，尤其注重教育和公共服务，十分受知识分子的喜爱。其内容多是从各台遴选的具有深度和富有知识性的节目，主要面向成年人。	
BBC-3 （BBC Three）	BBC-3 面向 16 岁到 30 多岁的年轻群体，通过一系列节目向他们提供具有创新性的内容，激发他们的创造力。	
BBC-4 （BBC Four）	BBC-4 主打高雅文化类节目，主要向观众展示世界各地的艺术、音乐、文化，尤以精心制作的高水平纪录片见长。	
BBC 少儿频道 （CBBC）	BBC 少儿频道专为 6-12 岁的儿童开设，节目丰富多彩，有动画、短剧、娱乐节目、纪录片等，满足此阶段儿童的收视需求。	
BBC 婴幼儿频道 （CBeeBies）	BBC 婴幼儿频道针对 6 岁以下儿童开设，播出早教节目和动画片。	
BBC 新闻频道 （BBC NEWS）	BBC 新闻频道每天向国内提供 24 小时的时事新闻、新闻评论以及深度报道。	
BBC 议会频道 （BBC Parliament）	BBC 议会频道是全英国唯一一个政治性电视频道。主要播放议会选举、政党辩论等政治性新闻。该频道在英国收视率非常低。	

（续表）

频道	简介	Logo
BBC 高清频道（BBC HD）	BBC 高清频道本身不生产节目，它的节目来自 BBC 其他的频道。该频道画质出众，为体育迷所喜爱。	
BBC 盖尔语频道（BBC ALBA）	BBC 盖尔语频道主要面向会说或学习盖尔语的观众，向他们提供包括纪录片、音乐、体育等节目，反映盖尔语文化特色。	

（二）国际频道

BBC 在国际上运营着多家电视频道，其中有 BBC 环球公司独立经营的也有 BBC 环球公司和别的公司联合经营的。目前主要有以下几个：

频道	简介	Logo
BBC 世界新闻频道（BBC WORLD NEWS）	BBC 世界新闻频道始建于 1991 年。目前该频道向世界各地提供 24 小时新闻服务，此外还播出纪录片类、生活类、访谈类节目等。该频道并不属于 BBC 环球公司，而是属于 BBC 全球新闻部（BBC Global News Ltd.）。	
BBC 美洲频道（BBC America）	1998 年成立的 BBC 美洲频道由 BBC 环球公司运营，面向美洲观众输出时事新闻节目和优秀娱乐节目。	
BBC 加拿大频道（BBC Canada）	BBC 加拿大频道 2001 年开播，它是 BBC 环球公司与 Shaw Media 联合运营的。该频道节目主要来自 BBC，或者两家媒体合作制作。	
BBC 娱乐频道（BBC Entertainment）	BBC 娱乐频道于 2006 年由 BBC 环球公司建立，主要提供喜剧、电视剧等娱乐节目。	
BBC 知识频道（BBC Knowledge）	BBC 知识频道于 2007 年成立[①]，由 BBC 环球公司运营。该频道以提供教育、科技方面的信息为主。	
BBC 生活频道（BBC Lifestyle）	BBC 生活频道建于 2007 年，主要提供饮食、家居、时尚、健康、亲子等类型的节目。	

---

① BBC 在 1999 年曾成立过面向英国国内的同名电视频道。

(续表)

频道	简介	Logo
BBC 阿拉伯语频道（BBC Arabic Television）	BBC 阿拉伯语新闻频道成立于 2008 年，靠外交部财政资助运营，专为中东地区提供电视服务。该频道主打新闻节目是《新闻时刻》（*Newshour*），每天播放两次，每次一个小时。其他新闻节目时长均为半小时。	
BBC 波斯语频道（BBC Persian Television）	BBC 波斯语新闻频道于 2009 年开播；该频道可以通过卫星电视收看，目标受众是伊朗、阿富汗、乌兹别克斯坦以及塔吉克斯坦国家使用波斯语的观众。	
BBC 高清频道（BBC HD）	同 BBC 国内的电视频道。在澳大利亚、斯堪的纳维亚、拉丁美洲的观众可以收看。	

此外，还有 BBC Kids、CBBC、CBeebies 等几个少儿频道。

二、BBC 的新闻频道

（一）BBC 新闻频道的节目

1. 时事新闻类节目

（1）《BBC 新闻》（*BBC News*）和《BBC 世界新闻》（*BBC World News*）

新闻是 BBC News 和 BBC World News 的主干节目，这两个频道全天 24 小时整点滚动播报世界各地要闻，一般以动态新闻为主。BBC 24 小时新闻频道在 11:00、17:00、21:00 播出的 BBC 新闻通常会增加深度报道，注重访谈性和分析性。晚 22:00 的时候则会提供来自世界各地的 BBC 记者发回的最新消息。BBC 世界新闻频道在新闻节目编排时则更注意时差问题，将新闻合理安排在各个时段以适应各国的观众。

图 3-14　BBC 的新闻直播

(2)《早餐时间》(Breakfast)

《早餐时间》是 BBC News 的一档经典晨间新闻节目，播出时间在工作日早上 6:00 到 8:30，周末会延长至 9:00。主持人和嘉宾坐在标志性的红色沙发上，向观众播出最近新闻、体育要闻、经济新闻、天气预报等实用信息。该节目一般在轻松愉悦的氛围中进行，从 1983 年开办以来，一直是英国民众的精神早餐，同时也是清晨英国观众获取资讯的首选。

图 3-15　BBC《早餐时间》节目

(3)《新闻日报》(Newsday)

《新闻日报》安排在凌晨 1:00 从伦敦、新加坡直播国内外新闻。

(4)《新闻记者》(Reporters)

该节目仅在周末播出，向观众提供一周以来 BBC 驻外记者发来的优秀新闻。

(5)《报纸头条》(The Papers)

BBC 晚间读报节目。该节目突出新鲜明快的氛围，向观众介绍第二天各大报纸的头条。

(6)《全景》(Panorama)

《全景》创办于 1953 年，是世界上开办时间最长的电视节目。该节目为观众提供时事新闻的纪录片，使观众对新闻有更加全面的了解。

2. 财经新闻类节目

《世界财经报道》(World Business Report)

该节目提供来自新加坡、法兰克福、纽约、伦敦的经济要闻。此外 BBC 还有针对其他地区的财经报道节目，比如亚洲财经报道(Asia Business Report)等。

3. 时事评论类节目

(1)《新闻眼》(Newswatch)

《新闻眼》是 BBC 的一档夜间时事评论节目，评论员针对 BBC 提供的重大新闻发表独立见解。

(2)《我们在伦敦》(Dateline London)

《我们在伦敦》是一档新闻评论节目，它邀请身在伦敦的外国评论员对国内外新闻发表见解。

4. 访谈类节目

《难题访谈》(HARD Talk)

《难题访谈》于 1997 年开播，现在已成为 BBC 的旗舰级深度访谈节目。它类似中央电视台的《面对面》,采用主持人与被访者一对一问答的形式。与其他电视台的访谈节目的风格不同,《难题访谈》的氛围显得格外深沉,富有理性与智慧。

5. 文化生活类节目

(1)《体育日》(*Sportsday*)和《今日体育》(*Sport Today*)

这是 BBC 的两个体育节目,提供当日世界各地的体育赛事、比赛结果等体育新闻资讯。

(2)《点击》(*Click*)

该节目向科技爱好者提供业界最新科技资讯,介绍时下流行的技术成果、应用程序,等等。

(3)《快车道》(*Fast Track*)

节目为观众提供新鲜旅游资讯。

(二) BBC 新闻频道的特色

如果说 BBC 的新闻频道是作为一个有机的整体存在,那么它的节目就是维持这个整体健康运行的脏器,而一个个新闻作品就是构成每个脏器的细胞。频道、节目、新闻三者共同作用、协同一致,使 BBC 新闻频道体现出与众不同的特色。

1. 宏观维度——BBC 新闻频道的特色

作为专业的新闻频道,BBC NEWS 与 BBC 世界新闻频道都将新闻作为核心节目全天持续滚动播出,新闻节目在整个频道中占据了相当大的比重。

BBC 新闻频道多年来的发展逐步奠定了一种严肃的报道风格。这种严肃的风格使人感觉到可信与公正。在 BBC 的辩论节目与访谈节目中(如 *HARDtalk*、*The World Debate*、*Intelligence Squared Debate* 等),将这种风格发扬到了极致。与 FOX 等其他私营电视台不同,BBC 新闻频道不刻意渲染新闻的戏剧化冲突,也不特意展示主播个人的夸夸其谈,它注重的是事件本身,将观众的目光聚焦在事实的报道之中,整体上给人一种冷峻和庄重之感,从而强化了新闻的可信度和权威性。

另外,BBC 的新闻频道非常重视公共服务功能,这与 BBC 的自身性质及其所承担的"提供信息、教育、娱乐"的使命是有很大关系的。除了"硬新闻"之外,BBC 的新闻频道还播出访谈节目、深度解读、文化节目、理财节目、纪录片、天气预报等,服务于不同层次、不同需求的观众。

2. 中观维度——BBC 新闻节目的特色

在节目编排上,BBC NEWS 和 BBC 世界新闻频道各有侧重。BBC NEWS 是针对国内的新闻频道,在选题策划上立足本土,照顾英国人的收视习惯,按照观众生活起居来设定播出内容,新闻内容也更多涉及英国国内新闻。而 BBC 世界新闻频道在编排新闻时则更加注重均衡,因为它的受众覆盖世界各地。在均衡的前提下,BBC 世界新闻频道还遵循"黄金节目时间"原则。比如说,中国到了晚上 8 点,也就是公认的"黄金时间",BBC 世界新闻频道会把有关中国的新闻摆在优先位置播出。

BBC 新闻节目的播出是开放式、立体式的。与传统的主持人在演播室里呆板地播放新闻不同，BBC 的新闻节目穿插灵活，节奏明快，画面常常切换于不同的演播室，而且经常邀请专家连线进行解读，或者将新闻报道交给出镜记者。镜头的频繁切换、轮番出现的说话人，不仅使观众对新闻掌握得更全面、深刻，而且增强了新闻的动态性。

3. 微观维度——BBC 新闻的特色

BBC 的新闻更新速度快、频率高，这得益于 BBC 遍布全球的工作人员的超强工作能力。BBC 在全球拥有 2 万人的新闻采集队伍，其中十分之一的工作人员遍布海外其他国家。除 BBC 内部的工作人员，BBC 在海外记者站设有当地雇员，解决翻译、联络等问题。BBC 的记者训练有素，每当重大新闻事件发生，他们总是以最快速度出现在新闻现场。

尽管如此，在真实与速度之间，BBC 还是坚定地选择了真实。在 2005 年版的《编辑指南》中，BBC 明确强调，对于突发性新闻的报道，"准确性比时效性更重要"。在 2010 年版的最新《编辑指南》中，这一原则被再重申："对于新闻和时事节目，确保消息的准确比抢时效更重要。"为了保证消息的准确性，在消息源方面，BBC 强调应该尽可能有两个以上的消息源。如果只有一个消息源，那么这个消息源的名字最好是公开的。①

BBC 的新闻始终秉持不偏不倚的原则。所谓不偏不倚，就是在采访、报道的时候都注意平衡，尽可能让处于事件的各方都发出自己的声音。BBC《编辑指南》中提道："不偏不倚是 BBC 对受众的核心承诺，是 BBC 品牌的一部分。"在实践过程中，BBC 的承诺体现在多个方面：

（1）提供平衡的服务，按恰当的时间比例播出题材广泛的内容和观点；

（2）全面反映各种观点，以求重要的观点不被忽视；

（3）不得曲解相反的观点，应尊重相反观点的回复权；

（4）必须避免偏见，避免对有争议的问题的不平衡报道；

（5）BBC 的主持人、记者不得就公共政策、政治或行业争议发表个人意见和个人观点。②

BBC 对不偏不倚理念的坚持近乎"执拗"，这常常引起政客的反感。比如在报道战争时，改"我军"为"英军"；在语言的使用上避免"恐怖分子"这样带有立场的词汇，因为在有些人眼中，"恐怖分子"还可能是"自由斗士"。

（三）BBC 新闻的生产

BBC 新闻在英国每天约有 4000 万受众。除去英国，BBC 在全世界还有 2.39 亿用户每天在接收 BBC 的新闻。③ 随着科技的日新月异，除了通过广播、电视等传统媒体

---

① 王菊芳：《BBC 之道——BBC 的价值观与全球化战略》，三联书店 2013 年版，第 207 页。
② 陈永庆：《解密 BBC——世界传媒王国的成长之路》，华夏出版社 2009 年版，第 131 页。
③ http://www.bbc.co.uk/news/19888761。

之外，人们也可以通过手机、平板电脑等新媒体获取 BBC 的新闻。

BBC 拥有一个 8500 人的新闻团队，分布在英国以及世界其他国家，①这个数字是 CNN 的两倍之多，可谓十分庞大。在管理上，BBC 的新闻团队可以分为全球新闻部（Global News）、英国新闻部（UK News）、英格兰地方新闻部（English Regions）、新闻采集部（News Gathering）和时政新闻部（Political Programmes）。其中，全球新闻部针对海外受众，包括 BBC 国际电台、BBC 世界新闻频道、面向国际的新闻网站和负责收集世界舆论的 BBC 监测中心四个部分；而英国新闻部则负责英国全国性的新闻和时事节目及针对英国国内的新闻网站；英格兰地方新闻部负责英格兰的地方新闻；新闻采集部负责全 BBC 范围内的新闻采集、驻外记者的选拔和调配等；时政新闻部则负责 BBC 的政治类新闻，主要关注的是与英国政府和议会有关的新闻。②

新闻采集部在全世界设有 40 多个办事处，其中设在英国的有 7 个。③新闻团队将收集来的世界各地的新闻发给新闻采集部。由于 BBC 国内外的新闻团队没有明确的分野，因此很多新闻是被各个平台（诸如广播、电视、网络）所共享的。

BBC 采用去中心化的编辑负责制，每个报道组都有独立的编辑负责。这样做的目的主要是为了下放权力，提高办事效率，但有时也会带来一些问题。比如 2012 年《新闻之夜》播出包含不实指控的新闻就跟 BBC 混乱的编辑制度有关。

三、BBC 新闻的全媒体运营

关于全媒体的概念，目前学界没有一个统一的定论，有学者认为，所谓"全媒体"就是在具备文字、图形、图像、动画、声音和视频等各种媒体表现手段基础之上进行不同媒介形态（纸媒、电视媒体、广播媒体、网络媒体、手机媒体等）之间的融合，产生质变后形成的一种新的传播形态。全媒体通过提供多种方式和多种层次的各种传播形态来满足受众的细分需求，使得受众获得更及时、更多角度、更多听觉和视觉满足的媒体体验。④

2005 年 BBC 高层第一次从战略的高度来认识和规划 BBC 在数字时代的发展问题。2006 年 BBC 推出了它未来的发展蓝图——"创意未来"计划。这个计划展示了 BBC 搭建全媒体平台的雄心。倘若从最初创建 BBC Online 算起，BBC 在全媒体平台搭建的道路上已经走了十多年的路程。这期间 BBC 遭遇过严重的挫折，然而值得欣慰的是，目前的 BBC 全媒体转型已经收到了良好的成效。

（一）战略先行，引领全媒体时代新布局

2006 年是 BBC 迈向新媒体时代的布局之年。这一年，一个叫作"创意未来"的计

---

① http://www.bbc.co.uk/news/19888761。
② 王菊芳：《BBC 之道——BBC 的价值观与全球化战略》，三联书店 2013 年版，第 212 页。
③ http://www.bbc.co.uk/news/19888761。
④ 罗鑫：《什么是"全媒体"》，《中国记者》2010 年第 3 期。

划被提了出来。这个计划基于BBC高层对新媒体未来发展的清醒认识和准确预判，改变了BBC作为一个老牌传统强势媒体的发展轨迹。该计划提出，"创意未来"的核心在于"超越广播"（Beyond Broadcasting）。所谓"超越广播"，就是要跳出BBC传统广播电视的定位，以互联网思维重新审视自己，将自身打造成为一个融合型、全媒体的新型广播机构。

2006年4月，时任BBC总裁的汤普森在向员工解释"创意未来"的计划时，提出了一个新概念——"马提尼媒体"（Martini Media）。其核心意思就是使受众可以在任意时间、任意地点、通过任意媒介访问BBC的内容。根据马提尼媒体的发展要求，BBC还提出了一个"360度全平台"的传播战略，该战略要求BBC的工作人员在策划和生产内容时要兼顾不同传播媒介的制作特点和要求。无论是"马提尼媒体"还是"360度全平台"战略，最终目的都是使BBC的内容跨越不同平台实现最优化的传播。

从"创意未来"这个具有里程碑意义的计划中可以看出，不管是传统媒体主导的年代，还是新媒体成为主流的时代，BBC始终都没有忘记"内容为王"。因为它意识到不管什么时代，受众获取内容的手段在变，而获取优质内容的需求没有变。积极拓宽传播渠道的落脚点依然是为受众呈现BBC的优质内容。为了达到这个目的，BBC必须积极适应受众使用媒介的方式的变化，不断优化已有传播渠道，创造适应新的媒介环境的传播渠道。

2009年，BBC提出了一个响亮并且好记的口号——"1、10、4"，吹响了向新媒体时代发起全面挑战的号角。"据BBC新媒体部首席运营官安迪·康罗伊介绍，BBC提出将'1、10、4'三个数字作为新媒体转型的唯一口号，也作为其新媒体转型的整体战略布局。1即1个BBC品牌，网站、电视、移动终端等内容产品都服务并统一于整个BBC品牌；10即10个核心产品：BBC重点打造和专心经营新闻、体育、天气、儿童节目、青少年节目、学习、网络电视播放器、线上数字广播、BBC首页、搜索等共10个内容产品；4即4个媒体终端：电视、PC、平板电脑和智能手机，共享内容资源，所有内容都在四个终端上进行不同呈现。"[①]

对于BBC来说，近百年的历史所塑造出的品牌价值是难以估量的，进入新媒体时代，如何构筑和维护一个统一完整的品牌形象对BBC来说既是一个挑战，也是一个机遇。"1、10、4"作为BBC自身品牌建设的关键一环，对内集中了员工的品牌意识，对外构筑了统一的品牌影响力，可谓一举两得。

2010年12月，BBC出台了一个名为《质量优先》（Putting Quality First）的战略文件。该文件主要围绕四大目标对BBC今后的工作进行了战略部署：第一，提升BBC内容的特色和质量；第二，使执照费更具价值；第三，管理上更加开放和透明；第四，使BBC的受众得到更好的服务。在此目标的指引之下，BBC进行了一系列具体的动作，包括削减业务范围、改革内部组织等。

---

① 马战英：《全媒体时代电视品牌管理的几点思考》，《中国广播电视学刊》2013年第10期。

2011年10月，BBC执行团队向信托委员会提交了一份名为《实现质量优先》（Delivering Quality First）的文件，根据该文件，从2013-2014年度起，BBC每年需要通过提高生产率来实现节省4亿英镑的目标，这主要通过削减运营和内容制作的开支来实现；BBC在当前基础上直接砍掉的广播和电视节目（或网站）内容，大约可省出2.05亿英镑。① 按照计划，BBC电视中心办公大楼被出售，而在伦敦办公的新闻团队、电视团队、音乐团队等集中搬进新建的BBC广播大厦（Broadcasting House），此举促进了内部资源的共享，省去了不必要的开支，大大提高了工作效率。

2014年，移动互联网在各国发展已趋于成熟，BBC为适应移动时代的发展要求，提出了"移动为先"（Mobile First）的发展新战略。所谓"移动为先"，就是指BBC在发布内容的时候要把移动端摆在一个优先的位置。当国际上有重大事件发生，BBC将利用移动媒体精准、即时、社交等特点将消息发布迅速出去。从根本上看，BBC做出这样的战略部署是与全球移动终端的普及、用户使用媒介习惯发生深刻变化息息相关的。面对移动互联网时代的到来，BBC选择的不是守成，而是积极适应媒介大环境的变化。伴随着这样的战略举措，BBC推出和更新了一批优秀的移动端产品，如iPlayer、BBC News等，这些产品将在后文进行详细介绍。

（二）架构重组，"中央厨房"烹饪好节目

就在"创意未来"计划提出的第二年，BBC在媒介融合上采取了大动作。2007年11月，BBC在位于伦敦西部的电视中心大楼打造了一个超级新闻编辑部，来自BBC电台、电视和互联网的新闻团队被搬到这里协同办公。BBC国际电台台长彼特·霍洛克斯强调道，BBC新闻团队的搬迁，不仅仅是办公地点的搬迁，而且是BBC新闻资源的真正融合。② 为了协调三个来自不同部门的团队，BBC专门设立了"未来媒体与技术部"，专门负责统筹跨平台节目的制作。

超级编辑部的建立，一改BBC划媒体而治的传统格局，转而以业务作为统领，以内容作为核心，编辑、记者、技术人员在同一屋檐下办公，大家在这样一个"中央厨房"里共享"食材"，从前的重复劳动、隔阂与内耗都消失了，所有工作人员在齐心协力"烹饪"出美味的节目。

2012年开始，为了将媒介融合推向一个新的高度，BBC开始将新闻团队陆续搬往新建的广播大厦。2013年6月7日，BBC伦敦新办公大楼正式投入使用，可以最多容纳六千多名员工。在这里，新闻团队首次与BBC世界广播电台的同事一同办公，进一步促进了内部资源的共享，节约了内部成员之间的沟通成本。为了整合内部员工，提高工作效率，BBC还搭建了一个名叫"新闻接口"（Journalism Portal）的技术平台，这个平台实际上是一个软件系统，所有记者采集来的新闻素材都被上传到这个平台，供编辑研究和挑选。有了技术作为保障，BBC的中央厨房仿佛拥有了更加实用可靠的

---

① 王菊芳：《BBC之道——BBC的价值观与全球化战略》，三联书店2013年版，第113-114页。
② 朱可迪：《媒介融合背景下BBC的立体化新闻报道平台构建》，《今传媒》2015年第5期。

炊具一般，作为新闻工作者的"厨师"们在这种架构下进行煎炒烹炸也就显得十分得心应手了。

（三）自主研发，打造系列新媒体产品线

似乎在每次大的媒介变革来临之前，BBC 都走在了时代发展的前列，积极拥抱新的媒介格局。从第一家电视台，到彩色电视技术，从创新节目形式推出晨间节目，再到在节目中应用 Ceefax 的尝试，都证明了 BBC 在宏观和细微之处的创新能力。这不仅需要 BBC 拥有吐故纳新的前瞻性思维，也需要自身强大的自主研发能力。互联网时代到来之后，BBC 对新产品的研发一直在稳步进行，经过多年打磨，目前 BBC 已经成功打造了诸如 BBC Online、BBC News App、BBC iPlayer 等可以称得上是业界标杆的互联网产品（应用）。

1. BBC Online

1991 年，BBC 工作人员在因特网上注册了域名 www.bbc.co.uk。最初，BBC 网站主要是其广播电视节目的辅助窗口并提供一些服务信息。

1998 年，BBC Online 正式上线，被打造成一个"门户"网站。相比之前的网站，它的内容更加丰富，互动性也显著增强。

BBC Online 的内容不仅包括传统媒体或新闻网站所涵盖的新闻、体育、商业信息，还能够提供 BBC 电视台、广播的实时内容，24 小时更新的股市、天气信息，BBC 所独有的儿童、教育、艺术等高质量内容，甚至还有为新网民提供的网站索引、为家长提供的儿童观看内容分级指南。[①] 此外，"BBC 在线"还是广播和电视节目的后台资料库，提供给网民大量与节目相关的背景材料和延伸性报道。[②]

2005 年 BBC 新媒体部进一步改造"BBC 在线"，这个时期 BBC 风生水起的互联网服务要算播客节目。2005 年 11 月播客节目"共享时刻"和 2006 年的"口水战"都大获成功。[③]

现在，BBC Online 是全世界最大的新闻网站，同时也是世界上最常被访问的网站之一。[④] 2012 年的伦敦奥运会上，约有 5500 万来自世界各地的人通过 BBC 体育在线（BBC Sports Online）收看了赛事直播。这个数字打破了原有的纪录，是 BBC 历史上最成功的一次网上直播报道。

值得一提的是，BBC Online 分为国内版和国际版，前者面向英国国内，无广告；后者供英国以外的其他国家访问，收入来源的一部分来自广告。二者域名也不同，前者为 bbc.co.uk；后者则是 bbc.com，足见其性质各异。目前 BBC Online 正从千篇一律的页面朝着更加个人化的方向发展。它鼓励用户建立注册个人账号，BBC Online 会

---

① 周嘉琳：《融合、平台与价值链——BBC 新媒体战略分析》，《东南传播》2012 年第 9 期。
② 黄艾、曹三省：《BBC 全媒体：理念变革与战略转型》，《电视研究》2013 年第 12 期。
③ 唐荦：《"三网融合"背景下解读 BBC》，《中国记者》2011 年第 4 期。
④ http://en.wikipedia.org/wiki/BBC_online。

针对不同用户的特点和偏好，对其推荐富有个性化的内容。

2. BBC iPlayer

可存储、易检索是互联网媒体有别于传统媒体的显著标志。在传统电视时代，受制于线性播出的特性，观众无法决定节目的播放时序，只能按照既定播出时间被动地收看。然而，"BBC iPlayer 使不容错过的不再错过"（Making the unmissable unmissable）① 随着流媒体技术的发展，BBC 可以实现在网站上播放视频和音频节目。

2007 年，BBC iPlayer 正式上线。通过它，用户可以在线观看或者下载 BBC 电台、电视台首播一周之内的所有节目。为了加强节目版权保护，BBC 特地开放了版权保护系统，保证用户下载的内容不被非法复制、分发，且用户只有 30 天的时间观看或收听节目，节目逾期将自动删除。

BBC iPlayer 在上线三周就获得 350 万次在线访问和下载，大大超出了预期。到 2009 年，BBC iPlayer 的访问来源主要是电脑、iPhone、iPad、Android 设备、PS3 等 15 种平台（图 3-12）。② 2010 年 5 月，又创下了 1.23 亿的月播放纪录。③ 到 2011 年，BBC iPlayer 点播视频节目的次数达到了 20 亿次。④

2012 年，以伦敦奥运为契机，BBC iPlayer 实现了全媒体覆盖，真正使不容错过的节目不再错过。目前，从智能手机到平板电脑，从智能电视到游戏平台，超过 650 种设备都可以使用 BBC iPlayer。人们随时随地都可以收听、收看 BBC 的节目。

3. Red Button（红按钮）

1998 年，被叫作"BBC Text"的图文电视出现在拥有数字电视机的家庭中。2008 年统一改名为"Red Button"——BBC 提供的数字互动电视服务在遥控器、机顶盒和某些节目的界面上，都有一个红色的按钮，受众可以通过调节按钮选择数字服务功能。Red Button 主要提供音频、视频、图片和文字形式的最新新闻资讯（实时更新）、教育、娱乐内容，并多视框、双向互动的直播温布尔顿、方程式赛车、BBC 露天音乐会、全国大选等文体、政治性活动以及 iPlayer 的互联网服务。⑤

2012 年，BBC 推出新的红按钮服务——Connected Red Button（带网络连接的红按钮）。这种服务主要基于带互联网连接的有线电视，将电视、广播、互联网三者无缝结合，为受众提供更为丰富的内容。到 2014 年，这种服务将扩展至其他可以连接互联网的电视中。

4. BBC News APP

2010 年前后，以 iPhone 和 Android 手机的风靡为标志，一场以移动互联为核心媒体变革风暴席卷全球。人们在这场风暴中认识了一个新的概念——App。所谓 App，简

---

① http://www.bbc.co.uk/historyofthebbc/wherenext/index.shtml。
② Arthur, Charles. BBC iPlayer use, in beautiful graphics [N], The Guardian. London, 2009.11.30.
③ 周嘉琳：《融合、平台与价值链——BBC 新媒体战略分析》，《东南传播》2012 年第 9 期。
④ 王菊芳：《BBC 之道——BBC 的价值观与全球化战略》，三联书店 2013 年版，第 334 页。
⑤ 唐莘：《"三网融合"背景下解读 BBC》，《中国记者》2011 年第 4 期。

单说来就是安装在智能设备中的可以实现特定功能的应用程序。2010年4月，BBC发布旗下手机App：BBC News，该App为手机用户提供实时新闻，只要用户拥有一部iPhone手机，连接到无线网络，即可随时随地接收BBC新闻推送。时隔两年，BBC又推出BBC News的Android版。

BBC移动端应用的开发，为其在新媒体领域攻城略地拿下一城。然而，BBC News App只是作为一个新闻发布平台出现，它并没有随着新媒体的发展被赋予本该拥有的更多的功能。长久以来，BBC News APP停留在Web 1.0时代，以文字报道为主，配图非常少，即使有，尺寸也非常小。另外，它留给用户交互的空间非常之小，用户无法直接对新闻发表评论。直到2014年12月，BBC推出全新设计的客户端（试用版），对App进行了彻底的重新布局和改进。新的客户端最显著的特征是：交互性更强、内容更丰富、图片和视频大量使用，更加个人化。BBC对客户端的改进虽然迟了一步，但其作为业界标杆依然当之无愧。

（四）善假于物，巧用社交媒体做新闻

除了开发自家新闻传播平台，BBC还积极探索利用社交网络来扩大自身传播力和影响力。社交媒体在移动互联时代的地位不需言喻，比较有名的如Facebook、Twitter、新浪微博等，它们拥有亿万用户，集交友、分享、娱乐等多功能于一身，无不成为移动互联时代的宠儿。如何在众生喧哗的社交媒体抢占一席之地，并且能够发出真实、有力的声音，成了BBC的一大发展课题。

BBC曾试图研发自己的社交应用，然而并没有收到预期效果，因此BBC转而放下身段开始拥抱主流社交媒体。很快，BBC迅速登陆Facebook、Twitter、YouTube。由于发布成本低，这些社交媒体成为BBC在重大突发事件中开展直播报道的有力帮手。与此同时，社交媒体的加入，也给BBC增添了不少新闻线索。

2013年10月29日，BBC Trending（BBC潮流）节目上线。BBC Trending为网友网罗社交网络中的那些最受关注、最热门的新闻事件，制作成视频在自家网站和其他社交媒体、视频网站中发布。

2013年，BBC开始与Facebook旗下的Instagram（一款图片社交应用）合作研发短视频功能，取名"Instafax"。2014年1月18日，这个功能被正式置入Instagram之中，它的主要功能是将新闻报道浓缩为15秒的短视频，这种设计很明显是为了适应社交媒体的传播规律。因为，在社交媒体"瀑布流"的浏览模式之下，长篇大论和冗长的视频往往会将用户的耐心消耗殆尽。

（五）受众本位，公共服务理念与互联网时代的共同呼唤

重视受众的参与和反馈，一向是作为公共媒体的BBC的本职工作。BBC公共媒体的性质，决定了其要时刻聆听受众的声音，反映受众的意愿，加强受众的参与感。随着新媒体时代的到来，受众发声渠道增多了，表达意见的平台层出不穷。对于BBC来说，过去那种媒介稀缺的时代一去不复返，BBC不再是受众发声的唯一首选渠道，受众更

愿意通过手机、电脑，透过社交网络表达想法。在新媒体时代，谁能够争取更多的受众，谁就赢得了广阔的市场。

可以说，互联网强调的互动精神、参与意识与BBC公共服务理念中所体现的受众本位思想是有共通之处的。有人认为，互联网时代的到来，将会稀释公共媒体的职能，人们的共享、表达、参与需求在网络发达的当下已经实现，公共媒体显得多余。但如果反过来看，互联网时代又何尝没有给像BBC这样的公共媒体更大的体现公共服务价值和理念的绝好机会呢？人们在价值多元的赛博空间中，是否需要一个权威的、真实的、有着广泛代表性的、倡导公共价值的声音存在呢？在这些问题上，BBC交出了令人满意的答卷。

BBC是如何鼓励受众参与到新闻报道中来，又是如何代表公众利益发声的呢？这里试举几例。2006年，BBC成立"用户生成内容中心"（UGC Hub），专门用来收集受众提供的新闻信息，经审核之后给各个平台播出使用。2009年，BBC新闻网站经过改版，已允许用户通过BBC官网观看BBC上载的新闻节目，用户更可以将自己的视频、音频作品发布到BBC官网上，做BBC传播活动的参与者。除此之外，官网还为不同时段的热点新闻设置了互动专区，邀请观众参与其中。2012年11月美国总统大选和中国"十八大"相继举行，BBC设置互动专区，邀请观众参与提问和讨论，共同见证两个大国的重要政治时刻。① 此外，BBC还在官网开辟《世界听你说》（World Have Your Say）这样一个专栏，吸引用户进行评论、提供新闻线索等，增强受众的参与感。

第三节 经验与教训

一、作为一种文化象征而存在

BBC诞生于大英帝国的鼎盛时期，借着帝国的快速发展迅速成长壮大，很早就拓展了它的国际视野，树立了全球声望。如今大英帝国早已风光不再，BBC却依然"大而不倒"，在国内它已经成了"英国生活方式的一部分"②，在国际上稳稳占据着全球最具影响力媒体的席位。

这其中不乏BBC权威、真实、服务性强等方面的原因，但是更为重要的则是，BBC经过近一个世纪的发展形成了自己独特的品格，在对新闻专业主义和公共服务理念的长期坚守过程中，奠定了自身的特殊气质。这种品格和气质在民众心中形成了一种观念的混合体，它们代表"值得信赖"，代表"公正客观"，代表"迅速及时"，也代表"新鲜有趣"。总之，一提到BBC，人们的头脑中就会浮现出类似的词汇。

BBC的这种"观念上的品格和气质"来源于它的公共媒体的独特身份。BBC在被

---

① 张思斯：《浅谈BBC世界新闻频道的受众互动模式》，《新闻传播》2013年第12期。
② 露西·金-尚克尔曼：《透视BBC与CNN》，彭泰权译，清华大学出版社2004年版，第145页。

塑型为一个公共机构的同时，也逐渐演变成了英国社会一个难以忽视的中坚力量，在这个分散的个体受众、文化价值观与政治机构之间扮演了至关重要的社会角色。①

作为饱经风雨的公营机构，BBC成功抵御了数次私有化和商业化的侵袭，从中可以看到英国式的选择艺术和英国式的生存智慧。BBC在国际舞台中作为英国文化的象征，以其鲜明的特色铭刻在受众的心中。

这也给中国的国际新闻频道建设带来了诸多启示。在塑造国家形象的过程中，媒体的作用不容小觑，电视频道更是外界了解一个国家的窗口。在建设电视新闻频道的同时，我们不仅需要国际视野、国际胸襟，更需要将中国文化的独特内核植入传播领域，通过国际频道的建设展现中国气质与中国精神。

二、以打造公信力为核心

BBC成功开拓国际市场的秘诀之一就是它始终以打造公信力为核心。所谓公信力，就是人们对某个媒体的信赖程度。对于BBC来说，人们信赖它，它才会有现今巨大的传播力。试想一个假话连篇的媒体，纵使它的信号覆盖全世界的每一个角落，也不会有人去收听、收看。

BBC的公信力从何而来？从理念层面来说，BBC的公信力来自于约翰·里思为其奠定的基因——编辑独立的原则以及不偏不倚的报道传统。独立于政治和商业的BBC，可以不怕"得罪人"，真正落实不偏不倚的编辑原则，服务于缴纳执照费的公众，只对公众负责，并以赢得他们的信任为荣。从法律制度的层面来说，BBC的公信力源自于《皇家宪章》所赋予它的独立地位。《皇家宪章》的颁布给了BBC经济上的保障，从根本上杜绝了其被其他势力所控制的可能。从管理层面来看，BBC信托委员会代表公众对BBC进行监督，从而确保了其理念的正常实施。从实践层面上看，BBC早在二战时就在全世界树立起了强大的公信力，而且这种公信力一直延续到现在，成为BBC良好声誉的重要保证。

因为独立于政府，BBC在历史上曾不止一次与政府的意愿发生矛盾，甚至演化成冲突。但最终的结果往往是BBC获胜，并且每一次胜利都促使BBC收获了更大的公信力。1926年大罢工时期和二战时期，丘吉尔都曾试图趁机使BBC收归国有，然而在里思的努力之下BBC维持了自身的独立性，二战后BBC在全世界树立了威信；撒切尔夫人当政期间也与BBC有过多次摩擦，她曾试图取消BBC的执照费，让BBC逐步私有化，然而结果并未如她所愿，BBC坚强地存活下来，继续维持着自身的公信力。

在我国，市场经济发展到今天，一些媒体被商业利益侵蚀，经不住利益诱惑，有偿新闻、有偿不闻、假新闻不断。部分媒体工作人员也由于缺乏职业道德，在利益面前丧失底线，丢失操守。抵御商业化侵蚀、加强从业人员教育已成为提高我国媒体公

---

① 李书藏：《冲突、妥协与均衡——英国公共广播电视体制的生成探源》，中国社会科学出版社2011年版，第29页。

信力的当务之急。

从国际传播角度，要打开对外传播的大门，提振我国媒体在国际上的影响力，应该认识到电视频道传播力的大小不在于数量和规模，而在于传播的内容和方法。因此，在确保传播内容真实的前提下，还应在平衡报道、客观叙事等报道手法上下工夫。

三、取之于民用之于民

BBC 的经济来源主要是受众缴纳的收视费，并由信托委员会代替受众监督收视费的使用情况，确保资金不被窃取、滥用。这样就在制度上保证了 BBC 能够做到取之于民用之于民。2007 年担任 BBC 信托委员会主席的迈克·里昂（Michael Lyons）曾经说过："BBC 的每一位同仁切记，一切经费来源来自公众，这是公众的 BBC。"①

受众是 BBC 的衣食父母，BBC 自然把受众作为它一切工作的中心。为了加强与受众的联系，改善自己的服务，BBC 设有编辑申诉管理部、节目投诉管理委员会、"节目投诉联盟"等部门专门处理受众的意见和反馈。②BBC 对受众意见和投诉的反应速度非常之快，它要求在接到意见或投诉的 10 个工作日内必须有所回复，并持续通知受众该问题的进展。

BBC 倡导一种"公共价值观"，将公共利益置于首位。2010 年 11 月 29 日晚，BBC《全景》节目在世界杯申办权投票前夕披露了国际足联的丑闻。据该节目披露，在 1989 年至 1999 年期间，已经破产的 ISL 公司持续贿赂包括国际足联高官在内的人物，总金额高达 1 亿美元。考虑到 2018 年和 2022 年世界杯申办投票工作即将开始，英格兰申办团曾试图阻止 BBC 播出该节目，但最终没有成功。最后，英国败给对手俄罗斯。③首相卡梅伦认为 BBC 相当"不爱国"，但这一事件恰恰体现了 BBC 作为公共广播机构的一贯立场。

我国的媒介制度虽然与 BBC 有很大差别，但总体上看，都是代表人民利益，是人民的"喉舌"。因此，在频道建设上，应始终把公众所关心的事情置于首位，把人民作为报道主角；另外，积极听取来自观众的意见，建立互动、反馈机制，不断推陈出新，以适应不断变化的受众收视需要。

四、硬件、软件"双核"驱动创新

创新是 BBC 得以保持长盛不衰的一剂"灵丹妙药"。这种创新不单单体现在技术层面，更是包裹在技术外壳之下的、由体制创新作为保障的创意革命。简单来说，作为"硬件"的技术创新是 BBC 能够长期在媒体中独占鳌头的源动力，而诸如体制创新、理念创新以及内容创新这些"软件"则渗透于 BBC 之中，为其创意的生生不息提供了重要

---

① 徐琴媛：《世界一流媒体研究》，中国广播电视出版社 2009 年版，第 44 页。
② 陈永庆：《解密 BBC——世界传媒王国的成长之路》，华夏出版社 2009 年版，第 203 页。
③ 吴柳林：《公共利益至上——从曝光国际足联丑闻事件看 BBC 的公信力体系》，《新闻记者》2011 年第 12 期。

支撑。软硬件默契配合、协同创新，这是其他新兴的电视频道所不具有的先天优势。

BBC诞生于媒介大变革、大发展的时代，每次重大媒介技术的进步，我们都可以从中找到BBC的身影。回顾BBC的历史，从报纸到广播，从广播到电视，从电视到新媒体，再到全媒体试水，BBC都身先士卒，扮演了探索者、推动者、创造者的角色，并见证了每次技术的革新给受众带来的便利。可以这样说，BBC是近代媒介发展创新过程的一个缩影。

在媒介体制上，BBC更是破天荒地创造了"公共服务"这种新型媒介体制，对世界媒体的发展影响极深。后起的日本NHK（日本广播协会）、美国的PBS（美国公共电视网）等电视台都采用这一体制。这一体制主导下的媒体往往能够提供更优质的节目，新闻报道也更加客观、公正。

在革新的技术平台和独特的体制框架的双重驱动下，BBC不断尝试探索节目创新，领跑创意产业。

基于"公共服务"体制，BBC须承担一定的原创内容制作任务。拿BBC-1来说，该台至少25%的节目须由独立制作人提供，至少70%的节目（在黄金时段至少是90%的节目）必须是原创节目，每年全国性新闻节目时长不得少于1380个小时，地方性新闻节目不得少于3920个小时。[①]这些内容定额是以法定形式规定的，BBC必须照办。这样的规定大大激发了原创节目的开发和创意产业的发展。大批优秀的原创节目和影视作品涌现出来，比如汽车节目《高速挡》、电视剧《神探夏洛克》等。正如BBC自己宣称的那样："BBC的愿景是成为全世界最富创意的媒体组织。"[②]

随着我国的改革开放不断深入，经济实力不断增强，广电媒体的"硬"实力也显著提高，这一点有目共睹。但当前存在的主要问题是"软"实力不足，这一点突出表现为电视节目创新能力匮乏，跟风抄袭现象层出不穷。如何解决软硬件不兼容的问题，是当下电视频道建设者必须面临的一个课题。BBC的"内容定额"似乎是值得借鉴的一种思路，围绕这一思路，在国家文化产业建设上，应该更加鼓励创意产业的发展，培养媒体领域的创意人才，加大对创意产业的投入，这或是一种解决之道。

五、全媒体身先士卒

在全球媒体群雄逐鹿的年代，如何另辟蹊径，找到新的制高点，发出自己的声音，是出奇制胜的关键。这一点，BBC的全媒体运营给我们提供了诸多有益的借鉴。

BBC很早地就预见了媒介融合的趋势，这种超前的战略眼光令人赞佩。更为重要的是，BBC将媒介的融合发展上升到战略层面，并出台了一系列文件，奠定了未来的发展方向，这为今天所取得的丰硕成果打下了坚实基础。

新媒体为电视频道的发展开辟了新的路径，而BBC在这条通往无限可能的路径之

---

① 王菊芳：《BBC之道——BBC的价值观与全球化战略》，三联书店2013年版，第74页。
② http://www.bbc.co.uk/aboutthebbc/insidethebbc/whoweare/mission_and_values/。

中一直是靠"两条腿走路"。其一是遍地撒网,通过借助具有较高知名度和关注度的硬件媒介和Web2.0平台抢占新兴媒体先机,强化自身品牌;其二是自力更生,自主研发多个终端扩大自身影响。BBC在终端上的开发上不追求规模优势,而是将用户体验、用户黏性放在第一位,将产品做到极致。

一个值得注意的现象是:尽管新时代各种媒介层出不穷,新的终端不断涌现,但受众的基本需求是稳定的,他们获取高质量内容的本质要求丝毫没有变化。正如BBC信托委员会前董事长迈克尔·莱昂斯所说:"新技术并没有改变那些最根本的东西。我们可以将传统的价值观与新技术结合起来,并因而对BBC的未来充满信心。"①

基于此,BBC在开掘渠道的同时,尤其注意对"源头活水"的灌注。这源头活水便是BBC令人称道的高质量内容。从BBC对各自为政的团队及部门的整合上,我们可以看到BBC对提高内容质量的智慧和决心。2010年,BBC又出台了旨在提高节目质量的文件——《质量优先》,其核心观点是"把更少的事情做得更好"(Doing fewer things better)。在这份文件中,新闻被排在了众多需要提高质量的内容的首位。

受众的功能在BBC全媒体的实践中得到了延伸,相反地,受众功能的延伸也为全媒体的建设提供了源源不断的内容。BBC向来将受众作为一切活动的中心,今天BBC的形态离不开受众的长期塑造。互联网的发展,使得受众的意见能够快速得到反馈。与此同时,双向互通的机制使受众将新闻线索、新闻事件及时告知BBC,受众对公共事务的参与程度也空前提升。受众从单一的接受者、反馈者转变成为交互的提供者、参与者。

全媒体运营需要全媒体的人才作为支撑,这对工作人员的业务能力提出了挑战。拿BBC新闻团队来说,BBC的新闻工作者应"一人多能",既能在广播、电视、网络上八面玲珑地处理新闻产品,又需要掌握多门语言,熟练运用不同语言下的特定媒介文本。

六、挑战仍然存在

BBC发展到今天已经将近一个世纪。在它漫长生命的前半期,它一次又一次地引领着科技创新的潮流;随着技术的进步和政策的宽松,新兴传媒集团不断涌现,技术更迭速度日新月异,在群雄逐鹿的竞技场上,如今的BBC也有些略显疲态。

当下,BBC面临着诸多外部挑战:在国内,BBC与独立电视台、默多克新闻集团、天空电视台等多家商业台竞争;在国外,又有CNN、半岛电视台、法国24、今日俄罗斯等诸多面向全球的24小时新闻频道在瓜分世界市场。

不过,更多的威胁仍然来自BBC内部。进入新世纪以来,BBC状况频发,公信力有所下降。2003年7月,BBC遇到了成立八十多年来最严重的一次危机——"凯利事件"。

---

① 王菊芳:《BBC之道——BBC的价值观与全球化战略》,三联书店2013年版,第359页。

事件过程大致如下：

"BBC广播4台（Radio4）的一个新闻节目中引述了英国权威武器专家凯利博士的话，称英国政府在萨达姆拥有大规模杀伤性武器的问题上'添油加醋'，而并没有按照情报机构所提供的信息准确向公众报告，以此获得公众对参与美伊战争的支持。负责报道这一新闻的BBC记者安德鲁·吉利根随后还在一篇文章中称，布莱尔政府的新闻官坎贝尔是夸大情报的幕后黑手。与此同时，BBC电视新闻节目中也提出了类似质疑。这一事件曝光后，英国政府完全否认该项指控，并认定这是假新闻。凯利博士自杀身亡，公众普遍认为他是承受不了巨大的精神压力。随后，英国议会任命赫顿勋爵对事件进行调查。在最终发表的《赫顿报告》中，吉利根和BBC高层都被指责对新闻处理不当。此事以吉利根本人、BBC总裁和BBC理事会主席的辞职而收场。"①

"凯利事件"引发了公众对BBC监管部门的质疑，2007年1月，BBC内部发生深刻变革，新成立的信托委员会代替了成立80年的管理委员会行使对BBC的监督。

好景不长，2012年10月，BBC已故前著名主播吉米·萨维尔的性侵丑闻曝光，BBC旗舰时事栏目《新闻之夜》被爆于2011年底撤下对萨维尔进行调查的节目；11月初，《新闻之夜》再次闯祸，播出一期包含严重不实指控的节目，导致撒切尔夫人时期的保守党高官麦卡尔平勋爵在互联网上被误指为恋童癖。②该事件导致了上任不到两个月的总经理恩特威斯尔被迫辞职。

事故的频繁出现不禁让民众对BBC的公信力产生深深的忧虑。就连BBC内部员工罗宾·艾特肯（Robin Aitken）也不禁出书感叹——《我们能相信BBC吗？》（Can We Trust The BBC？）可见，对媒体公信力的维护、对新闻真实性的坚守始终是一家新闻机构立身之本，值得新闻从业者倾力追寻。

---

① 陈永庆：《解密BBC——世界传媒王国的成长之路》，华夏出版社2009年版，第203页。
② 王菊芳：《BBC之道——BBC的价值观与全球化战略》，三联书店2013年版，第203-204页。

第四章

半岛电视台：战争报道中崛起的传媒黑马

第一节 半岛电视台阿语新闻频道

Al Jazeera，是半岛电视台的英文名称，意为"汪洋中的自由之岛"。在喧嚣嘈杂的媒介话语世界，半岛电视台希望能够拥有一种独立于西方媒介强权话语之外的声音和姿态。① 阿拉伯语新闻频道是半岛电视台的第一个电视频道，也是半岛电视台走向世界的起点。

一、阿拉伯世界第一个电视新闻频道诞生

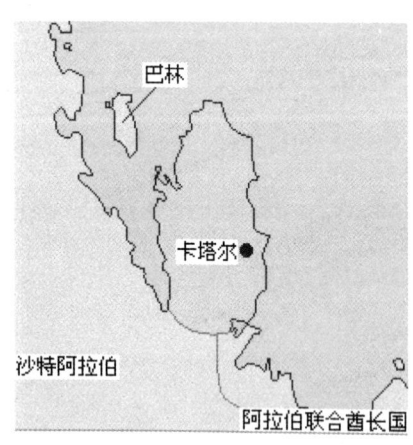

图 4-1 卡塔尔地理位置示意图

卡塔尔，亚洲西南部的阿拉伯国家，位于波斯湾西海岸的卡塔尔半岛，毗邻阿联酋和沙特阿拉伯（图4-1）。它拥有储量十分丰富的石油和天然气资源，丰富的油气储备使得卡塔尔成为世界人均收入最高的国家。尽管坐拥巨额财富，一直以来卡塔尔仍是一个淹没在阿拉伯世界中的无名小国。人们开始真正了解这个国家，正是源于一个电视新闻频道的出现。

1996年11月1日，半岛电视台阿拉伯语新闻频道诞生于卡塔尔首都多哈，它是阿拉伯世界的第一个电视新闻频道，也是半岛电视台最早播出的电视频道。

1995年，44岁的哈马德·本·哈利法·阿勒萨尼（Sheikh Hamad Bin Khalifa

---

① 冷淞：《让世界听到不同的声音》，《南方电视学刊》2007年第6期。

Al-thani）发动不流血政变，取代其父成为卡塔尔新任埃米尔，随后开始全面进行社会改革。哈马德曾进入英国著名的桑德赫斯特军事学院学习，西式的教育使他拥有了全新的治国理念。他认识到媒体的现代化是使国家迅速发展的有力武器，于是一次性拨款 1.37 亿美元用于半岛阿语新闻频道的组建，按照当时的计划，五年后半岛电视台应该通过出售广告、节目、独家素材以及出租设备等方式在经济上取得独立。充足的资金来源为频道建设奠定了坚实的物质基础。

从半岛台建立之初起，埃米尔就不断制定国内政策以保证频道的可持续发展。在埃米尔的监督下，卡塔尔将新闻自由写入新宪法，从此新闻自由在卡塔尔有了法律保障。后来当美国向埃米尔施加压力要求对半岛台的节目进行干涉时，他还引用了这一宪法的规定。①1998 年 3 月，埃米尔解散了信息部，结束了政府对媒体的审查制度，从此半岛电视台成了经营和采编都保持独立的新闻机构，新闻报道拥有了较为宽松的政治环境。

尽管处于初创阶段，但半岛阿语新闻频道的大部分工作人员都已经具备丰富的电视新闻工作经验，这主要得益于 BBC 和沙特之间的一次失败合作。20 世纪 90 年代初，沙特国王法赫德的侄子曾建立了一家叫作轨道的卫星电视台。该电视台与 BBC 合作为订户提供阿拉伯语版的 BBC 新闻。但是由于中东地区特有的文化背景以及复杂的政治环境，双方最终未能逾越意见分歧的鸿沟，合作被迫中止。随后，轨道台的 250 名员工中有 120 人受雇于半岛电视台，他们此前都曾在 BBC 接受过系统的专业培训。这些人的加盟不仅为半岛台带来了西方电视新闻的制作理念，也构成了半岛台的核心力量。半岛阿语新闻频道沿袭了 BBC 的节目制作风格，他们希望让阿拉伯世界的观众能够观看阿拉伯记者制作的，具备与西方新闻频道同等标准的新闻节目，这一标准便是"新闻价值、准确性和客观性"。

开办之初，半岛阿语新闻频道每天只通过阿拉伯通信组织的卫星播放 6 个小时。1997 年 1 月增加至 8 个小时，之后则是每天 12 个小时。②直到 1999 年 2 月，半岛电视台开始从三个不同的卫星上每天 24 小时不间断播出新闻节目，覆盖中东地区、北美和美洲。③成为中东第一家全天候的电视新闻频道，也是世界第一家全天候的阿拉伯语电视新闻频道。

在阿拉伯国家，只要购买一个卫星天线就可以免费收看半岛阿语新闻频道。由于阿拉伯国家的报纸发行量仍然很低，印刷媒体只是人们获取消息的一个补充来源，电视是最重要的信息渠道。④一时间居住在沙漠中的阿拉伯人不再赠送珠宝作为结婚礼物，他们将卫星天线赠送给新婚夫妇，这样新人们就能够收看半岛电视台的新闻了。一望

---

① [美]休·迈尔斯：《意见与异见》，黎瑞刚译，学林出版社 2006 年版，第 11 页。
② [美]休·迈尔斯：《意见与异见》，黎瑞刚译，学林出版社 2006 年版，第 14 页。
③ [美]休·迈尔斯：《意见与异见》，黎瑞刚译，学林出版社 2006 年版，第 35 页。
④ [美]休·迈尔斯：《意见与异见》，黎瑞刚译，学林出版社 2006 年版，第 16 页。

无际的沙海中,羊毛帐篷,光脚的孩子,拴着的牲畜,还有帐篷上的卫星接收天线,这一切构成了沙漠中的奇特风景。

二、在阿拉伯世界声名鹊起的电视节目

在阿拉伯世界,由于宗教信仰以及文化传统的束缚,电视节目长期以来墨守成规,缺乏新意,新闻总是周而复始地报道无关痛痒的内容。半岛阿语新闻频道的出现无疑为阿拉伯受众打开了一扇更自由、更多元的新闻大门,满足了阿拉伯世界的信息饥渴。它让人们听到了另外一种声音,看到了另外一种影像,感受到了另外一种概念。正如半岛电视台的工作手册上所写的:"因为半岛电视台,阿拉伯世界的电视节目再也不相同了。"

(一)整点新闻

整点新闻是半岛电视台阿语新闻频道最重要的节目。整点新闻一般时间较长,30分钟左右,有的甚至长达1小时。① 主播在进行新闻播报时,电视屏幕底部会出现滚动字幕、新闻标题以及一些补充信息,有所不同的是阿拉伯语的滚动字幕是从右向左进行移动的。半岛的新闻报道来自世界各地,并不仅仅局限于中东,关于世界其他地区的消息也常常占据新闻头条的位置。阿拉伯新闻是半岛阿语新闻频道的特色之一。在没有半岛台之前,外界了解阿拉伯国家的情况都是通过西方记者的报道,难免夹杂偏见,半岛台的崛起则让世人能够更加真实、准确地了解阿拉伯世界。而对于阿拉伯民众而言,长期以来习惯了西方媒体用勺子喂来的信息,终于有阿拉伯人自己的媒体能够用独立的视角传播信息、讲述事实,这无疑开阔了人们的视野,增强了新闻的接近性。与西方主流媒体的言论迥然不同,甚至是背道而驰,半岛阿语新闻频道的报道总能给人耳目一新的感觉。

(二)谈话节目

除了出色的新闻报道,让半岛阿语新闻频道在阿拉伯世界声名大振的正是它的谈话类节目。为吸引更为广泛的受众群体,半岛台的谈话节目话题十分广泛,涉及政治、经济、宗教、社会等各个方面。《无国界》(Without Borders)是一档尖锐的面对面访谈节目,每期都会邀请时下备受关注的政治人物接受访问。《众说纷纭》(More than One Opinion)是由塞米·哈德(Sami Haddad)主持的政论节目。每期邀请至少两位嘉宾围绕话题展开现场辩论。《女性专题》(Only for Women)是一档时常90分钟的专门探讨女性问题的节目。在《开放性对话》(Open Dialogue)中,10到12位不等的公众代表会与一位嘉宾进行激烈辩论。《宗教与生活》(Religion and Life)则会从伊斯兰文化的角度解读现代社会生活中的各种复杂问题。

争议性和论辩性,是半岛阿语新闻频道谈话类节目的重要特点。节目勇于打破穆

---

① 刘笑盈:《异军突起的半岛电视台》,《对外传播》2009年第1期。

斯林世界的政治和文化禁忌,以色列、性、女人,这些在阿拉伯世界讳莫如深的话题都成了主持人与嘉宾讨论的主题。他们甚至邀请以色列部长和军官作为嘉宾出现在节目中,这在阿拉伯电视发展历史上还是第一次。半岛台的谈话节目均采用直播方式进行,直播过程中观众可以通过电话、传真、电子邮件等方式进行提问或者表达自己的观点,这样观众不仅能在电视屏幕上看到论辩发生、发展过程,还能亲身参与并影响论辩进程。和多数阿拉伯电视频道不同,半岛台在嘉宾与观众对话的过程中并没有采取任何类似延时的保护措施,而是将对话过程毫无删减的完整呈现。这大大激发了观众主动参与的积极性,观众与嘉宾的即时互动已经成为节目吸引眼球的一大亮点。

(三)《反方向》与费萨尔·卡西姆

《反方向》(The Opposite Direction)是半岛阿语新闻频道最为著名,也最具代表性的谈话节目。节目模仿了美国有线电视网(CNN)《交锋》(Crossfire)的节目样式。每期主持人都会与两位持相反观点的嘉宾围绕某个争议性话题展开辩论,三个人常常争得面红耳赤,不可开交。有时主持人会赞同其中一位嘉宾的观点,进而用刺激性的话语和提问获取另一位嘉宾最激烈的回应。

图4-2 《反方向》节目主持人
费萨尔·卡西姆博士

费萨尔·卡西姆(Faisal al-Qasim)博士(图4-2)是《反方向》的节目主持人,学生时期他热衷于戏剧研究,特别是关于英国"偶像破坏者"剧作家的研究。受此影响,他喜欢去掉偶像头上的光环,展示偶像不为人知的侧面。他不仅会参与每一集节目的选题、策划以及撰稿,还会亲自打电话邀请嘉宾。他曾在几周的时间里退居幕后,随即就有大批观众抱怨节目失去锐度,没有精彩辩论。《反方向》让费萨尔在阿拉伯世界的知名度迅速提升,当然相伴而来的不仅有赞誉也有非议,甚至是恐吓。唯一能够确定的是,很多人调换频道只是为了能够看到费萨尔。

节目中费萨尔最令人难忘的就是他直截了当的提问。在一集节目里,费萨尔向两位嘉宾提问:"黎巴嫩真主党是抵抗组织还是恐怖分子?"节目播出时以色列军队尚未从黎巴嫩南部撤离,而黎巴嫩真主党一直以来都被认为是抵抗以色列入侵的正义组织,在阿拉伯世界备受尊重。在此背景之下,费萨尔的提问无疑是对传统观念的一次挑衅。类似的提问还有:沙特家族是否腐败?科威特是否是伊拉克的一部分?阿拉伯国家是否应该允许美国在其领土上驻军①……在《反方向》中,和充满挑衅意味的提问一起出现的还有费萨尔颇具刺激性的言论。他不仅痛斥阿拉伯统治者是美国的牵线木偶,还讽刺统治者制定的政策只是在阿谀奉承、花拳绣腿。

---

① [美]休·迈尔斯:《意见与异见》,黎瑞刚译,学林出版社2006年版,第24页。

争论和冲突每周都在上演。一位信奉伊斯兰教的埃及作家与一位约旦女权主义者就一夫多妻制展开唇枪舌剑的争论，最终埃及作家被女权主义者的质疑激怒，在直播时竟然怒气冲冲地离开演播室。前阿尔及利亚总理在与一位穆斯林原旨教义主义者的辩论中处于下风，他随即大发雷霆，最后一走了之。①争吵、呼喊、辱骂，甚至是愤怒离场，这些都曾出现在《反方向》的节目中，有人相信这是通向民主的第一步，有人则认为这只是一场吼叫比赛。但无论如何，《反方向》已经成为阿拉伯世界最受欢迎的电视节目之一。

1998年11月的一期《反方向》节目邀请了一位叙利亚作家和前约旦外交大臣就约旦的经济和政治问题进行辩论。叙利亚作家认为约旦为了和以色列维持所谓的"温暖的和平"，不惜付出与阿拉伯国家交恶的代价。约旦前外交官坚持认为所有阿拉伯国家都在逐渐发展与以色列的关系，这并没有什么大惊小怪的。他们之间的辩论不断升温，叙利亚作家开始诋毁约旦，称约旦仅仅是一个为了给以色列配套而制造出来的"实体"，用来收留那些因为以色列不断扩张而无家可归的巴勒斯坦难民。②

节目一经播出就立刻掀起了一场轩然大波。约旦方面要求卡塔尔政府出面阻止半岛电视台的过激言论，并要求半岛电视台公开道歉，否则将撤销半岛电视台在约旦的记者站。然而半岛电视台却拒绝道歉，半岛台和费萨尔都认为正如频道的座右铭"意见与异见"（Opinion, and other opinion）表述的那样，《反方向》呈现给观众的就应该是争论的两个方面，最终让观众形成自己的观点。

事实上与半岛电视台发生冲突的不仅仅是约旦，巴勒斯坦、埃及、阿尔及利亚、突尼斯、叙利亚等国家都曾因为半岛电视台发表的过激言论感到愤怒，甚至影响到与卡塔尔的外交关系。更为严重的后果则是，这些国家对半岛电视台进行制裁，限制本国企业在半岛电视台投放广告，因此半岛台的广告收入一直维持在较低水平。尽管如此，半岛电视台并不打算改变频道的节目风格和制作标准，他们坚信频道的主要立场就是没有立场，他们对所有事件的报道都不存在偏见，不带有感情色彩，只是充当了信息传播的渠道。

三、在战地新闻报道中异军突起

从1996年到2006年，半岛阿语新闻频道仅仅用了十年时间就迅速成长为全球知名的电视新闻频道。回顾十年的崛起之路，不难发现半岛阿语新闻频道的发展历程正是中东地区动荡不安的真实写照。从独家报道"沙漠之狐"空袭行动，到直击第二次巴勒斯坦民族起义；从领跑阿富汗战争媒体报道，到全面记录伊拉克战争实况，它的每一次崛起都与冲突和战争有着密切的关联。有人说战争发生时，真相是第一个牺牲者。然而半岛电视台却秉承着"意见与异见"的办台理念，坚持平衡、独立、公正的报道原则，

---

① [美]休·迈尔斯：《意见与异见》，黎瑞刚译，学林出版社2006年版，第24页。
② [美]休·迈尔斯：《意见与异见》，黎瑞刚译，学林出版社2006年版，第23页。

多角度、全方位地还原了战争真相。它像一团火焰（图4-3）升腾在阿拉伯世界的上空，并向全世界释放出它的能量与光芒，无疑，位于火焰最外层的正是半岛电视台异军突起的战地新闻报道。

（一）地区冲突报道中牛刀小试

1. "沙漠之狐"空袭

1998年12月16日至19日，美英两国对伊拉克实施了代号为"沙漠之狐"的空中打击。① 在持续70个小时的空袭中，美英军舰和战机向伊拉克投掷了500多枚巡航导弹和难以计数的精确制导炸弹，并把消灭萨达姆·侯赛因（Saddam Hussein）作为首要目标。

图4-3 半岛阿语新闻频道的火焰标志

半岛电视台在当时是唯一获准进入巴格达采访拍摄的外国电视台。它的摄像镜头记录了巡航导弹连续袭击巴格达的轰动性画面。在半岛阿语新闻频道播出这些电视画面的15分钟后，世界各大新闻媒体均购买并引用了这些画面。12月18日，英国《泰晤士报》刊登了一张从电视录像上翻拍的照片，照片中一枚巡航导弹在巴格达爆炸，在CNN的台标下面，隐约可见的正是半岛台的火焰标志。

空袭过后，各国都十分关心萨达姆的生死，这时萨达姆接受了半岛电视台的专访，向世人展示他依然活着。② "沙漠之狐"的独家新闻被认为是半岛电视台阿语新闻频道发展历史上的一个里程碑。此次独家报道让半岛电视台第一次走进了西方媒体的视线，此前西方社会几乎从不知道半岛电视台的存在。

此后，伊拉克多位高级官员都主动要求接受半岛台的采访。2000年1月伊拉克建军节，半岛台甚至比伊拉克国家电视台更早播出了萨达姆号召埃及和沙特人民推翻政府的讲话。2000年6月，半岛已经成了收视率最高的阿拉伯语新闻频道。

2. 第二次巴勒斯坦民族起义

2000年9月，以色列"鹰派"代表人物阿里埃勒·沙龙（Ariel Sharon）访问了耶路撒冷的阿克萨清真寺，该地在犹太人和穆斯林眼中都是圣地的所在，此举被巴勒斯坦人视为公然挑衅。2000年10月第二次巴勒斯坦民族起义爆发。

起义爆发后，各地的阿拉伯人都极度渴望看到从占领区发出的最新消息，但是多数阿拉伯新闻机构都反应迟缓，不能及时进行报道。当巴勒斯坦人开始激烈的巷战，约旦电视台却仍然在播出他们原定的谈话节目。③ 于是占领区以外的阿拉伯人很快意识到了解起义发展近况的最好渠道是收看半岛阿语新闻频道。

---

① 东方军事：《荒唐的"沙漠之狐"——美英空袭伊拉克始末》，http://mil.eastday.com/epublish/gb/paper172/21/class017200004/hwz197919.htm。

② 蔡玉民：《半岛电视台——镜头对准中东热点》，《西亚非洲》2002年第1期。

③ ［美］休·迈尔斯：《意见与异见》，黎瑞刚译，学林出版社2006年版，第45页。

被以色列士兵击中的巴勒斯坦男孩，投掷石子反抗的巴勒斯坦民众，以及遍地横陈的巴勒斯坦人尸体，这些极具冲击力的镜头通过半岛阿语新闻频道传送向阿拉伯世界，甚至是更远的印度尼西亚和巴基斯坦。以至于以色列不再有理由声称自己是在用适当武力进行镇压，以色列舆论机器为自身塑造的受害者形象不攻自破。轰炸后的一星期，联合国安理会发表声明，谴责以色列过度使用军事力量。

半岛台能够获得有关起义的独家新闻素材，不仅仅是因为他们依靠巴勒斯坦人民收集新闻来源，更重要的是因为他们拥有勇敢而敬业的战地记者，瓦利德·奥马里就是其中的代表。一次直播连线中，炸弹在距离奥马里仅有70米的地方爆炸，此时他已经位于有效杀伤范围之内，但是他仍然站在原地继续报道达10分钟之久。

有关起义的独家报道使半岛电视台在中东声誉卓著，同时它也改变了阿拉伯电视媒体对战争的报道方式。卡塔尔开始在地区性事务中发挥更为显著的作用。2001年1月，半岛阿拉伯语网站（http://www.al-jazeera.net）正式启用。

（二）重大战争报道中独占鳌头

1. 阿富汗战争

2001年10月，美国为打击阿富汗塔利班政权和"9·11"事件头号嫌疑犯本·拉登及其基地组织发动了阿富汗战争。从10月7日开始，美、英两国共部署近8万兵力对阿富汗实施军事打击。

在战争开始之前，几乎所有的新闻机构都希望能够在这场媒体战争中取得先机。当时，塔利班占领着阿富汗境内90%的领土，他们禁止外国媒体入境。从世界各地赶来的新闻记者只好聚集在由北方联盟控制的阿富汗北部，同时严重依赖五角大楼的消息来源。由于半岛电视台在喀布尔和坎大哈均设有记者站，它成了进驻阿富汗塔利班控制区的唯一外国电视媒体。另外半岛还独家拥有向外部传输新闻画面的卫星设备，2001年3月，半岛阿语新闻频道就曾独家播放了塔利班摧毁巴米扬大佛的片段。

10月7日，空战开始。半岛阿语新闻频道中断了正常的电视节目，对阿富汗战况进行直播：震耳欲聋的爆炸声中，炸弹在喀布尔落下，整座城市都在震动。直播中，一颗炸弹在半岛工作人员附近爆炸，摄像师被冲击波震下屋顶。记者镇静地对着镜头说道："对不起，我的摄像师不见了，我不知道他去哪儿了。"① 几分钟后，摄像师重新回到屋顶，继续用镜头记录下头顶呼啸而过的轰炸机和近在咫尺的爆炸场面。就在半岛台直播这些惊心动魄的电视画面时，CNN拍摄到的空袭镜头不过是夜空中闪烁的微弱火光。

10月8日清晨，半岛阿语新闻频道记者在满目疮痍的喀布尔街道上评估空袭带来的财产损失，采访惊慌失措的阿富汗平民。镜头中一位失去家园的老人痛苦地用手向空中扔着泥巴；另一位平民在帮助邻居重建房屋，有关平民伤亡的画面不断削弱着西方公众对于这场战争的支持。在接下来的几个星期里，半岛对阿富汗战争进行了一系

---

① [美]休·迈尔斯：《意见与异见》，黎瑞刚译，学林出版社2006年版，第45页。

列报道,为了实现报道的平衡性,画面中不仅有平民伤亡,还有美军战俘以及伊拉克战俘。

除了出色的战地新闻报道,半岛阿语新闻频道最重要的独家新闻资源便是本·拉登的演讲录像带(图4-4)。客观无畏的新闻报道,世界范围的覆盖率以及身处中东的地缘优势,让半岛台成了本·拉登发布信息的最佳选择。阿富汗战争期间,半岛台多次收到基地组织送来的录像带。录像中本·拉登继续对美国进行威胁,号召阿拉伯人们进行圣战。事实上,早在1998年半岛阿语新闻频道就曾播出过本·拉登的录像带,1999年5月,频道还制作了长达90分钟的本·拉登专访特别节目。

图 4-4 半岛电视台播出的本·拉登录像画面

阿富汗战争中,半岛成功垄断了所有出自阿富汗的电视画面、新闻报道和采访。在画面资源极度紧缺的情况下,包括CNN在内的西方媒体纷纷与半岛台达成共享画面的协议。有关本·拉登的画面甚至被卖到一分钟2万美元的高价。尽管西方媒体不断谴责半岛台有反美倾向,但是带有火焰标志的电视画面还是源源不断地出现在西方媒体的新闻节目中。

显然,即使美国赢得了战争的实际胜利,它还是输掉了战场之外的媒体争夺。从这个意义上来说,半岛电视台的崛起第一次让西方国家传媒遭受到真正的挑战,这是第一次非西方国家的传媒站到了世界信息传播金字塔的顶端。[①] 阿富汗战争报道为半岛台赢得了"阿拉伯BBC"、"海湾CNN"的美誉,在报道独家新闻的同时,半岛阿语新闻频道也开始作为新闻主角出现在人们的视线中。从2001年年底开始,半岛阿语新闻频道通过默多克控股的天空广播公司向英国和欧洲地区播出。

2. 伊拉克战争

2003年3月20日,由于怀疑伊拉克拥有大规模杀伤性武器,以美国和英国为主的

---

① 房宁:《新帝国主义时代与中国战略》,北京出版社2003年版,第115页。

联合部队正式宣布对伊拉克开战。①联合部队通过驻扎在科威特的美军基地对伊进行军事打击,美驻扎在海湾地区的大量空军和海军均对联军给予了支援。

同世界各大媒体一样,战争爆发前半岛台就开始排兵布阵,为开战报道做准备。半岛大大充实了驻伊拉克记者站的力量,工作人员从3个增加到30个以覆盖伊拉克全境。同时半岛也加强了在五角大楼、白宫和联合国的报道力量,他们还希望通过伊拉克平民获得新闻线索。

由于布什总统呼吁所有的记者为了自身安全离开巴格达,世界各主要新闻机构都选择陆续撤离,只有半岛台继续留在巴格达坚守新闻阵地。于是所有美国主要的广播电视网都与半岛达成了购买协议,共享来自巴格达的新闻画面。半岛再次在媒体战争中领跑,它的存在成为了西方媒体的依靠。

在伊拉克战争的报道中,半岛重点突出的是战争的复杂性,各地的记者轮番发回各地的报道,没有一个特定事件,或者某战地记者的镜头,能够长时间地占据画面。②半岛台既播放美国国防部长的新闻发布会,也报道被烈火和浓烟吞噬的城市。画面中有阵亡的联军士兵尸体,被推翻的联军越野车,也有伊拉克人民因为萨达姆雕像被推翻而疯狂欢呼的场景。通过半岛发表的关于战争的观点是全面的:有复兴党的,新保守主义的,有反战的欧洲言论,也有库尔德人和阿拉伯民族主义者的言论,观点十分丰富,没有一种声音能够压倒对方。③

尽管战争的双方都指责半岛的报道具有偏向性,但事实上和多数阿拉伯人一样,半岛台反对萨达姆独裁,也反对联军入侵伊拉克。它试图表达的正是,这不是一场简单地把伊拉克人民从独裁政府的控制下解放的自由之战,而是各种不同意识形态冲突所引发的复杂战争。无论科技发展到何种程度,战争还是会带来死亡和损失,这其中最大受害者无疑是伊拉克平民和联军士兵。

在伊拉克战争中,半岛台成功打破了西方电视传媒的垄断,再次逆转了新闻信息的传播流向,半岛台的名字也愈加响亮地出现在世界各大新闻媒体的报道中。战争结束后的一个月,美国一家非营利性教育机构与半岛台达成协议,同意通过光缆向美国传输半岛阿语新闻频道的部分内容。2003年3月,半岛台被英国电视行业组织授予"金木莓"奖,理由是它在一个绝大部分媒体都受到政府控制的地区里保持着明显的独立。④2003年5月,半岛电视台推出英语版的网络内容。2004年半岛电视台被评为全球年度最有影响力的媒体品牌。⑤

---

① http://baike.baidu.com/view/7324.htm。
② [美]休·迈尔斯:《意见与异见》,黎瑞刚译,学林出版社2006年版,第167页。
③ [美]休·迈尔斯:《意见与异见》,黎瑞刚译,学林出版社2006年版,第168页。
④ 杨秀娜:《解读半岛电视台的成功之道》,《北京电力高等专科学校学报》2011年第5期。
⑤ 《成都商报》:《卡塔尔半岛电视台透露将开设汉语频道》,http://info.broadcast.hc360.com/2006/12/13135896505.shtml。

四、在地区动荡中不断成长

进入发展的第二个十年，半岛阿语新闻频道依然在中东地区此起彼伏的动荡中成长。它不仅成了世界了解中东的最佳窗口，也在阿拉伯世界掀起了一场媒体革命。半岛台悄悄改变了阿拉伯人在全球人民眼中的形象，也在不知不觉中重塑着阿拉伯人民脑海中的世界。尽管外界对于半岛台的评价一直争议不断，但是毫无疑问，半岛阿语新闻频道已经成功跻身世界主流新闻频道的行列。

（一）"阿拉伯之春"中的半岛效应

2010年12月，突尼斯爆发了人民革命，本·阿里政权被推翻。随后人民革命的烈火迅速向埃及、利比亚、也门等国蔓延，在整个中东和北非地区的阿拉伯世界掀起了人民革命的热潮。这次前所未有的阿拉伯人民革命运动被称为"阿拉伯之春"。

"如果没有半岛电视台，中东革命是否还会发生呢？"《美国新闻评论》曾提出了这样的疑问。虽然中东、北非各国在政治、经济、社会等方面存在的深刻矛盾是导致此次大规模变革的根本原因，但是半岛阿语新闻频道在这场动荡中确实扮演了重要的角色，并成功凭借其在这场变革中的新闻报道再次赢得世界关注。然而围绕半岛阿语新闻频道在此次新闻报道中的表现，外界的反应却大相径庭。

在埃及，半岛阿语新闻频道显然赢得了民众的支持。当半岛驻埃及的记者站遭到破坏，无法向外传输卫星信号的时候，示威群众主动通过网络把现场的画面传到半岛总部，他们还在解放广场中心竖起了两个大屏幕，全天播放半岛阿语新闻频道的电视直播。有示威者在接受半岛台记者采访时说："如果你们的办公室被关闭了，埃及的八千万人民都是你们的记者！"

然而在叙利亚大马士革，半岛阿语新闻频道却遭到了民众的抵制。半岛记者站门外经常出现抗议示威的人群，他们要求政府关闭记者站，并指责半岛台在新闻报道时有煽动倾向。记者站门前贴满了抗议的标语。有标语甚至写着"谎言，另一种谎言"，这明显是在针对半岛台的宣传语"观点，另一种观点"。

从突尼斯剧变到埃及"广场革命"，从利比亚内战到叙利亚动荡，半岛阿语新闻频道成了各国反对势力声音对外传输的最大集散地。①它让这种声音成为主流，从一个首都传到另一个首都。然而这种声音的传递究竟是尊重民意的客观性报道，还是煽动革命的"指导性报道"，恐怕只有时间能够告诉我们答案。

面对外界的质疑，尽管半岛台依然坚称自己只是把记者们看到的东西原样播放出来，但是在针对"阿拉伯之春"的一系列报道中，半岛台确实存在发布不实消息、播放虚假画面的行为，甚至对不同国家采用了不同的报道标准。对一些国家的冲突和局

---

① 谷棣、刘畅：《半岛电视台被曝做"引导性报道"在中东引争议》，http://news.163.com/11/0429/14/72QIL5L100014JB6_2.html。

势拼命渲染，对另外一些国家的内乱轻描淡写。① 这场阿拉伯世界变革中的半岛效应在未来仍将持续发酵。

(二) 站在发展的十字路口

经过十几年的发展壮大，半岛电视台在全球 100 多个国家，拥有超过 2.2 亿的观众数量。半岛台阿语新闻频道也在全球拥有了 96 个记者站。② 世界重大新闻事件的发生现场总能看到半岛台记者的身影，半岛阿语新闻频道俨然已经在激烈的媒体竞争中占有一席之地。然而就在 2011 年 9 月，在半岛任职 8 年之久的台长瓦达·坎法尔（Wadah Khanfar）突然宣布辞职，随后没有任何新闻工作经验的卡塔尔王室成员谢赫·艾哈迈德·本·贾西姆·阿勒萨尼接替了他的职位。此举将半岛推向了新旧交替的十字路口，很多人不禁开始对半岛台的未来感到忧心忡忡。

这种担心并不是杞人忧天。在中东政治变革风起云涌的背景之下，卡塔尔王室成员介入半岛经营，难免有操控媒体获取政治利益之嫌。一直标榜新闻专业主义的半岛阿语新闻频道能否平衡新闻报道和政治参与之间的关系，能否处理好强调民意与新闻客观之间的矛盾，这些都将为半岛未来的发展埋下隐患。从 2011 年 11 月 23 日开始，半岛阿语新闻频道在节目中陆续播出了所谓的巴以和谈"秘密文件"，涉及耶路撒冷地位、犹太人定居点、巴勒斯坦难民回归等一系列问题，文件的播出立刻在中东地区引发了一场政坛地震。2012 年 3 月期间，半岛电视台共有四名记者因为在报道叙利亚局势的立场上与母台存在分歧主动辞职。2012 年 7 月，半岛阿语新闻频道再次将阿拉法特（Yasser Arafat）尸检的话题重新提上议程……是新闻敏感使然还是政治敏感驱使：在阿勒萨尼接手半岛电视台之后，阿语新闻频道在新闻报道中的客观态度缺失与中立立场位移确实有迹可循。

此外，半岛电视台在阿拉伯世界所激发的媒体革命已经促使同类新闻频道如雨后春笋般地出现，这无疑分散了阿拉伯受众对于半岛阿语新闻频道的注意。事实上，竞争的压力不仅仅来自于传统媒体，新兴媒体带来的冲击已见端倪。"阿拉伯之春"运动中，Facebook、Twitter 等新兴社交媒体在聚集群众、传递革命过程中已经发挥了十分重要的作用，这场人民革命甚至被称为"Facebook 的革命"。因此，如何应对新媒体的冲击和公民记者的崛起，这些也是半岛阿语新闻频道必须直面的问题。

长久以来，半岛阿语新闻频道的独家新闻、轰动报道总与动荡的中东局势有关。那么，如果动荡平息，世界的目光从中东移向别处，频道又该如何重新定位，再度出发。站在发展的十字路口，这团燃烧在中东上空的熊熊火焰是否还能一如既往地耀眼，我们唯有拭目以待。

---

① 佚名：《社交网站：推动中东北非剧变的"革命司令部"》，http://www.zijing.org/wenhua/html/298649.html。

② 胡正荣、关娟娟主编：《世界主要媒体的国际传播战略》，中国传媒大学出版社 2011 年版，第 144 页。

第二节　半岛电视台英语新闻频道

半岛电视台阿语新闻频道坚持独立、客观、平衡的报道原则，凭借异军突起的战争报道和独家新闻，在短短十几年的时间内跻身世界知名媒体行列。然而短暂的狂欢过后，半岛电视台也清楚地认识到阿语新闻频道存在着语言障碍的天然瓶颈。虽然电视画面被西方媒体频繁使用，但是语言的障碍使得半岛阿语新闻频道只能作为西方媒体的一个信息来源。由于叙述和解释画面的权利仍然掌握在西方媒体手中，新闻信息在二次传播的过程中常常背离半岛台的初衷。为了在世界范围内争夺话语权，逆转全球新闻信息流动的不平衡性，半岛电视台决定开设英语新闻频道，面向英语受众进行直接传播。

一、中东地区第一家英语新闻频道诞生

2006年11月15日，半岛电视台英语新闻频道诞生（Al-Jazeera English，下文简称AJE）。（图4-5）作为半岛电视台阿语新闻频道的姊妹频道，AJE不仅是中东地区第一家英语国际新闻频道，也是继BBC World、CNN International之后的全球第三家24小时英语新闻频道。同半岛阿语新闻频道一样，AJE由卡塔尔政府注资筹建。卡塔尔政府对AJE投资超过10亿美元，并承担每年运行中超过1亿美元的亏损。①

图4-5　半岛英语新闻频道宣传片

与以往电视新闻频道的制作方式不同，AJE播出的24小时新闻节目并不是集中在同一个中央演播室进行，而是按照时区和时差的分布，由设立在多哈、吉隆坡、伦敦和华盛顿的四个新闻制作中心"接力"完成。其中多哈负责播出11小时，华盛顿负责播出5小时，伦敦和吉隆坡各负责播出4小时，节目涵盖新闻、时事分析、纪录片以及现场辩论、财经、体育等。四个新闻制作中心的节目制作角度各不相同，华盛顿和伦敦制作的节目尊重西方观众的收视习惯，而吉隆坡和多哈则更注重亚洲与中东观众的收视取向。这就是AJE"追赶太阳"的接力新闻制作方式。

为打造全球传播网络，AJE租用了16颗通讯卫星进行免费转播，其中大部分是直播卫星，其范围基本涵盖了亚洲、欧洲、北美、拉美和非洲，只要拥有家用卫星接收

---

① 朱心云：《半岛电视台"试水"美国》，《中国报道》2009年第9期。

设备即可收看。目前已有 100 多个国家的 1.3 亿个家庭可以通过有线电视或者通讯卫星收看该频道的节目。AJE 在莫斯科、悉尼等地设有 70 个分社,是 CNN 和 BBC 的总和。① 其在非洲和拉美等地区均派有驻地记者,特别是在索马里、肯尼亚等动荡地区进行的采访,填补了这一地区新闻报道的空白。

秉承国际化的制作理念,AJE 汇集了来自世界各地的传媒人才,近 50 个国家的 1000 名传媒精英组成了 AJE 的工作团队。在这些人中,四分之一是经验丰富的资深新闻人,四分之一年龄在 30 岁左右,其余一半都是二十多岁的新人,这也使得 AJE 成为全球最年轻的国际新闻传播机构。同时 AJE 打破了西方主流英语新闻频道以西方记者为主的人员编制,在为 AJE 工作的近 400 名出镜记者中,西方人不超过 100 名。

为了加强频道号召力,AJE 还积极从欧美主流媒体招募优秀主持人、记者以及制作人员加盟。如前 BBC 高端访谈节目著名主持人大卫·弗罗斯特爵士(David Paradine Frost),他访问过从威尔逊到布莱尔的历届英国首相和从尼克松到小布什的历任美国总统,这项纪录至今无人能够超越。前 CNN 著名脱口秀节目主持人利兹·卡恩,前 BBC 著名黑人记者达仁·乔登均被 AJE 聘为新闻主播。前 CNN 著名编辑基兰·贝克尔,前 BBC 和美联社著名电视新闻编辑奈杰尔·帕森斯也加入了 AJE 的制作团队。不过被誉为"AJE 面孔"的还是来自美国的资深记者、王牌主持戴维·马拉什(Dave Marash)(图 4-6)。他是前 ABC 电视新闻杂志栏目《新闻夜线》的主播,以战地新闻采访著称,曾凭借对科索沃战争、俄克拉荷马城爆炸、TWA800 航班爆炸的报道三次获得艾美奖。

图 4-6 "AJE 面孔"戴维·马拉什

二、制作具有国际水准的英语新闻

(一)打造国际视野

与半岛阿语新闻频道侧重中东新闻明显不同,AJE 的报道视野更为广阔。基于母台长期以来在中东地区建立起的新闻资源网络,AJE 希望能够在区域化和全球化之间找到平衡点,从频道的节目安排不难看出其为实现这一目标所做出的努力。《东方 101》(101 East)立足于每周盘点亚太地区的时事新闻;《走进叙利亚》(Inside Syria)跟踪锁定叙利亚局势的最新进展;《美洲新闻内幕》(Inside Story Americas)

---

① 宋世锋:《半岛电视台英语频道传播效果研究》,《传媒观察》2009 年第 5 期。

关注每天发生在美洲的新闻热点；《半岛记者关注》(Al Jazeera Correspondent) 由 AJE 在全世界的驻地记者担任主角，从西藏边陲到智利矿井，半岛记者带领观众踏上新闻发现之旅；《断层线》(Fault Lines) 深入解读美国及其在世界舞台上扮演的角色。周播节目《媒体倾听》(Listening Post) 由主持人为观众梳理每周世界各大媒体的关注焦点。

正如 AJE 的金牌主持戴维·马拉什在接受采访时所说的，AJE 在全球以思想的速度，改变快餐式的新闻播报，展示一个更好的观察世界的途径，更深刻真实地反映和报道这个世界。

(二) 凸显 AJE 特色

在半岛电视台的宣传画上有一个大眼睛，上面写着"如果大家都在看 CNN，那么 CNN 在看什么？"与宣传画表达的思想相同，AJE 希望的正是走出西方主流英语新闻频道的阴影，发出来自第三世界的独特声音。自创立以来，AJE 一直努力制作具有自身特色的新闻。这种特色突出地表现在制作新闻的广度、深度和角度三个方面。

在议程设置上，AJE 更注重反映被西方主流媒体忽略的地区，如南部非洲、南美、东南亚等地，AJE 为此提出的口号就是："所有视角，每一方面。"(Every angle, every side.) 它既报道发达国家，也报道发展中国家，它的声音来自于被剥夺公民权利的人群和被世界遗忘的地区。

AJE 三分之一以上的节目不是即时新闻，所报道新闻事件的数量也有限，但对于重要和独家新闻的报道时间更长，也更深入。AJE 总经理奈杰尔·帕森斯总结说，AJE 致力于"报道政治上的南极和北极"。①在对第三世界的深度报道上 AJE 取得了明显的突破，在《非洲调查》(Africa Investigates) 节目中，记者冒着生命危险对发生在非洲大陆上的政治腐败以及职权滥用现象予以了深刻的揭露。

相同的信息，不同的解读角度决定了结论的差异。为此 AJE 提出了"观点和另一种观点"(This view and other view) 的传播理念，希望赋予观众不同以往的全新视角。例如在关于沙特国王邀请法塔赫和哈马斯在麦加协商谈判的新闻中，AJE 多哈总部的评论对于谈判前景十分看好，而华盛顿新闻中心的报道则提出了截然相反的看法。AJE 试图把不同的观点同时呈现给观众，由观众自己做出评判。观众收看 AJE 的时间越长，就越习惯于接受多方面的观点并独立思考。

三、AJE 曲折发展之路

(一) 落地美国道阻且跻

美国作为 AJE 的重要目标市场，一直以来都是 AJE 的主攻方向。然而由于意识形态和民族文化的差异，以及此前母台因为战争新闻报道被贴上的"反美"标签，AJE

---

① 高文欢：《谁解半岛英文台——访资深电视记者戴维·马拉什》，《南风窗》2008 年第 1 期。

落地美国的道路走得并不顺利。

自2006年成立以来，AJE长期无法与美国主要有线电视网和卫星电视服务提供商签订合同，仅在华盛顿特区、俄亥俄州的托莱多，以及佛蒙特州的伯灵顿落地，观众仅占美国所有家庭数的1.7%。目前，在美国其他大部分地区，观众还无法通过电视收看AJE。[①]

为了消解美国对于半岛电视台的敌意和顾虑，AJE格外注意新闻稿件的措辞，尽量回避使用具有争议色彩的词语，代之以不带主观色彩的中性词语。显然，与半岛阿语新闻频道相比，AJE显得更加冷静而沉稳。尽管如此，反对AJE进入美国有线电视平台的势力仍然很强大，多数运营商出于政治和经济上的考量，态度十分暧昧。事实上，AJE想要真正进入美国电视新闻市场，最大的阻碍并不是宗教信仰和民族文化的差异，而是来自意识形态领域的博弈。AJE的落地窘境再次证明西方国家所标榜的新闻自由有时不过是虚伪的口号和形同虚设的标签。

（二）借助网络逾越渠道障碍

为了进一步扩大影响，弥补在美国有线电视市场覆盖率过低的不足，AJE不得不尝试通过网络渠道进行信息传播。AJE的总经理奈杰尔·帕森斯认为，不同的平台和技术并不是相互独立的，它们都是统一整体的重要组成部分。对于AJE，虽然电视是最核心的平台，但是各种平台都可以从这个核心向外辐射开去。

2006年11月15日，半岛电视台英语网站重新亮相（图4-7）。半岛电视新闻网的所有台包括半岛英文台的内容都可以在线直播收看。[②] AJE不仅在自己的网站上提供电视节目免费在线收看服务，还与世界最大的视频网站YouTube、微软Livestation在线电视以及Twitter、Facebook等新媒体积极开展合作。由于主要通过互联网到达美国受众，AJE也被称作"互联网电视台"。

2008年12月加沙危机爆发，在这场危机中以网络方式收看AJE的美国用户是平时的六倍，加沙危机使AJE更加相信网络的力量。负责新媒体传播的半岛电视台数字跃进委员会联合主席穆罕默德·纳那海表示，即使以后美国市场对AJE全面放开，他们也会继续努力进行传播方式的创新。

在2011年的"阿拉伯之春"革命运动中，AJE开通

图4-7 半岛电视台英语网站页面

---

① 邓建国：《"半岛时刻"：看半岛电视如何落地美国》，《对外传播》2011年第12期。
② 祝媛莉：《从半岛电视台新媒体策略看央视海外传播战略》，《新闻研究导刊》2012年第7期。

了"网络流媒体不间断直播"（Online Live Stream）服务。该服务容电视秀和网络社区于一体。网站通过收集、整理和编辑来自社会性媒体（Social Media）的新闻信息制作视频节目，并通过Skype等通讯工具访问新闻当事人，实现受众参与。这一内容传播方式吸引了大量的美国网民参与，成了AJE除有线电视和卫星之外的另一种跨国传播方式。

（三）国际新闻报道可圈可点

2006年11月15日，AJE正式擂响与BBC World和CNN International对阵的战鼓。开播当天，AJE的新闻来自加沙地带、达尔富尔、伊朗、津巴布韦、巴西和索马里等地。这里的新闻不同于西方媒体的选题模式，充分体现了国际视野和AJE特色。特别是近些年来，受经济危机影响，西方媒体的国际电视新闻报道越来越少，AJE专业、权威的国际新闻报道正好填补了这一空缺。其在一系列国际重大新闻中的表现可圈可点。

2007年缅甸爆发政治动荡，AJE向缅派出五名驻地记者，他们在当地对僧侣和反抗团体进行了深入采访，每天发回现场报道和新闻图片。英国驻联合国大使在得知一些缅甸人可以上网收看AJE后，还特意要求接受采访，以便向缅甸传达政治讯息。同年，AJE对阿根廷选举中的舞弊问题进行了报道，并在阿根廷国内引起轰动，此前西方媒体对此鲜有关注。

2008年以色列对哈马斯实施大规模军事打击，加沙危机逐步升级。AJE是唯一在加沙地区驻有记者的英语新闻频道，它也成了英语受众了解这场危机的主要窗口。危机期间AJE收视率大幅上升，许多美国人由于无法通过电视频道收看AJE，纷纷在YouTube等网站收看其报道。为方便新闻信息的即时更新，AJE还在Twitter上开通了"加沙战争"的账号。

2011年，"阿拉伯之春"革命爆发，凭借母台在中东地区的特殊优势，AJE将更加宏观和真实的中东局势呈现在世人面前。AJE的独家新闻资源吸引了世界英语受众的目光，特别是关注中东事态发展的美国观众。在华盛顿地区，包括白宫、国务院和五角大楼在内的政府官员都在收看AJE。据半岛电视台美洲战略主任Tony Burman透露，从2011年1月28日到2月4日一周间，约有700万美国人共收看了5000万分钟的AJE报道。另外，总部在加州的Link TV(有3300万美国家庭通过Direct TV和Dish卫星系统收看该电视台)每天都转播12小时的AJE内容。在同一周内，AJE网站的访问量也暴增了2500%，其中60%来自美国。①

美国纽约城市大学新闻学院教授杰夫·查韦斯（Jeff Jarvis）就指出，没有美国媒体能像AJE这样提供角度多样、分析深刻和现场感强的新闻报道。

---

① 邓建国：《"半岛时刻"：看半岛电视如何落地美国》，《对外传播》2011年第12期。

四、多元文化抗衡主流声音

随着全球化程度的日益提高，各国在信息传播领域的争夺也愈演愈烈，作为国家软实力的重要组成部分，媒介话语权越来越受到重视。多数来自第三世界的国家虽然在经济上获得了巨大进步，但是在以西方国家为主导的全球新闻信息流动中仍然处于失语状态。随着信息传播技术的进步，很多国家在新闻传播中拥有了说话的权利，但是由于受到语言障碍以及新闻制作理念差异的影响，其媒介话语影响力的辐射范围仍然有限。AJE的出现无疑为致力于对外传播的发展中国家重燃了希望，树立了榜样。

在全球化信息传播的浪潮中，每一个国家、每一种文化都不愿意自己的声音被淹没，都希望在国际传播中放大自己的音量。信息和价值观念的全球性流动，使得思想和观点的力量在不同的国度激荡，不同文明、不同意识形态的障碍虽然仍然无法完全消除，但是已经相对弱化。AJE虽然诞生于阿拉伯世界的土壤，但是它努力将不同文化背景的员工聚集在相同的新闻制作理念之中。AJE不仅播报世界各地的新闻信息，尊重多元文化，同时也努力向西方受众介绍中东地区的经济、文化和政治，以弥合南北分歧。秉承新闻专业主义的精神，尊重受众的信息需求，AJE同样在全球范围获得了受众的认可。在美国等西方国家对其设置重重障碍的情况下，它仍然能够稳步扩大影响力，不断巩固传播效果。

AJE的成功不仅仅为学界提供了研究的课题，为业界提供了成功的经验，事实上，它也像是一次文化传播活动，让世界重新审视阿拉伯文明，让人们意识到世界需要多元文化的存在，跨越国界的信息传递才能探索出世界文明和谐共存的最佳途径。

2013年1月，半岛电视台成功收购美国的潮流电视台（Current TV），迈出了进军美国主流电视新闻市场的重要步伐。潮流电视台创办于2005年，美国前总统戈尔是其创办人之一，该电视台主要面向8岁至34岁的年轻观众群，理念比较前卫和开放[①]，同时提供有线和卫星服务，能够覆盖约六成的美国家庭。据悉，被收购的电视台将改名为"半岛美国"，半岛计划以此为基点在美国开设新的新闻频道，新频道将独立于半岛英语新闻频道，为美国观众提供国内、国际实时新闻资讯。同时，半岛电视台还打算在美国全境开设记者站，与此前在纽约、华盛顿、洛杉矶、迈阿密和芝加哥成立的记者站一道，打造覆盖美国全境的集新闻采写、发布于一体的电视新闻平台。无疑，收购潮流电视台是半岛在开拓美国市场上的重要战略布局，但是具有阿拉伯和伊斯兰教色彩的半岛电视台能否就此顺利落地美国，新的电视新闻频道能否在与CNN、FOX、NBC等美国主流新闻频道的激烈角逐中胜出，我们还要等待时间揭晓最终的答案。

---

① 杨元勇：《半岛电视台进驻美国疑问重重 政府或曾私下撮合》，http://www.chinanews.com/gj/2013/01-16/4492846.shtml。

第三节 成功之道与发展之困

半岛阿语新闻频道和半岛英语新闻频道犹如双翼支撑半岛电视台在新闻传播的国度自由翱翔。尽管使用不同的传播语言,具有不同的频道气质,但是作为姊妹频道的它们拥有着相似的成功策略与发展之困。

一、成功之道

(一)不可复制的外部环境

半岛电视台新闻频道能够在短时间内取得成功,与其拥有的不可复制的外部环境有着直接关系。政府的支持及其具有的文化地域优势是半岛新闻频道脱颖而出的重要条件。

1. 政府大力支持

长期以来,发展中国家的媒体一直受到两方面的限制:不发达和不自由。不发达是指西方媒体在世界新闻传播领域占据主导地位,且人力、财力、声誉和经验方面都居优势,发展中国家的媒体则先天不足;[1] 不自由是指发达国家拥有较为完备的法律体系和社会制度对新闻自由进行保证,发展中国家的新闻自由则无法得到有效保障,另外社会的民主程度也会对新闻自由的实现产生影响。

卡塔尔政府对半岛电视台的支持,从经济和政策两方面解除了后顾之忧,不发达和不自由不再是阻碍频道发展的绊脚石。无论是半岛阿语新闻频道还是半岛英语新闻频道(AJE),卡塔尔政府都投入了巨额的财政资金。充足的资金来源不仅使得频道能够维持高费用的日常运转,同时也保证了频道一以贯之的节目制作风格与品质。半岛新闻频道不会为了争取广告收入而放弃对争议性话题的探索,也不会为了迎合西方舆论风向而改变中立的立场。在新闻自由方面,卡塔尔政府允许半岛电视台不经过当局审查,自主制作、播出新闻节目并发表评论,同时新闻自由还被写入了新宪法。在频道内部,新闻自由的拓展空间也很广阔。AJE分布在全球的四个新闻制作中心彼此独立,无须接受卡塔尔总部的统一管理。

2. 文化地域优势

卡塔尔作为穆斯林国家、阿拉伯国家、发展中国家等的身份特征以及身处中东的地理位置成了半岛电视台新闻频道得天独厚的优势。

长期以来,阿拉伯世界的信息流动相对封闭,不论是对外还是对内的信息流动管道都不够畅通。外界对阿拉伯文明和中东地区事务鲜有了解,甚至存在着某种误读;而在阿拉伯世界内部,由于对新闻媒体进行严格管制,多数民众对大众传媒缺乏应有的信任。正是在这样的背景之下,半岛新闻频道充当了连接阿拉伯世界、沟通中东与

---

[1] 祁明:《企业创新标杆》,科学出版社2009年版,第227页。

外部的信息管道。半岛的长处在于它深谙阿拉伯世界的政治、经济、文化和社会状况，熟悉阿拉伯受众的需求与口味。而阿拉伯世界以及广大发展中国家的受众也更愿意看到来自第三世界的媒体发出不同于西方媒体的独立之声。

半岛新闻频道的成功也离不开中东地区特有的战争环境与动荡局势。从传媒与战争报道的关系上来看，战争的爆发往往成就新闻媒体的迅速崛起。20世纪90年代的海湾战争让世界知道了CNN，新世纪的几场重要战争则让半岛台的火焰在全球蔓延。丰富的独家报道内容，纯粹的新闻报道手法，真实的战争场景呈现；优秀的战地新闻报道让半岛新闻频道享誉新闻界。此后，每一次的中东局势动荡，半岛都是人们了解事态发展的最佳窗口，因此有关中东地区的新闻报道始终是半岛新闻频道的优势资源。在阿语新闻频道，中东地区热点是重点关注的对象；在AJE，中东地区热点成为重要的独家新闻来源。总之，在这个世界上没有新闻频道比半岛更了解中东。

（二）无与伦比的人才战略

支撑一个媒体发展的除了先进的硬件设备，更为重要的则是优秀的传播队伍。无论是阿语新闻频道还是AJE，在网罗人才方面都有着独特的号召力。

1. 国际化的传播团队

从阿语新闻频道到AJE，其传播团队都可谓是国际阵容。阿语新闻频道虽然位于卡塔尔，但是卡塔尔国籍的工作人员只占了很小一部分。多数编辑、记者、主持人、制作人和管理人员均来自叙利亚、埃及、伊拉克、巴勒斯坦、黎巴嫩等阿拉伯国家，半岛电视台前任台长瓦达·坎法尔（Wadah Khanfar）就是巴勒斯坦人。AJE作为面向全球受众的国际新闻频道，来自近50个国家的1000名传媒精英组成了它的工作团队，特别是一些西方新闻传媒明星的加入使得AJE从一开始就具备了国际化的高起点。在驻外记者的人选方面，AJE也并不是完全从卡塔尔选派，而是注重在当地物色、培养人才。

半岛新闻频道能够成功吸引电视精英加入不仅仅是因为半岛台不惜重金聘请人才，更为重要的则是因为半岛台让新闻人相信这里是真正能够制作好新闻的地方。在阿语新闻频道成立的初期，很多来自轨道电视台的工作人员最终选择转战半岛，正是因为在这里他们可以不受拘束的制作新闻，继续自己改变阿拉伯世界的新闻梦想。而AJE能够吸引西方主流电视媒体精英加盟，同样是因为他们拥有共同的奋斗目标：提供所有英语新闻频道中最好的、最透明的报道。

2. 杰出的战地记者

半岛新闻频道的人力资源优势还突出地表现在战地新闻记者方面。具有非凡胆识、卓越勇气甚至是自我牺牲精神的战地记者队伍，使半岛新闻频道能够穿越火线，将独家的新闻资源传送向整个世界。

叙利亚人泰西尔·阿鲁尼（Tayseer Allouni）是半岛阿语新闻频道的著名战地记者（图4-8）。2001年阿富汗战争期间，阿鲁尼曾担任半岛驻喀布尔分社社长。阿富汗战争中，正是他在身边有炸弹爆炸时依然坚持连线报道，用手机将模糊的新闻画面传出硝烟密布的喀布尔。他采访过"基地"组织成员，也访问过塔利班官员，甚至还冒着生命危险采访过乌萨玛·本·拉登。在半岛驻喀布尔分社遭到美国导弹袭击时，阿鲁尼险些殉职。然而2003年阿富汗战争爆发后，他依然选择成为半岛驻伊拉克的战地记者。2005年，西班牙当局以与"基地"组织有染为名判处阿鲁尼7年监禁。

比别人都要勇敢，一直是半岛电视台新闻频道的战地记者所坚持的原则。半岛电视台接待大厅的对面，伫立着一座高大的黑色纪念碑，上面镌刻着人类历史上因为报道新闻而献出生命的记者的名字。[①] 半岛新闻频道很清楚，让频道走向成功的是鲜活的新闻故事，而采写这些故事的，正是前线的新闻记者。那座黑色的纪念碑承载着新闻勇士们的灵魂，在后人的注目中

图 4-8　半岛著名战地记者泰西尔·阿鲁尼

发出无声的呐喊，时刻提醒半岛记者新闻工作的神圣，给予他们继续坚持的勇气。

（三）客观公正的平衡报道

所谓客观公正就是媒体保持中立立场，给予对立的双方甚至是多方同等的关注和报道。媒体只负责传播新闻事实，呈现各方观点，而最终怎样看待事实、解读观点则由观众自己决定。客观公正是平衡性报道的基本要求。半岛新闻频道的平衡性报道主要体现在以下几个方面：

1. 多元的观点呈现

虽然对平衡性报道的追求一直是半岛新闻频道吸引受众的重要因素，但是在实际操作过程中，新闻媒体不可能完全保持中立，媒介把关人也不可能完全不受主观情感左右。所以尽量呈现各方的不同观点，是减少偏见、实现平衡报道的重要手段。半岛新闻频道所希望提供给观众的正是多元观点的呈现以及意见与异见的碰撞。

在节目形态上，半岛新闻频道的谈话节目多采用论辩的方式进行，从而更直观地呈现多元观点。在内容安排上，半岛新闻频道也力图达到一种平衡。如果一天的新闻报道过于沉重，那么频道则会播出一些有关女性、儿童或者弱势群体抗争的新闻作为调剂，生活有沉重阴暗的侧面也有充满希望的另一面。在嘉宾和采访对象的选择上，节目力求尽可能覆盖事件涉及的多方，形成多种声音交汇的场域。正如半岛新闻频道的负责人所说，他们关心的不是谁在说话，而是他说了什么。半岛的存在证明了新闻事实的复杂性以及世界的多元性。

---

① 杨玛利、王一芝：《半岛电视台：改写中东形象》，《东方企业家》2007年第6期。

2. 多元的消息来源

在新闻报道中寻求尽可能多元的消息来源，是实现平衡报道的另一种手段。为了全面地反映事实，进而从整体上认识本质层面的事实，充足的消息来源是媒体不断接近事实真相，打造观点自由市场的重要保证。多元的消息来源不仅有助于新闻报道的完整和平衡，而且受众可以"根据消息来源的总体可信度和该记者与信息的利益关系来评估信息的准确性和真实性"。①半岛新闻频道不仅通过官方、同行获取新闻信息，同时特别注意利用来自民间的信息源。在历次的战地新闻报道中，当地民众提供的新闻线索总是半岛获得独家新闻的重要来源。大部分半岛驻地记者的笔记本上都会详细记录当地可靠信息源的联系方式。平民、官员以及当地机构的名字和联系方式组成强大的信息网络，半岛总是能够成功寻找到另一种声音和另一种观点。

另外，半岛新闻频道的记者在新闻核实方面也很值得借鉴。记者在得到新闻信息后，通常都会经过以下三个步骤验证信息是否属实。首先通过官方渠道进行核实，而后通过当地同行进行求证，最后联系当地的三至四个信息源进行确认。在反复证实消息的真实性之后记者才会进行报道。真实性是新闻的生命，多元的信息来源为独家新闻报道提供了可能，但是也为虚假新闻制造了可乘之机。唯有坚守事实真相的态度，才能保证新闻媒体的信誉。

（四）特立独行的制作理念

半岛新闻频道自成立以来一直坚持特立独行的制作理念，以独立自由的形象出现在公众面前。在多数媒体都受到政府严格管制的阿拉伯世界，半岛新闻频道成了自由、可信的独立之声。

1. 独立的议程设置

在新闻报道特别是国际重大新闻报道中，议程设置是媒体竞争的重要因素。在满足政府还是满足公众之间，半岛台顶住压力选择了后者。尽管受到多国的投诉抗议，甚至遭受驻外记者站两度被炸的武力威胁，半岛新闻频道依然保持可贵的独立精神，我行我素。在新闻报道中，从选题策划、画面拍摄、物色采访对象到评论时事热点，半岛新闻频道都不受西方媒体议程设置和强大舆论攻势的影响。它更加注重寻求不同以往的切入点，以阿拉伯人的视角发现被西方主流媒体忽视的新闻。无论是在阿语频道的《宗教与生活》（Religion and Life）中，还是在 AJE 的《半岛访谈》（Talk to Al Jazeera）中，半岛通过电视符号和新闻话语想要表达的都是这里有独一无二的自由之声。

独立的议程设置在半岛阿语新闻频道表现得更加明显，因为这种独立的议程设置在某种程度上与节目制作的本土化紧密相连。半岛阿语新闻频道成立之前，阿拉伯民

---

① ［美］梅尔文·门彻：《新闻报道与写作》，展江主译，华夏出版社 2003 年版，第 55 页。

众对两种电视频道存在着不满：一是随声附和的阿拉伯国家政府频道，二是误读阿拉伯世界的西方频道。阿拉伯民众希望有一个媒体能够准确反映阿拉伯世界的真实状况，他们需要根植于阿拉伯世界的独立媒体。正是在此背景之下，半岛阿语新闻频道选择从本土化视角报道新闻，接近阿拉伯受众的心理，这样频道不仅容易被阿拉伯受众接受，而且更容易实现独家新闻报道。发出与其他媒体相同的声音，只会被更强大的声音淹没，后起媒体争夺话语权的基本竞争手段就是进行差异化的独立议程设置。

2. 独立的立场观点

不附庸政府，不依靠财团，不拥护任何人，也不反对任何人，这就是半岛新闻频道坚持走的独立媒体道路。半岛新闻频道追求的既不是阿拉伯化，也不是西方化，而是媒体化、专业化的独立媒体方向。频道从纯新闻的角度对信息进行筛选和判断，去除夸大其词、煽动仇恨、人身攻击、造谣生事等因素，接着从人道主义的角度对血腥暴力的镜头进行处理。频道努力维护各项新闻价值，不让商业或政治考虑凌驾于专业操作之上。其实，这种独立的报道立场正是遵循新闻专业主义原则，尊重新闻传播规律的表现。独立的立场和观点让半岛新闻频道顺利实现了国际化与个性化的无缝对接。站在独立立场发表的观点，也许不够权威，但却是能够被世界观众认可的极富个性的独立之音。

人们对于半岛新闻频道立场观点的独立问题，一直存在争议。阿拉伯世界的部分观众认为半岛是美国中情局的傀儡；美国媒体嘲笑半岛是恐怖主义的喉舌、基地组织的传话筒；以色列人抱怨半岛偏袒巴勒斯坦人；而科威特人则觉得半岛支持萨达姆·侯赛因。半岛电视台被冠以的头衔还有：亲阿富汗派，犹太人复国主义拥护者，亲伊拉克派，等等。实际上，这些名目繁多的头衔正好从一个侧面证明：半岛新闻频道成功覆盖了多方面的声音，它的立场就是没有立场，它的观点基于新闻事实。

（五）激烈冲突的新闻框架

对新闻矛盾冲突毫无掩饰的展露是吸引观众的重要手段。从某种意义上说，新闻报道和新闻节目中包含的冲突越多、越激烈，就越容易在媒体大战中吸引观众的眼球。

1. 观点的激烈冲突

半岛阿语新闻频道著名的论辩性谈话节目《反方向》提供了观点激烈冲突的范本。在节目中，当所有观点都趋于相同方向时，主持人一定会邀请持相反观点的嘉宾进行反驳。"观点与反观点"这一充满辩证意味的理念使得《反方向》充当了矛盾冲突的放大镜。传统与现代、东方与西方、民主与专制、落后与发达、封闭与开放等等对立的矛盾以及由此衍生的分歧在节目中展现无余。这样的"对冲操作"虽然颇具争议，但是却产生了一种对半岛新闻频道有利的影响：尽管《反方向》中的争论让很多人感到不满，但是这并不妨碍观众收看节目的热情，人们越来越期待看到观点激烈碰撞的全景式呈现，半岛新闻频道的收视率反而越来越高。

论辩是半岛新闻节目的一大特色,也是激烈冲突的集中体现。论辩的过程本身就是对立观点进行交锋、博弈的过程,至辩无胜,论辩的意义并不是某种观点取得压倒性的胜利,而是在双方短兵相接过后能够启发观众产生新的思想因子。反方向的观点也许存在偏执,但是却是一种对质疑精神的延续。观点与反观点的对冲操作不仅是半岛非凡胆识与勇气的集中体现,也形成了频道犀利、尖锐的独特风格。

2. 对立的事实组合

对于战争冲突和地区动荡的报道是半岛新闻频道的拿手好戏。此类题材本身就包含了激烈冲突的所有要素:生存与死亡、胜利与失败、获益与损失、平民与军队、个体与国家……在战争冲突和地区动荡的新闻报道中,半岛延续了冲突的新闻框架,巧妙地运用了对立的事实组合这一传播方式。

伊拉克战争中,美英媒体出于对本国政治利益的考虑,新闻报道的重点在于美英军队如何尽量避免对伊拉克平民造成伤害,保证平民的人身安全。而半岛台却选择了与其对立的事实组合——它一边转播美国国防部长拉姆斯菲尔德的新闻发布会,一边配以一名在空袭中受伤、躺在医院中里的伊拉克小女孩的电视画面,伊拉克平民不断上升的伤亡数字也在屏幕下方的滚动新闻里时时更新。① 半岛没有用言语驳斥英美媒体的不实报道,而是用画面中的事实告诉观众发生在伊拉克的战争真相。用画面说话,用独家画面说话已经成为半岛新闻频道航行在媒体竞争红海中的重要凭借。

(六)定位准确的国际传播

国际传播是指以民族、国家为主体而进行的跨文化信息交流与沟通。② 半岛新闻频道的成功,为发展中国家点燃了希望,一个小国家不依靠强大国际政治地位同样能够拥有巨大的国际传播影响力。

1. 遵循国际通行准则

有西方学者从文化构成的角度解读半岛电视台,他们认为半岛电视台是全球化的典型产物。它与麦当劳构成了全球化在阿拉伯世界的两大成果。的确,半岛新闻频道的记者、编辑、主持人在选题、采访、编辑、包装、播报、评论等方面均采用了与西方主要新闻机构一致的标准。也许这些标准仍存在诸多不完善之处,但是它们却是在国际上获得普遍认可并被广泛采用的国际新闻广播准则。遵循这些准则的好处在于,观众在观看半岛新闻频道的电视节目时,无须适应特殊标准就能看懂并接受频道的新闻传播。

半岛新闻频道还遵循了国际新闻机构共同采纳的一系列道德守则。例如:拥护各项新闻价值,包括诚实、勇气、公正、平衡、独立、可信性和多样化;奋力求取真相,

---

① 张志安:《企业营销案例分析》,华夏出版社2004年版,第278页。
② 刘耐霞、乔哲:《从半岛电视台看发展中国家如何提高国际传播力》,《湖北广播电视大学学报》2008年第9期。

并且以明确手法通过新闻稿、节目和新闻公告进行报道，确保资料既有效又准确；欢迎其他媒体以公平和诚实态度竞争；以不同角度和意见进行报道，并且不带有成见和偏袒；接纳人类社会在种族、文化、信仰、价值观和本质个性这些方面的多样性，从而以客观和中肯报道反映社会状况；清晰区分新闻资料、意见和分析，以避免落入投机和宣传的圈套……① 这些国际化的道德守则让半岛能够更好地了解、报道、参与事件进程。

2. 争夺国际话语权力

半岛新闻频道清楚地认识到想要在全球化的媒体竞争大潮中有所建树，不能仅仅依靠来自卡塔尔或者中东地区的新闻资源，频道必须在国际新闻报道中有所突破。为了实现国际化的传播战略，半岛新闻频道在建设国际化传播团队、配置全球采访力量、打造国际传播视野等方面做出了诸多有益尝试。特别是 AJE 的成功开办，正式宣告半岛新闻频道踏上了国际传播之路。

争夺国际话语权是半岛新闻频道打造国际化媒体的重要举措。在当今世界，谁掌握了国际话语权，谁就拥有了影响国际舆论流向的权力，国际话语权已经成为国家软实力的重要组成部分。半岛凭借独家的新闻报道和独特的观点解读，再现了"南部世界的声音"，在南北不对称的国际新闻流动中创造了新的信息平衡点。它不仅拥有了发声的权力，而且成功地逆袭西方媒体霸权，将自身的影响力在全球范围扩展。近年来，卡塔尔不断承办国际重大活动，在地区事务中扮演的角色也愈加重要，这一切都是半岛新闻频道争夺国际话语权的衍生产品。

半岛新闻频道的崛起带动了半岛电视台的崛起，让一个发展中小国的新闻媒体成功进入世界主流市场。半岛新闻频道崛起的意义不仅仅在于第三世界的新闻媒体如何利用天时地利人和的条件完胜西方主流新闻媒体，还在于它改变了世界看待中东地区的方式，冲击了阿拉伯世界民众的思想观念，开启了发展中国家新闻媒体走向世界的大门。在未来的时间里，我们还会看到更多类似半岛新闻频道的传媒机构加入蔚为壮观的信息传播大潮，把地区性的观点传播向整个世界。因为自由之门一旦打开，就没有可能再被关上。

二、对发展中国家新闻频道建设的启示

当今世界，文化软实力和国家传播力已经成为综合国力竞争的重要组成部分，新闻频道作为国家对内报道和对外传播的急先锋在其中扮演着重要角色。半岛新闻频道的成功经验表明，发展中国家的新闻频道想要扭转新闻信息传播失衡的局面，必须付出艰苦的努力。

---

① 龙景昌：《世界在看 CNN，CNN 却在看 Al Jazeera》，《明日风尚》2010 年第 8 期。

（一）立足本土实际 打造频道气质

在注意力资源稀缺的媒介竞争时代，新闻频道一旦缺乏个性，就会被淹没在信息传播的洪流中失去方向。半岛新闻频道秉承"意见与异见"的办台理念，利用身处阿拉伯世界的文化地域优势，构建起激烈冲突的新闻框架，从而形成了一种与众不同的频道气质。"你自己的文化，你自己的体制，你自己的经历，你自己的环境，你自己的想法不一定跟别人完全相同。所以没有必要去模仿它。"①这是半岛电视台北京分社社长伊扎特在接受记者采访时所做的表述，也是半岛新闻频道带给发展中国家电视新闻频道的启示。

对电视新闻频道气质的打造并不是简单的粘贴标签，而是立足本国政治、经济、文化等的发展状况，找到符合频道传播理念而又颇具特色的新闻叙事方式和语言播报风格。在积极融入全球化潮流的过程中不失自身特色，实现由内容样式定位向频道气质定位的转向，最终形成不同于西方国家电视新闻频道的独特气质。千篇一律的效仿西方模式只会是邯郸学步，效果适得其反，毕竟世界文明的发展需要多元文化的存在。

（二）关注突发事件 建立"快反"机制

突发事件的新闻报道对于发展中国家的新闻频道而言，既是考验也是机遇。考验在于，媒介需要强大的组织调动能力和协调能力才能出色地完成报道；机遇在于，突发事件新闻报道对于提升频道知名度和美誉度具有重要作用。半岛新闻频道正是凭借其在几次重大战争报道中的快速反应和出色表现树立起媒体信誉和话语权威的。

"快反"机制，即媒体在突发事件出现后对事件进行及时、有效报道的快速反应机制。它需要先进的传播技术手段、密集的信息发布频率、高效的资讯传输平台以及包括驻地记者在内的强大信息传播网络。在历次战地新闻报道中，半岛新闻频道总是凭借覆盖全面的信息传播网络，利用一手的信息来源和通畅的传播渠道在媒体战争中取得先机。快反机制的构成体系还包括信息发布、现场报道、后续评论等业务环节以及滚动字幕、多视窗模式等电视语言。打破原有的节目播出顺序，大胆使用现场直播也是突发事件快反机制的有机组成部分。

（三）独立设置议程 积极引导舆论

由于在技术设备、传播理念、人才培养等方面落后于发达国家，发展中国家的新闻频道在新闻信息全球流动的过程中常常充当西方主流新闻频道的信息"二传手"。为实现逆流传播，半岛电视台坚持对事件议程进行独立设置。不同于西方主流新闻频道的独特声音和新闻画面，让半岛新闻频道多次站在了世界信息传播金字塔的顶端。

---

① 安替：《访半岛北京分社——9·11成就了"阿拉伯的CNN"》，http://news.sina.com.cn/c/2002-09-17/1655729708.html。

发展中国家的电视新闻频道要想从边缘走向主流，就应当像半岛新闻频道一样坚持独立设置议程，实现从渠道性传媒向引导性传媒的转变。

独立的议程设置首先意味着频道在必要和关键时刻要敢于发言、敢于表态，以此树立频道自身的新闻规范和新闻标准，体现频道敢于承担责任的媒体品格；另外，频道在采集、传播海量新闻信息的同时，要选择时机，相机而动，主动策划有分量、有意义的议题设置，做社会舆论的领航员和组织者。①发展中国家的新闻频道应多关注周边国家特别是发展中国家的新闻动态，不能盲目跟随西方主流新闻频道的议程设置。我们的观点是什么，我们的立场在哪里，我们的指向是何处，这些都应该成为发展中国家电视新闻频道在设置议程、引导舆论过程中时刻提醒自己的问题。

（四）遵循新闻规律 打造国际视野

为在国际传播中争夺话语权，逆转新闻信息流向，半岛电视台新闻频道进行了定位准确的国际传播。频道不仅遵循国际通行准则，积极回归受众本位和新闻本位，而且尊重多元文化，聚合世界传媒精英，站在国际视野的高度制作、发布新闻信息。这就启示发展中国家新闻频道在参与国际新闻传播时，要时刻遵守新闻传播规律，不断打造国际视野。

对于新闻传播规律的遵守有利于新闻信息跨越国界障碍，在世界范围内自由流动。受众本位要求新闻频道确立以受众为中心的传播理念，满足受众对新闻信息进行多元解读和自由选择的需求。新闻本位则意味着新闻频道在其功能、目的、组织结构、操作模式等方面应该以更好地实现新闻信息传播为依据。②打造国际视野是在国际传播中争夺话语权的重要步骤。发展中国家的新闻频道应努力在全球范围以思想的深度、国际的视野，更真实地反映世界、更深刻地报道新闻，力图在区域化和全球化之间找到发展的平衡点。

三、发展之困

和所有电视新闻频道一样，成功的光环背后，半岛新闻频道在新闻传播的崎岖道路上不断遭遇着新的困境，并时而犯下各种错误。那些帮助半岛新闻频道披荆斩棘通向成功的凭借有时也是一把双刃剑，使用不当就会误入歧途，甚至元气大伤。

（一）依赖政府资助 无法自给自足

不论是半岛阿语新闻频道还是AJE，在创建之初都接受了卡塔尔政府的大量资金投入。如今半岛阿语新闻频道的第二个十年已接近尾声，AJE也走过了八年的发展历程，但是它们都无法按照原定的计划在经济上实现自给自足。

---

① 邓渝、吕正标：《中国电视新闻频道的现状与前瞻》，《中国记者》2003年第5期。
② 刘成付：《电视新闻频道的理念与运作——以央视新闻频道为例的研究》，复旦大学2006年博士学位论文。

半岛新闻频道的经济来源除了政府补给，主要来自于广告和出售节目素材。通常情况下，收视率与广告率应是呈现正比关系，但是半岛电视台却出现了高收视率与低广告率的逆效应。① 由于频道的电视节目多涉及他国政治和社会敏感问题，很多国家特别是周边的阿拉伯国家均限制厂商在半岛投放广告。因此半岛新闻频道的广告收入一直维持在较低的水平。而出售新闻素材的收入也十分有限，难以维持频道的正常运转。

半岛电视台一直希望成为 BBC 那样的公共媒体，依靠政府资助，却能够保持独立的立场行使公共媒体职能。而事实上，西方的公共媒体除了政府资助，主要的经济来源是向观众收取收视费。但是收视费对于半岛新闻频道而言却是杯水车薪。半岛阿语新闻频道为了扩大其在阿拉伯世界中的影响，频道制作播出的新闻节目均是免费的，在中东地区，只要拥有卫星电视接收设备即可收看。而 AJE 在美国这一主要的收视市场一直面临频道无法落地的窘境，在美国的大部分地区，观众无法通过电视收看 AJE 的新闻节目。

叫好不叫座的尴尬处境，让半岛新闻频道不得不继续接受卡塔尔政府的资助。尽管半岛坚称这不会对频道独立的新闻编辑方针产生影响，但是外界一直对此诟病不断。从可持续发展的角度考虑，只有频道在经济上真正实现了自给自足，才更有利于在新闻传播的道路上走得更长远。

（二）过分强调民意　影响新闻客观

在满足政府和满足受众之间，半岛新闻频道选择了满足受众。这本来一直是半岛引以为傲的事情，但是对于民意的过分强调，也让半岛新闻频道不可避免地跨过了客观报道与新闻诱导之间的红线，从而伤害了其作为新闻机构的专业性。

半岛新闻频道基于民意的新闻报道在阿拉伯世界和中东地区赢得了广泛的民众支持，来自民间的消息源也成了半岛新闻频道获取独家新闻的重要保障。但是，当对于民意的推崇演变为对于民意的蓄意引导甚至是煽动时，这显然破坏了频道努力建立起的新闻话语权威。

在 2010 年爆发的"阿拉伯之春"人民革命运动中，半岛新闻频道的引导性报道引发了广泛的争议，更有人形容半岛为"中东革命的司令部"。为了顺应民意，赢得受众，半岛电视台甚至制造虚假不实的消息。世界出版社"支持民主与自由的利比亚"专门网站上有一则名为《半岛电视台和阿拉伯电视台因假新闻和谎言被谴责》的报道罗列了半岛电视台和阿拉伯电视台三处明显的不实报道。又如，在利比亚爆发民众抗议初期，半岛台突然爆料说卡扎菲已经离开利比亚前往委内瑞拉，大批利比亚民众受这一报道鼓舞而参加抗议，直接推动了利比亚抗议运动的发展，这样的报道有散播谣言、鼓动政变之嫌。②

---

① 熊文平：《半岛电视台现状分析》，《青年记者》2009 年第 1 期。
② 孟婷燕：《国际传播中的信息逆流模式分析——以半岛电视台为例》，浙江大学 2011 年硕士学位论文。

如何在顺应民意与尊重新闻客观之间找到平衡，如何区分政治诱导与平衡报道之间的界限，这些都将是半岛新闻频道在未来一段时间内亟待解决的问题。

（三）追求轰动效应　夸大新闻冲突

轰动效应一直是半岛新闻频道突出的特色之一，正是数次的轰动性报道让半岛新闻频道拥有了通往世界舞台的通行证。然而一味追求轰动效应，也让半岛新闻频道出现了种种违背新闻专业主义原则的行为。

在2010年的"阿拉伯之春"人民革命运动中，半岛阿语新闻频道的报道策略常常是集中时段和精力对某一个国家或地区的革命进行集中报道。这种编排策略显然会对革命走向产生重大影响。为了追求轰动效应，半岛还夸大局势的紧张程度，张冠李戴地把发生在别国的警察镇压民众的画面报道成是出现在利比亚和叙利亚的镇压。它甚至创造了一种全新的画面报道模式，与以往电视新闻报道追求画面的平稳准匀不同，半岛阿语新闻频道的记者故意用晃动机器的手法进行拍摄，以营造紧张、危险的氛围。上述种种做法使得半岛被指蓄意宣扬仇恨、制造混乱。

半岛新闻频道的负责人曾表示，如果有人发现半岛的节目只展现一方的观点，那么就可以给半岛打电话，指责这个节目支持或激励某一方。出于对异见和反观点的偏爱，半岛新闻频道的新闻报道和电视节目往往以激烈冲突构建新闻框架。正是这种对冲突的刻意表现，让半岛新闻频道有了制造、夸大冲突的嫌疑。在大部分情况下，如果没有半岛节目主持人的刺激、挑衅和诱导，节目的嘉宾不可能发生激烈的言语冲突、争吵甚至是拂袖而去。半岛一直所坚持的对双方观点的同时展现，从另一个角度观看，其实也是一种对于异见的制造。

（四）逆流传播之路　依然任重道远

半岛新闻频道依靠自身的努力在国际新闻传播领域占有了一席之地。它使卡塔尔的国际影响力不断提升，并逐渐改变了阿拉伯民众在外部世界的形象。尽管在争夺国际话语权的道路上半岛新闻频道已经取得了一些成绩，但是逆流传播的道路依然路漫漫其修远兮。

逆流（contra-flow）即国际传播领域出现的来自以美国为首的传媒强权国家以外的国家或地区的信息流。[①] 半岛新闻频道凭借其在重大新闻事件中的报道多次成功扭转世界新闻信息的流动方向。但是在半岛备受关注，甚至在学界、业界广受好评的背后，西方主流媒体对半岛依然持有根深蒂固的偏见。以BBC和CNN为代表的西方主流媒体依旧对半岛电视台持不信任的态度，认为半岛电视台过于激进且不够客观、专业，是擅长煽风点火式报道的不安定因素。即使对于半岛电视台较为正面的形象——坚守真相、反抗强权，也只是局限于新闻自由的范畴，甚至这种追求背后也隐含着一种激进、

---

① 孟婷燕：《国际传播中的信息逆流模式分析——以半岛电视台为例》，浙江大学2011年硕士学位论文。

好战的恐怖色彩。对于半岛新闻频道的独立媒体身份与它所代表的阿拉伯文化,西方世界依旧戒备重重。

事实上,有关逆流传播的事件从来没有表现为西方媒介的控制力正在缩小。将这样的一种逆向流动看作是在全球化高度上平衡媒介霸权的看法是一种诱惑,甚至是一种武断。尽管半岛阿语新闻频道在西方世界的形象有了一定的改善,并且AJE在全世界范围传播,但是正如穆罕默德·扎亚尼所言,虽然阿拉伯世界媒体的兴起反映了在日渐全球化的传播领域中的反抗霸权的趋势,并在一定程度上扭转了国际信息的流向,但由现有权力结构所控制的信息流依旧是西强东弱,北强南弱。逆流传播之路,依然任重道远。①

(五)报道题材局限　鲜有批评国内

谁的战争报道最好?试试半岛。这是《纽约日报》(Newsday)刊登过的一篇文章的标题。②长久以来,战争冲突、人质危机、恐怖事件、地区动荡,这些都是半岛新闻频道熟悉并且擅长的报道题材。这是半岛新闻频道的优势所在,但是也可能在未来的道路上成为制约频道发展的瓶颈。

半岛新闻频道偏好关注局部战争、恐怖袭击、地区冲突一类的突发新闻,对经济、社会、文化、娱乐等方面的新闻信息则少有关注。然而突发事件毕竟只是新闻报道的一小部分,更多的新闻信息往往趋于常态,需要新闻工作者深入其中发现新闻价值的所在。当中东不再是暴力流血和武装冲突频发的热点地区,当半岛的地理位置、文化背景不再是获得新闻信息的有利条件,这样的半岛将如何在常态中获得报道优势,再度成为逆流传播的领军者?半岛新闻频道需要尽快找到突破题材束缚的出口。

与半岛一直崇尚独立、公正、自由、平衡的报道原则有所矛盾,不论是半岛阿语新闻频道还是AJE,其新闻报道都鲜有对卡塔尔本地的关注,特别是对于本国政府和官员的尖锐批评。因此有人将半岛新闻频道描述成精神分裂患者,对外凶猛如老虎,对内温和如绵羊。一直强调独立编辑方针的半岛电视台始终无法对此给出令人信服的理由。考虑到半岛一直接受来自卡塔尔政府的资金帮助,其与卡塔尔政府的关系不能不令人怀疑。

(六)同类媒体频出　竞争角逐激烈

模仿、跟进、创新、超越,这一直都是电视媒体发展的轨迹特征。半岛阿语新闻频道在成立之初正是由于对BBC模式的效仿,才在阿拉伯世界迅速成名。因此在半岛获得成功之后,与之类似的新闻频道必然会不断出现,冲击半岛原有的新闻疆域。

半岛阿语新闻频道在阿拉伯世界掀起了一场媒体革命,追随半岛的脚步,阿拉伯

---

① 孟婷燕:《国际传播中的信息逆流模式分析——以半岛电视台为例》,浙江大学2011年硕士学位论文。
② [美]休·迈尔斯著:《意见与异见》,黎瑞刚译,学林出版社2006年版,第194页。

卫星新闻频道不断涌现。它们不仅效仿半岛的节目制作模式，而且努力形成自己的频道风格。目前，阿拉伯世界影响力较大的电视媒体除了半岛电视台还有阿布扎比电视台和阿拉伯电视台，它们的信号均能覆盖整个中东地区，通过卫星还可以覆盖全球大多数地区。阿拉伯电视台平民化报道的特色为其带来了良好声誉；阿布扎比电视台的节目观点鲜明大胆，特别受阿拉伯知识分子的欢迎，被称为是阿拉伯思潮的风向标。① 在半岛阿语新闻频道拓展了阿拉伯地区新闻业的自由程度之后，阿拉伯世界内部媒介话语权的争夺才刚刚开始。

AJE 的建立是半岛电视台增强国际传播能力，打造国际一流媒体的重要举措。与半岛阿语新闻频道相比，AJE 的竞争对手实力更为强大。它不仅受到来自传统强势英语新闻频道 BBC World、CNN International 的压制，同时法国 24 小时电视台、日本 NHK、中国 CCTV 等电视台相继开办的英语新闻频道均对 AJE 构成了威胁。AJE 想要重现阿语新闻频道的辉煌，难度可想而知。

2011 年 9 月，半岛电视台前任台长瓦达·坎法尔宣布辞职，卡塔尔王室成员哈马德·本·阿勒萨尼接替了他的职位。这一举动传递出的信号不禁让人们担心此后的半岛新闻频道会发生改变。而在阿勒萨尼执掌半岛之后，频道在新闻报道上表现出的新闻客观偏离和政治意图介入确实有迹可循。正如瓦达·坎法尔所说，一旦人们意识到半岛已经成为某一个党派或政府的工具，观众就会弃半岛而去。数年经营、辛苦积累的口碑和基业也会在数天内败坏殆尽。② 半岛新闻频道的前途依然不明朗。

---

① 李宝林：《中东三大电视网的竞争策略》，《中国记者》2004 年第 3 期。
② 麦赫·迪哈桑、大卫：《揭秘半岛电视台》，《海外文摘》2012 第 5 期。

第五章
NHK：观察亚洲的新闻窗口

第一节 NHK 与 NHK World TV 的诞生

一、日本放送协会（NHK）

（一）NHK 的诞生与发展

日本放送协会，又称日本广播协会，简称 NHK，是日本唯一的公共广播电视机构，也是亚洲成立最早、影响最大的广播机构。其前身为 1925 年 3 月 22 日成立的东京广播电台，这一天被称为日本广播诞生日。东京广播电台是日本第一个从事广播业务的社团法人，由几个公益社会团体共同出资建立，名为"社团法人"，但实际上日本广播事业从一开始就受到了《无线通信法》《广播用私设无线电话规则》及《广播用私设无线电话监督事务处理细则》等法律性文件的制约，从而牢牢掌握在日本政府手中。

1926 年 8 月，在日本通信省的主导下，东京广播电台与大阪广播电台、名古屋广播电台两家商业电台合并，成立了日本广播协会，就是我们今天所熟知的 NHK。NHK 的成立大大促进了广播在日本的普及，到 1928 年日本已建立起了覆盖全国的广播网，广播迅速成为日本的大众媒体。由于政府享有对 NHK 的控制权，在二战中，NHK 沦为了日本军国主义进行侵略战争的宣传工具。

二战之后驻日盟军总司令部（GHQ）进驻日本，对日本的广播事业进行民主化改革，1950 年 5 月，日本国会通过了"电波三法"，即《电波法》《广播法》和《电波监管委员会法》。这三部法律规定 NHK 的宗旨为"不以赢利为目的，独立于国家，为了全体国民福利而进行广播"，从此 NHK 独立于政府之外，由原来的社团法人机构转变为具有公共性质的特殊法人，并建立起了完善的管理和监察机构。除此之外，"电波三法"还促进了日本商业广播电台的成立，从此，日本广播电视媒体公共体制与商业体制并存的"双轨制"正式确立。

目前,根据日本《广播法》的规定,NHK 的业务范围主要包括国内广播电视服务、国际广播电视服务以及促进广播电视发展的调查研究活动,通过四套电视频道和三套广播频率为国内民众提供电视和广播服务,通过两个电视频道以及一个广播频率来进行国际传播。从员工数量及预算规模上看,NHK 可以称为日本最大的媒体机构,NHK 在日本的 47 个都道府县的首府以及主要城市设有 54 个分台,各分台除了播送全国性节目外,还设置有专门制作本地节目的广播电视部。作为历史悠久的广播电视机构,NHK 在国际上也具有一定的知名度,目前 NHK 在世界各地设有 4 个中心记者站,下设 25 个海外记者站。

(二) NHK 的公共体制

NHK 是日本唯一具有公营性质的媒体机构,其基本方针是"NHK 作为值得信任的公共广播电视机构,致力于加强广播电视功能,充实广播电视服务,为实现人人安心富足的社会和创造时代新文化而贡献力量"。

NHK 的最高领导机关是"经营委员会",由 12 名委员组成,他们分别来自教育、文化、科学、工商业等各个领域,委员由日本参众两院批准,由首相任命,任期为三年。经营委员会被看作是日本民众的代表,负责每年度的收支预算、事业计划、节目编排等经营管理活动,是制定 NHK 经营方针和业务方针的最高决策机构。

公共广播电视机构的主要职责是为国民提供不偏不倚的信息资讯以及高品质的节目,与世界其他国家和地区的公共广播电视机构一样,NHK 实行收视费制度,根据日本《广播法》的规定,拥有电视机的日本国内所有家庭和机构都必须公平缴纳收视费,收视费占 NHK 总收入的 95%。媒体要保持独立性就要同政治与商业保持一定的距离,因此《广播法》规定"NHK 的广播电视节目,除法律规定的权限外,不受任何人干涉或限制"、"禁止播出关于他人营业的广告",不受政治的干预、不依靠广告收入等法律规定可以使 NHK 保持财务独立,免受来自政府或第三方利益的左右,保障节目编排的独立自主,专心制作高质量的节目,而不是一味追求高收视率。

日本民众也曾对视费制度产生过质疑。2004 年 7 月 29 日发行的《周刊文春》的报道中揭露了 NHK 新年晚会"红白歌会"的首席制作人诈取制作经费的丑闻,经过 NHK 的内部调查,该职员以不正当方式支出了合计为 4800 万日元的节目制作经费,把其中的一部分据为私有。在此之后又发生了 NHK 的制作技术中心职员骗取制作费、汉城支局局长虚假超额申报采访费,以及 NHK 冈山电视台的播放局长违法财务操作等事件。这一系列事件撼动了民众对 NHK 的一贯信任,导致拒绝缴纳收视费的个人和家庭剧增。2005 年 1 月 25 日,NHK 向总务省提交的 2005 年年度收支预算案中,预计拒绝缴纳收视费的件数达到 45 万至 50 万件,由此使占事业收入 95% 以上的收视费收入减少 72 亿元。NHK 有史以来首次出现收视费收入及事业收入比前一年度减少的异常现象。①

---

① 龙一春:《日本传媒体制创新》,南方日报出版社 2006 年版,第 166 页。

NHK 的收入 95% 来自收视费，其余部分则来自 NHK 的相关机构以及子公司。1972 年 NHK 首次出现财政赤字之后，NHK 试图通过提高收视费来缓解财政危机，但不断提高的收视费引来了民众的不满，NHK 开始寻找更加合理的经营方式。于是，根据 1982 年和 1988 年《广播法》的修改，NHK 开始设立相关企业，把节目制作等原为电视台内部的业务分割出去，交给相关企业来执行。这样的经营策略虽然在利用民间资本和消减 NHK 的人员及组织经费负担等方面发挥了积极作用，但商业电视台却对公共电视台 NHK 扩展到民营业务领域的经营手法提出了反对的意见。① 在商业电视台的反对声中，NHK 的子公司依然迅速发展壮大起来，截至 2012 年，NHK 共拥有子公司 13 家，相关公益法人 10 家（图 5-1）。

NHK 要求相关企业做到：（1）利用私营企业的经营手法有效率地进行 NHK 委托的业务；（2）通过出售 NHK 节目的两次使用权等多种方式，确保增加 NHK 的副收入。从这种经营手法可以看出，NHK 正在完成从原来的单体（广播电视）事业经营方式向包括相关团体在内的 NHK 集团企业的综合性事业经营方式的转变。② 这些子公司与协作团体除了经营广播电视业务之外，还广泛涉足其他媒体部门、服务业、文化艺术事业等领域。例如，NHK 的子公司 NHK 事业公司主要负责向海外提供纪录片、电视剧及动画节目。2011 年度，NHK 向 36 个国家与地区提供了 4623 部节目。NHK 通过建立子公司和相关机构来扩大利润来源，降低广播电视的生产成本，从而将收视费维持在一般民众的承受范围之内。

如今，NHK 在日本率先实施信息公开制度，通过官方网站"NHK 在线"公开每年的预算报告、决算报告、业务报告以及经营委员会的会议议程纪录等信息，民众可以通过这些公开的数据和报告了解收视费的用处及 NHK 的经营状况，NHK 财务的高透明度增强了民众对 NHK 的信任，稳定的收视费收入可以使 NHK 在日本现阶段激烈的媒体行业竞争中占有一个比较有利的地位。

（三）NHK 的频道及节目

根据《广播法》的规定，日本任何一个地方都必须能够接收到 NHK 的广播电视节目。NHK 拥有覆盖全国的广播网，广播服务始于 1925 年开播的东京广播电台，目前，NHK 有四个广播频率，分别是：第 1 套广播、第 2 套广播、调频（FM）广播，以及一套国际广播"日本广播电台"（图 5-1）。2011 年 9 月，NHK 启动了 4 套广播频率的网上直播。

NHK 的电视开播于 1953 年，2013 年 NHK 迎来了电视开播 60 周年。NHK 的电视频道有：综合电视频道、教育电视频道、BS1、BS Premium 以及两个国际频道：NHK World TV 及 NHK World Premium（表 5-1）。

---

① 龙一春：《日本传媒体制创新》，南方日报出版社 2006 年版，第 154 页。
② 龙一春：《日本传媒体制创新》，南方日报出版社 2006 年版，第 159 页

第五章
NHK：观察亚洲的新闻窗口

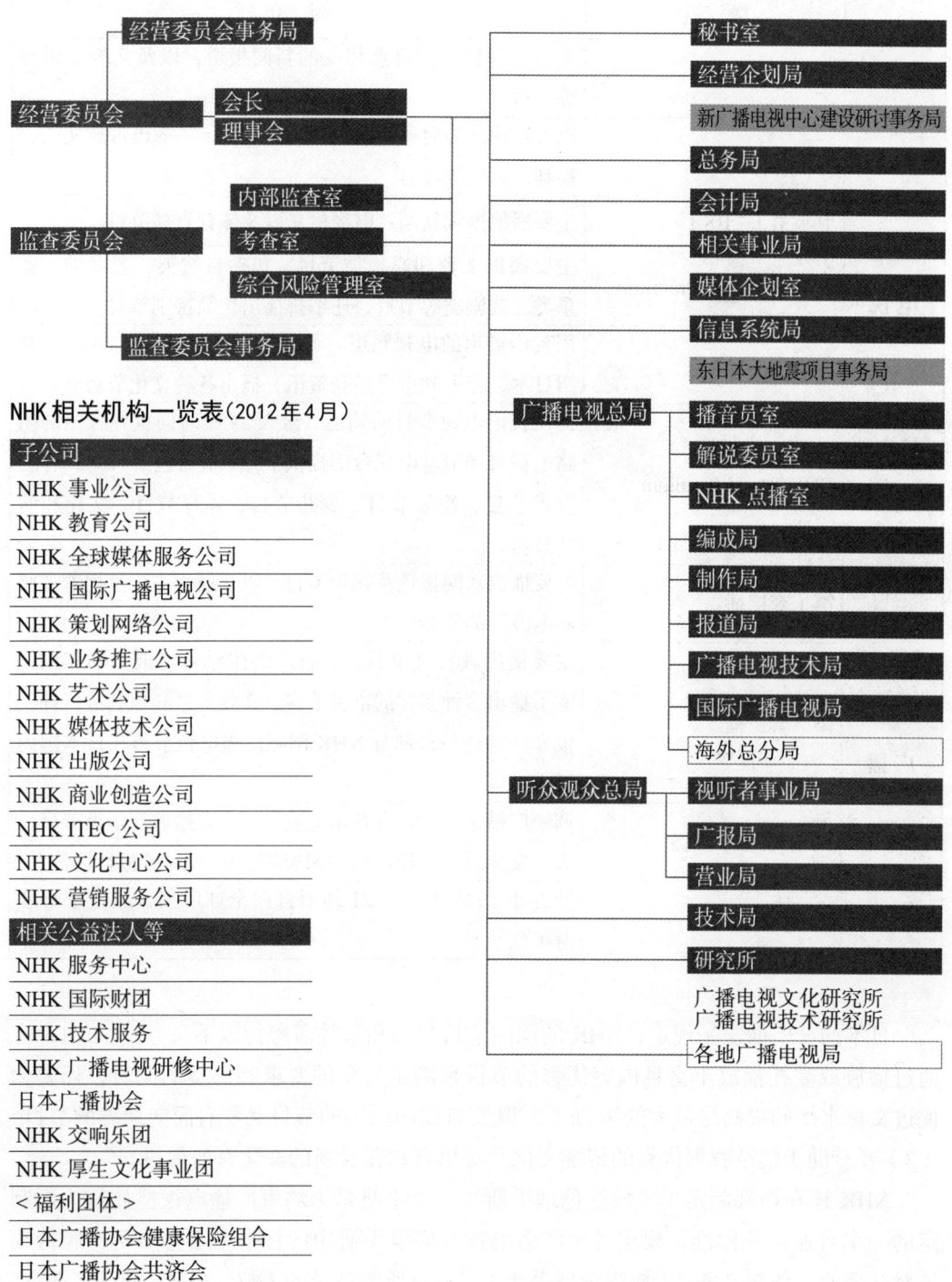

图 5-1　NHK 组织图

表 5-1　NHK 开设的广播频率及电视频道

频道		简介
电视	综合电视频道	播出与国民生活息息相关的新闻报道，以及文教娱乐类等节目。
	教育电视频道	以青年观众为对象，播出教育类节目，还播出古典文艺、福利、音乐等节目。
	卫星第1（BS 1）	主要播放国际新闻、财经信息以及体育直播节目。
	卫星第2（BS Premium）	主要播出文教和娱乐类节目，包括自然类、艺术类、音乐类、戏剧类等节目，还编排播出长篇特别节目。
	NHK World TV	用英语播出的电视频道。通过三颗卫星，全天24小时介绍日本、亚洲和世界最新资讯，播出各种文化节目。
	NHK World Premium	提供日语电视节目的频道。全天24小时向世界各国的闭路电视台和卫星电视台等提供节目。节目包括 NHK 新闻、资讯节目、娱乐节目、少儿节目、体育节目、文化和演艺节目。
广播	第1套广播	主要播放新闻报道及娱乐节目。以直播为主，承担着"放心电波"的使命。
	第2套广播	主要播出教育类节目，发挥"终生学习电波"的作用，除了播出多种多样的语言节目、文教节目和福利节目外，该套广播还精选部分 NHK 国际广播电台节目在日本国内播出。
	调频（FM）广播	调频广播作为"综合音乐电波"，主要播放音乐类节目，灾害发生时，与第1套广播协调互补，及时传递社区信息。
	日本广播电台	开办于1935年，以21种语言向全球广播，经费来自政府拨款。

日本的《广播法》规定，NHK 的国内节目编辑和播放需履行以下义务："（1）在通过播放或委托播放丰富且内容优秀的节目来满足公众的要求和愿望的同时，还要为促进文化水平的提高尽最大的努力；（2）既要有面向全国的节目又要有面向地方的节目；（3）要有助于继承我国优秀的传统文化并对培育和普及新的文化有所促进。"

NHK 还在内部制定了《放送伦理手册》，该手册是为约束广播电视播放行为而制定的一个行业自律标准，规定各个广播电视台应以手册中的标准来编排节目，履行媒体对社会的责任与义务。《放送伦理手册》对节目所能涉及的人权、法律、政治、教育、家庭、社会、宗教、暴力等问题都进行了明确的界定，对新闻报道的责任、节目表现方式、广告的播放等节目编辑问题也制定了明确标准。

收视费制度保障了 NHK 在财政上的独立自主，所以满足视听者的需要是 NHK 最基本的原则，NHK 与商业电视台相比更加注重节目质量和国民服务。从 NHK 的频道设置以及主要播放内容可以看出，NHK 的各个广播电视台主要注重新闻资讯类节目以及科教文化类节目。

NHK 的新闻节目为民众的知情权服务，以政治新闻和社会新闻为主，还包括体育新闻，但基本上没有娱乐新闻，这种新闻取材范围跟商业电视机构的做法形成了巨大的反差。[①] 为保持新闻报道的"客观性"，在新闻的取材和编辑中，观点和态度要通过普通民众的表述或者是矛盾双方的意见阐述来传达，记者不能直接鲜明地表达自己的观点和态度。另外，NHK 的节目中不能出现明显的广告标识，Walkman（随身听）、iPhone 这类由企业造出来的词语虽然在生活中早已司空见惯，但因为其有商业广告的嫌疑也被禁止出现在 NHK 上。[②] 为避免给视听者带来不快，对带有暴力和性场面的报道进行了严格的限制，规定不管暴力行为的目的如何，都必须给予否定性态度，即使是古典作品或艺术作品中出现的情节也需谨慎处理。正是这些节目制作上的种种规定与限制，铸就了 NHK 高品质、高质量的节目。

NHK 教育节目的策划和内容以《日本教育关系法》的相关规定为基准，旨在促使教育对象为社会发挥积极作用。NHK 的所有广播、电视都会播出一定量的教育及文教类节目，教育及文教类节目的周播时长占总时长的 53.05%。在四个国内电视频道中有一个教育电视频道，主要播出公共教育节目，教育节目除了面向儿童和青少年的知识教育及语言类的教学外，还有针对中老年的电脑使用教学、幼儿养护、家事打理等各个方面，从不同角度教给观众生活和学习的本领，提高公众的知识水平和生活技能。[③] 教育电视频道的教育及文教类节目的周播时长占总时长的 96.7%。而作为"终生学习电波"第 2 套广播每天会播放大量的文教及福利节目，教育类节目的周播时长占总时长的 84.7%。

日本是一个地震多发的国家，日本民众对紧急灾害和防灾的信息需求很高。NHK 是《灾害对策基本法》认定的唯一公共报道机构，通过新闻报道保护国民生命与财产安全是 NHK 肩负的光荣使命。NHK 与日本气象厅之间设有专用线路，紧急地震快报一旦发布，就会自动传送给 NHK，NHK 随即在所有电视与广播中进行紧急播放。

"2011 年广播电视指导方针"对灾害和紧急事态报道做了以下规定：

（1）为回报民众对公共广播电视体制的期待，当地震、海啸、台风等危害国民生命及国民生活的紧急事态发生时，NHK 需迅速向视听者传播正确的信息，并为传递更加及时、正确、易懂的信息而全力展开采访和报道。

[①] 崔亚娟：《NHK 电视节目的公共性诉求探析》，《电视研究》2012 年第 8 期。
[②] 《中国文化报》：《多过电视台与广告商保持距离 日本 NHK 禁播严苛》，2011 年 11 月 17 日，http://www.chinanews.com/cul/2011/11-17/3468277.shtml。
[③] 崔亚娟：《NHK 电视节目的公共性诉求探析》，《电视研究》2012 年第 8 期。

（2）在报道灾害和紧急事件时，一方面应迅速唤起视听者的注意以减小灾害的影响；另一方面，为防止引发混乱，要慎重处理会煽动不安情绪的消息。

（3）在报道紧急事件时，应贯彻放送的自主、自律原则。①

NHK 的灾害报道对国民提供了很大帮助，NHK 在地震和强台风发生时，所有正常播出的节目都会立刻中断，迅速向受众播报相关灾害信息，及时向民众报道灾害信息。NHK 的灾害报道有效减小了灾害带来的损失。

NHK 的节目充分满足了民众对信息、教育以及安全的需要，NHK 逐渐形成了不迎合观众趣味的严肃风格，虽然令 NHK 的收视率常常低于商业电视台，但是也正因为 NHK 这种客观、严肃的风格，日本民众称 NHK 为"值得信赖的广播电视机构"，日本历年来的新闻接触率与评价调查中，NHK 的信赖程度都是最高的，2011 年日本新闻协会的"媒介接触率、评价调查"中，民众对 NHK 最多的评价为"信息的重要程度明显""公正、中立""信息正确""信息的可信度高"等。②

（四）NHK 的受众服务与广播电视研究

NHK 不仅在节目内容与编辑方针上体现了"受众本位"的作风，还通过电话中心、展览会等活动来提供形式多样的受众服务。

"NHK 交流中心"是 NHK 设置的电话中心，专门听取受众的意见并提供咨询服务，交流中心及时回答用户的问题，并迅速转达给相关部门。2011 年度，NHK 共收到受众以电话、传真、信件和电子邮件等形式提出的约 453 万条意见和建议。NHK 经常在全国各分场举办交流会，直接倾听受众的意见和建议，并将这些意见建议迅速反映到业务运作中，2011 年度，NHK 在全国举办了 1229 场交流会，约有 4 万人参加。NHK 会对受众提出的建议和意见进行探讨，积极反映到业务质量的改善中去，并将有关成果在一年刊行一次的《受众交流报告》中加以公布。

2011 年 10 月，位于东京涩谷的 NHK 播放中心面向公众开放，向观众展示下一代"超高清电视"等最新的广播电视技术、广播电视节目制作幕后制作等各个环节，还举办各种相关活动，以达到普及广播电视知识、娱乐公众的目的。

NHK 致力于介绍国内外优秀文化，以节目互动的形式在日本国内各会场举办展览会、音乐会等各种类型的文化活动。2012 年伦敦奥运会召开之前，NHK 举办了展示英国伦敦大英博物馆藏品的《大英博物馆·古埃及展》，并制作了一些受众参与类节目，如《NHK 市民歌咏大会》《日本之歌》等。NHK 经常与体育机构合作，举办了一些具有国际水准的体育盛会，例如享誉盛名的"NHK 杯国际花样滑冰大奖赛"。

作为公共广播电视机构，NHK 十分重视广播电视文化研究，1946 年成立了广播电视文化研究所，是世界上少见的由广播电视台创办的综合性广播电视研究机构，调查

---

① http://www.nhk.or.jp/info/about/public/life.html。
② 日本新闻协会：《新聞は究極のキュレーションメディア 2011 年全国メディア接触·評価調査》，http://www.pressnet.or.jp/。

研究范围主要有日语语言现状、民意调查、数据分析以及世界各国广播电视机构发展状况研究等。NHK 通过广播电视文化研究所的调查研究结果来改善 NHK 的节目编排与制作，近些年，NHK 的广播电视文化研究所着力于数字时代广播电视的变化及新型服务的研究。

日本是最早进行广播电视技术研究的国家之一。在广播电视技术的各个发展阶段，NHK 始终走在亚洲乃至世界的前列。早在 1930 年，NHK 就成立了广播电视技术研究所，该研究所是日本唯一的以广播电视技术为研究对象的专门机构。研究所主导着日本广播电视技术的发展方向，为制作优质而丰富的广播电视节目提供技术支持，NHK 广播电视技术研究所为了完善自身职能，与多家海外研究机构合作，从事着从节目制作到电波传送接收，从基础到应用等许多研发活动。目前 NHK 广播电视技术研究所正致力于高清电视、全景式 3D 电视、混合广播（Hybridcast）、共享型广播电视等技术研发活动。NHK 积极推动这些技术的实用化和标准化，这些研究成果不仅仅应用于广播电视领域，还在其他领域里大显身手，比如高清 HARP 摄像机等技术就广泛应用于医疗领域。

（五）与时俱进的 NHK

日本对广播电视技术的研发是早有先例的。早在 1937 年，NHK 就在东京进行了电视试验。1959 年明仁皇太子大婚和 1964 年的东京奥运会先后成功地进行了现场直播，这大大促进了电视机的销售和日本电视的发展。1960 年播出彩色电视节目，成为继美国之后世界上第二个播放彩色电视节目的国家。1970 年，NHK 技术研究所在世界上最早启动了高清晰度电视的研究。[①] 1985 年图文电视开播。1989 年 NHK 开始通过卫星传输广播电视信号，同年实验性播出了清晰度非常高的 "Hi-Vision" 电视。2000 年数字广播电视开播。2002 年 2 月，NHK 正式使用高清晰度电视信号转播了盐湖城冬奥会。[②]

广播电视的发展，离不开技术的进步，NHK 一直致力于在技术层面开创广播电视的未来，NHK 每年把支出总额的 74%（约 4796.8 亿日元）作为节目制作费，余下的 26%（约 1685.4 亿日元）作为新技术开发、节目制作与播出技术调研等的费用。[③] NHK 对待信息通信技术新发展的策略是，以高清电视，乃至超高清电视、三维高清电视为主体，充分利用因特网和移动电信网作为辅助传播渠道，发展在世界上领先的广播电视体系，以求在数字化时代塑造日本的广播电视文化，履行其公共广播电视机构的核心职责和使命。[④]

超高清电视是 NHK 开发的下一代电视制式，超高清电视采用超高分辨率图像，其像素为 3300 万，是高清电视的 16 倍。NHK 正在开发超高清电视的配套设备，包括摄

[①] 龙锦：《日本新媒体产业》，中国国际广播出版社 2012 年版，第 99 页。
[②] 胡正荣主编：《外国媒介集团研究》，北京广播学院出版社 2004 年版，第 244 页。
[③] 央视网：《NHK 电视台：电视内容的多元传播》，http://www.cctv.com/stxmt/20120814/106994.shtml。
[④] 吴贤纶：《NHK 以高清电视为主体而利用因特网和移动电信网的发展动向》，《有线电视技术》2006 年第 11 期。

像机、显示屏、刻录设备、电视节目制作设备,以及将超高清电视图像带给千家万户的信号传送设备。NHK 于 2005 年的爱知博览会上首次展示了超高清电视系统,并于同年 11 月以光纤网络及 DWDM 传输技术将 UHDTV 转播至 260 公里外的地方。2006 年底的 NHK 红白歌合战上借由 IP 网络将 UHDTV 画面从东京市传送到 500 多公里远的大阪市,在一面 450 英寸（11.4 米）的屏幕实况播出,未压缩的 20 分钟 UHDTV 节目会占用 4TB 的存储空间。2012 年伦敦奥运会召开之际,NHK 同 OBS（奥林匹克广播服务公司）及 BBC 联手,分别在日本、英国和美国举办超高清电视公众转播活动,将奥林匹克赛事的精彩画面通过超高清电视呈现在屏幕上。NHK 计划在 2020 年左右试验性启动超高清电视的卫星播放。

日本总务省从 2014 年 7 月开始启动新一代的高画质"4K"格式电视播放,计划比预期早两年,旨在赶上 2014 年 7 月巴西世界杯决赛。[①] 并计划在 2016 年,实施超高精细清晰度的"8K"电视模式的试验性播放,日本总务省发表的消息说,新一代高清晰电视播放模式"8K"将取代现在的数码播放模式,实现如同照片一般的高精细画面。总务省计划在 2016 年夏季奥运会举办之际,开始在全国范围内试验性播放。在 2020 年,实现正式播放。东京都正在申办 2020 年奥运会的主办权。总务省希望配合这一申办活动,强调日本精彩的电视播放技术。[②] 高清晰度电视已经成为备受日本重视的技术,可见,日本希望通过对高清电视的研发来引领国际电视领域的技术潮流,用技术优势来保持电视媒体领域里的地位。

全景 3D 电视是一种无需佩戴特殊眼镜,眼睛不易疲劳,可轻松观赏 3D 图像的超级立体电视。全景 3D 电视可逼真再现原物,观众可从上下左右等任意角度欣赏图像。NHK 正在对此项技术进行研发,预计在二十年后让全景 3D 电视进入千家万户。

NHK 为受众提供独具特色的数字广播电视服务。目前,地面和卫星播放服务都全面实现了数字化,除了广播电视信号外,NHK 还利用网络、智能手机和普通手机等平台,为受众提供便捷的全媒体服务。NHK 是全球第一个提供 3G 商用服务的国家,近年来,Wi-Fi 在日本也得到了迅速发展,这都为日本的新媒体发展提供了良好的网络基础。

2000 年 12 月末,NHK 正式进入互联网领域,开设了日语官方网站"NHK 在线",随后又开设了英语官方网站"NHK Online English",以附带业务的形式通过互联网播放已经在卫星电视上播放过的新闻节目。将新近一周的部分电视节目和以往的经典节目以及大量的电视剧集放在网站上供网民无偿收看。电视和互联网融合的 IPTV 被日本舆论界称为 2009 年的最具潜力的新媒体业务,这种"新渠道、旧内容"的资源配置方式增强了观众与 NHK 的互动,并且保持了电视节目对年轻人的吸引力。

---

① 中国新闻网:《日本计划 2014 年 7 月开始 4K 格式电视播放》,http://finance.chinanews.com/it/2013/01-30/4533547.shtml。
② 日本新闻网:《日本四年后开播 8K 高清电视》,http://www.ribenxinwen.com/html/d/201303/01-15965.html。

NHK 建立了 NHK 手机网，利用手机通讯功能，以简洁的形式提供最新的新闻、气象信息、节目预报、简介等实用信息。NHK 手机网不仅是接受信息的工具，还是受众参与节目互动的窗口，手机用户可以通过手机网向直播节目同步投稿。

在社交媒体大行其道的今天，NHK 也积极利用其传播优势来发展自己。NHK 利用 100 多个推特账号来随时随地发布信息，还注册了日语和英语 Facebook 官网的账号。日本的社交媒体 Mixi 上也有 NHK 的身影。

"数据播放服务"是 NHK 为受众提供的一种将文字与图像等信息进行数字化，通过广播电视信号加以传送的服务。观众按下电视遥控器按钮，电视画面上就会出现与地面或卫星电视相应的数据画面。数据播放服务除了提供新闻、气象信息等生活实用信息，还及时传送体育竞赛结果以及节目相关的资讯。电视机与网络连接，可以接受更为丰富的数字播放内容，观众可以实时参加智力问答与节目进行互动，还可以访问"NHK 数据在线"网站，获取更为详尽的信息。

"One-seg"是一种面向移动终端的地面数字播放服务，受众可使用普通手机或智能手机、汽车导航仪等终端来随时随地接收信号，观看电视节目。"One-seg"不仅能收看地面电视的新闻节目，还能播送自制节目、提供数据播放服务，在灾害发生之际，人们还可以利用 One-seg 在户外迅速获取灾情信息。根据 NHK 放送文化研究所进行的"全国接触者率调查"，7 岁以上的国民中，拥有"One-seg"接受设备的比率由 2007 年 11 月的 10.3% 增加到 2011 年 11 月的 49.1%，而根据其历年的"数字电视调查"，16 岁以上国民中收看"One-seg"的比例也从 2007 年的 7% 增加到了 2010 年的 38%。①

NHK 点播（NOD）是 NHK 提供的节目视频点播收费服务。观众可利用"补看节目"服务在节目播出当天及翌日起的两周内点播收看错过的节目。"精选节目"服务向观众提供过去播放过的精彩节目。NHK 点播通过网络向个人电脑或智能手机，以及有线电视、IP 电视等终端传送视频点播服务，这种将新渠道与旧内容相结合的方式有助于提高电视节目对青年观众的吸引力。

在广播电视与通讯日益融为一体的时代潮流中，NHK 正在开发一种名为"Hybridcast"的广播电视宽带混合型系统。广播电视的特点是同时面向多受众传送信息，但通讯技术使得特定个人之间的双向信息交流成为可能。"Hybridcast"服务可在同一电视画面上，同时提供电波传送的节目图像和网络传输的相关信息。观众可以在收看节目的同时浏览电视台提供的详细节目信息，也可以参加类似于社交网络的互动服务，从而让收视体验变得丰富精彩。

NHK 力图使老年人、儿童、残障人士等弱势群体都能以自己喜欢的方式，轻松享受广播电视服务。为此，NHK 在积极研究将日语自动转换为手语的 CG 画面技术，增加手语电视节目比例。NHK 致力于研发提高直播节目字幕显示比例的声音识别技术，

---

① 龙锦：《日本新媒体产业》，中国国际广播出版社 2012 年版，第 146 页。

以及针对外国居民等受众的"简明日语"转换辅助技术。

数字时代的 NHK 一直着力在技术层面上开展广播电视的未来，并努力将研究成果应用普及。日本广播电视的发展，离不开理论的探索，更离不开技术的进步。前沿的广播电视技术让 NHK 在激烈的媒体竞争中获得源源不断的生命力，NHK 通过向世界提供自己的高新技术，不断促进全球广播电视事业的进步和发展。

二、NHK World TV 的诞生与发展

NHK World TV 的发展历程分为两个阶段：第一阶段是 1998 年频道开播至 2009 年，主要面向日本海外侨胞播出电视节目，以日语为主要语言。第二阶段是 2009 年至今，定位为面向国际受众的英语国际电视新闻频道。

（一）NHK World TV 发展第一阶段

从 20 世纪 80 年代开始，利用卫星传输信号的跨国电视台大量兴起，世界各大媒体均通过开办国际电视新闻频道来壮大自身实力，塑造国家形象。然而，当时日本的电视台所报道的内容都不是由日本记者从前线发来的，而是通过卫星转播美国 CNN 等电视台对战争的报道。媒介的全球化浪潮已经来袭，日本的国际电视新闻报道却严重滞后于其他西方发达国家，于是，日本开始对本国国际电视新闻报道的不足进行反思。

在日本国内，1996 年 6 月 21 日，日本各大报纸均在头版显著位置刊登了同一条消息：澳大利亚新闻咨询公司总裁、世界新闻媒体大王鲁伯特·默多克与日本电脑软件库社长孙正毅（韩国人），以 417.5 亿日元收买了旺文社（教育出版社）在子公司朝日电视台 21.4% 的股份，筹备成立一家新公司，专门从事数码电视播映。消息传出，舆论一片哗然，甚至惊动了正在开会的日本国会，"世界媒体大王"插手日本电视界，是对日本电视界的威胁。① 默多克在日本开办了日本天空广播公司（JskyB），引来了日本传媒业的恐慌。在日本国内直接接收国际电视的可能性将越来越大，越来越容易，日本与其他国家在电视影像传播方面的信息差将被拉大，日本政府意识到向全球播出自己的电视影像信息已迫在眉睫。1990 年（平成二年）7 月，日本政府邮政省发表了《平成二年通信白皮书》，提出日本接收国外电视节目和向国外传送电视节目的比例问题，指出在 1988 年度日本接收国外电视节目的量是日本向国外传送节目量的 18 倍。② 节目播放的逆差如此之大，让日本看到了自己在国际话语权方面的劣势地位，为改变这种状况，日本邮政省提出"要想让世界上更多的人了解日本，就必须通过大众传播媒体来增加日本向国外的发信量"。

在巨大的外部压力之下，日本电视业开始寻求突破。日本政府策划了"电视日本"计划，目的是让全世界人民都能看到 NHK 的电视节目。1994 年，日本国会修改了《广播法》，修改案在解除了"电视播映不得超越国境"规定的同时，"为促进通过放送

---

① 张学智：《日本电视》，中国电影出版社 2001 年版，第 262-263 页。
② 胡正荣主编：《外国媒介集团研究》，北京广播学院出版社 2004 年版，第 248-249 页。

进行信息的国际交流",授予了 NHK 在境外的业务权,承担对海外进行电视播映的义务。① 明确规定开办国际电视频道是 NHK 的必要职责。NHK 的海外扩张战略与政府的思路是完全一致的,通过 NHK 来实现日本文化的输出是日本政府修改广播法并扩大 NHK 业务范围的一个最重要的目的。②

NHK 开办国际电视新闻频道并非一蹴而就。向世界输出节目由"委托放送业务"开始,1995 年 4 月 NHK 向 TV Japan 在纽约和伦敦的两个电视台提供节目,每天向北美播出 5 小时节目,向欧洲播出 3 小时 10 分钟节目。受众层设定为海外侨居的日本人,以日语和英语两种语言播送,日语为主。1998 年 4 月,免费的国际电视频道 NHK 环球电视频道(NHK World TV)与加密有偿的电视频道 NHK 环球特选频道 (NHK World Premium) 正式开播。NHK 利用三个卫星,向亚洲和太平洋地区进行每天 18 个小时的电视播放。10 月,日本又发射了一颗新的通信卫星,此时,节目的传送范围除非洲南部以外,几乎覆盖全球。1999 年 10 月,NHK World TV 与 NHK World Premium 开始 24 小时全天候播出。2001 年 8 月,传送范围进一步扩大到非洲南部,至此,NHK World TV 的信号基本覆盖了全球。

从 1998 年开播一直到 2009 年,NHK World TV 都不是一个纯英语频道,它运用英语和日语两种语言播出,大部分节目是日语节目英语字幕,日语节目占 90% 左右。例如新闻节目《早安日本》,基本是照搬 NHK 的本土节目,然后将其进行双语播出。从 NHK World TV 的节目编排上可以看出,它并不是一个面向全球观众的英语频道,它将受众定位为日本的海外侨胞,开播的首要目的是为海外居住、旅游的日本人提供日本及全球的资讯,虽然此时全球有 7000 万人可以收看到该频道的节目,但是节目的收视率增长却十分缓慢,想要达到"让世界更多地了解日本"的目的,此时的 NHK World TV 还没有太多建树。

(二)NHK World TV 发展第二阶段

小泉纯一郎任内推行了一项重要的内政改革——邮政民营化,基于邮政民营化改革,政府开始探讨有关削减公共广播电视机构 NHK 的频道的问题。但是,在这种背景下,小泉政府却提出了提高日本国际传播能力的指示。2006 年 2 月 10 日,小泉表示"虽然要消减 NHK 的频道,但要增强 NHK 的英语及其他外语放送能力"。随后,日本召开了"通讯放送未来恳谈会",指出了 NHK World TV 改革的必要性和紧迫性。首先,从国家利益的角度来看,增强国际传播能力可以强化国家软实力,在世界范围内增加"日本支持者",进一步说,在全球人口逐年减少的背景下,吸引海外人士的关注,促使大量的海外企业、游客、留学生等来到日本,可以推动日本社会的发展;其次,从国际媒体环境来看,欧美各国以及中、韩等国都在政府的政策支持下积极开展了国际电视传播活动,日本的国际传播实力已落后于这些国家。

---

① 张学智:《日本电视》,中国电影出版社 2001 年版,第 268 页。
② 龙一春:《20 世纪 90 年代后 NHK 发展战略的变化》,《现代传播》2006 年第 2 期。

2006年9月，安倍晋三继任日本首相，安倍政府面临的重要课题"北朝鲜绑架日本人的问题"①也成了 NHK World TV 改革的催化剂。NHK World TV 改革之前，日本的国际传播活动主要由日本广播电台来承担，与 NHK 其他广播不同的是，这个国际广播电台的经费并非来自于民众的收视费，而是全部由政府拨款，日本的《广播法》中明文规定"总务大臣有权决定 NHK 国际广播的广播区域、广播内容以及其他重要事项"，日本广播电台严重受政治干预。2006年，针对"北朝鲜绑架日本人的问题"，安倍政府命令当年国际广播要重点面向被绑架到朝鲜的日本人。政治对国际广播的高度介入引来了日本新闻协会、媒体研究者的猛烈批评，②成立一个拥有独立自主编辑权的国际传播媒体已是大势所趋。

2006年8月1日，日本总务省根据会议讨论结果发布了以下决定："到目前为止，NHK 是我国电视传播领域唯一的责任体，在当今世界局势日趋复杂化的情况下，虽然 NHK 的财政困难问题亟待解决，但强化国际传播能力的呼声已势不可挡。"③

在国家利益以及各方的诉求之下，2007年8月2日"信息通讯审议会"召开，会议对强化电视国际传播力的一系列问题进行了研讨，随后，对以下几个问题进行了答复。

首先，NHK World TV 的目的和理念是：

1. 传播来自日本的不偏不倚、独立的观点；
2. 传播生活、文化、历史、语言、科学技术、产业的影像信息；
3. 在多样的价值观中取得平衡。

以这些理念为基准，需确保频道的编辑权独立于政府之外，所以明确提出不以政治宣传为目的进行广播。

其次，为提高世界对亚洲的理解，应避免对日本的亚洲政策进行宣传，而应力图以客观的形式传播充溢着各种各样价值观的亚洲资讯。④

此次会议还对国际电视新闻频道的具体编辑方针进行了研讨：将受众层设定为全球的意见领袖以及新生代年轻人；节目内容不能仅局限在新闻节目，而应有大量的工业设计、时尚、动漫类节目；使用语言主要是英语，并考虑在随后的发展阶段里增加其他语种；旨在从 BBC、CNN 所看不到的日本、亚洲的角度来报道亚洲新闻；将面向外国受众的电视国际新闻频道的业务委托给 NHK 的子公司负责；为确保国际电视新闻

---

① 北朝鲜绑架日本人的问题是指朝鲜民主主义人民共和国特务于1977年到1988年间，多次在日本以及欧洲绑架日本人的事件。这些被绑架到朝鲜的日本人专门用来教授朝鲜特工日语及日本日常生活习惯。2002年9月17日，在朝鲜平壤举行的日朝首脑会谈中，朝鲜首次承认了过往一直予以否定的绑架日本人事件，并且为此道歉，同时保证防止再次出现此类事件。日本政府已经正式认定了与此绑架事件相关的17名受害者。2002年9月19日傍晚，小泉纯一郎政府正式向被害者家属宣布了8个死亡者的名单，此外，还有一些日本人虽然没有被证实是因此而失踪，但是十分有可能同样遭到朝鲜特工绑架。朝鲜认为，"绑架问题"已经得到解决，但日本认为这一问题还没有彻底解决。
② [日]奥田良胤：《外国人向け NHK ワールド》，《放送研究と調査（月報）》2010年5月号。
③ [日]奥田良胤：《外国人向け NHK ワールド》，《放送研究と調査（月報）》2010年5月号。
④ [日]奥田良胤：《外国人向け NHK ワールド》，《放送研究と調査（月報）》2010年5月号。

事业的稳定性，政府财政支持是不可或缺的，但需让政府明确保证节目享有编辑的自由权。

在理论筹备完成之后还进行了法律认定。2007年12月，日本根据"信息通讯审议会"的研讨结果修改了《广播法》，广播法第9条规定将面向外国受众的国际传播活动与面向日本海外侨胞的国际传播活动划分开，并在第44条中规定NHK World TV的节目宗旨为"通过介绍我国的文化、产业等情况来培育世界对我国的正确理解，增强国际亲善力，增加与海外的经济交流活动"。

2009年2月，根据《广播法》国际电视传播制度的修订，NHK World TV进行了全面改革。改革后的NHK World TV是一个面向海外受众的英语国际电视新闻频道，日播时间在23小时以上，内容包括传递亚洲和世界最新动向的新闻类节目，以及介绍日本社会与文化的各类节目，旨在让世界观众了解当今的日本。①

面向海外观众的国际电视频道与面向日本国民的国内电视频道的职责有所不同。国内电视频道旨在为民众提供信息服务，可以尽量避免来自政治的干预，但国际电视频道则具有强烈的政治意图，它的主要职责是向海外观众传达来自日本的信息，维护并塑造国家形象，是国家软实力的重要一环。所以与NHK的国内电视频道不同，NHK World TV的运营经费主要来源于国费和民众缴纳的收视费。考虑到以"国家利益优先"原则进行节目制作会影响公信力，为确保独立的编辑权，2008年依据《广播法》的规定成立了"日本国际放送股份有限公司"（简称JIB）。JIB受NHK委托，享有独立编辑权，负责NHK World TV的节目制作及其他业务。

第二节　NHK World TV发展现状研究

2009年2月改革后的NHK World TV是一个英语国际电视新闻频道，NHK World TV全天24小时不间断播出，内容包括传递最新信息的新闻直播节目，以及介绍日本社会与文化的各类节目，旨在让世界观众了解当今日本，同时随时传递亚洲和世界各地的动向。

NHK World TV以打造一个像CNN和BBC那样具有国际影响力的频道为目标，从2009年改革起，利用一系列的公共宣传活动和编辑方针的改革，渐渐形成自己的风格和定位，逐步确立起了品牌核心与品牌形象，开始在国际电视传播领域崭露头角，尤其对2011年发生的"3·11"东日本大地震的报道，更是使NHK World TV的品牌公信力和影响力大大提升，广为世界人民熟知。到2013年年初，频道用户从2008年的270万发展到1.6亿，覆盖了130个国家和地区。

---

① 日本放送文化研究所：《NHK年鉴（2011年）》，http://www.nhk.or.jp/bunken/book/regular/nenkan/nenkan_2011.html。

一、品牌形象的建构

2009年，为了配合 NHK World TV 的全面改革，从演播室到宣传册都由 NHK 设计中心重新设计。标语、频道 Logo、主页的文字、节目表、节目指南，都依照新规定重新制作。

NHK 的频道 Logo 主要以红色、黑色、白色为主。与 NHK 国内频道的蓝色主色调不同，NHK World TV 的 Logo 简洁、直观、严肃，新标识更加符合新闻频道的风格，也更贴合国际受众的审美习惯（图5-2）。

图 5-2 NHK World TV 的频道标识

NHK World TV 的频道定位是"以亚洲新闻报道为主，辅以具有日本特色的文化节目，以此来体现日本与亚洲视角"。

2010年，NHK World TV 明确提出要以传播亚洲新闻为主，设定了频道标语："观察亚洲的窗口"（You eyes on Asia），标榜从 BBC、CNN 看不到的日本的、亚洲的视角来进行亚洲报道。目前，NHK World TV 以亚洲为主要报道对象的节目有 *NHK NEWSLINE*（《NHK 时事纵横》）、*Asia This Week*（《本周亚洲看点》）、*ASIAN VOICES*（《亚洲声音》）、*ASIA BIZ FORECAST*（《亚洲商业预报》）、*Asia Insight*（《亚洲观察》）等。*NHK NEWSLINE* 是整点播放的新闻节目，播放来自日本、亚洲和世界各地的最新消息；*Asia This Week* 对每周的亚洲要闻进行深度报道；*ASIAN VOICES* 以亚洲视角解读全球事件，将亚洲声音传向世界；*ASIA BIZ FORECAST* 是一档亚洲经济报道类节目；*Asia Insight* 则是一档以纪实手法展现今日亚洲的纪录类节目。

为提高亚洲新闻的报道率和自采率，NHK 在各国的政治、经济中心城市设置了驻外记者站。截至2012年3月，NHK 共有四个中心驻外记者总站，下设25个驻外记者站，共有记者79人，其中有12个记者站设在亚洲。亚洲记者站有：马尼拉站、雅加达站、河内站、吉隆坡站、新德里站、伊斯兰堡站、新加坡站、首尔站等，中国中心记者站包括北京总站、上海站、广州站、台北站。2010年10月亚洲—太平洋广播联盟（ABU，简称亚广联），在日本召开，NHK World TV 以此次会议为契机，加强了同与会亚洲各国广播电视机构的合作关系，达成了通过交换素材来强化亚洲报道的共识。

除新闻报道与评论节目以外，其他节目被分为音乐、自然、旅游、饮食等12类，但基本都与文化相关，可以统称为文化类节目。包括日本的传统文化、风土人情、近现代工业设计等。其中以日本流行文化类节目最具代表性。例如，*Kawaii International*

(《可爱国际》）这档每周六播出的节目，以当今世界的共通语"Kawaii"（日语：可愛い）为关键词，介绍日本的一些新鲜可爱的事物，深受各国年轻人欢迎；J-MELO（《日本旋律》）是一档介绍日本及世界流行音乐的节目，充满活力与时代气息；*TAKESHI Art Beat*（《北野武艺术来袭》）是由一档由 NHK 娱乐频道的人气节目改编移植而来的脱口秀节目，让世界知名的日本电影导演北野武同世界各地的一流艺术家交流探讨，旨在传达艺术的共通性。

二、品牌形象的推广

改革之后的 NHK 环球电视频道面临的一大问题就是如何重新塑造其在受众心中的形象，NHK 运用了多种手段对国际电视频道的重新起航进行媒体推广活动。这些媒体推广活动通过本台播放推广、跨频道推广、跨媒体推广等多种方式进行。

本台播放推广，2009 年 2 月开始，在电视节目播放之前插播 30 秒的 NHK World TV 的宣传广告 *Choice of The Day*（《时代的选择》）。在播放 2008 年夏季特别节目 *PEACE ARCHIVES*（《和平档案》）之时，任用娱乐节目 *Begin Japanology*（《日本学源起》）的主持人彼得·巴拉坎（Peter Barakan）对即将播出的节目进行为时一分钟的介绍。除此之外，还在 NHK World 网站主页的指南中插入了 1 分钟的宣传片 *This Time Tomorrow*（《明日此时》）。

跨媒体推广上，2009 年 2 月开始，为了使各国用户了解到频道的革新，NHK 开始在世界各个国家有影响力的报纸上对 NHK World TV 进行广告宣传，还频繁在"BBC World"、"CNN"、"法国 24 小时"（France 24）、《金融时报》（*Financial Times*）等媒体的主页上进行广告宣传。2010 年 10 月，为了宣传新节目 *ASIA BIZ FORECAST*（《亚洲商业预报》）和 *JAPAN 7DAYS*（《一周日本》），提高 NHK World TV 的用户认知度，在《国际先驱论坛报》（*International Herald Tribune*）上购买了四分之一版面，打出了节目的彩色广告。

除了在传统媒体上进行的宣传以外，NHK 还积极利用新媒体的传播优势来进行自我宣传。2009 年 1 月，NHK World TV 在世界上最大的视频网站 You Tube 开设了公共主页"NHK World Channel"，主页中插放一些节目的 30 秒视频介绍。

NHK 还制作了介绍 NHK 国际传播总体状况的宣传册 *Concept Book*（《概念》），分别采用英语、日语、西班牙语、葡萄牙语来介绍 NHK World TV 的节目播出表、节目主要内容以及广播的频率表。将这些小册子发放到国内外的政府机关、民间企业以及一般民众手中，以期他们可以详细了解 NHK 国际传播的服务内容。

NHK World TV 还积极利用媒体之外的途径来强化受众意识，NHK World TV 将"NEWSLINE"及每月特别节目的编排创意等翻译成各国语言与频道号一起刊登在香港、英国的有线电视及卫星电视用户指南上。还在日本的各大机场大屏幕上以每天 8 次的频率播放 NHK World TV 的宣传片，还会配上频道的节目表。

作为宣传活动的一环，每年都会制作"NHK World"日历。2008 年举办了"NHK 环球日历·摄影大赛"，以"魅力日本列岛"为主题，邀请日本的摄影家浅井慎平担任评委，选出了 25 张作品用在日历上，制作精美的日历被送到海外广播电视台、日企、日本学校等地作为纪念品。

2008 年 7 月 7 日至 9 日，八国集团首脑会议在日本札幌市洞爷湖町召开，会议期间工作人员在记者活动中心向各国记者宣布了 NHK World TV 的改革措施，并且在与会各国首脑及工作人员住宿的酒店里配置了频道放送表。① NHK 还在国内的外国语学校中开办多种语言讲座，宣传自己的服务和理念。

三、节目编辑方针

NHK World TV 十分注重以"受众本位"来进行节目编辑，国际放送资料考察室每周整理一次受众"反馈记录"，每月整理一次"NHK World TV 海外节目监视报告与反馈"，每年都会根据受众反馈、节目评价以及各种调查数据、研究成果来制定下一年度的节目编辑方针，在通过节目放送委员会的研讨之后，还要经过 NHK 经营委员会的批准许可，方可付诸实践。从 2009 年到 2013 年，NHK World TV 的节目编辑方针主要体现出以下几个要点：

（一）不断充实日本和亚洲的英语报道

每年的编辑方针都要求扩充亚洲新闻报道，提高新闻的更新率。2013 年的编辑方针更是大刀阔斧地将日本时间凌晨 2 点到早晨 7 点的整点新闻时长由 15 分钟扩充到与其他时段相同的 30 分钟。② 这使频道的新闻报道量大幅增加。

（二）注重报道中国新闻

NHK World TV 自 2009 年改革以来，就高度重视对中国的报道。其 2012 年节目编辑计划中明确指出"中国已成为紧随美国之后的第二大经济体，增设中国相关节目，旨在刻画变化的中国与不变的中国"。③ 2013 年又提出以充实来自北京的中国信息为起点，逐步增加海外自采新闻。④

（三）优化节目播出时间

自 2010 年起，NHK World TV 将一日 24 小时分为六部分，形成 6×4 模式，以 4

---

① 日本放送文化研究所：《NHK 年鉴 2009 年》，http://www.nhk.or.jp/bunken/book/regular/nenkan/nenkan_2009.html。
② NHK 経営委員会：《平成 25 年度国際放送番組編成計画》，http://www.nhk.or.jp/keiei-iinkai/shimon/giji/index.html。
③ 日本放送文化研究所：《NHK 年鉴 2012 年》，2012 年。http://www.nhk.or.jp/bunken/book/regular/nenkan/nenkan_2012.html。
④ NHK 経営委員会：《平成 25 年度国際放送番組編成計画》，http://www.nhk.or.jp/keiei-iinkai/shimon/giji/index.html。

小时为一个播出单位，每天六次循环播出节目内容，以此来迎合亚洲、中东、欧洲、北美等六个不同时区的黄金时间。

（四）编辑多姿多彩的文化节目

明确节目目标受众，不断挖掘本土文化资源，谋求内容的革新和体裁的充实。每年都将一些国内优秀节目和素材共享，制作成面向外国人的新形式节目。

（五）播放高清电视

自2010年起，更新电视台运行装置，在之前的标清电视（SDTV）基础上，播放高清电视（HDTV），就此NHK World TV成为国际电视领域里高品质电视播放的拓荒者。

四、NHK World TV 节目介绍

2009年改革之前，NHK World TV 的节目主要有两大类构成：一类是新闻节目，另一类是生活服务咨询类节目。节目主要是从NHK其他国内频道移植而来，面向日本海外侨胞，对外国受众并没有多少吸引力。2009年改革之后，NHK World TV 将节目类型细分，主要有新闻时事类、经济类、纪实类、文化类、自然科学类、音乐艺术类、旅游类、生活类等十四种节目类型，2011年之后还加入了东日本大地震特别节目，虽然节目类型多种多样，但是，这些节目还是围绕着"观察亚洲的窗口"的频道主旨来进行编辑的。虽然其中有一些节目仍然是从国内其他频道移植而来，但多数是专为国际电视传播而制作的电视节目。以下对NHK World TV 的主要节目进行简介。

新闻时事类节目：*NEWSLINE*（《时事纵横》）、*ASIA 7 DAYS*（《亚洲七日》）、*JAPAN 7 DAYS*（《日本七日》）、*ASIAN VOICES*（《亚洲声音》）等。

NEWSLINE：是NHK World TV 的核心节目，整点播放的新闻节目，每期节目30分钟，播放来自日本、亚洲和世界各地的最新消息。并在节目结尾提供全球天气预报。

ASIA 7 DAYS：每周日播出。亚洲是一个多种族多文化并存的地区，处在不同发展阶段的各个地区都有它独特的社会结构和政治体制。*ASIA 7 DAYS* 对每周的日本、亚洲要闻进行深度报道。

JAPAN 7 DAYS：每周五播出。是介绍日本一周的政治、经济、社会、文化动向的周播节目。

ASIAN VOICES：每周四周五播出，每期时长半小时。拥有37亿人口的亚洲，在国际社会中占据越来越重要的地位。本节目以亚洲视角解读全球事件，并将亚洲声音传向世界。如2012年12月的节目主题是"阿拉伯之春之后的中东"。

经济类节目：*ASIA BIZ FORECAST*（《亚洲商业预测》）、*Great Gear*（《大齿轮》）。

ASIA BIZ FORECAST：活用世界各地的通讯员和记者网络，以快节奏、杂志式的风格报道最新的亚洲商业新闻及趋势。

Great Gear：提供关于日本创新和传统工艺、工程、设计和商业的最新思想和技术咨询。

纪实类节目：Asia Insight（《亚洲观察》）、NHK Documentary（《NHK纪录》）、Seasoning the Seasons（《品味季节》）。

Asia Insight：存在感日增的中国、印度，高速成长的东南亚都是重点关注的地区，节目以纪实手法记录今日的亚洲，讲述全球化中巨变的社会和人的生活，以及价值观和传统等内容。2011年NHK的特别节目《生还奇迹——追踪智利矿山事故真相》对受困地下的33名矿工做了独家采访，并播出了不为人知的影像，这个节目获得了2011年度时事报道单元的艾美奖。

文化类节目：BEGIN Japanology（《日本学源起》）、Booked for Japan（《日本约定》）、Fudoki——Culture and Topography of Japan（《风俗日记——日本的文化与地缘》）、Meet and Speak（《会谈》）、SPORTS JAPAN（《日本体育》）。

BEGIN Japanology：将观众带入日本文化的世界里，展示进化中的日本传统以及今天仍是日常生活重要部分的日本传统文化。

Booked for Japan：节目通过日本文学家罗伯特·坎贝尔会与嘉宾探讨知名的文学作品来传达他们的观点与世界观。

自然科学类节目：Four Seasons in Japan（《日本四季》）、Inspiring Landscapes（《动人美景》）、Satoyama、Science View（《科学观点》）、The Great Summits（《伟大峰会》）。

Science View：打开一扇日本科学技术之窗，主题包括空间技术、生命科学、医学、地理学、考古学，等等。

音乐艺术类节目：imagine-nation（《想象》）、J-MELO（《日本旋律》）、TAKESHI Art Beat（《北野武艺术来袭》）、The Mark of Beauty（《美丽标记》）。

imagine-nation：日本的漫画、动画和游戏现已在全球流行。时长30分钟的杂志型节目介绍日本漫画、动画和游戏的最受欢迎排行榜，节目还会对这些流行文化的制造者进行深入采访。

J-MELO：音乐类节目，介绍日本的流行、摇滚、爵士以及古典音乐。

旅游类节目：Exclusive Gardens of Tokyo（《京都秘密花园》）、Festivals of the Orient!（《东方节日》）、Journeys in Japan（《日本旅行》）、MAPPING KYOTO STREETS（《京都街景图》）、Somewhere Street（《世界街巷》）、TOKYO EYE（《东京眼》）。

TOKYO EYE：东京旅游节目。向海外展现东京现在的状况，包括观光旅游与事件报道，以多角度展现东京特有的事态民情。

Journeys in Japan：旅游指南节目。跟随主持人到日本各地旅行，与当地人进行共同交流，发现不同地区的特有魅力，展现不同地区的乡土人情。

生活类节目：At Home with Venetia in Tokyo（《与维尼西亚在京都》）、Cool Japan（《时尚日本》）、Itadakimasu! Dining with the chef（《我开动了！》）、

Kawaii International（《可爱国际》）、*TOKYO FASHION EXPRESS*（《日本时尚快车》）、*Your Japanese Kitchen mini*（《你的迷你日本厨房》）。

TOKYO FASHION EXPRESS：时尚节目。如今，日本的流行文化得到了全世界的关注，东京已成为世界上为数不多的时尚中心，本节目在介绍东京流行趋势的同时也穿插巴黎、米兰等地区的流行文化情报。

Itadakimasu! Dining with the chef：饮食节目。日本料理已经是被广泛认可的"有利于身体健康"的食物，节目介绍关于日本料理是如何活用食材、调味料等方面的内容，以此来向世界传达日本料理的智慧与价值。

东日本大地震特别节目：*TOMORROW beyond 3·11*（《跨越3·11走向明天》）、*March to Recovery*（《迈向复兴》）。

TOMORROW beyond 3·11：系列纪录片节目，从支援日本大地震的世界各地的艺术家、导演、思想家以及运动员等群体的角度来透视2011年的灾难以及灾后恢复情况。

五、东日本大地震报道

2011年3月11日，日本东北部发生了9.0级大地震，地震引发了海啸以及福岛核电站核泄漏等事故，导致约1.9万人不幸遇难或下落不明（截至2012年3月底），一时之间引来全世界人民的关注，并成为世界媒体争相报道的焦点。NHK World TV对此次灾害进行了迅速及时且专业化的报道，获得国际社会的高度评价，2011年9月，NHK获得了Connected World电视大奖。

地震当天，NHK反应迅速，在地震来临前十几秒就发出了预警信息，警示语出现35秒钟之后，屏幕上就显示了震中震级的信息，30分钟内，NHK在灾区上空航拍了海啸的发生。地震发生之后，NHK World TV对地震进行了现场直播，新闻节目*NEWSLINE*及时将灾区状况及核电事故的动向传向海外，在NHK综合频道播放新闻时，以英语作为副声道向在日本的外国人提供灾害情报。NHK的新闻画面上没有出现令人恐怖的死亡特写，没有灾民们呼天喊地的镜头，也没有第一线记者虚张声势的煽情式报道。① 在进行灾难报道时，NHK World TV着重提供灾民最需要的信息，如震中、震级、人员伤亡情况、有没有余震或更大的地震、应急措施，等等。为避免民众可能产生的恐慌心理，NHK采取"安心报道"的报道方式，避免激发受众的情感倾向，其客观冷静的报道模式彰显了媒体高度的社会责任意识。② 包括CNN、BBC在内的世界各地的2000多家媒体在报道日本大地震时都使用了NHK拍摄的画面。

在此期间，NHK环球网受到世界各地人民的大量关注，3月11日至25日间的点

---

① 和静钧：《从地震报道看日本传媒的操守》，http://news.ifeng.com/opinion/world/detail_2011_03/14/5133612_0.shtml。

② 彭湘蓉：《突发事件媒体信息报道与新闻专业主义考量——以日本NHK"3·11"地震报道为例》，《当代传播》2011年第9期。

击量达到 1200 万次，相当于平时一个半月的点击量。3 月 12 日至 3 月末，NHK World TV 收到了 1597 条观众反馈，其中外语反馈 1508 条，日语反馈 89 条，反馈内容主要是对受灾者的安慰、鼓励以及支援。其中对 NHK 报道的评价有 477 条，询问核电站状况的有 439 条，确认灾民平安与否的有 68 条。NHK World TV 监听器也得了许多反馈，具体的反馈意见有："从报道中可以看到企业的事务所、车站以及街区等不同地方在地震发生时的景象，可以清晰地感知到灾害规模之大"；"CNN、BBC 等其他媒体都使用了 NHK World TV 的报道图像，NHK World TV 的报道是最优秀的"；"灾害发生之后立刻采取了行动，用丰富的图像展示了持续变化的事态，NHK World TV 的报道值得称赞"。①

东日本大地震发生之后，NHK World TV 随时向世界详细介绍日本复兴重建的进展，新闻节目 *NEWSLINE* 着力报道灾区重建动向，每月一期的 *Nuclear Watch*（《核观察》）节目则由 NHK 的记者就核事故现状及面临的问题进行解说评析。还开播了 *TOMORROW beyond 3·11*（《跨越 3·11 走向明天》）和 *March to Recovery*（《迈向复兴》）两个专题节目，向关心东日本大地震的海外观众提供后续报道。

六、新媒体时代的 NHK World TV

在媒介融合的趋势下，一向以技术为先导的 NHK 积极利用新媒体进行传播，在互联网、移动终端等多领域卓有建树。日本是全球第一个开通 3G 商用服务的国家，运用 3G 技术可以使 NHK 较早的实现"台网融合"与"新旧融合"，从而将其单一的电视传播渠道拓展为多元化的传播渠道。

NHK 环球网是依据日本 1994 年修改的《广播法》而设立的互联网国际传播渠道，针对海外受众提供广播和电视服务，其成立宗旨是增进世界对日本的了解。

NHK 环球网是 NHK 在互联网领域进行国际传播的主要战场，NHK 环球网提供三种服务，分别是：NHK 环球广播网 TV、NHK 环球广播网收费电视频道、NHK 环球广播网日本国际广播台。NHK 环球网拥有包括日语在内的 18 种语言选择，弥补了电视频道单一语种传播的不足。NHK 环球广播网上可以查看新近的节目以及节目预告和完整的节目播出时间表，网站提供播客下载和在线收视收听服务。除了多通路的国际传播架构外，NHK 新媒体时代的国际传播还非常注重对已有新闻材料的保护、开掘与再利用，通过数据库形式将数字图像、声音文字分门别类地存储好，并通过检索、搜索等多种手段实现这些数据的再利用。②

观众可以在 NHK 环球网上同步观看 NHK World TV 的电视节目，有多种画质可供

---

① 日本放送文化研究所：《NHK 年鉴 2011 年》，http://www.nhk.or.jp/bunken/book/regular/nenkan/nenkan_2011.html。

② 栾轶玫：《国际传播平台的新媒体转移——国外媒体机构利用新媒体进行国际传播的案例研究》，《新闻与写作》2012 年第 7 期。

选择。这种电视与网络联动直播的模式拓宽了 NHK 的传播渠道，将 NHK World TV 的受众扩大到全球互联网用户，而并非局限在 NHK World TV 的频道用户（图 5-3）。

NHK 环球网免费提供手机新闻服务，语言有英语、西班牙语、葡萄牙语、中文与韩语五种。英语内容每天更新七次（周六、周日每天更新四次），其他语言每天更新两次（周六、周日每天更新一次）。用户可以在移动电话上自由切换使用语言。

NHK 环球网还分别针对 iPhone、iPad、Android 等移动终端系统开发了应用程序，由此，用户便可使用自己的移动终端随时随地收听 NHK 环球网上的节目（图 5-4）。

图 5-3　NHK 环球网

图 5-4　iPad 终端上的 NHK World TV

作为媒体推广的一环，NHK 环球网在全球最大的社交媒体 Facebook 上开设了公共主页，时刻更新动态。此举不仅推广了 NHK World TV 的节目，还传播了 NHK 的频道理念和价值观。

第三节　经验与启示

NHK World TV 从 2009 年全面改革以来，开始在国际电视传播领域崭露头角，截至 2012 年 3 月，已覆盖 130 个国家和地区，可全天 24 小时收视 NHK World TV 的用户达到 1.6018 亿用户，这个数字比 2008 年增加了一倍多，美国有 8600 万用户能收到该频道的部分节目，用户总计 2.5 亿。作为国际电视新闻界的"新秀"，NHK World TV 能在短短的四年里获得如此多的关注度和影响力，自有其道理，分析它的成功经验会给我们带来许多启示，同时，它存在的一些局限也同样值得我们反思。

一、NHK World TV 的成功经验

（一）塑造品牌，打造形象

"品牌"是一个经济学名词，它是指某种产品与服务的名称及其表示，用以同竞争对手的产品或服务相区别。品牌一旦形成，就会备受消费者信赖和关注。成为消

费者的习惯性选择。品牌效应同样适应于媒体建设。尤其是面向全球观众的国际电视新闻频道，更加需要建立起知名度较高、影响力较大、公信力较强的频道品牌。目前，为国际观众所认可和熟知国际电视新闻媒体品牌有 70 年代成立的美国有线电视网（CNN）以及根基深厚的英国广播公司（BBC），近些年，异军突起的卡塔尔半岛电视台影响力也不可小觑，这些电视台的成功都离不开明确的品牌意识。

电视台的品牌包括以下六个要素：明确的标识、公众的认知度、良好的公共信誉、优秀的产品、营造的文化理念、品牌内在源动力。NHK World TV 创办于 1995 年，节目受众主要是在外日本人，因此频道品牌只为日本人所熟知，国外民众对该频道的认知度却较低。2009 年 NHK World TV 改革之后，重新设定了频道标识、标语、节目类型、编辑方针以及目标受众群，从外部视觉系统到内在文化理念，都与改革之前大不相同。

NHK World TV 通过统一的设计方案建立并完善了频道的视觉识别系统，标识由从前的 NHK World 的缩写"NW"改为"NHK World"，令受众更加明确该频道的归属和定位，频道标识的颜色黑、白、红成为频道的基色，较改革前更具国际性。频道标语"观察亚洲的窗口"（You Eyes on Asia）作为品牌的核心，简练、直白，明确了 NHK World TV 的主要传播内容是亚洲新闻，并主张与 BBC、CNN 相异的亚洲视角。

NEWSLINE 作为 NHK world TV 的主打节目，每天整点播放 30 分钟左右的新闻，亚洲新闻占有很大比例，正迎合新闻频道的定位"观察亚洲的窗口"。NHK World TV 的全面改革中最大的变化就是改变频道目标受众群，改革前 NHK World TV 的受众主要是在海外的日本人，所以节目编排主要为了适应日本人的收视习惯；2009 年改版之后，频道的目标受众群转变为海外观众，节目编排主动迎合国外受众的收视习惯，不仅将频道语言 100% 的英语化，还优化了节目播出时间，在注重全球化的同时也不忽略区域性，用 6×4 的播出模式来适应不同地区受众的黄金时间，以求网罗更多受众。电视品牌的成功，在很大程度上取决于对受众市场的了解程度，只有明确了目标受众，才能做到有的放矢。NHK World TV 进一步细分受众群，将节目的目标受众划定为年轻人以及知识分子，所以 NHK World TV 编排了大量的文化节目，并积极利用日本的流行文化吸引全球的年轻人。

电视频道品牌建设除进行必要的品牌外观、内部管理、文化理念的塑造以外，不可避免地要进行媒体推广，作为媒体的电视台，宣传的手段是多样的。① 如今，品牌与节目的推广宣传仍被一些媒体所忽视，在信息过剩的时代，已经不再讲求"酒香不怕巷子深"，如何吸引受众眼球，已是媒体品牌建设的基础活动。NHK World TV 的媒体推广活动十分丰富，既有在本台播放宣传片的推广活动，又有在其他电视、纸质媒体中进行广告宣传的活动，除此之外，还利用一些媒体事件对频道进行宣传，利用新媒体的传播能力进行宣传等。从 NHK World TV 的广告宣传和形象推广活动中，可以看

---

① 黎斌：《国际电视前沿聚焦》，中国传媒大学出版社 2007 年版，第 29 页。

出日本对本国国际电视新闻频道品牌宣传推广的重视程度。NHK World TV 的宣传活动花样繁多、手段高明，是频道品牌建设的重要一环，形式多样的推广宣传活动为频道的重新启航铺平了道路，NHK World TV 通过这些媒体推广活动扩大了受众层，提升了影响力。

受众研究是 NHK World TV 的常规活动。NHK World TV 利用"PDCA 循环"来控制频道的传播活动，"PDCA 循环"是一种质量管理工作程序，指按照 Plan(计划)、Do(执行)、Check(检查) 和 Action(处理) 的顺序进行质量管理，PDCA 是一个循环不止的科学程序。对于 NHK World TV 来说，"检查"就是指受众调查研究活动。进行广泛而深入的受众研究可以令 NHK World TV 掌握受众需求、检查传播效果，并进一步明确频道定位。国际电视新闻频道跨文化传播、了解海外受众的需求是受众研究中的一个难点，传播过程也存在许多不确定因子，进行受众研究是 NHK World TV 的一个长期战略。①

在全面改革后的几年里，NHK World TV 的品牌形象已经趋于成熟，品牌风格也已渐渐形成，这对于 NHK World TV 在国际电视新闻领域里站稳脚跟十分重要。NHK World TV 塑造品牌、打造形象的意识和行动是我国国际电视频道建设中所缺少的，全方位塑造品牌外观、内部管理以及文化理念，进行多渠道、多方位的媒体推广是一个电视品牌走向国际市场的必要准备。

（二）扬长避短，突出特色

NHK World TV 最大的特色是其亚洲新闻报道及独具日本特色的文化节目，这既是 NHK World TV 的避强战略，也是 NHK World TV 从自身优势出发所做出的选择。

当全世界都在关注亚洲之时，打出口号——"观察亚洲的窗口"（You Eyes on Asia），是一个明智之举。近年来，国际关系重心逐渐从大西洋向太平洋转移，国际政治、经济、文化等方面的竞争与合作纷纷在亚洲开展，世界对亚洲的关注度达到了前所未有的程度，争做亚洲第一的国际电视新闻频道是一个与时俱进的选择，对于打造国家形象和提高国家文化软实力有着不可忽视的作用。②

CCTV NEWS 在 2010 年改版时，也将频道口号改为"为你链接亚洲"（You link to Asia）。NHK World TV 每年的节目编辑方针都会将扩充亚洲新闻作为重中之重。中国、印度等大国的崛起引起了全世界关注，注重对中国的报道是日本与中国争夺亚洲话语权的重要举措。在媒体环境方面，BBC 与 CNN 已经牢牢占领欧美新闻市场，日本想在国际新闻领域跑马圈地就要走避强路线。从地缘关系来看，日本身处亚洲，并且早已成为亚洲的发达国家，在亚洲新闻报道的时效性方面比 BBC、CNN 更有优势，树立亚洲新闻品牌是必然选择。

从 NHK World TV 的节目设置可以看出，该频道除了十分重视对亚洲新闻的报道

---

① 陈雪：《日本 NHK World TV 的传播策略探析》，《青年记者》2013 年第 24 期。
② 陈雪：《亚洲国际电视新闻频道的新竞赛》，《对外传播》2013 年第 11 期。

之外，还注重传播日本文化，这些涉及旅游、饮食、时尚、艺术等方面的文化类节目日播时长比例达到30.1%。日本广播协会中国总局长西川吉郎说过，外国人在两个层面上对日本感兴趣，一是日本在世界上比较领先的技术、经济、高科技，二是比较典型的日本文化，为了满足外国观众对这两方面的兴趣，NHK World TV 在制作节目时有所侧重。①NHK了解受众的需求，从受众的需求出发来为节目定位。

NHK World TV 的文化攻略不仅仅是 NHK 的"曲线救国"策略，还充分反映了日本发展国家"软实力"的诉求。"软实力"是近年来风靡国际关系领域的词汇，"软实力"概念是由美国哈佛大学教授小约瑟夫·奈提出的，一个国家的综合国力既包括由经济、科技、军事实力等表现出来的"硬实力"，也包括以文化和意识形态吸引力体现出来的"软实力"。国家硬实力的增强，并不意味着软实力自然而然就会强大，事实上，软实力的强大有赖于"扩散"和"广泛传播"，只有当自己的文化与价值观念在国际社会广为流行并得到普遍认同的时候，软实力才算真正提升，而这正是国际传播的重要职责。②

日本是一个靠创意提升国家形象与国际传播力的国家，出品了许多动漫名作，比如机器猫、Kitty 猫等。这些日本动漫中的经典形象成为许多国家年轻人对日本的最初印象。可以说动漫是日本国际传播的重要产品和窗口，对日本国家形象塑造产生了重要影响，并日益成为政府开展公共外交的重要手段。NHK 播放了大量的日本本土自制的动漫等创意产品，同时，将这些突出日本团队精神、自强进取等创意产品通过自己的数字广播系统、卫星广播系统以及新媒体传播系统向全球传播，在国际上为日本塑造国家形象，并在国际舞台上扮演着重要角色。③NHK World TV 抓住日本流行文化对年轻人的吸引力，大打"文化牌"，其节目设置非常人性化，服务性较强，即使不去这个国家，对日本人的衣食住行，过去与现状都会有比较详细的了解。④日本试图通过这种方式培养受众对日本的认识，增加国家亲和力，促进经济文化交流。

（三）抓住机遇，扩大影响

突发事件通常会在最短的时间内引来最大范围的关注，媒体对突发事件迅速及时、客观全面的报道，将吸引大量眼球，世界上许多媒体都因一次成功的突发事件报道而打响品牌，从而迅速提高媒体的影响力和公信力。NHK World TV 对2011年3月11日发生的日本大地震的出色报道就迅速提高了频道的认知度。

NHK World TV 对"3·11日本大地震"的出色报道主要体现在以下几方面：第一，信息反应迅速。在地震开始前十几秒就已经播放了地震紧急警报，35秒钟之后播报了

---

① 李宇：《日本NHK的"文化攻略"》，《对外传播》2011年第2期。
② 程曼丽、王维佳：《对外传播及其效果研究》，北京大学出版社2011年版，第58页。
③ 栾轶玫：《国际传播平台的新媒体转移——国外媒体机构利用新媒体进行国际传播的案例研究》，《新闻与写作》2012年第7期。
④ 何明智、郭醇：《中日电视英语频道比较——解读NHK World TV 的定位兼与CCTV-9对比》，《对外传播》2009年第4期。

震中、震级；第二，海啸直播极具视觉冲击力。NHK 利用直升机以及摄像机器人对灾难进行了"直观"的报道，这种直播报道镜头向观众展现了灾难的真实情景，让观众身临其境，这种真实感胜过任何文字、图片报道；第三，以人为本的报道方式。对于灾难事件，我们关注的焦点往往是灾难中的"人"，NHK 不断发布提示避难的预警信号，在灾害报道中客观冷静的态度被誉为"安心报道"。NHK 的灾害报道满足了受众对灾难信息的第一需求。

出色的灾害报道不是出于偶然，而是来源于日本的灾害应急体制和 NHK 的日常报道训练。

NHK 是日本《灾害对策基本法》规定的唯一公共报道机构，通过新闻报道保护国民生命与财产是 NHK 肩负的光荣使命。日本气象厅在地震发生后随即观测到微小震动，并在较大震动到来之前，迅速对地震规模和震中信息进行预测，然后在第一时间发布紧急地震快报。NHK 与日本气象厅之间设有专用线路，紧急地震快报一旦发布，就会自动传送给 NHK，NHK 随即在广播与电视频道中进行紧急播放。日本气象厅发布地震、海啸等警报后，NHK 就会立即启动"紧急警报播送"服务，在可能发生大型灾害时，NHK 将播送包含警告音的信号，自动开启具有相关功能的电视机及收音机，这样，即使是在深夜，人们也能及时收到灾害信息。

NHK 设在东京的新闻中心每天晚间都会举行地震海啸紧急新闻演播训练，以期在灾难发生时能够迅速应对，全国的分台也会开展灾害报道实践训练，在技术和意识层面提高员工的灾害报道水平。NHK 在全国的 12 个基地配有 14 架直升机，各基地皆有摄影师随时待命，以便在灾害发生之际，能够立即投入报道。东日本大地震发生时，在仙台机场待命的直升机立即起飞投入航拍，对汹涌而来的海啸进行了现场直播。NHK 还在全国约 470 处场所安装了遥控摄像机器人，地震发生之后，摄像机器人会即时传送涌向太平洋沿岸各地的海啸图像。①

NHK 的灾害报道体制同样适用于海外突发事件报道，当海外发生地震等重大灾情时，NHK 就会立即成立"紧急反应小组"奔赴当地，并在当地设立临时信号传送点进行现场报道。2003 年伊朗东南部巴姆地震、印度洋地震海啸、海地地震以及数名日本人遇难的新西兰克莱斯特彻奇地震发生之际，NHK 都向当地派出了紧急反应小组。②

NHK 在东日本大地震中的出色报道，不仅向世界展现了日本国民高素质、守秩序的形象，而且还为 NHK 树立起了及时、具有社会责任感的国际媒体形象，大大提升了国际影响力，但是 NHK 对地震造成的核电站泄漏的进行的相关报道却被认为有维护政府政治职能的倾向，NHK 通过主播解说、专家分析等报道手段，支持政府"核电站 30 公里以外地区安全"的论断。这些做法导致一些质疑政府论断的力量开始批评 NHK 成为日本政府的"御用媒体"，帮助政府掩盖灾害真相。

---

① 《NHK 年度报告（2012-2013）》，http://www3.nhk.or.jp/nhkworld/chinese/top/index.html。
② 《NHK 年度报告（2012-2013）》，http://www3.nhk.or.jp/nhkworld/chinese/top/index.html。

（四）科技先导，技术为王

在 NHK 的发展历程中，一直十分注重广播电视技术的开发及应用，NHK 每年的新技术研发费用占总费用的 26%，强大的技术支撑使其在广播电视技术领域建树颇多，比如其研制的高清电视以及数字多媒体电视，不但创新了电视的终端设备，更重要的是革新了"传—受"关系，并影响了国际传播的布局与版图。[①] 此外，对超高清电视、全景 3D 电视的研发，让 NHK 在电视传播领域里获得了大量关注与期待。

互联网的崛起改变了传播媒介的格局，电视媒体作为传统媒体中的翘楚，在互联网发展之初就给予其足够的关注，并着力实现二者在内容、渠道等多方面的有益补充和有效融合。NHK 在建构自己的国际传播网络方面，充分利用"技术第一"的优势，利用 3G 技术较早的实现了"台网融通""新旧融通"。NHK 环球网通过新渠道传播旧内容的方式发挥了资源的最大价值，台网同步直播等全方位服务也将 NHK World TV 的受众范围最大化。手机等移动媒体渠道的不断完善让受众可以随时随地接收来自 NHK World TV 的信息。

NHK 在广播电视领域的技术研发和新媒体渠道的完善建构为 NHK World TV 的发展搏得筹码。在信息时代，占领技术的高地有助于充分发挥内容的价值。

二、NHK World TV 的教训与启示

（一）传播效果困境

2012 年，日本对 BBC World News、CNN International、NHK World TV、CCTV News 四个国际频道进行了"频道受众印象调查"，以香港和华盛顿特区每周观看四个频道一次以上的观众为调查对象，香港受众作为亚洲受众代表，华盛顿受众作为欧美受众代表。调查结果显示，香港和华盛顿受众信赖程度最高的均是 BBC World News，信赖度达到 70% 以上，其次为 CNN International 信赖度在 60% 左右，而 NHK World TV 名列第三位，信赖度在 50%–60% 之间，CCTV News 的信赖程度最低，只有 30%–40%。[②] 可以看出，无论在亚洲还是欧美，NHK World TV 的受众信赖程度都远不如 BBC、CNN 的国际频道。造成这种现象有多种原因，但最主要原因是 NHK World TV 有限的视域造成的传播效果困境。

衡量一个频道的影响力和公信力需要对其传播效果进行分析，美国传播学者 H. 拉斯韦尔提出了构成传播过程的五种基本要素：传播者、讯息、媒介、受传者和传播效果。"观察亚洲的窗口"所设计的传播过程是日本将带有日本意识的日本及亚洲新闻通过 NHK World TV 传播给全球受众，使受众对日本产生亲和力，增强日本在国际媒体上的

---

① 栾轶玫：《国际传播平台的新媒体转移——国外媒体机构利用新媒体进行国际传播的案例研究》，《新闻与写作》2012 年第 7 期。

② NHK 经营委员会：《外国人向けテレビ国际放送の现状と课题》，http://www.nhk.or.jp/keiei-iinkai/shimon/index.html。

话语权，并将 NHK World TV 打造成亚洲一流的国际电视媒体。在众多的传播效果模型中，除了被淘汰的魔弹论模型之外，没有任何一种模型假设受传者是被动的，这些模型都倾向于认为，传播过程的双方都是积极主动的，都在试图影响对方。[①] 受传者是能动的，他们会对信息做出解读和判断。

NHK World TV 试图打造一个像 BBC 那样不以"国家利益"而是以"公众利益"为第一准则的国际频道，树立"客观""独立"的形象，取得世界信任。但要想实现"观察亚洲的窗口"的愿景，建立具有公信力的媒体品牌，首先要取得受众的信赖。中国、韩国等亚洲国家都曾有过被日本侵略的历史，受众会基于这样的历史对媒体进行价值评判，不能取得亚洲受众的信赖使得 NHK World TV 根基不稳。加之近年来，日本又同中、韩、俄等国在领土问题上产生了一系列的摩擦，在报道这些亚洲重大新闻时，日本媒体自然会以"国家利益"为优先原则，这样就严重影响了其"客观""独立"的形象，从而削弱频道公信力。

除此之外，由于 NHK World TV 起步较晚，导致频道认知度偏低。以日语为母语的主持人、记者的英语发音普遍不够标准，也严重影响英语观众的接收效果。

亚洲主体意识的觉醒使 NHK World TV 在国际电视新闻媒体中另辟蹊径，在亚洲国际电视新闻媒体中先发制人，但塑造好这个形象却是一个艰巨而长远的任务，不仅需要依托国家实力，还会受到复杂的国际关系影响，并不是单纯凭借媒体自身实力就能实现的。

（二）资金掣肘

NHK 国内节目的经费主要来源于民众的收视费，这种经营制度使 NHK 的节目不受政治干涉，也不被第三方利益左右，专心致力于为日本国民提供生活中不可或缺、不偏不倚的高品质节目。

NHK World TV 的经费主要来自日本民众缴纳的收视费、国费以及日本国际放送股份有限公司（JIB）的一些经营收入。收视费制度可以保障频道运营的稳定性，多方投入看似充实可靠，但是 NHK World TV 从 2009 年改革以来就一直存在着财政问题。

第一，国费支持的不足。在国际传播费用连年增加的情况下，国费支持却连年减少，2006 年国费投入占国际传播总费用（包括电视与广播）的 31.4%，2007 年为 28.6%，2008 年上升为 29.9%，而 2009 年与 2010 年又连续下降到 27% 和 24.3%。可以看到，国费投入在总费用中占很小一部分，并且下降趋势明显。

第二，民众对国际频道收视费的支持问题。NHK World TV 的受众群为海外人士，对日本国民的服务性很小，将收视费的一部分用于国际频道就要得到民众的支持与理解，所以 NHK World TV 的制作经费只占 NHK 收视费的很小一部分，2012 年的预算经费占 3.0%，而国内节目则达到 75.1%。2011 年以来，日本经济在大地震的影响下受

[①] [美] 威尔伯·施拉姆、威廉·波特：《传播学概论（第二版）》，何道宽译，中国人民大学出版社 2010 年版，第 230 页。

到了一定创伤，NHK本着为受众服务的理念从2012年10月开始降低收视费，预算在原有比例上再度缩减。有限的收视费投入和强化国际传播能力的诉求之间形成了不可避免的矛盾。

第三，JIB的经营困境。JIB是由NHK、民放局、民间企业三方出资成立的节目制作企业。JIB的财务状况并不乐观，2008年赤字1.25亿日元，2009年赤字1亿日元。

全球化时代，国家对国际传播能力的诉求日益提高，国际媒体的竞争也日趋激烈，建立世界一流的国际电视新闻频道需要大量人才和技术支持，无论是BBC World News、CNN International或是中国的CCTV News都有很大一部分的广告费支持，强大的资金支持是国际电视新闻频道发展的重要动力，而NHK World TV的资金困境却成为制约其发展的一大障碍。2013年1月，NHK经营委员会成立了"咨问委员会"，负责研讨如何强化日本的国际传播能力，咨问委员会认为NHK World TV的财源问题是频道发展过程中的一大课题，并开始考虑是否应当在收视费和国费投入之外，引入广告费。这也是日本强化国际传播能力进程中无法回避的问题。

/中篇/

本篇将要重点介绍的是两个华语电视新闻频道——凤凰卫视资讯台和中国中央电视台新闻频道。

华人总人口约有14亿，占世界总人口的约五分之一。华人以汉语为主要语言，除主要居住在中华人民共和国之外，还广泛分布在印度尼西亚、泰国、马来西亚、新加坡、越南、菲律宾等东南亚国家。此外，在美洲、欧洲、东亚也都有华人的身影。

一样的语言、共同的血脉，使华人处于同一种文化氛围之中。深厚的历史积淀与植根于骨髓的民族认同相汇合，奠定了世界华人对祖国新闻媒体的情感基础，以及偏好华人视角的心理基础。

在全球的新闻格局中，话语权长期被西方国家所把持。无论是美国的CNN，还是英国的BBC，无不依托其先进的科技水平、高超的传播技巧、强大的议程设置能力，占据着无人匹敌的霸主地位，西强我弱的局面尤为明显。

华人的电视新闻频道发展比西方晚，加之汉语语言传播的局限性、文化差异等原因，华语频道的全球化生存空间受到挤压，话语权和传播力被收拢在有限范围之内。对于如何突破地域、文化限制，真正走向世界，半岛电视台似乎提供了一个良好范本。半岛电视台享有得天独厚的区位优势，依托阿拉伯世界，报道阿拉伯世界，以重大事件为契机，提供与西方主流媒体不同的视角，最终在全球赢得了一定声望。

华语媒体同样可以以华人世界、中国大地为依托，抓准时机，以真实准确的理念和新鲜独特的视角去报道中国、记录华人。这一方面可以冲破西方媒体偏见的藩篱，防止国际舆论一元化；另一方面，又可以壮大华人媒体的声势，逐渐累积公信力。

华人媒体圈较早出现的、同时也颇具影响力的全天候电视新闻频道当属凤凰卫视资讯台。它于2000年年底在香港成立，比央视新闻频道早了三年。凤凰卫视没有央视那样强大的财力和人力资源做后盾，起初发展遇到了不小的障碍。然而身处香港这样一个特殊的地区，却赋予了它相对宽松的成长环境。"9·11"事件等几次重大直播报道机遇，给了凤凰卫视资讯台绝好的发展机会；独特的评论风格和浓厚的人文关怀，迎合了华人观众的收视心理；久经历练的成熟的商业模式，最终为凤凰卫视这样一个市场化媒体赢得了广阔的发展空间。

时势造英雄。央视新闻频道于2003年这个多事之秋成立。是年，伊拉克战争打响、"非典"疫情暴发，为央视新闻频道开局赢得了巨大的收视率。此后的十几年间，央视凭借自身令人艳羡的实力迅速成长为国家级强势媒体，成为中国老百姓了解最新消息的重要来源之一。与凤凰卫视不同，央视的背后是国家的力量，作为国有媒体，它承载的使命要比凤凰卫视多得多。历经六次改版，央视已经实现了新闻直播常态化，建立了新闻保鲜制度和特约评论员制度，打造出了如《新闻1+1》《新闻周刊》等招牌节目，对于满足国内受众的新闻需求、引导社会舆论发挥了重要作用。

西方电视新闻频道的诸多成功之处，为华语新闻频道提供了借鉴，这无可厚非。但也应看到，华语新闻媒体与西方媒体根植于不同的文化、政治土壤，在不同的体制和经济环境下，华语新闻频道若要在国际上成为一枝独秀的媒体，还须保持自身鲜明的特色，树立起独特的形象。

第六章

凤凰卫视资讯台：环球视野下的华语之声

第一节 凤凰卫视资讯台的创立与发展

1997年，维多利亚港。

米字旗缓缓降下，五星红旗冉冉升起。中国的东方之珠——香港，终于结束了鸦片和炮火勾画的屈辱历史，重新回到了祖国母亲怀抱。

回归，不仅仅是被殖民领土的回归，更是百年殖民孕育的西方文化与历史悠久的中华文化的碰撞与交融。这种碰撞与交融的最终走向是一种整合，需要有着诸多差异的东方文化和西方文化寻找最理想的方式共处。"对于文化的整合来说，每一个文化群体下的个体，都要有意识地站在一个更大的视野范围内来看待自己和身处的这个世界。"[①] 若要更清晰地认识这个世界，就必须实现双方意见的顺畅表达，双方话语的平等交流，建立一个可以让不同意见发声和讨论的传播平台。这个平台，便理所应当地由媒体来搭建。

所以，凤凰卫视在香港，开始以全新的视野向全球华人播报新闻。

一、凤凰卫视的诞生

20世纪90年代，全球化力量正塑造着一个新的世界。在这个时代中，国际传媒领域在进行着大幅的结构性调整。西方跨国传媒集团的全球扩张愈演愈烈，凭借在资金与技术方面的优势，它们作为全球化的龙头带动了这场信息传播全球化的浪潮，最终演变成为统领国际传媒领域的全球性传媒巨头，它们旨在建立一个全球性的、没有壁垒和阻力的媒介空间与传媒市场。在推动全球化的进程中，最让人瞩目的当属默多克领导的新闻集团。早在1998年，默多克就声称，新闻集团拥有的电视网络和系统已经

---

① 马立诚、胡百精：《凤凰魂——凤凰卫视的精神追求》，中国友谊出版公司2006年版，第13页。

覆盖了全世界 75% 以上的人口。在"全球化"一词刚刚诞生之时，全球至少有 65% 的信息源和信息接收终端在美国，世界上流通的 80% 的文字和影像来源于美国。到 90 年代末，已经抢占先机、独占鳌头的国际传媒集团们又不约而同地宣称自己具有全球化视野，并标榜和重申各自在全球性传媒集团中的地位。事实上，国际性传媒集团地位的巩固带来的是对媒介话语权的掌控，因此，国际舆论更多受到西方媒体的控制和引导，国际传媒集团的信息传播则更偏重于对自身利益的维护和拓展。在此背景之下，华语媒体向国际平台传递的信息少之又少，发出声音的分量更是微乎其微。

90 年代，中国改革开放十余年，经济高速发展，国际地位不断提升。中国开始在国际舞台崭露头角，在国际事务上发挥越来越大的作用，世界开始把目光转向中国，中国也迫切想在国际舞台展示自身的特色和优势，绽放自己的光芒。要及时、准确地表达自身的立场，就要求中国同世界建立畅通的交流和沟通渠道，通过有全球视野的媒体报道，及时获取国外信息，掌握传媒动态，同时适时表达国内的声音和观点，提高国内、国外媒介信息的容量与融合度。这时，对于建立一个能够同时了解国情、掌握对外传播话语的媒体的呼声越来越高。

在当时，世界上已有约五分之一的人讲中文。因而，在像默多克这样的国际性传媒大亨看来，华语市场是相当有潜力的。1993 年，默多克斥资 5.25 亿美元从李泽楷手中买下仍在苦苦挣扎的香港卫视 64% 的股份，想借此正式进军中国内地市场。不料 10 月 5 日，国务院颁布《卫星电视广播地面接收设施管理规定》的第 129 号令，禁止家庭装用卫星电视接收器，导致其节目信号并不能在大陆落地。默多克进军中国内地市场的梦想受挫。

此时，人在新加坡的刘长乐（图 6-1）也在一直关注着华语电视媒体广阔的市场空间。在新加坡，华人占人口总数的 74%，而全世界有五分之一的人讲中文。因此他感觉到，华语才是他们进行交流的最让人感到亲切的语言，"然而，当时对于大多数海外华人来讲，华语的电视媒体还几近空白。于是刘长乐有了办一家面向全球华人的卫星电视频道、为他们提供高素质的华语节目的创意"。① 所以，建立一个环球华人卫视，成为刘长乐实现"我们要发出自己的声音，哪怕仅仅是叹息"构想的目标。经过与默多克长达 25 轮以上的谈判，双方由对手开始转向对话。1996 年 2 月 26 日，双方最终达成协议，由刘长乐控股的今日亚洲控股公司与卫视集团、华颖国际广告公司按照 45∶45∶10 的比例出资，共同建立凤凰卫视来接管 StarTV 的中文频道，

图 6-1　凤凰卫视控股有限公司主席兼行政总裁刘长乐

---

① 钟大年、于文化主编：《凤凰考：建构一个新传媒》，北京师范大学出版社 2004 年版，第 11 页。

并由刘长乐出任董事局主席和行政总裁。这次合作体现了电视媒体全球化与本土化相互合作的发展潮流，是站在一个更高起点上的融合范例。如刘长乐所言，"这是一次历史性的整合，一个前无古人的'联姻'。"凤凰的前身是美国新闻集团控股的STAR卫视中文台。经刘长乐、崔强、王纪言等一批大陆人加盟后，更名为凤凰。1996年3月31日，STAR卫视中文台停止了所有节目，重复着一个没有解说的画面。在当晚，凤凰卫视中文台启播，凤凰卫视正式成立。

凤凰卫视立足香港、面向两岸三地，同时辐射海外华人，将"泛中国化"作为凤凰的受众定位，服务于不同社会体系的华人受众，它得天独厚的地理、文化、媒介生存环境以及地方性资源的优势，让它可以站在更加客观、中立的立场上，用更为开阔的视野关注世界和中国的发展，在更为宽松和自由的环境里更好地实现自身功能和目标，为受众提供更为畅快淋漓的信息服务。

《格物总论》记载："凤，神鸟也，雄曰凤，雌曰凰。五色备举。飞则群鸟随之。故曰羽虫三百六十，而凤凰为之长。"凤凰卫视成立之后，将积攒的羽虫之长的气质逐渐发挥出来，创造了不可复制的"凤凰现象"，让两岸三地以及全世界目睹了令人惊喜和赞叹的"凤凰传奇"。

二、凤凰卫视的新闻之路

凤凰卫视作为一家境外媒体，尽管有着一定的地缘和体制优势，但是，将数量庞大的大陆受众作为主要受众群的凤凰卫视也不得不清醒地认识到中国大陆市场的特殊性。20世纪90年代的中国大陆，虽然对境外媒体而言是潜在的发展机遇和广阔的市场空间，但当年默多克的卫视中文台在大陆市场的受挫也显示出这个市场有它自身的限制性。"在没有实际切入到这个市场的时候，很多东西按照西方的这种商业运营模式运作实际上是有大问题的，实际上可以创造出更多的、更丰富的进入中国市场的有效模式。而所有这些模式的创造必须建立在对中国文化和对中国社会游戏规则最基本的了解上。"[①]刘长乐也深知这一点，因而在凤凰成立之初就提出凤凰要"夹着尾巴做人"、"在夹缝中生存"。为了稳妥地维持凤凰卫视的生存空间和话语空间，凤凰在成立之初主要向受众提供稳妥的娱乐节目和资讯，并非大家现在所喜爱的新闻资讯和评论节目。因而从最初的娱乐到之后的新闻，再到凤凰卫视资讯台这一新闻频道的建立，凤凰卫视自身经历了一个不断进行自我突破、自我创新的艰难过程。

（一）娱乐为主的凤凰早期

刚刚成立之初的凤凰卫视，人员不满一百人，广告收入一千多万港币，每天24小时播出，其中自制节目不到6小时，主要以综艺娱乐节目为主，极少的新闻节目也主要集中在娱乐和财经方面，曾被来自内地的媒体同行戏称为"县级电视台"。凤凰卫

---

① 喻国明：《传媒影响力：传媒产业本质与竞争优势》，南方日报出版社2003年版，第344页。

视最初提出的是"城市青年台"的定位，它的功能就是"娱乐性、服务性、咨询性和不断增强的新闻性"。虽然借助于当时香港较为成熟和活跃的娱乐环境，凤凰卫视在娱乐节目和资讯方面逐渐崭露头角，但是对于时事新闻却并没有很深地介入。

（二）后来居上，开启新闻之路

新闻立台，是各大媒体不可否认的准则。做新闻，是成为世界级媒体的必然选择，是凤凰卫视的理想，也是刚刚接管凤凰的管理者们心中一直坚守的梦想。1997年年初，凤凰开始强调它的最后一个功能，即"不断增强的新闻性"。

1997年，凤凰卫视开始逐渐由娱乐向新闻资讯转变。社会资讯是凤凰向新闻迈出的第一步。最初的新闻资讯还是杂糅在娱乐节目中的，后来通过数量的不断增加，最终才脱离开娱乐节目这个嫁接平台。在当时以娱乐资讯为主的栏目《相聚凤凰台》中，国内的社会资讯开始慢慢大量涌现。之后，凤凰推出了《驻港部队大纪实》，它开创了凤凰新闻性独家报道的先河。但是，这些新闻资讯或者新闻性报道，还没有脱离娱乐节目的母体，仍带有很强的娱乐色彩。

在关于增强新闻性这一点上，东西方的管理层曾发生过很大的争执。按照一些西方管理人员的观念，电视就是娱乐，坚决不同意强化新闻节目。但是凤凰的东方管理人员则坚持认为，电视的新闻性同样可以赢得中国观众。之后，在1997年这个多事之秋，中国和中国人经历了许多重要的历史时刻。1997年2月，邓小平逝世，第一个发出消息的电视台在报纸上登出一则广告——"是我们叫醒了全世界"。据说这几个字，深深刺激了凤凰的决策者们，他们再也不能等待，不能容忍眼睁睁看着重要的历史随时发生，而自己却无动于衷。1997年4月1日，凤凰卫视的第一个新闻节目《时事直通车》正式开通。也就是这个节目的主持人吴小莉，后来在1998年新上任总理朱镕基的记者会上得到了总理的点名："让凤凰台的吴小莉小姐提问好不好，我很喜欢看她的广播。"之后吴小莉的提问引出了新总理的悲壮誓言："就是前面有地雷阵，我也要踩过去，鞠躬尽瘁，死而后已"。从此，吴小莉成为凤凰卫视的一张名片，凤凰卫视也开始聚集世界各大媒体以及公众关注的目光。之后，香港回归、戴安娜王妃葬礼、江泽民访美等重要事件不断发生，凤凰的高层管理人员终于决定将中文台转入对时事新闻的报道。凤凰卫视后来居上，在江泽民访问日本、朱镕基访问美国、美国轰炸中国驻南斯拉夫大使馆事件，以及跨世纪重大采访活动"千禧之旅"等系列报道中，一次又一次给人留下了深刻印象。凤凰最初的新闻组只有十来个人，可就是这些人，成为凤凰卫视新闻理念的最初实践者。2000年，凤凰在香港成功上市，用一连串业绩良好的财务报表证明，海外媒体在中国内地可以做严肃新闻，做严肃新闻可以获得良好的商业回报。

从此，这个当时以娱乐为主的"四不像"电视台，开始了自己的专业新闻之路。

三、凤凰卫视新闻频道——凤凰资讯台

凤凰卫视在逐渐增加了新闻性之后,新闻节目受到越来越多观众的认可。随着国际和国内环境的不断变化,全球性和地域性电视新闻频道不断涌现,凤凰成立专门新闻频道的设想逐渐变得清晰起来。经过不断地努力,凤凰卫视资讯台终于成功问世,不过在通往成功的道路上,困难也接踵而至。

(一)凤凰卫视资讯台创立

早在1980年,记者出身的泰德·特纳就创立了CNN。作为世界上第一个24小时不间断播出的电视新闻频道,CNN已经成为世界上最大的新闻搜集、播出中心,其国际报道是国际电视传媒的主要新闻来源。在CNN出现之后,西方相继出现了一系列电视新闻频道。到20世纪90年代,24小时新闻频道便如雨后春笋般地在世界各地建立起来,亚洲NHK和半岛电视台相继出现,电视新闻频道的全球格局开始形成。

在中国,中央电视台已经在着手筹备电视新闻频道,而福建电视台已经成立了有线电视新闻频道,除此之外,大陆其他省级有线台和卫星台也将更多的精力和财力投入到新闻上来,并且还有像默多克一样的海外传媒巨头们试图进军国内市场,并为此进行着不断努力。

压力袭来,危机四伏,凤凰只能策马追赶。正如刘长乐所言:"凤凰不走这一步不行,没有新闻频道的凤凰很难成为世界的凤凰。而且创办新闻频道不只是为了发展,更是为了生存。传媒市场日趋残酷的竞争像一场赛马会,所有人都在狂奔,即使累得口吐白沫也不能停下来。"①

2000年12月8日,凤凰卫视资讯台开始试播(图6-2)。

图6-2 凤凰卫视资讯台台标

2001年1月1日零点,在两岸三地共同迎接新年到来的一刻,凤凰卫视资讯台正式开播。吴小莉第一个坐在主播台上,通过卫星向天空发出了"凤凰卫视资讯台"的呼号:凤凰卫视资讯台,我是吴小莉,从此刻开始,我们在香港,向全球华人播报……凤凰卫视资讯台新闻总监吕宁思回忆说:"虽然不知道地球上那时到底有多少人知道这个由两个蓝色圆球组成的台标就是凤凰卫视的二十四小时新闻台,也不知道有谁知道我们这新闻车间的伙计们怎样干活。但兴奋是无比的。如果可比,就好像70年代中

---

① 张林等:《大事背后》,中国和平出版社2005年版,第11页。

国的第一颗人造卫星从太空发回来《东方红》乐曲声音，相信总会有人听到。"①

凤凰卫视资讯台创立之后，透过亚洲3号S卫星覆盖亚太、北美、欧洲九十多个国家和地区近34亿人口。这是全球第一个覆盖了两岸三地的全天候华语资讯频道，它全天24小时持续播报来自世界和两岸三地的最新消息。它的启播在华语传媒界掀开了值得自豪的一页——"现在我们华人不但有声音，而且要大声说话了。西方人开始震惊了。"②

（二）无源之水：资讯台举步维艰

凤凰资讯台成立之后，本以为可以像凤凰一样挥动翅膀，翱翔于天。但是，现实远比这浪漫的传说来得残酷，由于受到大陆和台湾地区政策的限制，资讯台的节目只能在天上飘荡，无法落地。

资讯台正式成立之初，在与北京的主管部门进行多次沟通和探讨之后，得到了较乐观的回应。但是，由于国内有关部门政策的突然调整，资讯台在大陆落地的计划被搁浅。无独有偶，资讯台在台湾的落地计划也同样受挫。20世纪90年代之后，台湾放松了对电视的管理和控制，电视业一片生机勃勃。2001年，在资讯台创立之初，曾获当局的允许，以有线电视的方式传送节目。但是最终却戏剧性地被台湾当局取消了原先的决定，并不给予正式执照。在通过法律程序据理力争之后，台湾行政院原则上允许凤凰卫视在当地播送节目，但是由于一些程序上的问题，凤凰卫视在当时的几年内都无法实现合法落地。

原本覆盖两岸三地的资讯台，旨在为更大范围内的华人提供及时的信息服务，没想到却无法实现真正落地。这对于凤凰资讯台来说是个不小的打击。无法有效地到达受众就意味着节目的精心制作没有验收，更严重的是，与收视率挂钩的广告收入的匮乏意味着这个以商业模式运行的资讯台可能面临死亡危险。刘长乐后来回忆说："我们的万丈雄心被泼了一盆寒冷刺骨的冰水。虽然我办资讯台的决心从未动摇过，但每年1800万美元左右的开销，近200名新闻从业人员的生计，不是仅有决心就能解决的。当时的压力之大，如泰山压顶，心境之痛苦，如万箭穿心。"③

2002年6月，财务报表显示凤凰卫视亏损1.6亿港币，而这恰恰是资讯台的资金投入金额，也就是说，资讯台的成立不但没有创收反而导致了亏损。成立快两年，亏损了近2亿港币之后，凤凰卫视董事局展开了资讯台关还是不关的争论。当时管理层提出了两种意见：一是先暂时停止资讯台的运作，等到允许在大陆落地之后再重新开始也不迟；另一种是通过减少节目数量、缩短时间、减少员工人数来控制成本。虽然在刘长乐的坚持之下，资讯台保存了下来，但还是迫于强大的财政压力和舆论压力，裁掉了一批员工。在他看来，只要资讯台存在，对话的基础就存在。但是，能够坚持

---

① 吕宁思：《凤凰卫视新闻总监手记》，昆仑出版社2005年版，第17页。
② 钟大年、于文化主编：《凤凰考：建构一个新传媒》，北京师范大学出版社2004年版，第28页。
③ 张林等：《大事背后》，中国和平出版社2005年版，第26页。

下来所要承受的压力可想而知。正如凤凰卫视新闻总监吕宁思所言:"在一家企业里你如果不挣钱,好像你就是没出息的吃货,你就抬不起头来。就算你每天从睁开眼睛就忙活到闭上眼睛,就算你'死得病不得',就算你崇高清高心高眼高,你不挣钱就不受人尊敬。"①

(三)绝处逢生:资讯台后程发力

几年的坚持终于没有白费,2003年1月1日,凤凰卫视资讯台获国家广播电影电视总局正式批准在中国境内按境外媒体管理方式有限度落地。这是境外华语新闻频道首次进入内地。至此,凤凰卫视有中文台、电影台和资讯台三个频道在中国内地落地。资讯台允许在大陆落地,着实是一个让全台上上下下振奋的消息,资讯台新闻人一手经营的节目终于有了接收的受众,节目到达率的提高意味着收视率上升的可能,资讯台的新闻性节目也就有了收入保障。

虽然2003年之前凤凰资讯台并没有实现在中国大陆的落地,但是凤凰资讯台仍然在几个历史性事件的直播报道上打了漂亮仗。资讯台成立不久,就赶上了惊动世界的大事件。2001年9月11日,美国遭受恐怖袭击。两架被劫持的民航客机一架撞向纽约世贸中心的双子塔,一架撞向美国国防部所在地五角大楼。在这次恐怖袭击中,共有三千多人遇难,然而那一天,中国观众唯一可以找到的详细信息就出现在凤凰卫视。"9·11"恐怖袭击,凤凰卫视进行了36个小时的连续报道,更重要的是通过华人的视角对整个袭击事件进行了客观、公正地解读,向世界发出了华人的声音。2003年伊拉克战争打响,凤凰卫视记者闾丘露薇和她的同伴们打破了以往重大国际新闻事件中难觅华人记者身影的状况,使凤凰卫视作为一个华语媒体独立出现在战场,再一次将华人的声音传递到全世界。2003年5月,凤凰资讯台播出了"非典"系列报道:闾丘露薇、郑浩等近20人的强大记者队伍,深入"非典"疫情严重的北京各大医院、学校、施工现场和居民住宅,报道民众抗击"非典"的情况。当然,除此之外,凤凰资讯台还有很多值得夸赞的直播与专题报道。对这些重大事件的报道,为凤凰卫视积聚了重要的报道经验和难得的收视人气,打响了凤凰品牌。

2004年5月,凤凰宣布凤凰卫视首季业绩转好,扭亏为盈,纯盈利4080万元,广告升幅81%,其中资讯台与去年同期相比,收入上升18倍。8月份,刘长乐向媒体宣布,第三季度资讯台将扭亏为盈。10月28日,刘长乐在新闻主管会议上进一步指出:在江湖地位确立之后,凤凰卫视资讯台的收入将越来越多,有可能在未来的某一天超过中文台。虽然在当时只是预言,不过这种预言成为现实的可能性却已是无人怀疑。

从2001年1月1日,凤凰资讯台正式启播到2004年停止亏损开始盈利,凤凰资讯台用了整整三年,凤凰的新闻人也熬了整整三年,终于在第四年的时候有了"扬眉吐气"的心境。

---

① 吕宁思:《凤凰卫视新闻总监手记》,昆仑出版社2004年版,第173页。

第二节　新时期的传播策略

凤凰资讯台经过多年的发展，已经成为定位明确、风格鲜明的电视新闻频道，全天 24 小时播报来自全球的新闻资讯，深度剖析时事和社会热点话题，第一时间直击报道新闻现场，实时直播事件进程。目前，凤凰资讯台以三类新闻节目为主，其中包括资讯节目如《凤凰早班车》《凤凰正点播报》；财经节目如《金石财经》《股市风向标》；评论节目如《总编辑时间》《新闻今日谈》等。2012 年，凤凰卫视资讯在整体规划中强化财经资讯、海外解读，打造周末财经强档。资讯台的新闻节目从其发展上看，是沿循着消息类新闻总汇节目——现场直播、时事专题——新闻深度报道和评论性节目这样一个基本走向，到今天，凤凰资讯台已形成多层次的新闻节目体系，也因此拥有了较为稳固的具备"学历高、职务高、收入高、年龄轻"特征的忠实受众群。

凤凰资讯更加注重突发或重大事件的直播，2010 年凤凰卫视资讯台进行了 115 次突发新闻直播和 67 次焦点事件直播，也就是每三天有一次突发新闻直播或焦点直播。[1] 2011 年完成 115 场突发事件直播、62 场焦点直播，制作了"9·11"十周年等特别主题节目，加上已成为常态的在每天《凤凰正点播报》内插入国际新闻现场的段落式直播，巩固了"大事发生看凤凰"的口碑和影响力。[2] 2011 年 2 月中央电视台市场研究中心公布的调查收视资料显示，凤凰卫视资讯台的综合满意度仅次于中央电视台综合频道，位居第三位。

凤凰资讯的硬件系统也在不断升级。2009 年 3 月 30 日，凤凰卫视资讯台总部正式搬迁至新界大埔工业村，启用占地 3 万多平方米的新台址。2010 年 3 月 30 日凤凰卫视启动环球新闻中心，由香港总部负责管理，处理来自各地的新闻，加以编辑、剪辑、配音、翻译、制作标题、字幕、滚动新闻，另在世界各地设有二十多个记者站，还有一大批华人媒体人士为凤凰卫视提供消息和新闻视频。环球新闻中心拥有全球首台演播室、上下飞行摄影机、最新联网全无带化制作广播系统、亚洲最高效能传输网络，以及亚洲最新 360 度智能主播台。新办公大楼和更加先进的报道设施为凤凰资讯的新闻传播提供了可靠的支持和保障。

分析凤凰资讯台现阶段的传播策略，不得不重点叙述近些年来蓬勃发展的凤凰新媒体。如今，新媒体发展已经是电视媒体发展战略的重要组成部分，也成为增强电视媒体核心竞争力的重要方面。

一、新媒体发展策略

据凤凰网资料介绍，凤凰新媒体是全球领先的跨平台网络新媒体公司，整合旗

---

[1] 何亮亮：《凤凰卫视的新闻运营》，《电视研究》2011 年第 4 期。
[2] 简承渊：《"凤凰"飞行 11 年后的思考》，《中国记者》2012 年第 6 期。

下综合门户凤凰网（www.ifeng.com）、手机凤凰网（3g.ifeng.com）和凤凰视频（v.ifeng.com）三大平台，秉承"中华情怀、全球视野、兼容开放、进步力量"的媒体理念，为主流华人提供互联网、无线通信、电视网融合无缝衔接的新媒体优质内容与服务。

2005年，凤凰新媒体在原有凤凰卫视官方网站——凤凰网基础上组建起来，2006年6月8日，中国移动入股凤凰卫视19.9%，这意味着中国移动与凤凰新媒体开展合作。2006年10月18日凤凰新媒体成功上线。2009年11月，凤凰新媒体获晨兴创投、英特尔投资和贝塔斯曼联合注资2500万美元。现今，凤凰卫视控股集团全资拥有的跨平台网络传媒，融合互联网、无线网和电视网三大网络平台，以凤凰网为旗舰，以各类WEB图文资讯、宽带音视频流媒体、WAP移动服务、手机彩信、凤凰时事周刊与评论等丰富的跨平台产品组成媒体门户平台，满足用户个性化需求。

凤凰新媒体目前主要有三大业务：以凤凰网为主的门户网站业务，以凤凰卫视节目内容为主的网络宽频业务，以手机为载体的无线增值业务。

凤凰网最初是凤凰卫视的官方网站，当时只是单纯介绍凤凰卫视节目和主持人，2005年凤凰网发生了重大变化，它不再仅仅定位为凤凰卫视的官方网站，而是成了凤凰传媒旗下的一个独立媒体。"所谓独立，是由独立的公司来运作，有独立的品牌，独立的内容。所以现在凤凰新媒体的内容，除了宽屏之外，内容并不完全是凤凰卫视的内容，其中一部分是我们自己的内容，一部分是购买的内容，或者说是合作方的内容。"① 因其独立性，凤凰网提供的图文资讯有着独家的关注点，在重大事件的报道上，能够为在线用户特别是大陆用户提供不一样的报道视角和评论语调。凤凰网现今共开设资讯、军事、评论、财经、股票等多个频道，实时提供各类新闻信息和对重大事件的观点评论。凤凰网目前日均浏览量超过3亿，月度覆盖用户数超越2.2亿，根据Google Ad Planner在2010年12月的数据显示，凤凰网在中国全部网站中排名位居第八位，浏览量在全球电视与纸质媒体的网站中排名第一，领先于CNN、BBC、《纽约时报》、《华尔街日报》、CCTV等。

以凤凰卫视节目内容为主的网络宽频业务通过流畅浏览技术实现网络电视的直播、轮播及点播服务，突出网络电视的特性，并强调同视频浏览者的互动。由凤凰新媒体自身的优质内容供应商身份、高端的品牌形象和自身战略定位所决定，其提供的网络宽频在栏目供应上同凤凰卫视频道的定位基本一致，都是针对高文化、高收入和年轻化的受众群体。凤凰宽频有免费视频和收费视频之分，免费视频的主要盈利来源是视频片头强制观看的广告、栏目冠名、节目中的植入式广告等形式。收费视频的观看需要开通VIP业务，通过每月缴纳一定数额的费用来获得一段时间内所绑定节目的浏览权限。除依托凤凰卫视所提供的节目内容外，凤凰宽频还尝试进行内容制作方面的探索，如曾与PPlive合作推出互动网络剧《Y. E. A. H》，推出全新网络广告体"凤凰炫

---

① 邹明：《凤凰新媒体的发展之路》，《中国广播》2010年第7期。

视 RICH-video"等，这些尝试都得到了客户和网友的广泛关注，是凤凰宽频发挥主动性和创新性的探索。

以手机为载体的无线增值业务又称为凤凰移动服务，它的发展主要开始于中国移动同凤凰新媒体的合作。2006年6月中国移动入股凤凰新媒体，从而取代新闻集团成为凤凰卫视控股有限公司的第二大股东，资本的注入为两者的合作打下了坚实的基础，也开启了凤凰新传媒开拓手机领域服务的序幕。凤凰新媒体主要提供内容，中国移动则主要负责运营，通过电话语音、彩信、移动梦网就可以实现凤凰新媒体所提供的资源的无线下载。这些节目资源不仅仅包括凤凰卫视频道提供的资源，还包括凤凰新媒体自主创新的节目，节目内容经过一定的调整更加适应手机媒体的传播特性。中国移动则主要将这些节目借助移动技术加以整合，推广用户定制服务。

凤凰新媒体的发展，为包含资讯台在内的整个凤凰卫视拓展了多样化的内容传播渠道，摆脱了电视终端这一单一化内容接收途径，让用户可以通过互联网或手机接收端随时随地享受信息服务。

二、节目传播策略

当前，凤凰资讯台播出的节目主要分为资讯类、评论类和财经类三种。资讯类代表节目有《凤凰早班车》《天下被网罗》《凤凰正点播报》。评论类代表节目有《时事辩论会》《新闻今日谈》《总编辑时间》。财经类代表节目有《金石财经》《财经点对点》《股市风向标》。

（一）资讯类节目

凤凰资讯台的资讯类节目基本跨越24小时，以2012年9月6日资讯台节目单为例，从0点到8点由《凤凰子夜快车》、《娱乐新闻报导》、5次《凤凰正点播报》、5次《凤凰气象站》、《天下被网罗》、《凤凰早班车》填充起前8个小时的播出时间；上午8点至下午4点则有《媒体大摄汇》、6次《凤凰正点播报》、6次《凤凰气象站》、《娱乐新闻报导》、《凤凰午间特快》、《天下被网罗》撑起这个时间段；下午4点至凌晨则排有4次《凤凰气象站》、《凤凰正点播报》、《华闻大直播》、《媒体大摄汇》等新闻资讯类节目。从节目排列来看，每隔两小时都会播出《凤凰气象站》，每到整点都会播出《凤凰正点播报》，这种高频次的播出，保证了最新新闻的及时发布，将新闻资讯每小时播报和汇总播出，让观众接收到来自全球的更多更详细的新闻信息。

1.《凤凰早班车》

目前凤凰资讯台的《凤凰早班车》与最初的版本有很大不同。最初的《凤凰早班车》是众多中国电视频道中，每天第一个报道最新世界新闻的直播节目，这档报摘性质的消息总汇栏目，信息密集、节奏明快、追求时效，所有的新闻由一位主持人从头至尾说给大家听，从而开创了"说新闻"这一独具特色的新闻播报形式，并在当时引起了轰动。当前版本的《凤凰早班车》周一至周五上午8点至9点在凤凰卫视资讯台播出，主持人由凤凰新生代主播杨舒、刘芳和杨娟担任。新版的《凤凰早班车》提供了庞大的信息量，尤其是欧美两地的资讯消息，《国际传媒头条》板块介绍两岸三地及国际各大传媒的焦点，编译来自各大通讯社以及凤凰记者站的新闻；《凤凰采访焦点》板块则将精选的报纸报道内容和网络消息一网打尽，让观众对新闻重点了然于心。

2.《凤凰正点播报》

2006年7月7日下午两点，面向全球华人的《凤凰正点播报》正式播出。作为凤凰资讯台的一档新闻直播节目，《凤凰正点播报》主要报道最新发生的国内外重大新闻事件。"给我半小时，给你全世界"：《凤凰正点播报》的新闻务求简洁，具有很强的时效性，在每一个整点时刻将一小时内的新闻进行汇总并集中播出。这种编排方式既利于观众全面掌握新闻信息又避免了因时间不足而错过重要新闻信息。

（二）评论类节目

电视评论从一开始便在凤凰卫视占据重要位置，自从凤凰卫视增加了评论比重后，其推出的几档新闻评论类节目更是奠定了凤凰在传媒评论界的地位。

1.《新闻今日谈》

《新闻今日谈》是凤凰资讯台的主打评论节目。主持人与评论员针对当天最热门的时事问题，作深入地分析和评论，从多角度展现新闻事件的真相。该节目由见解独到的评论员阮次山、何亮亮做评论，针对突发的新闻事件和当下最热门的时政问题进行评说，在大众围观时，及时迅速地切中要害，点出问题实质。

2.《总编辑时间》

《总编辑时间》（图6-3）每周一至周五22：00-22：30在凤凰资讯台首播，主持人为吕宁思，由值班编辑何亮亮、杜平等担任评论员。节目的特色在于，由凤凰内部自身的总编辑或评论员编选和剖析重点要文进行梳理，同时加以自己的评论，用总编辑清晰的思路、丰富的历史背景知识和精辟的分析能力来为观众解读事件的来龙去脉，让观众直接抓住事件的重点和核心。

（三）财经类节目

香港是国际性金融中心，是东西方的交汇点，因而大众对财经信息的需求较大。2012年，凤凰卫视资讯台整体规划中就提出要增加财经新闻的比重，提供更为详尽的财经讯息。

1.《金石财经》

《金石财经》是资讯台的名牌栏目，每周一到周五17：30首播，不仅掌握当天的财经大事，更为观众"看见价值，发现趋势"。《金石财经》是财

图6-3 《总编辑时间》

经资讯节目,节目特色是每天汇整国际财经大事,前瞻其趋势,判断财经走向。节目会邀请国内外投资大行分析师和经济学家,在第一时间为观众解读财经信息。

2.《财经点对点》

《财经点对点》是一档财经评论节目,每周日18:30在凤凰卫视资讯台播出。该节目主要关注国际财经大事,主持人和节目邀请来的专家针对重要的财经话题,用通俗易懂的话语帮助观众理解财经热点或政策。主持人曾瀞漪来自台湾,是财经资讯栏目《金石财经》和财经评论栏目《财经点对点》的主持人,同时兼任栏目的制作人和主编,深度参与节目制播。她的主持风格是能够以专业的视角来捕捉当前的财经热点,并且能够通过紧密的分析洞察财经事件背后的核心内容,并用最口语化的方式来阐述事实和观点,所以节目通常既具有专业性又通俗易懂。

第三节 经验总结与问题分析

从2001年至今,凤凰资讯台已经走过了十五个年头。这十五年也是一段较为曲折和艰难的过程。从最初的"为了生存"而生,到生死攸关、临近关闭,再到落地后的绝地逢生、峰回路转,一直到现在的不断壮大、独领风骚。在它的成长过程中,人们也学会逐渐察觉和慢慢认可新闻所具有的强大生命力以及这种生命力所象征的广阔受众市场。就如CNN创始人泰德·特纳,在创办CNN之前十分厌恶电视新闻,他曾说:"我痛恨那些新闻,新闻是罪恶,它使民众感觉糟糕。"(I hate the news, news is evil, it makes people feel bad.)直到1995年新闻让他发了财,他才终于意识到"新闻就是明星"(News is the star)。没人会想到,新闻可以有如此大的吸引力和市场,更没人想到,一度濒临关闭的凤凰资讯台会起死回生,并在之后一飞冲天。

一、经验总结

为什么凤凰会取得现在的成绩?这正是我们对资讯台进行经验总结时想要回答的问题。仔细回顾凤凰资讯台的发展历程,发现它最大的底气来源于凤凰卫视这个母体所给予它的得天独厚的优势条件。

(一)多元的生存环境

1996年,凤凰卫视在香港创办。正如凤凰与默多克的合作被认为是一个富有想象力的决策一样,凤凰对其发展定位同样显示出其在空间上的想象力。凤凰将香港选为创立地点,它并没有将某一个地区作为自己特定的辐射区域,而是将大陆、香港、台湾、澳门包含其中,提出了"泛中国化"的概念,这一概念的提出避免了画地为牢的可能,使得频道的地域和受众定位变得尽可能开阔与多元。

1. 地域及文化优势

香港，北与特区深圳相连，南与澳门毗邻，还与台湾岛隔海相望。同时，大陆、香港、澳门、台湾，这几个区域不同的政治、经济、文化背景，使得各自呈现出较大差异。1997年，在"一国两制"政策的推动下，香港回归祖国，但是仍然保持着不同于大陆的社会制度下所形成的大环境。在此背景下，香港就地域而言，是将各大区域建立联系，促进彼此沟通的最佳地点。香港是中西文化的交融地，"它对华语文化有着最大的包容度，也是融合东西方文化最有优势、最有特点、最有媒体的舞台。"① 东西方文化在这里碰撞、交融，最终形成了更为多元、更为包容的文化观念。这样的文化观念给予凤凰卫视一种独特的品格——"东西南北大荟萃"。

2. 独特的受众群体

不论是在西方还是在东方，都不难看到熟悉的中国面孔。华人，这个散布在世界各地，数量庞大的群体，在国家处于上升发展期之时迫切需要通过媒体获得信息，以缩短自己与国家、与同胞之间的距离。凤凰卫视所处的地理优势使它成为传播华人所需信息的便利渠道。所以，凤凰卫视在成立之初就宣称其宗旨是拉近全球华人的距离，向全球华人播报，并且提出了"泛中国化"的受众定位。它不再仅仅将目光局限于香港，而是直面全球华人。凤凰卫视一方面占据香港这个国际大都会的地利，另一方面又依托中国内地这个华语文化的传统家园。所以，凤凰在发挥连接两岸三地的桥梁作用方面，目前几乎是没有媒体可以替代的。② 在凤凰卫视的受众定位策略下，凤凰资讯台的收视对象同样是整个泛亚地区的华人群体，因而两岸三地的受众便自然成为资讯台受众群的重中之重。全球华人受众定位的提出，不仅仅给予了凤凰资讯台分布在广阔地域的数量庞大的受众群体，而且让凤凰资讯台不得不站在全球的高度去制作和传播新闻信息。这一方面摆脱了不同地域或不同政治文化背景所带来的束缚，另一方面赋予频道更为多元的信息诉求和更为辽阔的全球视野。

3. 宽松的成长环境

在前文中曾提及，在20世纪90年代的中国，有着因为历史原因和所处发展阶段所造成的"特殊性"。这个"特殊性"在一定程度上迟滞了大陆媒体的新闻改革进程，也为国内外新闻信息的自由传播带来了阻力。与中国大陆不同，香港由于历史原因所形成的社会制度有着更大的市场自由度、更好的市场运作机制。凤凰卫视落地香港，不仅可以汲取香港在文化产品商品化方面的经验，更可以获得得天独厚的传媒经营空间和更为自由的经营环境。香港是自由资本主义社会，百余年来根深蒂固的市场经济体制决定其商业本质渗透到了传媒文化的方方面面。香港传媒正是在法律的"尚方宝剑"下，在一个相对公平的市场游戏规则中共同生存和发展。③

刘长乐也曾说，凤凰卫视在香港经营是由于香港具有两面性——自由的一面和结

---

① 钟大年、于文华主编：《凤凰考：建构一个新传媒》，北京师范大学出版社2004年版，第16页。
② 马立诚、胡百精：《凤凰魂——凤凰卫视精神追求》，中国友谊出版公司2006年版，第180页。
③ 钟大年：《香港内地传媒比较》，北京广播学院出版社2002年版，第76页。

构规则的一面。香港可以给予媒体许多意识形态的自由以及更为严格的企业式监管。这为凤凰卫视较快成为国际化的媒体提供了土壤，这也利于凤凰卫视在国际上同其他国际性传媒集团展开激烈竞争，更有力地发出华人声音。

（二）独到的新闻理念

2001年1月1日，凤凰资讯台正式启播，这是凤凰实现自己新闻理想的重要里程碑。从成立之初的有声发不出，到后来成为国际上具有相当影响力的华语传媒，凤凰卫视及凤凰资讯台一直秉持着自己独到的新闻理念。也正是对独到新闻理念的坚持，在短时间内吸引了大量的观众，赢得了较好的口碑，而且积聚了较高的信任度和影响力，从而形成了为人津津乐道的"凤凰现象"。

1. 直播的力量——大事发生时看凤凰

突发事件、重大事件是每一个媒体都关注的重点，这些事件为媒体提供广阔的活动空间和施展自身本领的舞台。很多媒体正是因为某一个突发事件的报道，从默默无闻走向全球瞩目。最典型的就是CNN，它的成名正是建立在对海湾战争的报道上的，因为它的报道使得人们在满足对战事信息需求的同时，记住了这个提供信息的媒体。直播是在突发事件或重大事件的报道时，媒体间展开激烈竞争的重要方式。在全球化的今天，直播已经成为衡量一个电视新闻频道提供信息服务是否到位的重要标准。电视新闻频道的最大功能就在于能够最迅速、最及时地让观众听到、看到来自事件第一现场的真实细节，而直播是实现这一目标的最佳选择。

凤凰卫视资讯台在成立后不久，就赶上了震惊全球的"9·11"恐怖袭击事件。凤凰对"9·11"事件的成功报道，使得观众在关注事件的同时，记住了这个在第一时间发出声音的华语媒体。

2001年9月11日上午，凤凰卫视资讯台记者庞哲，像平时一样在曼哈顿的纽约华尔街股票证券交易所进行例行采访，当得知一架飞机撞上世贸中心后，她便在第一时间打电话到香港总部报告情况。值班的《时事直通车》主编刘荔接到报道后直接打电话给台长王纪言，并得到指示"马上组织播出"。几分钟后，中文台《时事直通车》插播了美国飞机撞上世贸中心的最新消息和现场画面，那时人们还不知道是恐怖袭击。随后，台领导决定停止正常节目的播出，凤凰卫视中文台和资讯台两台并机直播。主持人陈晓楠在接到电话后，只用了5分钟时间从住处跑到演播室，穿着牛仔裤没有化妆就上了主播台，一坐就是七八个小时。"对不起我没有化妆，请大家原谅，因为现在出现了一件很大的事。"这一句最真诚的道歉，带给观众的尽是感动。随后，凤凰卫视安排全球记者站的记者同时出动，调动台前幕后的工作人员、主持人轮番上阵，连续播出36个小时，为两岸三地的观众提供了有关这个世纪大新闻的及时而详尽的报道。据美国《时代周刊》描述："只有5年历史的凤凰对此进行了36小时的直播和连续报道。所有中国人都在寻找能够看到凤凰电视节目的朋友，许多大学生把他们的积蓄拿出来到宾馆租房间，因为这样他们可以看到全面的报道。"

在对"9·11"事件的报道中,因为凤凰同 FOX 新闻网之间有着合作关系,所以第一时间使用了来自美国 FOX 新闻网的画面。但是凤凰并没有单纯播出来自美国的画面,而是使用了"现场+评论"的直播模式,加入了中国媒体人作为第三者对整个事件的解读与分析。这意味着,在这个重大的国际事件中,凤凰代表华语媒体,发出了我们自己的声音。正如刘长乐所说:"我们记录了历史,我们见证了历史,我们改变了历史,我们推动了历史,我们将自己写入了历史。华语媒体对这个事件的报道,是它的声音第一次出现在大型国际报道中。我们的理想在'9·11'的报道中表现了出来,它体现了华语媒体的存在。"①不可否认"9·11"事件的发生是全人类的不幸,但是它却给了凤凰资讯台一个历史性机遇。凤凰紧紧抓住并利用了这个机遇,从而让自己获得了来自各方的关注和赞许,对这一事件的报道也成为凤凰资讯台成长道路上的一个里程碑。

如果说对"9·11"事件的直播报道,让凤凰卫视资讯台在国际舞台上崭露头角,那么对于美伊战争的报道则让凤凰资讯台在直播报道上大显身手;如果说"9·11"事件直播报道是个遭遇战,那美伊战争报道则是有备而来。2003年3月20日,美伊战争打响,这也是一场媒体之间的战争。凤凰卫视第一时间进入直播,在战争中这个华语媒体的活跃身影引人注目。3月18日,时任美国总统的布什向萨达姆发出48小时最后通牒,要求他限期离开伊拉克。此时,凤凰卫视行政总裁刘长乐集结资讯台、中文台等相关负责人开会,部署凤凰战事报道。在此之前,凤凰已派五路记者前往前线。"我们的报道要来自战场的最前线。"这是凤凰为这场战事报道定下的基本策略。19日,刘长乐向全体凤凰员工下达《紧急动员令》,成立战时报道指挥部,凤凰全面进入"备战"状态。20日上午10时48分,战争正式爆发,凤凰第一时间同步报道伊战爆发的消息,成为第一个进入直播的华人媒体。凤凰资讯台对战事进行了24小时报道,共持续了25天,长达506小时,创下华语直播纪录。这次报道,在华人观众中引起强烈反响,凤凰记者闾丘露薇作为战事爆发后第一个重返巴格达的记者,因其出色的战地新闻报道被称为"战地玫瑰"。她与同伴失踪近二十四小时后,突然出现在巴格达,"当她风尘仆仆的影像出现在电视画面上后,立即在观众当中激起了情感的热潮"。②这次直播再一次实践了"向华人报道世界的资讯,向世界发出华人的声音"这一理念,从此华语媒体在类似的世界大事件上不再缺席。

这是凤凰资讯台在成立之初的几年,在国际事件报道中为全球华人奉献的具有历史意义的直播报道。随着凤凰资讯台的不断发展,直播逐渐常态化,2010年,凤凰卫视资讯台进行了115次突发新闻直播和67次焦点事件直播,几乎每三天就有一次突发新闻直播或焦点直播,这打破了按部就班、平铺直叙的电视新闻播出方式。③直播,也

---

① 钟大年、于文化主编:《凤凰考:建构一个新传媒》,北京师范大学出版社2004年版,第142页。
② 吕宁思:《凤凰卫视新闻总监手记》,昆仑出版社2004年版,第114页。
③ 何亮亮:《香港卫视的新闻运营》,《电视研究》2011年第4期,第25页。

让"大事发生看凤凰"成为观众心中默认的共识。

2. 评论的力量——不断提升的言论影响力

在凤凰资讯台成立之前，台湾、香港已经有了多家区域性的、相对专业的、地方色彩很强的新闻频道，但这些频道很少关注全局性的新闻，不注重新闻评论或者很少有新闻评论，缺少走向世界的视野。

在凤凰卫视成立之初、资讯台还未创办之时，凤凰卫视就开始了自己的电视评论道路。1996年5月9日，北约飞机的导弹轰炸了中国驻南斯拉夫的大使馆，两位中国记者不幸遇难。由于事出突然，凤凰台在得知消息后迅速组织节目进行报道，直播也匆匆上马。在直播时，来自现场的画面资料也严重不足，更为重要的是国际态度和中国政府的态度并不明确，所以这要求凤凰必须有一个明确的观点作为主题来进行直播工作。此时，曹景行的评论就随着事件的进展出现在观众的视野中。在这次直播中，评论员第一次出现在中国的电视屏幕上，替代了以往直播中的空当和缺陷。曹景行由此树立了中国电视媒体中评论员的形象，参与开创了一种新的电视形态，他本人也被称为"中国时评第一人"。"从资讯台问世，频道就非常重视言论部分的比重。这一部分，我们在考察中有深刻的体验。新闻评论过去是港台新闻频道的弱项。华语媒体本身的话语空间是有限的，必须靠加强新闻评论节目拓展话语空间。"[①]在之后重大事件的报道中，凤凰为自己找到了新闻报道策略，即"人无我有，人有我优，人优我特"，更加重视在同其他媒体的竞争中站在自身的立场对事件进行多角度的解读，使得新闻报道因为具有媒体的鲜明个性和特点而更显深刻和与众不同。

除之前在大事件报道中注重评论之外，凤凰卫视资讯台逐渐推出具有鲜明特色的评论节目。这些评论节目面向受众，对当下时事进行独具特色的评论。目前，凤凰资讯台的评论节目共三档，分别为：《新闻今日谈》《总编辑时间》以及《时事辩论会》。《新闻今日谈》对突发的新闻事件和当下最热门的时政问题进行评说。在观众最关注的时候，及时快速地切中要害，做出分析与评论。让观众在看到事件表象的同时，把握错综复杂的关系，抽丝剥茧、旁征博引，点出问题本质，让观众洞悉事件的内幕和真相。《总编辑时间》是一档智能型新闻兼评论节目，深度和广度兼备，让观众透过评论员的眼光看世界，深度了解一天的重点时事。节目会选取国内外的珍贵镜头、外国通讯社的采访内容以及软性的娱乐新闻和趣味花絮，发掘其深层的意义，加入网络上特色小品、漫画、图片、当日经典新闻画面、新闻人物和警句等，有需要时还会以电话或视像连线的方式随时插入最新消息，务求奉上鲜活的社会信息。《时事辩论会》则旨在通过辩论让事实越说越清，真理越辩越明。在场内激辩的同时，随时加入争论，让观点在节目中碰撞。这些评论节目中的评论员，对当下时事和热点问题进行别具特色的个人解读，让观众在满足了基本新闻信息需求的同时，感受到思想碰撞所产生的力量。"评论是新闻的最高台阶，它起到一种灯塔般的导向作用"，在这种导向之下，

---

① 张林等：《大事背后》，中国和平出版社2005年版，第23页。

华人逐渐学会用更为理性和客观的视角和更为广阔的国际视野来分析时事。

（三）浓厚的人文情怀

默多克曾经在 Star TV 在中国失利后总结说："我们所得到的教训是，只是单独播出好莱坞制作的英语节目已不再足够，让我们致力于观察此地区中不同文化的细微差别。"一个不能体察和表现所处地区文化的媒体，一定不会在那个地区自然成长。

香港特殊的地理位置决定了凤凰卫视多元的文化背景，其所设立的"两岸三地"受众群，也决定了它必须要为生活在不同文化背景下的受众提供符合各自文化价值取向和评判标准的新闻节目。这就要求凤凰卫视必须具备浓厚的文化气息和多元的文化视角，还要使得多元文化融合在一起，推出更有人文气息的作品。正因为如此，凤凰台的命名以及 Logo 的设计，都充分考虑到了东西方文化的融合。凤凰在中国是吉祥的象征，凤凰卫视的台标由两只凤凰组成，代表着东西方，两只鸟的尾巴朝外呈弧形打开，呈现出开放的姿态。整个台标的核心是一个"和"字，这是中华文化的核心理念之一，也是世界发展的共同追求。

凤凰卫视十分注重对不同文化的探寻与解读。1999 年，凤凰卫视就推出了"千禧之旅"大型活动，摄制组驾驶五辆吉普车穿越十多个国家，走进四大文明古国进行文化探索之旅。2000 年，继"千禧之旅"后，举办了"欧洲非常之旅"大型采访活动，从希腊启程，途经 26 个国家，历时五个月进行采访和报道活动。2003 年，凤凰卫视同央视合作举行大规模的电视行动《走进非洲》。这些节目，带领观众领略了不同文化的风情，同时也给凤凰卫视注入了更多元文化的色彩。

凤凰不仅热衷于组织大型文化探寻活动，还注重在日常播出的节目中体现人文色彩。无论是"9·11"事件，还是美伊战争，以及后来的"非典"报道，凤凰都注重在对不同文明的探索中，将镜头对准不同境遇的人群，强调人的尊严和人的价值。这让凤凰所做的节目拥有了深厚的人文精神和丰富的人文关怀。刘长乐曾说："我们在寻找中国发展的新视觉的时候，我们应该在我们的旗帜上写上发现人的价值，尊重人的价值，张扬人的价值。人的权利至上，人的价值至上，在我们的节目中成为我们最基本的理念，是我们的节目赢得了全球华人的关注和赞誉的关键之所在。"①

凤凰卫视自建立伊始到现在，对多元文化的关注和探索，构成了凤凰资讯台新闻报道的一大特色。在资讯台的新闻报道和节目制作过程中，记者和编辑更注重新闻产生地的文化要素，更关注新闻事件中的个体人物。在国内、国际事件的报道中，更加注重在发出华人自己声音的同时将中华文化传向世界。

（四）成熟的运作模式

凤凰资讯台是凤凰卫视的频道之一，它的运作模式自然是由整个公司的运作模式所决定的。因而，分析凤凰资讯台的运作模式，实际上就是剖析整个凤凰卫视的整体运作。凤凰卫视地处香港，由于实行不同于大陆的社会制度，因而商业化发展得更为

---

① 钟大年、于文华主编：《凤凰考：建构一个新传媒》，北京师范大学出版社 2004 年版，第 36 页。

充分。凤凰卫视在香港生根,就必须要实行市场化运作,按市场规律办事。作为一家商业电视机构,商业化的运作机制决定了凤凰卫视自身追求的是低投入高产出,讲求投入产出效益,因而制定了"内部以财务为中心、成本核算为先导,外部以受众为中心"的发展道路,实现社会效益和经济效益的双丰收。

1. 基于市场规律的企业定位

作为一家商业化的电视台,凤凰卫视在成立之初就注重基于市场分析进行企业的总体定位。凤凰卫视将创办地点选在香港,让自己在竞争白热化的国际媒体和华语媒体市场中,成功地抢到了属于自己的领地。在这块领地上建立起来的凤凰卫视背靠大陆,以"两岸三地"华人圈作为主要受众群体,并放眼全球。这种市场定位,突破了诞生地香港的狭小区域限制,不仅仅将中国大陆这个未充分开发并且有着巨大潜力的市场涵盖其中,更因为强调全球视野而将市场扩展至全世界。在建立之初,凤凰卫视也充分考虑到不同市场所具备的特殊性,并整合各种特殊性做出将其建立在香港的决定。凤凰卫视在筹备之时就决定要拉近全球华人的距离,这不得不要求自身要放眼世界,具备全球视野。90年代的中国大陆还不具备能够允许一个具有全球视野的媒体健康成长的社会环境,但是却有着凤凰受众规划中最为庞大的受众群。既要有一个市场化发展充分的社会环境,又要争取最多数量的华人受众,还要成为具有国际竞争力的华语传媒,因此凤凰卫视建址的最佳选择便是香港。它可以连接两岸三地,又能够辐射全球。凤凰卫视这种从点到面的市场扩展规划,是作为一家企业进行商业化运作模式最直接的体现。

凤凰卫视依据自己的定位,在节目内容取向以及表现形式上,都力图体现一种文化大荟萃、大融合的图景。凤凰资讯台的创办,就是凤凰走向世界,积极参与国际媒体竞争的实践。作为24小时不停播的电视新闻频道,凤凰资讯台实时播放来自全球各地的新闻与财经资讯,在第一时间为大家带来国内国际上的新闻资讯和独特视角的新闻评论,这充分体现了凤凰卫视放眼全球积极参与国际市场竞争的企业定位。

遵守商业电视台的生存规则一直是凤凰卫视奉行的原则,商业电视台的生存规则就是要盈利。经济利益一直是悬于凤凰卫视头顶的一把"达摩克利斯之剑"。这一点从一条铁律——如果半年内没有广告支持就可能"撤销栏目"——上可窥见一斑。①

2. 面面俱到的专业包装

对于电视节目而言,最直接的目的是引起观众的注意力,而注意力的吸引不仅仅要求有高价值的信息,还需要有适合自身风格的包装。包装不是撒谎或夸大,而是把事实用更易于让受众接受的方式整理和传递出去。② 在这个讲究信息包装的时代,没有包装的观点很难被人接受,它已经成为除产品之外的另一项主要竞争力。

凤凰卫视在成立之初就十分注重整体包装。为了确立一个符合电视台定位的台标,

---

① 马立诚、胡百精:《凤凰魂——凤凰卫视精神追求》,中国友谊出版公司2006年版,第163页。
② 麦楠、王多多、张林:《凤凰术——凤凰卫视企业文化》,中国友谊出版公司2006年版,第157页。

专门到美国花 50 万美元让设计师设计了现在的台标（图 6-4）。两只凤凰盘旋飞舞极具东方特色，尾朝外弧形打开寓意对外开放，中间一只眼睛注视全世界，整个台标设计得雍容、大气，又不失国际范。同样，这个昂贵的台标也很快帮助凤凰打响了品牌。这个寓意着融合、开放和沟通理念的台标，不仅很快赢得了两岸三地华人的喜爱和信任，还在国际传媒界拥有了较高的关注度。

图 6-4 凤凰卫视台标

  凤凰卫视资讯台在成立之初，高层在世界范围内进行了仔细考察，在探访过多国的电视台及新闻频道后，他们对东西方新闻频道的设计和包装进行了仔细研究。最终凤凰卫视资讯台借鉴了世界知名新闻频道的内涵，同时也借鉴了他们的包装。比如资讯台的整体背景设计采用了同 CNN 相似的海蓝色，台标设计则是在中文台明黄色的台标旁增加了一个蓝色的地球图案，总体看上去就如同一双炯炯有神的眼睛，注视着全世界。

  凤凰卫视特别注重对频道和节目的包装和宣传，从凤凰卫视开播开始，就制作了各种宣传频道、节目、主持人的片花或广告片，并且在合适的广告时段穿插播出、循环播放。"凤凰每个小时的节目中，都会不时播出几段具有极强视觉冲击力的凤凰宣传片，一方面使得节目播放更有节奏感，符合观众的收视习惯，另一方面借机强化自我宣传效果，自己给自己做广告。"① 另外，凤凰卫视在重大事件的报道中也不忘进行自身包装，如在美伊战争报道中，凤凰卫视记者闾丘露薇刚刚到达第一线，凤凰就将她风尘仆仆在战地报道的画面做成宣传片反复播放。另外，凤凰还注重从人文关怀的视角来进行包装。如在伊拉克战争中，宣传片——《一个伊拉克小姑娘的日记》里播放的电视画面：刻在古巴比伦断墙的古诗、伊拉克人与英国士兵一起踢足球等，这些选题和镜头都充满了人性的力量，具有浓厚的人文气息，从而更容易引起观众的共鸣和思考。这种方式使得凤凰卫视具有较强的识别度，增强了观众的记忆深度，无疑是一种潜移默化且成效显著的宣传。

  凤凰卫视对主持人的包装最为突出，这对凤凰卫视整个台的宣传和推广功不可没。刘长乐在接受访问时指出，凤凰的一个重要策略就是大力树立名牌主持人，"我不怕

---

① 麦楠、王多多、张林：《凤凰术——凤凰卫视企业文化》，中国友谊出版公司 2006 年版，第 166 页。

他们出名，我们就是要全力让主持人出名。这是树立凤凰品牌的重要策略，也是凤凰开拓市场的重要策略"。因而，凤凰卫视非常强调名主持人的培养和"明星效应"的发挥，而事实也证明，这是凤凰诸多包装术中极为成功的策略。

1997年，在第九届全国人民代表大会闭幕后的记者招待会上，新任总理朱镕基点名凤凰卫视吴小莉提问，并表示很喜欢看她的节目，使得吴小莉和凤凰卫视名声大噪。凤凰卫视也借机对这一活动进行了反复的报道和宣传，并及时推出为吴小莉专门开办的栏目《小莉看时事》。这档节目主持人被摆在很重要的位置，它充分利用了主持人吴小莉的明星效应和话题效应，节目收视率迅速上升从而成为凤凰卫视的一档名栏目。通过这一策略，凤凰卫视推出了陈鲁豫、刘海若、许戈辉、曾子墨、窦文涛等一批优秀的主持人，每一位主持人都有自己鲜明的风格，这些风格满足着不同品位和需要的观众，因而他们都成为凤凰卫视最有活力和号召力的名片。凤凰卫视对主持人的包装很是讲究，明星培训和制作有强大的专业化包装队伍在支持。在它的组织体系里，专门设置了一个为节目和主持人服务的宣传设计部，专业人员按照成熟的市场化操作方法来协调节目和主持人的宣传推广。①所以在专业和全面的包装下，凤凰卫视涌现出了一批让观众耳熟能详和喜爱的明星主持人，在这些明星主持人的号召下，发挥主持人品牌效应，不断实现品牌的增值，同时开发出了新的节目形态。

3. 品牌的塑造与维护

包装的目的是为了通过包装所产生的影响力来塑造和维护一个品牌。在资讯发达的今天，一家企业必须付出超乎寻常的努力才能博得人们注意。品牌角逐超越了管理、人力、技术、资金等，成为企业核心资源。②品牌是一个企业的生命，是电视频道、电视栏目的生命，当传统的以节目为核心的竞争方式在现今激烈的市场竞争面前显得无力时，塑造和维持电视媒体的品牌至关重要。因为品牌所携带的无穷力量，足以超过一切人才、技术、资源等有形资产之和。

"凤凰的核心竞争力就是'凤凰'这两个字。凤凰这个品牌是理念、节目、技术、人才、管理等多种优势元素的集合体，它比其中任何一个元素都更具持久性和稳定性，更具生命力和影响力。"③凤凰卫视注重通过对频道、节目、主持人的包装来形成一定的影响力，通过将各种影响力汇聚到一起，便形成了凤凰卫视的品牌。凤凰卫视在创立之时就宣布以"拉近全球华人距离"为办台宗旨，肩负着发出华人声音、沟通两岸三地、弘扬中国文化三重使命，以争夺华人话语权为奋斗目标，力争成为最具影响力的华语媒体。这样的办台理念在一开始就赋予自己一种使命感，这种使命感代表的是整个华人世界的心声，因而本身就形成了一种品牌的力量。

利用明星效应来提升品牌知名度和影响力是凤凰卫视的策略之一。凤凰卫视有着

---

① 钟大年、于文华主编：《凤凰考：建构一个新传媒》，北京师范大学出版社2004年版，第94页。
② 马立诚、胡百精：《凤凰魂——凤凰卫视精神追求》，中国友谊出版公司2006年版，第165页。
③ 麦楠、王多多、张林：《凤凰术——凤凰卫视企业文化》，中国友谊出版公司2006年版，第221页。

名的"三名"策略,即"名主持、名评论员、名记者"的加工厂,通过专业的包装团队所打造的明星媒体人成了凤凰卫视的"活招牌"。凤凰卫视将这些明星推向台前,不仅增强了在观众心中的影响力,更带动了整个节目、整个频道乃至整个电视台的品牌影响力。凤凰卫视还非常注重通过打造精品节目来塑造品牌。凤凰资讯台作为专门提供新闻资讯和新闻报道的电视新闻频道,特别注重在提供新闻资讯服务和重大事件的报道中提升自己的品牌影响力。2001年的"9·11"事件,凤凰资讯台的出色直播让凤凰深入人心;美伊战争中,首个进入战区的华语媒体记者,被誉为"战地玫瑰"的闾丘露薇至今让人印象深刻;"非典"报道中,全程关注"非典"疫情动态的凤凰记者们还在感动着大家;凤凰卫视的节目组一个个不同的文明之旅带给大家多彩的文化感受。一次次基于人文地理探究的走读活动,如"凤凰之旅"系列,一场场基于视觉与时尚冲击力的选美活动,如"中华小姐环球大赛",都成为凤凰卫视的主打品牌。另外,当前的评论性节目《新闻今日谈》《总编辑时间》《时事辩论会》仍然是在观众心中叫好的节目,评论员们所提出的评论也是诸多观众思考和判断的重要参考。凤凰卫视还注重通过各种公益慈善活动、自我宣传和公关造势,这些都是形成凤凰卫视品牌力量的重要组成部分,也是维护品牌影响力的重要支撑。

(五) 不竭的创新脚步

现今,媒体之间进行传播的竞争主要集中于创新上,一个媒体如果能在传播范式上开拓创新,便会具有相对突出的竞争优势。创新,是一个企业的生命。凤凰卫视作为一家商业媒体,要在激烈的国内国际媒体竞争中保持自己的优势地位,就必须要永不止步地创新。"传播范式的创新主要包括三个方面:传播模式的更替、传播技术的改进和传播策略的权变。"① 对于作为电视媒体的凤凰卫视而言,这三个方面对应的便是电视节目内容与传播方式的创新、传播技术的改进和电视传播策略的侧重。

凤凰卫视在成立之初,仅仅是一个县级台的规模,人力、物力、财力都无法同其他电视台相比,用他们自己的话说就是要"开荒"。"开荒"只能从节目开始,只有制作出有影响力的节目,才能形成有影响力的品牌。所以《时事开讲》在初创时原本是安排在基本没观众看的晚间11点之后,但就是这个原本在领导看来仅仅是让曹景行上来给大家催眠的节目却在后来成为中国最昂贵的午夜节目之一。开办这个节目纯属一次偶然尝试成功之后的顺水推舟。科索沃战争期间,中国驻南斯拉夫大使馆被炸事件激起了全球华人的强烈不满,凤凰卫视在事件发生之后紧急调动全台总动员,推出了《中国人今天说不》的系列节目。在这个节目中,首次在直播中启用评论员曹景行,对事件进行实时和深入地解读,这种在节目中直接插入评论的节目形态随之在中国媒体行业引起了广泛反响,从而开发出在午间时间段专门为评论员量身打造的时事评论性节目《时事开讲》,并且成为当今电视评论节目的典型模式。

《凤凰早班车》引起的轰动效应可以说也是凤凰进行传播模式创新的一个成功案

---

① 钟大年:《香港内地传媒比较》,北京广播学院出版社2002年版,第331页。

例。1998年4月1日，观众们新奇地在早上7点发现了凤凰卫视的一个新颖的新闻节目，这个节目是一档报摘性质的消息汇总栏目，信息密集，节奏明快。更为重要的是，节目中所提供的所有新闻，都是由主持人陈鲁豫以通俗的口语说给大家听。刘长乐曾经评价说："早班车的特色，就是把电视、广播、报纸、互联网集中在鲁豫的一张嘴上。"这种"说新闻"的方式使节目在大众传播中获得了人际传播的效果，增强了信息传递的对象感和交流感，强化了节目的传播效果和亲和力。该节目的创办，是基于传媒激烈竞争环境下争夺资讯早间时空的一次尝试，同时也弥补了凤凰卫视没有早间新闻节目的不足，拓展了凤凰卫视新闻节目的框架类型，成为节目创新的一个重要环节。除了《时事开讲》《凤凰早班车》，后来陆续推出的由主持人窦文涛和两位嘉宾天马行空、无所不聊的《锵锵三人行》；将废物重新利用，用娱乐解读时代的《娱乐串串烧》；主持人一身传统马褂、一杯茶就开始高谈阔论的《有报天天读》，这些都是凤凰卫视陆续创新出的新节目，这些节目打破了以前的条条框框，用新颖的方式呈现在大家面前，看似冒险的举动实则充分利用了不起眼的时段和主持人资源，结果获得了广大观众的一致认可，从而成为凤凰的一大品牌，极大地增强了凤凰卫视的影响力。

传播技术的改进，是凤凰卫视致力于全面创新的一个重要方面。凤凰卫视从一开始就注重对新技术的开拓和利用。1998年，在凤凰卫视建台仅两年之后，就决定成立致力于发展凤凰互联网业务的凤凰网。凤凰网的最初定位还只是凤凰卫视的官方网站，网站上只有对主持人的介绍、相关节目的介绍，到了2000年才开始将凤凰卫视的部分节目内容上传到凤凰网网站。随着互联网的不断更新与普及，凤凰卫视作为一家传统媒体敏锐地察觉到自身的发展和改革方向，于是在2005年做出重大决策，凤凰卫视要有一个重要的战略性转型，即发展新媒体。之后的凤凰网开始作为一个独立的媒体而存在，下设宽频、凤凰移动业务，并且不仅自己有独立的节目制作团队，还形成了一个以新媒体为核心的产业链模式。现今，以"主流门户，中坚力量"为口号的凤凰新媒体已经走过了十年的发展道路，成为全球排名第三位的媒体网站，成为凤凰卫视产业经营的重要部分，也成为凤凰卫视与时俱进、不断探索新型传播技术和传播模式的重要见证。

凤凰卫视的创新还表现在自身的传播策略上。凤凰卫视在建台之初就注意避开同其他相关媒体在有关资源和实力方面展开对抗，而是利用对市场进行的调查研究分析，通过对形式变化的及时反应和对已有资源的组合调度来实现同其他媒体的竞争。它用"东西南北大荟萃"的文化大融合赢得了两岸三地乃至全球华人，在华语媒体乃至国际媒体中赢得了自己独特的生存价值。凤凰卫视注重对现有资源的多重利用，比较重视内容的"另类选择"和新闻取材上的"拾遗补阙"。与大陆大媒体相比，凤凰卫视的竞争优势就是其海外背景和国际资源，这个特点为凤凰打开了一扇窗，可以向内地提供"你无我有"、"你有我变"的新闻信息。同时，由于大陆媒体的新闻传播有一定的程式，在报道内容、方式上会受到一定的限制，所以凤凰卫视可以通过对一些重大事件的另类选择和独特解读，为大陆观众提供耳目一新的新闻报道。如在香港回归的直播报道中，中央电视台和国内电视媒体由于宣传任务和报道纪律的要求，侧重于向观众讲解回归的重大意义和影响，重点展示报道活动的大场面和领导人的情况，而凤凰卫视则把自身有限的力量集中于报道社会层面，尤其是香港普通市民对香港回归的心情和见解。凤凰卫视在报道重大事件或者节目制作过程中，注重对信息资源的拾遗补阙，将其他媒体或者自己已经播出过的信息进行重新整合，用一种新的节目形式和新颖的讲解方式面对观众，不是对信息的呆板重复，而是让观众惊叹的奇妙组合。如以"资讯产生焦虑，何不娱乐处之"为口号的《娱乐串串烧》便是将他人视为过期、作废或者当成垃圾扔掉的信息进行重新整理和资源整合，以不同的角度和立场去解读，使其又产生了新的价值。

刘长乐曾经在接受采访时说："我最大的爱好就是求新。这不是具体的爱好，是一个价值取向的问题，更希望攫取新东西。一个做媒体的人如果不知道什么是最新的，这怎么行呢？"事实证明，一个将创新作为核心追求的媒体，才能在日益白热化的市场竞争中善于用最低的成本创造出最高的价值，在激烈的市场竞争中保持和创造自身的特色和优势，才能引领整个传媒业的发展方向。

二、困惑与挑战

凤凰卫视在刚刚开台之时，刘长乐曾经在全体管理人员会议上提出了凤凰发展的宏图，并发出了凤凰卫视要在三年内实现收支平衡，第四年上市，要在三年内成为除CCTV外最具影响力的华语电视台的壮语。虽然在当时被人们看作是痴人说梦，但是三年后凤凰真的实现了最初的诺言。凤凰开播仅三年，就入选中国最知名的20个企业品牌；开播四年，在香港联交所创业板成功上市；开播五年，推出第一个覆盖两岸三地的24小时中文新闻频道；开播十年，年财政收入超过12亿港币，在全球拥有近千名员工，电视观众超过两亿；开播十六年，经营收入已超过36亿港币，凤凰卫视也已发展成为一个多元化经营的集团公司，成为进军中国市场的海外媒体中最有影响力的媒体，并在全球性的媒体竞争中确立了自身的特殊优势和有利地位。然而不容忽略的是，凤凰卫视现在所面临的国内、国际传媒发展和竞争环境同建台之初相比，已经大相径庭。三网融合和全媒体时代的到来早已打破了以往电视媒体固有的运营和竞争模式，观众对媒体内容欣赏口味的快速变化推动着媒体必须不断地进行自我推翻与变革。这些都促使凤凰卫视对自己原有的运作机制和理念进行调整和重新定位，也让凤凰卫视不得不直面由此而产生的困惑和挑战。

（一）优势空间缩小

凤凰卫视因为落地香港而具有独特的地理优势，不会受到大陆方面对媒体的政策性限制。香港发展充分的商业经济为凤凰卫视的商业化运作提供了与之相契合的市场环境和社会环境。它将目标受众定位为两岸三地乃至全球华人的华语媒体,并且肩负起了传播中华文明的神圣使命,让自身的传播更能获得全球华人的认同,从而更加具有号召力和影响力。这些优势曾经让初出茅庐的凤凰卫视在几次大的突发事件直播和重大事件报道中崭露头角,成为在国内和国际上有影响力的代表性华语媒体。但是,随着后来大陆方面对媒体有关政策的调整,大陆市场经济的快速发展以及内地中央级媒体和地方媒体在正确的发展战略引导下的强有力竞争,使得凤凰卫视最初的优势空间大为缩减。

1. 不断开放的传媒政策

2002年,中共十六大明确了整个文化体制改革的方向和目标。传媒产业对内开展体制改革,积极推动企业化转型;对外拓展投资空间,开放的力度不断扩大。2003年,国家广播电影电视总局出台《关于促进广播影视产业发展的意见》,《意见》提出要面向市场,按照现代产权制度、现代企业制度的要求,深化经营产业体制改革。广播电视要面向市场进行企业转制和重组。中央决策直接推动了媒体的改革,中国媒体在之后的报道中有了很大的变化。另外,媒体新闻理念和报道的侧重也有了很大的变化。从抗击"非典"开始,中国高层逐渐意识到信息公开透明的重要性,对于负面的新闻事件不再是简单的短片通报或不报,而是通过报纸、电视、互联网所有的传播媒介及时地传播最新进展,向公众传达抗击"非典"的相关细节。在温州"7·23"动车事故、北京"7·21"暴雨事件等事故报道或灾难性报道中,媒体充分发挥舆论监督的重要作用,敢于在报道中直面问题并深层次剖析事故发生的原因,问责相关单位和责任人,并将人、人性作为报道的核心,在客观、准确地分析问题的基础上向公众传播正能量。大陆传媒政策不断开放,曾经在传媒领域存在的诸多"禁区"也在逐渐地被打破,在外媒看来大陆市场所具备的特殊性和神秘性逐渐褪去,媒体的言论空间进一步扩大,言论的自由度不断增加。这些内地媒体政策和传媒现状的变化,让凤凰卫视在香港经营而具备的先天政策优势不再明显。

2. 不断加快的市场化进程

在《关于促进广播影视产业发展的意见》中提道:"逐步放宽市场准入,吸引、鼓励国内外各类资本广泛参与广播影视产业发展,不断提高广播影视产业的社会化程度。允许各类所有制机构作为经营主体进入除新闻宣传外的广播电视节目制作业。"由此一来,中国传媒市场逐渐向民营资本和外资开放。有了民营资本和外资的市场参与,传媒领域的市场化将会程度越来越高,媒体更加注重对有效资源进行合理配置,通过发展经营业务实现利益的最大化。

(二)外部竞争激烈

凤凰卫视在开办初期的表现让自己在传媒界一枝独秀,出色的报道和企业经营影响了整个中国传媒市场,在国际传媒领域开始崭露头角,为自己打出了一片广阔的天地。但是不可否认,凤凰卫视仍然受到内外压力的双重夹击。在全球传媒领域,西方传媒如CNN、FOX、BBC等老牌传媒巨头仍然在国际上把持着不可撼动的领头地位,它们较为成熟和科学的经营模式和新闻采集、传播机制,雄厚的人力、物力、财力支撑,覆盖全球的信息传播网络和受众群体让其他的地域性传媒难以望其项背。在国内,凤凰卫视所形成的凤凰现象鼓舞了后来者,凤凰卫视独特的理念和模式开始成为其他媒体竞相模仿的对象,一时间各种模仿甚至抄袭涌现荧屏。尽管在当时这些模仿行为表明媒体的创新还不够成熟,但是这也是其他媒体开始思索在传媒市场化越来越充分的情况下如何取得自身优势和保持竞争力的开端。因而,凤凰在创造了一种让人为之振奋的凤凰现象之后,也拉开了国内媒体间新一轮的竞争大幕。

1. 难以撼动的外媒鼎足之势

凤凰卫视以全球华人为定位,以华人视野放眼全球,力求打入国际主流媒体市场。但是不可否认,现在仍然是英语大行其道的时代,尽管随着中国国际影响力的逐步提升,华语及华语传媒的地位不断受到重视,但是凤凰卫视想要真正地融入世界传媒的主流体系,仍然面临着来自东西方区域内强有力的竞争者带来的压力。

在西方传媒领域,CNN、BBC、FOX等几家传媒巨头仍然牢牢掌握着欧美传媒市场,经过多年的发展,它们已经在全球观众心目中形成了具有强大号召力和影响力的品牌效应。而凤凰卫视还没有形成可同它们相匹敌的全球网络,因而很多国际新闻节目还须依靠与西方传媒的合作关系来获得,所以凤凰卫视在欧美市场的发展还不能对西方传媒巨头形成较大的威胁。除此之外,凤凰卫视最重要的亚洲市场也面临着越来越激烈的竞争。凤凰卫视的主要重心仍然是在华语市场,但是近些年来,西方传媒也不断地加强了在亚洲市场的投入,展开了同凤凰卫视在亚洲市场的争夺。

以CNN为例,其在亚洲市场实施本土化发展战略之后,在全球化进程中日益注重节目的本土化,极力淡化政府的官方色彩,并在内容方面向本土化转向。CNN还注重加强在亚洲地区的新闻报道,在香港、东京、北京、首尔等处均设有分社,及时将亚洲时事信息传送到世界各地,还通过在香港的制作中心,制作集中探讨亚洲时事和社会问题的节目。除CNN之外,其他的传媒巨头也都相继加强了对亚洲的投入和关注,通过分布在亚洲的分社或记者站及时搜集和发布发生在亚洲的新闻。它们不断强调自身同亚洲市场的文化契合,也注重从本土出发,加强地方色彩。这让原本具备这些优势的凤凰卫视不再独一无二,也让早已形成的几大西方传媒的鼎足之势难以被撼动。

2. 被唤醒的中央电视台

凤凰卫视行政总裁刘长乐在拿凤凰卫视和中央电视台做比较时曾说:"在机会均

等的情况下，中央电视台是一头狮子，我们是猫，原来这头狮子睡着，现在已经基本上完全醒过来了。"①在凤凰卫视资讯台未正式建立之时，中央电视台已经在筹备电视新闻频道的创立工作，只是没想到让凤凰卫视捷足先登。2003年1月，凤凰卫视资讯台获国家广电总局正式批准在中国境内按境外媒体管理方式有限度落地，在此之后的5月1日，中央电视台新闻频道迅速浮出水面，亮相央视。央视新闻频道的开播，标志着央视向国际化大媒体的发展目标迈出了坚实的一步，同时也意味着这头在内地一直睡着的狮子终于意识到了外来的危险信号，开始警觉并开始了一系列行动。

"9·11"事件当天，中国观众唯一可以找到的全面详尽的消息来源，就是直播中的凤凰卫视。在对这次灾难事故的报道中，凤凰卫视抢占先机成为见证历史的首家华语媒体。而反观中央电视台，当天有关"9·11"事件的报道却散见于几条消息中，这招致了全国观众的强烈不满和批评，甚至有一位观众直接进入央视工作区怒气冲冲地直面责问白岩松为什么在这么大的事情发生时没有看到他的影子。"9·11"报道的缺失让央视一时成为众矢之的，因而在之后到来的"伊拉克战争"报道中，央视做了充分准备，力图打个翻身仗。在"伊拉克战争"报道中，凤凰卫视和中央电视台短兵相接，纷纷投入全部精力打这场新闻战争。中央电视台采用长时间的直播方式，向前线派送记者带回最新消息，邀请军事专家和国际问题专家在现场进行实时点评，并动员CCTV-1、CCTV-4、CCTV-9三个频道直接为战事报道服务。在这场战事的报道中，凤凰和央视各有所长，而央视的脱胎换骨让大家眼前一亮。据当时的数据调查显示，中央电视台在广州地区的收视份额提升了14倍，达到20.50%，超过了凤凰卫视。央视全天候的滚动式报道和现场直播，直接带动了收视率的大幅上升。央视-索福瑞媒介研究有限公司调查显示，在3月20日至23日，一套、四套、九套节目的收视份额较平时提升了400%。在之后的诸多重大事件直播报道中，中央电视台都投入了大量的精力来完成报道任务，并受到了观众的一致认可。

2009年，中央电视台启动全面改革，这次改革以新闻频道为试点，"对新闻报道进行改版，增加了直播、突发事件报道、重大事件报道及新闻评论的力度，以全方位、高密度的新闻报道，突出其新闻资源的定位"。②近些年日渐成熟和完善的报道机制让中央电视台再次彰显了其作为中央级媒体的能力和地位，也让凤凰卫视感受到来自内地中央级媒体的竞争压力。

3. 后来居上的地方电视台

凤凰卫视的竞争对手不仅仅是被唤醒了之后精神焕发的央视，还包括后来居上、劲头十足的地方电视台。这些后起之秀在发展的过程中，逐渐找到适合自身发展的特

---

① 刘长乐：《在深圳广告工作会议上的讲话》，2003年2月18日。
② 简承渊：《"凤凰"飞行11年后的思考》，《中国记者》2012年第6期。

色道路，并且在各自专注并擅长的领域做出了较好的成绩，在一定程度上分流了凤凰卫视较为集中的受众和市场。

在大陆媒体中，中央电视台毫无疑问具有各种无可比拟的优越性，地方电视台根本无法与之匹敌。由于央视的垄断无法被完全消除，各地方电视台只能不断寻找新的途径、频道定位和发展道路。如湖南卫视主打娱乐牌，在全国早已形成了湖南卫视娱乐称霸的观念；海南卫视主打旅游牌，已经抹去地方色彩成为全国第一个专业旅游卫视频道，等等，这些地方台中，以新闻为主要发展方向并且能够与中央电视台新闻频道和凤凰卫视资讯台一争高下的当属上海东方卫视。上海东方卫视是中国第二大传媒集团——上海文广新闻传媒集团（SMG）的旗舰频道，是目前中国最具价值、最具影响力的卫星电视机构之一。2003年10月，东方卫视开播，全天24小时播出，是覆盖中国城市地区最广的省级卫视频道，同时也是中国播出新闻直播量最大的省级卫视，同时东方卫视还在美国、日本、澳大利亚、法国及澳门等海外地区落地，成为一个面向全国、辐射海外、充满青春活力和国际视野的开放式卫视平台。东方卫视坚持以新闻为骨，铸造媒体脊梁，注重在节目中体现"新闻个性、文化追求"的内在精神。2011年6月20日，上海东方卫视新闻节目进行全面改版，此次改版坚持并强化"新闻立台"观念，共有七档新闻资讯节目，其中四档直播节目和三档新闻专题节目，为观众提供多角度、全方位的新闻信息。东方卫视找到了一个独具价值的突破口，"央视是谁在说，凤凰是说什么，东方卫视则是怎么说"。① 它独特的定位和新闻运作方式让它比境外机构更权威、更有活力，比央视更多元、更具亲和力。

这些地方电视台的发展壮大，对凤凰卫视构成了一定程度的威胁，它们凭借独特的定位和发展模式日益显现出强大的竞争实力。

4. 日新月异的新媒体

继被称为"第四媒体"的网络之后，被称为"第五媒体"的新媒体迅速发展壮大。新媒体利用数字技术、网络技术、移动技术，通过互联网、无线通信网、有线网络等渠道以及电脑、手机、数字电视机等终端，向用户提供信息和娱乐。这种以数字信息技术为基础，以互动传播为特点，具有创新形态的媒体正在快速消解着传统媒体（报纸、广播、电视）之间的界限和影响力，同时正在逐步改变着大众获取信息的方式，并促使电视已经不再是人们获取视频内容的唯一渠道。中国大陆互联网竞争格局中，搜狐、网易、新浪、腾讯等几家商业网站和人民网、新华网两家官方网站都成为凤凰新媒体的重要竞争对手。各大网站的新闻资讯发布都越来越及时和全面，新闻专题节目的制作更加有深度和创新点，博客、播客、微博的广泛利用让信息的发布更加强调现场感和同步性，手机电视、移动电视等新闻信息的接收端更加大众化和智能。随着我国互

---

① 钟大年、于文华：《凤凰考：建构一个新传媒》，北京师范大学出版社2004年版，第256页。

联网的快速普及和不断升级，依托互联网而发展起来的新媒体把电视等传统媒体推到了生存和发展的关键时刻。凤凰卫视一直很注重自己的凤凰新媒体建设，1998年就开设了凤凰卫视的网站凤凰网，后改为凤凰新媒体，2006年10月成功上线。经过精心策划和筹备，最终确立了以凤凰网、凤凰移动传媒和凤凰宽频三位一体的跨媒体联动传播体系。尽管凤凰卫视新媒体的创立和发展整体而言较有成效和竞争力，但是电视媒体发展新媒体应该时刻注意抓住机遇，发挥自身的核心竞争力，更好地投入到新媒体的竞争中去。从一个电视媒体向新媒体方向发展不仅仅是发展方向的改变，更包括产业链战略、媒体融合战略、内容开发战略、人才培养和品牌维护战略等多个方面的调整，这都对凤凰卫视的新媒体探索提出了挑战。

这是一个最坏的时代，这个时代里所发展起来的各种新生力量和非确定性的因素让媒体变得不再主动，让它们在经历过辉煌过后陷入突然袭来的各种压力和困惑；这是一个最好的时代，这个时代所滋生出的新事物和新竞争孕育出的新生力量裹挟着媒体不断前进，在压力中更加清晰地认清自身的定位，并推动永不止步地优化和创新。

第七章
中央电视台新闻频道：后起的国家级强势华语媒体

第一节 央视新闻频道的开播

进入21世纪以来，世界各国之间的竞争日趋激烈，不仅表现在经济、军事、文化、政治等层面的博弈，对于新闻资源的争夺和舆论话语地位的把握也非常重要，而专业新闻频道的建立，正是适应时代需要的产物。世界上第一个专业新闻频道CNN成立至今已有三十五年的历史，在激烈的媒介竞争环境下，世界各国纷纷建立专业新闻频道并积极争夺舆论主导权。作为世界第二大经济体的中国，专业新闻频道的成立无疑是众望所归。2003年5月1日，央视新闻频道开始试播，这标志着中国大陆有了自己的国家级电视新闻频道，也表明我国新闻传播事业进入了一个全新的发展阶段。

2003年5月1日早晨6点，罗京、李瑞英、白岩松、敬一丹四位主持人宣读了新闻频道开篇辞。开篇辞中简明扼要地提出了新闻频道的宗旨、方针和定位：新闻频道的目的是"为广大电视观众更快、更多、更全面地报道新闻"。新闻频道的宗旨是"与世界同步，中国电视人只有创造出屹立于世界、具有中国特色的先进的电视媒体文化，才能无愧于时代"。新闻频道将"充分报道广大干部群众的伟大实践，生动展示他们的精神风貌，及时反映各行业发展的新思路、改革的新突破、开放的新局面、工作的新举措，为全面建设小康社会营造良好的舆论氛围"。新闻频道的方针是"贴近实际、贴近生活、贴近群众。新闻频道将努力满足广大观众多层次的需求，努力提供多样化的新闻信息发布"。新闻频道的追求是"第一时间、第一地点，即力争在第一时间内播出来自现场的新闻，为观众最早打开看得见新闻的窗口，真正做到看见新闻的发生，看着新闻的发展"。[①]

[①] 央视国际：《中央电视台新闻频道推出，主持人宣读开篇辞》，http://www.cctv.com/news/science/20030501/100145.shtml。

一、频道组建历程

（一）组建新闻频道的酝酿与尝试

中央电视台的前身为北京电视台，于 1958 年 5 月 1 日开始试播。以此为起点，中国电视新闻事业不断吸收借鉴国外电视新闻媒体的先进经验和理念，在实践中摸索，从创立之初的一穷二白，一跃成为世界电视传媒大国，并适应电视新闻频道专业化的时代要求和收视需求，创办了自己的电视新闻频道。

其实早在央视新闻频道创办前的几年，有关开播电视新闻频道的呼声就很多。1996 年 10 月 16 日至 18 日，以中央电视台李东生副台长为首的新闻中心下属各部负责人，邀请北京广播学院（今中国传媒大学）、中国人民大学新闻学院、中国社会科学院新闻研究所的一些新闻传播学者，在北京郊区韩村河召开了"新闻性节目前瞻座谈会"，会议由孙玉胜主持。会上研讨的主要问题有：在现有基础上中央电视台的新闻性节目如何布局；如何体现第一套节目以新闻为主；与世界级电视大台相比，中央电视台的新闻节目在形态模式及报道内容手法上还存在哪些差距等。开播新闻频道的可行性与时机是此次研讨会的核心话题。李东生十分明确地说，中央电视台已经在制定 1997 年 7 月 1 日香港回归的报道方案，届时进行 72 小时直播，台里两辆 SNG 事先将开赴香港，中央电视台将以此为契机，从 1997 年 7 月 1 日起将第一套节目变为新闻频道。[①]

香港回归特别报道的 72 小时直播，是 1997 年中央电视台的一件大事，也可以看成是中国电视事业发展至今最为壮观的一件大事，这标志着中国电视界首次有了新闻频道的尝试，并且引发了国内创办电视新闻频道的潮流。回顾当年 6 月 30 日 6 点到 7 月 3 日 6 点长达 72 小时的直播，无论其报道的内容形式还是整体的包装和节奏，都是按照世界一流大台新闻频道的标准来执行的。

然而，事与愿违，香港回归的直播并没有发挥其应有的效果，报道中各部门各自为政、缺乏统一的调度和管理、步调不一致等问题造成了资源的重复和浪费，这也进一步表明中央电视台建立新闻频道的迫切性和重要性。1998 年，中央电视台向有关部门领导提交了关于筹建央视新闻频道的请示报告，但是，因为客观条件尚不具备等原因，导致央视筹建新闻频道的申请没有获得批准。

（二）频道组建在曲折中前进

中国社会科学院新闻与传播研究所研究员孙旭培和中央电视台《新闻联播》编辑武晋先于 1999 年 3 月通过内部建议的方式，提出"中央电视台应开办新闻频道"。文中强调了开办新闻频道的三大必要性：设立新闻频道有利于实现建立世界一流大台的目标；有利于实现"新闻立台"，突出电视台的主功能；有利于保证重大新闻事件的

---

① 闵大洪：《电视新闻频道与 LIVE、SNG》，http://cjr.zjol.com.cn/05cjr/system/2002/08/14/001229048.shtml。

直播。此报告引起宣传部门领导的重视,领导同志作出了批示,要求进行可行性研究。[①]然而从那时起又过去了三年,中央电视台新闻频道仍未建立起来。

2003年1月[②]中央电视台新闻中心"乘着党的十六大胜利闭幕的强劲东风,敏锐地意识到改革的大好形势",组建新闻频道的申请终于获得通过,当时的新闻中心负责未来新闻频道整体规划的研究制定工作。2003年4月16日,一个为央视新闻频道专门组建的部门——"央视新闻频道编辑部"正式成立运行,其主要任务是负责央视新闻频道开播后的新闻节目策划、播出时间安排、节目内容选择、节目社会反映调研等工作。

从2003年1月获准开播新闻频道,经过短短四个月的筹备之后,中央电视台新闻频道于2003年5月1日试播,通过亚太1A卫星C波段12B转发器覆盖全国。7月1日,经过两个月的试播,央视新闻频道进行了小规模改版,开始向全球播出。

二、频道创办背景及动因

(一)1996年筹建新闻频道的背景

1. 各国新闻频道发展的激励

随着信息高速公路的建设和互联网的普及应用,人类快速进入信息时代。而电视新闻由于声画兼备、传播迅速、覆盖面广、普及率高等特点,成为人们获取信息、监视环境的重要渠道。1980年,美国人特纳将他买下的亚特兰大一个小电视台改造成24小时新闻频道——CNN,开创了电视新闻传播的新模式,在当时被认为是"壮举"。CNN的成功刺激了大批资金和力量投入到新闻频道的建设中,各国政府也逐渐认识到新闻频道对于信息传播和国家治理的重要性。自20世纪90年代开始,世界各主要国家和地区纷纷建立新闻频道,中央电视台也顺势而为,很快就有了筹建新闻频道的想法。

2. 中央电视台频道专业化的产物

央视新闻频道是中央电视台频道专业化的产物。从20世纪80年代起,经济全球化引发的全球传播的浪潮,使电视频道专业化成为世界范围内电视发展的大趋势。中央电视台频道专业化进程始于20世纪80年代。1988年,中央电视台开办了三个频道,1995年年底增加至八个频道,但是没有专业的新闻频道,中央电视台创办自己的新闻频道正是出于频道专业化发展的考虑。

3. 中央电视台新闻节目的改进

中央电视台新闻节目的改进,为新闻频道的筹建提供了基础。1993年3月1日,中央电视台新闻滚动播出的实施,为新闻频道的建立搭起了基本框架。《新闻联播》在1996年元旦开始直播,意味着第一套节目的所有新闻实行滚动播出,新闻时效性大大增强,从而结束了录像播出的历史。电视直播是新闻频道创办的关键,中央电视台

---

① 闵大洪:《电视新闻频道与LIVE、SNG》,http://cjr.zjol.com.cn/05cjr/system/2002/08/14/001229048.shtml。

② 一说2002年12月16日。

新闻直播的实现,也为 24 小时新闻频道的筹办提供了可能。

4. 香港回归的历史契机

1997 年香港回归是中华民族的一件大事,同时也是我国电视新闻报道领域的一件大事。重大新闻事件的发生为新闻频道提供了资源基础,面对如此重大的新闻报道,中央电视台很早就制定了香港回归报道方案,并希望以此为契机,从 1997 年 7 月 1 日起将第一套节目变为新闻频道。在此之前,关于频道组织结构、节目布局、运营理念等都必须经过长时间的策划和准备,中央电视台 1996 年筹办新闻频道所召开的座谈会,正是为了直接应用于未来香港回归的直播报道中。

5. 充分的积累与准备

中央电视台自改革开放以来,在电视新闻报道方面积累了比较丰富的经验,具备比较全面的电视新闻报道门类,培养出一批优秀的电视新闻节目编辑、记者、主持人和技术人才,他们普遍具有前瞻的电视眼光和战略构想,在新闻主体意识的主导下,开展新闻报道,这些都为新闻频道筹办奠定了坚实基础。于是在 1996 年 10 月,中央电视台已经着手筹划新闻频道的开播。

(二)新闻频道开播的背景

1. 外部环境

(1)政治背景

首先是宽松的政治环境。自党的十六大以来,领导人对待媒体的态度更加宽容和开放,这让新闻频道的开播更有底气。2002 年 11 月,十六大树立了"以民为本"的执政理念,强调尊重民意,在新闻媒体的话语权方面给予了较大空间。2002 年年底,刚刚当选为党的总书记的胡锦涛同志就对思想宣传工作发表了重要谈话,提出:思想宣传工作"要反映人民的呼声,要把党性和人民性结合起来,要把我们的媒体办出特色,办出风格。要繁荣社会主义先进文化,满足人民的精神文化需求"。李长春同志在随后对中央电视台等单位进行的调研活动中进一步明确提出了思想宣传工作"要从贴近实际、贴近生活、贴近群众入手"。[①] 2003 年 3 月 29 日,胡锦涛总书记在中央电视台创办新闻频道的报告中亲笔批示:"贴近群众、服务大局、办出特色、办出水平。"[②]

其次是中央领导集体的高度支持。作为国家级新闻媒体,中央电视台在新闻传播中享有独特的政治优势。央视享有"重大新闻首播权"的超规格"政治待遇"。作为党的政策的权威传达者,《新闻联播》拥有丰厚的资源,也成了中国政治动向的风向标。1998 年,时任共和国总理的朱镕基亲临《焦点访谈》演播室,并题词:"舆论监督、群众喉舌、政府镜鉴、改革尖兵。"[③] 在频道的筹办过程中,中央领导集体同样给予了高度重视和大力支持。1999 年,中国社会科学院孙旭培连同《新闻联播》编辑武晋先

---

① 韩彪:《现场直播——新闻改革的标尺》,当代中国出版社 2007 年版,第 118 页。
② 刘成付:《电视新闻频道的理念和运作——以央视新闻频道为例的研究》,复旦大学 2006 年博士学位论文。
③ 《朱镕基视察中央电视台赠给〈焦点访谈〉编辑记者四句话》,《人民日报》1998 年 10 月 8 日,第 1 版。

向高层领导建议成立新闻频道，得到相关领导批示：央视开设新闻频道很重要。① 2003年5月1日，央视新闻频道试播，中共中央政治局常委李长春亲临央视并予以祝贺，指出"新闻频道开播是新闻宣传战线的一件大事，党中央高度重视"。② 可见，央视新闻频道的开播与国家努力营造的宽松的政治氛围、开放的新闻政策密切相关。

民主政治进程的加快也为新闻频道的开播提供了可能。十六大强调政治体制改革和政治文明建设。在全球化的前提下，我国民主政治进程不断加快，民众参政议政的愿望逐步显现。"9·11"事件央视报道的缺位，本已引起受众的不满，而在"非典"侵袭的初期，国内新闻媒体集体失语，信息不透明、不公开更让民众大失所望。在这种情况下，作为党的新闻喉舌，央视必须重新审视自己的位置，适度保障公众的知情权，才能保证自己在媒体同行中的地位。新闻频道的开播，正是央视转变方向，由过去单一的正面宣传引导向舆论监督、提供资讯、权威信息发布、保证沟通交流方向发展的成果。

（2）经济背景

从国际社会而言，中国加入了世界贸易组织，在加入的条约中规定：我国的新闻界要在签约生效后的五年内逐步开放。境外传媒可以通过各种方式进入中国传媒市场，加剧了中国的媒介市场竞争。为在国际传播竞争中争取更多的话语权，我国采取电视节目在国际传播市场对等运行空间的策略，对境外媒体开放部分传播领域与传播区域。从2001年年底起，中央电视台相继与境外媒体签署了一系列协议，使中国的电视节目，尤其是电视新闻节目扩大了在国际上的落地范围③。央视新闻频道从此有了在全球落地的可能。

进入21世纪以来，中国国内经济快速发展，国际地位不断提高。但是世界传播格局严重失衡，西方新闻频道垄断着80%的新闻资源，源源不断向发展中国家输出新闻，而发展中国家却无力超越自己的国界。在西方媒体的言论主导下，中国的国家形象被失实塑造，有意拔高或者贬低，新闻事件被外国代言，中国传媒处于失声状态。因此，中国传媒迫切需要争夺国际话语权，向世界澄清真实的中国。迅速建立自己的国家级电视新闻频道，一方面是将世界发生的新闻事件向本国快速传递，另一方面可以将本国的新闻事件向全世界传递，在世界表明自己的立场，发出自己的声音。

2. 内部环境

（1）行业背景

进入21世纪，国外新闻频道之间的竞争日趋激烈，媒介市场被重新洗牌。老牌新闻频道CNN遭遇对手的打击与挑战，2002年第二季度，CNN的受众比2001年同期减少了2%。与之对照，MSNBC的受众增长了25%，而FOX NEWS的受众竟激增

---

① 陈明：《央视新闻频道节目研究》，华中科技大学2004年硕士学位论文。
② 孟建：《中国新闻传播历史性跨越——央视新闻频道开播刍议》，《新闻记者》2003年第6期。
③ 朱天、何铁巍、杨轶青：《对2002年中国电视新闻改革的几点思考》，《电视研究》2003年第2期。

62%，大有取 CNN 而代之的势头。① "9·11"事件的现场直播更使得 FOX NEWS 的市场占有率节节上升，凤凰卫视资讯台也因此声名鹊起。

各国电视新闻频道在国际新闻传播和资讯服务上进行激烈的竞争，在新闻质量的竞争上更是绞尽脑汁。美国 CNN 鲜明的直播特色，英国 BBC 客观严谨的新闻态度，FOX NEWS 娱乐化和休闲化的节目形式，都广为各国电视新闻频道所追捧。伴随着世界政治经济一体化进程，世界各国之间的联系和交往日益密切，这就直接要求各国新闻媒体要有广阔的国际视野，实现新闻资讯的全球传播。在这样的时代背景下，国际化的新闻频道成为各国传媒机构全球传播的第一选择。

国内多元电视竞争格局为央视带来了极大挑战。央视新闻频道开播之前，我国香港、台湾地区已经成立了自己的新闻频道，对中国大陆的新闻事业产生辐射。而在中国大陆，新闻市场的竞争才刚刚开始。1999 年 5 月 23 日，中国大陆第一家真正意义上的新闻频道在福建开播；2003 年 2 月 16 日江苏广电总台实现 24 小时新闻滚动播出；2003 年 1 月凤凰卫视资讯台获国家广电总局批准，在中国大陆广东、内地三星级以上宾馆有限度落地，这是第一个获准在中国内地播出的华语新闻频道。在中国大陆还没有完全开放之前，中国大陆只有这三个新闻频道，而且它们的缺陷非常明显：福建、江苏两个省级新闻频道地域性太强，覆盖范围较窄；凤凰卫视资讯台只能在中国大陆有限落地，角度着眼于大陆、香港、台湾三地的华人圈。外有强敌，内有追兵，在国内这个竞争还未达到白热化的媒介市场中，尽快建立国家级的新闻频道，完成媒介市场的"跑马圈地"是明智之举。

随着我国电视业的发展，特别是 20 世纪 90 年代后期卫星电视的发展，地方电视台覆盖范围扩大到全国，同央视展开了激烈的竞争。一是新闻节目的竞争。过度泛滥的娱乐节目降低了电视新闻的品质，"新闻立台"的理念重新被提及，各电视台把目光放到新闻节目的竞争之上。2002 年江苏电视台城市频道推出新闻栏目《南京零距离》，标志着我国民生新闻兴起。相比较而言，地方电视媒体的民生新闻节目，内容更加贴近百姓生活，节目更加平实通俗，具有央视新闻所无法比拟的亲切感和熟悉感。全国各地方电视台纷纷创办具有当地特色的社会民生新闻节目，都收到不错的社会反响并有着不俗的收视表现，分流了相当一部分央视新闻节目的受众群体，扩大了生存空间，改变了电视新闻"央视为主，一家独大"的局面。二是省级卫视制作的其他节目同央视新闻节目的竞争。据 2002 年年底的统计数据，全国电视综合人口覆盖率为 94.54%，全国电视观众达到了 11.15 亿，有线用户达到 1 亿户。2002 年全国电视广告营业额达到 231 亿人民币。② 电视剧和娱乐节目占据着电视节目收视的最大份额，在庞大的收视人口和可观的广告市场面前，地方电视台大力引进优秀电视剧，同时以湖南卫视《快

---

① 张晋：《CNN 陷入泥潭 美国在线对其裁员重新再组》，《北京青年报》2001 年 8 月 20 日。
② 《中国广播电视年鉴》编辑委员会：《中国广播电视年鉴（2004）》，中国广播电视年鉴社 2004 年版，第 485 页。

乐大本营》为代表的综艺娱乐节目在全国迅速兴起,在综艺节目和影视剧上央视一统天下的局面已不复存在。

(2)学术背景

随着我国进一步的改革开放和加入世界贸易组织,我国的新闻事业也开始与国际接轨。与此同时,国际新闻频道的影响特别是CNN的异军突起,更是引起了我国学者的关注:一些学者开始建议在符合中国国情的条件下,创办中国自己的新闻频道。

早在1999年,时任中国社会科学院新闻与传播研究所研究员的孙旭培和《新闻联播》编辑武晋先通过社科院内部刊物《信息专报》发表文章,最先向中央电视台建议成立新闻频道。这篇论文不仅受到了央视高层领导的重视,还获得了当年的信息奖。

次年孙旭培和武晋先又共同发表文章——《时代呼唤中国的新闻频道》,进一步呼吁建立中国电视新闻网。文中指出创立新闻频道是世界电视发展的潮流、中央电视台创办新闻频道的必要性,重点指出我国建立新闻频道的极端重要性和可行性,并对如何建立新闻频道、怎样建立新闻频道进行了详细解读,在学者们的建议得到重视后,筹划新闻频道更加提上央视议事日程。后来新闻频道的建立可以说是完全体现了这篇文章的思想,当时有关领导对这个提议作了特别批示:"我觉得中央电视台开设新闻频道是重要的。"[①]

从1999年到2003年发表于各种新闻学刊物上的关于新闻频道的论文达100多篇,集中论述创办新闻频道的必要性和重要性,从实践操作层面探讨了如何创办新闻频道,奠定了新闻频道创办的学术基础。

在国内学者的呼吁下,新闻频道的建立条件日渐成熟,在这种情况下,学者展江于2003年2月发表了《中央电视台新闻频道设计构想》。文章从七个方面阐述了作为中国第一新闻媒介的CCTV创办新闻频道的迫切性以及设计央视新闻频道的理念。文中提出了几个重要观点:新闻频道是21世纪CCTV新闻运作命途所系,创建新闻频道是其多年新闻改革的必然归宿;明确了新闻频道的宗旨和原则;提出新闻频道的设计性原则:公器性原则、市场化原则、法制化原则、国际化原则、整体性原则、全天候原则、有序性原则、开放性和互动性原则、最优化原则。

(3)受众生态背景

受众是新闻传媒赖以生存的基础,而新闻需求是电视观众收视需求强度最高的内容之一。专业电视新闻频道能够提供最为丰富的新闻信息,一直受到国际电视新闻界的高度重视和普遍欢迎。中国是人口大国,也是信息需求大国。受众信息需求程度因多元化新闻传播渠道日渐增长,满足受众需求是媒介竞争的必然选择。随着我国改革开放的深入和社会主义现代化建设事业的不断发展,广大观众对电视新闻的需要越来越高。人们不仅想知道发生了什么新闻,还想知道新闻怎样发生;不仅关注事件的现状,还要了解事件进展以及别人如何看待事件,等等。24小时新闻频道的创办,为丰富的

---

① 张映光:《我们需要什么样的新闻频道》,《新闻周刊》2003年第17期。

新闻事件提供了播出平台,也有利于在新闻的深度、广度上更具特色。

电视由于声画兼备的特点,在重大事件的报道上更容易打动受众。时至今日,中央电视台的诸多电视直播仍深深停留在人们记忆之中。如邓小平同志追悼大会、香港回归庆典等。中央电视台秉持公正、客观的报道原则,作为中国第一新闻媒介的社会形象正在被不断塑造和打磨,与此同时,观众对于电视新闻的收视期待也悄然发生了改变。

中央电视台每隔五年就会对电视观众进行一次调查研究,据《当今中国城市电视观众的收视特征及传媒对策》的调查报告显示:1999年6个城市观众一致要求建立国际新闻频道,中央电视台创办国家级新闻频道正是在了解民众呼声之后做出的选择。

(三)新闻频道开播的直接动因

1. 地利——中央电视台走向成熟

中央电视台在香港回归、中共十五大召开、长江三峡顺利实现大江截流等事件中超时长、大规模的现场立体报道,在中国新闻史上都是空前的壮举。尽管这些电视直播尚有许多不足之处,但毕竟真正意义上的电视新闻直播开始崭露头角,中央电视台开播新闻频道的时机也日渐成熟。同时,中央电视台对伊拉克战争的报道坚定了央视创办新闻频道的信心。2003年3月20日伊拉克战争爆发,新华社较其他世界级通讯社提前10秒钟发出这一消息,2分钟后,中央电视台也在一套和四套开始了对伊拉克战争的特别报道,拿出连续20小时进行直播报道。通过对伊拉克战争的直播,中央电视台收视率增长了28倍,广告费也创下新高,为央视新闻频道的开播树立了信心,积累了经验。

2. 天时——适当的时机

央视新闻频道酝酿了七年,只准备了四个月就播出,这就表明,新闻频道正在等待一个合适的时机。不论中央电视台当时存在多少内部人员和机制上的困难,新推出一个24小时新闻频道,必定要朝着"直击第一落点"以直播为主的方向进行。所以,这个新频道推出的时间,一定必须是一个新闻事件的集中爆发阶段。①

频道开播之前,"9·11"事件和美国哥伦比亚航天飞机事故都属于突发新闻事件,时间短、难度大、不适合练兵。但是,激烈动荡的中东局势和伊拉克战争的旷日持久,为新闻频道的开播提供了较为理想的新闻报道资源。新闻频道必须诞生在一个具有新鲜活力且层出不穷的新闻事件面前,震动全国乃至世界的非典型肺炎,无疑为新闻频道的开播提供了一个悲剧化的开播时机。如果说历史成就了CNN,那么新闻频道的开播也得到了历史的眷顾,美国总统驾驶飞机飞临航母"林肯号"、央视记者攀登珠峰、三峡二期工程的验收和最终并网发电等,层出不穷的新闻事件为新闻频道初始运行创造了丰富的新闻资源环境。

3. 人和——党和政府的高度关注

在新闻频道开播之前,中国正遭遇着一个前所未有的疾病袭击,社会各项事业都

---

① 王笑飞:《新闻频道启示录》,《当代电视》2003年第9期。

停顿下来，人们都担心新闻频道的组建过程或延缓或停顿下来。在党和政府的高度关注下，新闻频道仍如期开播。李长春代表党中央到中央电视台庆祝新闻频道开播时说："新闻频道要始终坚持正确的导向，准确地传达党中央的声音，使党中央的决策部署通过宣传变成广大群众的自觉行动，要始终坚持团结、稳定、鼓劲、正面宣传为主的方针，进一步落实'三贴近'，增强电视宣传的时效性、针对性，增强吸引力、感染力，要以新闻频道开播为契机，全面带动中央电视台各个频道节目调整、资源整合，不断提高电视宣传的引导水平。"①

三、频道框架、理念及运营模式

（一）框架模式：24小时滚动递进报道

1. 新闻报道呈现的基本特征

在卫星电视、有线电视飞速发展的今天，世界各大电视台都把新闻节目作为主打节目，新闻频道也成为媒介竞争的主战场。真正意义上的电视新闻频道，按照通行的国际定义应该是全天候（24小时）的以新闻为主体的频道。境外的电视新闻频道大体有三种模式：按播出内容分，有纯动态新闻频道（如台湾的TVBS、三立新闻台、东森新闻网）和动态综合新闻加分类（专题）新闻频道（如CNN、BBC World News）；按经营方式分，有完全不带商业广告的公营新闻频道（如BBC World News）和带商业广告的私营电视频道；按技术类型和经济来源分，有有线新闻频道和无线新闻频道，前者的主要经济来源是用户付费（占90%以上），广告播出受到严格限制，后者几乎全部依赖广告。②

央视新闻频道的出现使得新闻资源的开发和利用总量急剧扩张作为承载信息传播的电视媒介，如何促使各种信息尤其是新闻性信息广泛深入传播，是一个值得思考的问题。以"新闻本位"来设置新闻频道，大大改变了电视作为娱乐工具的认知态度，并且用专业分工的电视频道形式为中国现代化事业的发展配置新闻信息。③特别需要指出的是，央视新闻频道积极拓展大众传媒的社会民主化进程，政治信息将在央视新闻频道中占据十分重要的地位，新闻频道无疑担负着配置更多政治信息的任务。同时，新闻也是央视走向国际大台的重要手段，央视要成为国际大台，发挥国际影响力，必须做强新闻频道。

2. 整合全台优秀新闻节目资源

伊拉克战争爆发后，中央电视台全程介入报道，央视1、4、9三个频道总动员，采用了长时间的直播方式。恰恰也是这次直播，中央电视台进行了整合新闻资源的初

---

① 孟建：《中国新闻传播历史性跨越——央视新闻频道开播刍议》，《新闻记者》2003年第6期。
② 孟建：《中央电视台新闻频道传播理念与传播机制的理论阐释》，中国传播学论坛暨CAC/CCA中华传播学研讨会议论文集，2003年。
③ 李茂桃、石宪法：《浅谈央视新闻频道的运作理念》，《中国电视》2008年第10期。

步尝试。之后开播的央视新闻频道,在新闻资源整合方面积累了丰富的经验,再加上对新闻频道整体计划详尽周密的安排,频道一开播就实现了良好的运营与新闻资源的整合。

央视新闻频道在开播时保留了观众熟悉和喜爱的新闻栏目,央视老牌新闻节目《东方时空》《焦点访谈》《国际时讯》《新闻联播》《新闻30分》《晚间新闻》《新闻早8点》整合到新闻频道中。《东方时空》被安排在每天14:10和凌晨3:12播出;《焦点访谈》被安排在每天上午10:30,并于每晚19:38与CCTV-1并机播出;《国际时讯》在每天傍晚18:10和凌晨2:10播出。《新闻联播》《新闻30分》《晚间新闻》和《新闻早8点》在新闻频道与中央一套节目并机播出。实际上,这些调整都是为了充分发挥中央电视台人力、节目、设备等的资源优势。

除了每逢整点播报的综合新闻外,央视新闻频道设置有深受广大观众欢迎的央视名牌节目和精心制作的创新节目,观众既可以通过日常的新闻和专题节目了解天下大事,也可以在重大事件发生之际看到最及时、最生动的直播报道。在这扇永不关闭的新闻窗口中,既有报道党和国家重大决策和重要活动的权威播报,也有反映普通百姓心声的民意调查;既有详尽快捷的客观报道,也有纵论天下的时事分析;既有滚动播出的动态新闻,也有突出特色、满足不同需要的深度新闻;既有对当天重要新闻的全面回顾,也有对一周国内国际大事的扫描。① 以央视新闻频道为平台,满足观众的信息需求,提供多样化的新闻信息服务。

3. 构建科学的传播管理平台

新闻频道全天24小时播出,全天24档整点新闻。整点新闻后,分别安排了各分类新闻,主要有财经、体育、文化、国际四大类。新闻频道的专题节目包括新闻背景、新闻评论、新闻调查、舆论监督、民意调查、法制等各种节目形态,是对整点新闻和分类新闻的补充和深化。试播期间每日播出的专题有六个:《新闻会客厅》《央视论坛》《法治在线》《每日国际观察》《社会记录》《共同关注》;试播期间每周播出的专题节目有十个:《数字观察》《每周质量报告》《声音》《面对面》《中国周刊》《世界周刊》《海外速递》《财经周刊》《体育周刊》《文化周刊》。

新闻频道实现全台新闻资源的整合与共享,统一协调各新闻栏目对重大新闻事件追踪报道,实现真正意义上的新闻频道专业化。具体而言,央视新闻频道是将台内其他九个频道的新闻力量凝聚到新闻频道上来,统一计划和调度。一台摄像机采访的新闻,各个频道栏目都可以使用,有效实现了资源共享。

(二)传播理念:"三个第一"

电视新闻工作者在新闻报道的采编播各环节上都要把受众放在重要位置,受众意识的觉醒是伴随着市场竞争的加剧而出现的,一切媒体的竞争归根到底都是为了争夺

---

① 央视国际:《中央电视台新闻频道推出,主持人宣读开篇辞》,http://www.cctv.com/news/science/20030501/100145.shtml。

受众的注意力。无论是追求"第一时间"还是强调"第一现场",目的都是为了满足受众的"第一需要"。"第一需要"体现了现代电视新闻理念中对于受众的充分重视。同时,受众意识的觉醒,又反过来使电视新闻传播理念具有鲜明的时代特征。①

传统的新闻观念对新闻的认知,始终局限于"最近发生的事件的报道",现今的新闻理念则丰富和拓展了这个内涵,"现在发生的事件现在报道"成为新的报道要求,重视报道事件的"快速性"、报道空间的"现场感"和报道内容的"丰富感"。"第一时间、第一现场、第一需要"的新闻理念,把报道与事件有机结合,以此最大限度发挥新闻的功能,也是目前观众对于新闻报道的需求,体现了新闻报道与受众需求的高度契合性。"三个第一"持续的水平越高,受众的需求满足度也就越高,反映在收视率的各个指标上也就会越高。中央电视台新闻频道"三个第一"新闻理念的提出,标着其品牌观念的进一步提升,也是提高新闻水平和质量的重要措施。

"第一时间"不仅指新闻报道的快速及时,而且要快速占领受众的信息空间和理解空间。媒介的先声夺人增加了节目的覆盖范围和影响度,有利于培养频道自身的公信力和提高品牌效应。通常意义上的"第一时间",是指事件发生的瞬间,受众会有一定程度的思想空白,来不及对事件进行任何判断分析,他们对于信息有着强烈的获取欲望,这也是报道的第一时间,如果哪家媒体能在这个时间段内对新闻事件进行报道,那么它就能获得最大的受众关注度,成为舆论的引导者。②央视新闻频道"第一时间"的定位,与提高观众忠诚度、塑造新闻理念完全契合,高时效的新闻报道不仅保证了新闻事件的勃勃生机,也是新闻质量的保证。

"第一现场"的内涵比较模糊,是对新闻采访的一种理想塑造。"第一现场"应该是记者采访的极限,即记者在自己的能力范围内,最大限度地获取信息,确定理想的采访位置,记录观察后得到的视听信息。中央电视台新闻频道提出"第一现场"的口号,是对直播节目提出的高要求,即要求记者在报道时要为观众提供与事件同步的画面,并且尽可能缩小两者之间的时差,是对新闻时效性的一种保障。

"第一需要"的品牌词背后,体现了新闻频道的最高诉求。无论强调"第一时间"还是"第一现场",都是为了满足观众的迫切需要。观众的"第一需要"是指对新事实的需求,渴望获知世界变化的具体信息;在此基础上产生观众的第二需要,即了解事实的利害。③面对新闻事件的发生,受众首先需要知道的是发生了什么事情,而后是事情背后的深层含义,这就要求新闻频道在栏目设置、节目内容、栏目编排等方面都要从受众的需求出发,披露事件的原貌,满足观众的求知欲。

(三)运营创新:大编辑部制

20世纪90年代初,为了适应电视新闻改革发展的需要,在体制建设上中央电视台

---

① 刘建明:《解读央视新闻频道的三个第一》,《电视研究》2003年第11期。
② 刘建明:《解读央视新闻频道的三个第一》,《电视研究》2003年第11期。
③ 刘建明:《解读央视新闻频道的三个第一》,《电视研究》2003年第11期。

曾大胆借鉴国外的做法,将"制片人制"、"主持人制"引进中国。中央电视台新闻频道成立之后,实行24小时滚动新闻播出,并且经常进行现场直播,其条块分割、各自为政的弊端贯穿始终。为了保证随着事件的发展能够开展新闻直播、插播和现场同步报道,央视新闻频道需要建立一套与之相适应的管理机制和组织结构,这就是大编辑部模式。它是新闻频道在借鉴了国外同行的先进做法后,结合中国的实际情况,探索出来的一条符合频道需要的全新管理体制。

展江教授在《中央电视台新闻频道设计构想》一文中提到:新闻频道还可以把台内外的力量合到一起,中央台及各地方台遇有重大新闻事件,可以通过微波、卫星、转播车、移动卫星站、电话以及互联网络等各种传送手段及时地把新闻插到新闻频道播出,实现全国电视新闻网的联合。整合和合理配置新闻资源,打破部门所有制;统一全体采访、编辑、制作、播出人员的新闻评价、选择和播出标准,实现真正的专业化;高效能的新闻生产与规范的市场运作有机结合;调动和储备与新闻生产相关的其他资源,建立和完善新闻选题策划系统、新闻资料管理系统、新闻采访传送系统。[1]

按照展江老师的理念,在之后的新闻报道中,新闻频道所属的各个部门、各个栏目要在频道编辑部统一协调和指挥下,把记者采集来的素材归中心编辑部统一调配,各部门编辑(科教、财经、文化、体育)等各取所需,实现资源的有效配置,降低节目制作成本。大编辑部的真正实现,对于整合频道资源,提升频道品牌有重要意义,2003年年底开播的东方卫视已经比较彻底地采用了大编辑部模式,央视新闻频道实行大编辑部管理模式也将是众望所归。

以大编辑部为核心、相对完善的业务管理组织机构的确立,打破了传统意义上以栏目为单元,以部门为主体,各自为政的局面。这一创新的举措,不仅提高了新闻频道快速报道和直播的能力,统一了全体采访、编辑、制作、播出人员的新闻评价、选择和播出标准,而且整合和合理配置了新闻资源,使高效能的新闻生产与规范化的市场运作有机结合在一起,降低了成本,提高了效益,形成了新闻生产的24小时高效流水作业模式。

四、频道开播与新闻理念变革

央视新闻频道的开播使中国成为少数几个拥有24小时新闻频道的国家之一,它一亮相就引起了人们的广泛关注。许多业内人士认为,新闻频道将成为中国的CNN或BBC,虽然离这个目标还有很长的路要走,但新闻频道的开播确实昭示着新闻理念的变革。

(一)受众观念进一步强化

大众传媒不但是党和政府重要信息的发布者,也应该及时传播社会公众所需的信

---

[1] 展江、陈彦俊:《中央电视台新闻频道设计构想》,《中国青年政治学院学报》2003年第2期。

息,特别是关乎公共利益和公共安全的信息,以满足受众的信息需求。央视新闻频道24小时滚动播出新闻,庞大的信息播出量扩大了新闻报道范围,使全面报道成为可能,从而更好地实现为受众服务。央视新闻频道的开播正是体现了其受众观念的进一步强化。

1. 第一时间满足受众信息需求

新闻频道动态新闻加专题新闻的报道模式,大密度提供新闻信息,在报道手段上经常运用直播,并且随时打破正常播出次序安排直播,体现了新闻频道的灵活性与机动性。在事件发生后第一时间报道新闻,使新闻频道在事件信息源的掌控和权威性上具有一定优势,受众对第一信息的印象更为深刻,形成先入为主的思维定式。

新闻频道的开播对于重大突发事件的报道有着不同寻常的意义。突发事件本身所蕴含的新闻价值是巨大的,全面而准确地报道此类事件是新闻频道树立品牌和信誉的一个机会,而这种机会是可遇而不可求的,所以一旦遇上重大突发事件,一定要进行快速、准确而深入的报道。

2. 突出"新闻性",强调"新闻立台"理念

在中国,真正突破政府观念的电视新闻是不存在的,对于新闻的选择和编排正是媒体自身世界观和价值观的显现。我们此前长期以来对重大事件的报道,形成了不报、压报、瞒报,坏事当好事报等政治化的报道规定,这对于受众的知情权是一种伤害,政府和媒体急切需要转变报道观念。

央视新闻频道的开播,选择了《北京大学学子升旗仪式》作为头条新闻,而忽视了正在中国肆虐的"非典",由于重视政治性大于新闻性,这条新闻受到海外媒体学者的诸多质疑,受众对于新闻信息的需求要求新闻频道以"新闻立台",突出"新闻性",避免政治化倾向。

(二)信息不对称得以扭转

在传统的社会政治、经济等活动中,一些成员拥有其他成员无法拥有的信息,由此造成了信息不对称,掌握信息比较充分的人往往处于比较有利的地位,而信息贫乏的人则处于比较不利的地位。新闻媒体在一定程度上能有效解决个人与社会、个人与组织、个人与政府部门之间的信息不对称关系,通过新闻报道增加社会信息透明,减轻信息不对称,电视新闻频道在其中的作用尤其重大。在扭转新闻不对称所造成的被动局面方面,央视新闻频道有几大突出优势:

1. 客观报道的手法——尊重新闻价值

客观报道不仅仅是对新闻内容的要求,也是新闻报道形式和手段的体现。客观报道不应该只着重于当党和政府的喉舌,而应将报道的立场向公正、独立、负责任的观点靠拢。减少公文报道、会议报道等新闻价值较低、新闻含量较少的新闻,减弱某些政府部门在一些事件中不准确甚至是错误的言论,彻底扭转信息在新闻质量上的不对称关系,央视新闻频道要牢记之前在"非典"报道中的教训,做一个负责任的媒体,

体现我们负责任的大国形象：用准确的新闻事实、为民服务的观点将政府与民众协调到正确的立场与氛围中。专业的电视新闻频道就是要传递对同一事件的不同看法，让观众在信息获取后做出自己的判断。

2. 全面报道新闻事件——尊重受众知情权

新闻媒介从根本上说是为人民群众的利益服务的，知情权是公民一切权利的基础。新闻媒介在新闻领域要为公众服务，从根本上来说，就是要充分告知与公民生产、生活密切联系的新闻事实和社会变化，其中也包括负面信息，只有在全面告知相关信息的前提之下，公民才能够做出有效的符合自己利益的选择和判断，进而采取相应的社会行动。[1] 央视新闻频道推出的新闻专题节目包括新闻背景、新闻评论、新闻调查、舆论监督、民意调查等内容，新闻频道以前所未有的形式满足受众的知情权，发挥了电视的社会监视功能。《面对面》《今天》《法治在线》《每周质量报告》《社会记录》等专题栏目，内容涉及观众感兴趣的新闻事件、新闻人物、新闻话题，受到各方关注。比如在"非典"肆虐期间，新闻频道《面对面》节目以每天一期的速度，连续推出8期节目，对在抗击"非典"过程中有影响的人物进行专访。央视新闻频道拓展了大众传播媒介与社会民主化进程的通道，提高了媒介的公信度，在新闻事件报道的及时性和充分度上较以往有所改善。我国新闻实践已经表明，那种迟到的旧闻报道、观点预设、存在严重信息不对称的单面报道，不但极大损害了人民群众的"知情权"，而且对党和政府以及新闻传媒的形象也是一个极大的损害。[2]

3. 深度报道——尊重受众对新闻的深度需求

电视通常被称为缺乏深度的媒介，它以时效性和连续报道见长，而逻辑性和深度不足则是它的弱点。随着时代的发展，广大观众对电视新闻的需求越来越多，不仅要知道发生了什么新闻，还要知道新闻怎么发生，为什么会发生；不仅要看到事件的全貌，还要深入了解事件的某个侧面。央视新闻频道开播以后，一方面，沿袭了之前中央电视台《新闻调查》等深度报道栏目的品牌特色，另一个方面，十分重视对新闻信息的二次提炼与加工，增加一些深度报道栏目，比如《国际观察》《面对面》《央视论坛》等。《国际观察》栏目重点对一些国际问题发表视角独特的评述，对过去24小时里发生的事件进行提炼，节目内容有深度并且较为前沿。《央视论坛》则邀请一批熟悉政府方针政策、具有深厚专业背景的专家、学者，以主持人与特约评论员对谈的方式，对重大事件背景、重要社会现象和社会问题进行评论、分析和解读。可以说，央视新闻频道的开播标志着新闻信息由"传播"时代进入了深度解读时代，关注的重点在于媒介对信息的分析和解释，与综合新闻频道不同，在这个平台上，有更多的现场，更丰富的消息来源和多元化的观点，央视新闻频道可以不受传统新闻版面的限制，提供不同的声音和更深入的分析。

---

[1] 孟建：《中国新闻传播的历史性跨越——央视新闻频道开播刍议》，《新闻记者》2003年第7期。
[2] 申玉彪、李晓峰：《频道定位与新闻传播策略——央视新闻频道研究》，《电视研究》2004年第2期。

(三)频道开播的意义

在当今世界,拥有一个全国性的特别是全球性的电视新闻频道,不仅是地缘传媒力量的显现,也是一个国家软实力的衡量标准。央视新闻频道的开播,正式向世界表明:中国已经具备创办国家级电视新闻频道的能力。

1. 促进社会事务和新闻事业的发展

中央电视台新闻频道新闻事件的重要播报和节目质量的优化,能够更加充分地发挥社会环境及公众舆情的检测仪和监督员的功能。

电视新闻媒体在此种环境下也进入了竞争阶段,可以预期,在很长一段时期内,央视新闻频道和地方电视媒体都将处于激烈竞争的状态。竞争促使各频道尤其是央视新闻频道不断优化节目质量、创新节目类型、改革节目形式、改变节目理念,为我国的电视新闻业注入蓬勃的生机和活力,进而推动中国电视新闻事业的发展壮大。

央视新闻频道强化了电视新闻在新闻评论和舆论监督方面的功能,由此可以在更广的范围内、更深的层次上,行使新闻媒体作为社会观察者的重要职能。对社会事务的开展状况、政府机关的运行状态、社会风貌的发展变化等情况,央视新闻频道都进行了敏锐的观察,并通过其强有力的舆论监督和新闻评论功能,对社会运行系统中的种种问题进行了批判,为构建健康积极的公序良俗、营造昂扬向上的社会氛围发挥了积极重要的作用,在很大程度上推动了中国社会的文明进程。[1]

2. 增加电视新闻传播的文化内涵

近年来中国电视在产业化、集团化、频道专业化的引导下,继续做大做强,但是商业化、庸俗化、同质化的倾向也越来越强,于是在电视屏幕上出现种种有悖于社会精神文明的做法,电视新闻常常陷入这样的困惑——过度争夺收视率使得节目向低俗化发展,充满文化底蕴和人文色彩的节目被挤压。

央视新闻频道的横空出世无疑给人以鹤立鸡群之感,《央视论坛》《国际观察》等节目就社会热点问题展开讨论,这种形式的"说"在相当程度上引领了中国电视传播的潮流主流,可以说是央视新闻频道的开播有效克服了中国电视人文精神的弱化,防止和减轻了电视传播的同质化、庸俗化和娱乐化的弊端,用丰富多彩、生动活泼、雅俗共赏的电视新闻节目满足了观众的收视需求。央视新闻频道真正显示出了其主流媒体应有的视野与气魄,对于中国电视体现电视文化的传播内涵具有十分重要的意义。

3. 拓展中国电视产业发展的视野和疆域

电视传播中的电视剧和综艺类节目是电视广告的主要投放点,而广告的多寡又决定着电视机构的生存质量。央视新闻频道在管理平台和经营模式方面,强调的是新闻生产与规范的市场运作的有机结合,进而整合和合理配置新闻资源。[2] 央视新闻频道深知:新闻信息是获得广告的重要资源,甚至是中国电视广告增长的主要贡献力量,简

---

[1] 樊蓉:《解析第六次改版后的央视新闻频道》,山西大学 2011 年硕士学位论文。
[2] 时统宇:《央视新闻频道在中国电视战略发展中的地位》,《中国广播电视学刊》2003 年第 8 期。

单地说,新闻频道将会是电视新闻经营的一种战略转移。

从宏观的角度来看,电视新闻频道的成立加大了对电视节目中弱势部分的扶持力度,特别是对农业节目、纪录片、专题片等的投入,通过自觉的内部利润转移弥补市场机制的自发性缺陷,从而保证整个电视产业在规模效益和结构效益之间达成协调,这将是中国电视从根本上抵制商业化的路径之一。[①]可以说,央视新闻频道加入中国电视产业的博弈,一定会为中国电视带来全新的发展理念和经验。

第二节 初现峥嵘:央视新闻频道起步时期(2003—2005)

新闻频道开播的前三年,在天时、地利、人和多方具备的情况下,频道发展初现峥嵘。在央视新闻频道开播不久,就相继发生了美国总统布什驾战机飞临"林肯号"、伊拉克战事基本结束、土耳其地震等重大事件,新闻频道抓住时机,给予了充分翔实的报道。特别是在抗击"非典"疫情的报道中,运用大量直播画面,将连续不断的信息呈现在观众面前;在三峡蓄水的直播中,随时更新水位情况,具有强烈的时效性和现场感;在珠峰登顶的直播中,科学策划,不畏艰险,全程参与。通过对突发事件的不间断直播,信息的随时更新,以及与新闻相配合的专题报道等,央视新闻频道获得了不错的收视效果,其传播机制也日趋完善合理。

中央电视台新闻频道开播三年来,大量的新闻资讯节目,满足了不同收视时段各类观众的收视需求。常态栏目的有力支撑和直播节目的日益常态化,在电视观众中形成了大事看新闻频道的强大舆论影响力。新闻频道收视率三年中跃升三级,从2003年的0.07%,到2004年的0.13%,冲至2005年的0.18%;收视份额也呈现出阶梯状的增长势头,从2003年的0.6%,到2004年的1.25%,2005年达到1.73%,其增长幅度分别为108%和38%。[②]

一、改革脉络及阶段特征

(一)发展轨迹

1.开播初期的央视新闻频道

央视新闻频道开播时采用"整点新闻+专题报道+字幕新闻"的频道内容框架,每逢整点播出新闻简讯,屏幕下方一天不间断地滚动播出最新新闻并以字幕的形式出现,其他节目则采取播出央视原有名牌节目为主,新创节目为辅的形式,中间定点插入《天气·资讯》服务类节目。

成立初期的央视新闻频道,全天24小时播出,每天24档整点新闻。整点新闻是

[①] 时统宇:《央视新闻频道在中国电视战略发展中的地位》,《中国广播电视学刊》2003年第8期。
[②] 刘晓军、王向宁:《央视新闻频道收视透视》,《中国广播电视学刊》2006年第8期。

央视新闻频道的骨架,通过对新闻事件的跟踪报道和新闻背景的及时跟进,形成重点新闻的多层次充分报道。新闻频道日播出10分钟整点新闻共12档,即1:00,2:00,3:00,4:00,5:00,9:00,11:00,13:00,14:00,18:00,20:00,23:00。日播出30分钟整点新闻共6档,即6:00,7:00,10:00,15:00,16:00,17:00。10分钟、30分钟整点新闻与央视一套并机播出的《新闻早8点》《新闻30分》《新闻联播》《晚间新闻》,以及新闻频道晚间新闻节目《今天》《午夜》等,共同构成了新闻频道消息类新闻24小时不间断的滚动播出链条。①

在整点新闻节目之后是专题节目,专题节目包括新闻背景、新闻评论、新闻调查、舆论监督、民意调查、法制等各种节目形态,是对整点新闻和分类新闻的补充和深化。中央电视台试播期间每日播出的专题栏目有六个:《新闻会客厅》《央视论坛》《法治在线》《每日国际观察》《社会记录》《共同关注》;试播期间每周播出的专题栏目有十个:《数字观察》《每周质量报告》《声音》《面对面》《中国周刊》《世界周刊》《海外速递》《财经周刊》《体育周刊》《文化周刊》。滚动字幕新闻是随着新闻频道的开播于2003年5月1日同观众见面的,每天从凌晨1点10分到午夜24点,正常播出29档(周六28档,周日27档)共702.5分钟,随时播发最新的动态消息,是全天24小时新闻链条的重要组成部分。②同时央视新闻频道每天播出19档《天气·资讯》栏目,以轻松、自然、灵活、亲切的风格,不断更新的背景知识使天气预报更加人性化和贴近观众。

新闻频道与中央电视台3、5、6、8套加扰节目共用一个转发器、同一个传输流,加扰传送,免费收看。地区各有线台、网接收该节目只需增加与3、5、6、8频道接收同类型号的解码器,电视用户可通过当地有线电视收看中央电视台新闻频道的节目。

观众对新闻频道的开播持比较认可的态度,认为其内容丰富、报道及时、形式多样、新闻更新速度更快,极大地方便了广大电视观众了解各类新闻信息;专题节目观点明确,分析透彻,起到了舆论监督和解疑释惑的作用;不同群体的人们可以根据自己的兴趣爱好看到喜欢的节目,人们对收看新闻有了更多的选择权和主动权,关注百姓的报道也更多了。

同时,观众也积极为新闻频道的发展建言献策:希望新闻频道一方面关注国际国内的重大新闻和突发性事件,另一方面多报道百姓身边事和百姓关注的政策、热点问题,使信息更为实用;希望看到中央电视台记者更多报道世界各地的新闻;处理好新闻广度与深度之间的关系;滚动新闻中重复的内容不要太多,《整点新闻》要及时更新;提高滚动字幕的文字准确率,并适当放慢字幕滚动的速度。此外,不少观众热切希望

---

① 赵化勇主编:《中国中央电视台年鉴(2004)》,中国广播电视出版社2004年版,第120页。
② 赵化勇主编:《中国中央电视台年鉴(2004)》,中国广播电视出版社2004年版,第121页。

中央电视台新闻频道尽快在全国各地落地,使更多的观众能够收听收看到。①

2. 改版历程

(1)第一次改版

央视新闻频道在开播之后,当时大部分专家学者都认为新闻频道没有发挥应有的功能和作用:栏目设置重复,节目内容雷同,且许多节目显得冗长滞后,时效性完全跟不上。大量的专题节目,势必会影响新闻频道"新闻立台"的方针,导致整个频道新闻性、时效性不足,显得不够活泼,缺少灵活性。依据频道整体运作模式以及试播期间各档节目的节目效果和社会反响,央视新闻频道在试行两个月后,开始第一次改版。首先对相当数量的栏目进行调整:取消了《海外速递》《数字观察》《世界周刊》《体育周刊》《财经周刊》《文化周刊》六个专题栏目,并增加了一档由崔永元主持的新闻休闲节目《小崔说事》。②除此之外,央视新闻频道的其他节目,大体与试播期间保持不变。

开播之时,央视新闻频道因为新闻访谈类节目过多而饱受争议,这次改版对保留的节目做出了调整:除了《新闻会客厅》《央视论坛》这样的专门性谈话节目,24档整点新闻中一律不再让嘉宾进入演播室,以保证新闻频道栏目形态的清晰化。

到2003年年底,新闻频道收视份额已经在全台十几个频道中位居第8名。在全国卫视排名中进入前20名。随着新闻频道开播而创办的《面对面》(2003年1月在央视一套试播)《每周质量报告》《新闻会客厅》等新栏目迅速成长为观众熟悉的品牌栏目。③

第一次改版之后,央视新闻频道节目质量和报道水平都有了长足的进步,但是也暴露出不少缺点和问题,各档栏目之间的封闭和独立性导致新闻频道出现内容重复、人力浪费的问题。这样的情况经常发生:同一新闻事件的报道,在整点新闻节目中播出后,同一天内又会在其他节目中以相同的方式进行制作播出,浪费了新闻资源,在此情况下,央视新闻频道的改版又被提上日程。

(2)第二次改版

2004年5月1日,新闻频道全面改版,主打重点时段,热点节目。名牌栏目《面对面》增加时长,拓展空间,每期40分钟,每周六日20:10播出;在观众中引起强烈反响的《每周质量报告》除保持周日12:30首播外,特别在当晚黄金时段22:30安排一档重播,同时在每周一上午8:30也安排了一档重播。《纪事》栏目由每周两期改为每周一期,故事更加完整,播出时间为周六23:10。原周一至周六18:30播出的《地方社会新闻》改版为《新闻社区》。取消《财经报道》《亚洲报道》,把《文化报道》缩减为下午

---

① 王超、张传玲:《2003年中央电视台观众反馈信息综述》,载赵化勇主编《中国中央电视台年鉴(2004)》,第213页。
② 刘桂林:《中央电视台新闻频道开播三周年回顾与展望》,《中国广播电视学刊》2006年第8期。
③ 周玉兰:《央视新闻频道改版轨迹研究》,浙江大学2007年硕士学位论文。

一档。① 改版后，新闻频道栏目布局更加合理，也取得了较为理想的收视效果。改版后的第二周新闻频道的收视份额达到 1.392%，是央视新闻频道自从 2003 年 5 月 1 日开播以来的最高点。②

（3）第三次改版

2004 年年底，新闻频道在第三次改版中，裁撤掉《声音》等表现不好的节目，同时调整了《新闻会客厅》和《国际观察》的播出时间，以放大优势栏目的收视效果。改版后，2005 年央视新闻频道的收视份额和广告收入进入平稳增长期，到年底平均收视份额达到 1.73，超额完成台里规定的平均收视份额 1.6 的指标。③

经过这两次改版，央视新闻频道理清了频道发展和节目创新的思路，强化了知名栏目的品牌效应，塑造了自己的品牌形象，收获了来自观众和相关领导部门的认可和表扬，获得了较高的经济和社会效益。④

（二）央视新闻频道的改版特征

1. 以收视率和市场效益为主导的初次改版

（1）市场的"自我选择"过程

构建新闻频道要有三个基本条件：一是有整合的新闻资源；二是有充足的消费市场；三是有高质量的专业化节目。⑤ 央视新闻频道应当是一个具备特殊职能的大编辑部：首先，它要能够宏观调控央视各频道的新闻节目和栏目，其次，它要形成自己的频道特色，构建新闻频道的节目框架，进行风格化包装。

作为一个新生的专业新闻频道，央视新闻频道实现了每天 24 小时不间断播出（巨大的新闻流量和人力、物力、财力投入）；建立了"整点新闻+现场直播+字幕新闻"的模式（基本确立了频道今后的播出模式）；试播期间两个月内每天都有大小规模不等的现场直播节目，累计 150 多场，现场直播节目的时长已经超过前一年全年的电视新闻直播总量。对于现场直播，央视新闻频道的表现已经达到了央视新闻总体表现的最高峰。

实际上，市场的自我选择过程在构建新闻频道时起了主导作用。开播之初，新闻频道将综合频道的名牌节目移植过来，吸引了中央电视台的大量受众，保证频道权威性和舆论引导功能的发挥，获得了不错的收视率。经过两个月的试播后，部分节目由于缺乏准确定位和特色，在收视率上表现太差被淘汰，可以说是市场化改革在新闻频道中的第一批牺牲者。

《海外速递》《数字观察》《世界周刊》《体育周刊》《财经周刊》《文化周刊》六个专题类栏目，对央视而言都是比较熟悉的形式，并不算节目本质上的创新，类似

---

① http://www.cctv.com/profile/special/C18020/20070425/101864.shtml。
② 赵化勇主编：《中国中央电视台年鉴（2005）》，中国广播电视出版社 2005 年版，第 110 页。
③ 周玉兰：《央视新闻频道改版轨迹研究》，浙江大学 2007 年硕士学位论文。
④ 崔峰、吕正标：《有关改版的设问》，《中国记者》2005 年第 9 期。
⑤ 曹灵：《央视新闻频道品牌构建研究》，厦门大学 2009 年硕士学位论文。

的节目也曾经获得较大的生存空间和稳定的收入，新生的新闻频道选取这样的栏目形式是市场化因素的推动；但是事与愿违，这些节目在新闻频道的试水中并没有获得良好的收视率，最终在惨淡的市场效益面前成为央视改版的第一批牺牲品。同样，央视新闻频道的访谈类节目也遭遇危机，同质化现象严重，甚至几乎每个栏目都约请了访谈嘉宾。《央视论坛》《面对面》《高端访问》《新闻会客厅》等多档访谈节目，内容重复率较高，节目时间不固定，主持风格严肃，不为观众所喜爱。"观众反映整点新闻里重复率比较高，节目时间老也记不住，会错过许多好节目，一转台，总是看到脸色严肃的主持人和嘉宾在侃侃而谈，谈的话题总是很大，看多了就有点闷。"[1] 即使改版中新增了《小崔说事》，也与整体频道定位格格不入。在改版中，央视新闻频道大刀阔斧地做出决定：除谈话节目外，24档整点新闻一律不准嘉宾进入演播室，也是面对受众反馈后的直接选择，最终的目标还是为了收视率与市场效益。

（2）改版的效果与初衷相背离

在改版中，央视新闻频道当机立断裁撤掉收视表现不佳的节目是新闻频道应对商业压力的主动举措。就这个角度而言，新闻频道在市场化运作中寻找到了一种新出路：在市场的有机调解中，取消以后对频道整体形象有影响的节目，也是对频道自身的保护。这样看来，此次的改版是意义大于内容。

新闻频道仓促开播，筹备时间只有四个月，必然存在许多问题。试播期间节目缺乏创新，为新闻频道后来的发展埋下隐患：央视新闻频道沿用原综合频道的节目表现形式和手段（整点新闻节目后安排分类新闻，主要有财经、体育、国际、文化四类。专题类节目包括新闻背景、新闻评论、新闻调查、舆论监督、民意调查、法制等各种节目形态，是整点新闻和分类新闻的补充和深化）。新创节目大多在收视上表现低迷，成为改版的牺牲品。而收视较好的节目又基本是央视一套的"舶来品"，与央视一套长期共享。也就是说，新闻频道上大多数较优质、较成熟的新闻栏目在中央一套都可以看到。

央视新闻频道的独立性和专业性严重不足，可替代性明显。如果新鲜的、突发的、重大的新闻信息在新闻频道无法看到，观众就会去寻找替代品。也就是说，人们选择收看央视新闻频道的内在动力不足，在这样的生长环境下，央视新闻频道的节目从一诞生起，就陷入了"养不好、长不大"的怪圈。

2. 变革运行机制的第二、三次改版

第一次改版之后，观众度过了和新闻频道的"蜜月期"，在逐渐习惯了新闻频道的节目后，许多观众反映"看新闻方便，但是有点闷"。事实上，在当时的央视新闻频道中"新闻的重复率很高，而且所涉及的新闻事件往往空而泛"，所以这些节目收视表现不佳。从表面上看，收视率低是央视新闻频道第二、三次改版的直接原因，但是深层原因是央视新闻频道在运行机制上的欠缺。由于运行机制方面的不足，频道内

---

[1] 詹皓：《看新闻有点闷——央视新闻频道面临"成长烦恼"》，《新闻晚报》2003年5月28日。

各栏目间沟通性不强,在一个新闻现场同时出现多路央视新闻频道记者的事情时有发生。连白岩松自己都承认:"这种封闭表现在它的人员是固定的,获得资源和信息是封闭的,时间是封闭的,长度同时也是固定的。"栏目对频道的发展形成障碍,而这样的恶性循环也直接造就了新闻频道的再次改版。①

展江教授在《中央电视台新闻频道设计构想》中曾指出,未来新闻频道应有一个新闻资源的整合机制,将台内9个频道的新闻力量凝聚到新闻频道上来,统一计划、统一调度,实现新闻共享。但是,大编辑部思路在具体实践中被击打得"粉碎",新闻频道由于缺乏统筹,现有的机制是以新闻中心和社教中心辖下的几个部组合而成,他们各自从自己的思路做新闻,既造成了资源浪费,也造成了节目内容的趋同,很难突出节目特色。在制片人制的引导下,记者只对栏目负责,并不对频道负责。有的直播只是在栏目内进行,不能形成持续效应。这种管理模式造成栏目之间各自为政,相互抢夺资源。在中央电视台,新闻频道的运作模式和其他专业频道的运行模式基本相同,仍然是传统的"中心——部门——栏目"模式。这种模式也许适合其他类型的专业频道,但却并不符合新闻传播的规律,也不符合专业新闻频道的运行规律,正是这种状况造成了央视新闻频道的再一次改版。

二、频道节目框架搭建与完善

2003年5月1日,随着央视新闻频道的开播,一些地方台的新闻频道也如雨后春笋般开始萌芽,但基本都是以栏目为播出单元的条块式框架。由于电视线性传播的特点,以固定时段、固定栏目播出新闻专题和相关信息成了频道的整体定位。将24小时按照栏目分割成若干个条块,每一个栏目都有自己的专业定位,从而能培养栏目的忠实受众,几乎每类观众都能被集纳到相应的栏目中。这种架构有利于节目内容与市场受众之间点对点传播,从而造就品牌栏目。

央视新闻频道成立初期,每天播出24档滚动新闻,节目时长控制在10分钟或30分钟,这种密集短小的滚动新闻构成了新闻频道的骨架,专题节目则顺应受众分众化、碎片化的发展趋势。在安排新闻频道节目的栏目时,央视新闻频道坚持"依旧保留了观众熟悉和喜爱的新闻栏目"的原则,将《东方时空》《焦点访谈》《国际时讯》安排在频道播出,同时《新闻联播》《新闻30分》《晚间新闻》和《新闻早8点》在新闻频道与央视一套并机播出,充分利用中央台的人力、节目和设备资源。在新栏目设置方面,有《新闻会客厅》《面对面》这样的新闻访谈节目,有《中国周刊》《世界周刊》这样的新闻杂志类节目,还有《每周质量报告》《法治在线》《共同关注》等形式新颖的节目,而《天气·资讯》则充分体现了频道的服务意识,这些节目与整点新闻一起构成了资讯的集中营。虽然在三次改版中有的节目被取消,但仍有一部分节目

---

① 陈明:《央视新闻频道改版轨迹研究》,华中科技大学2004年硕士学位论文。

经过时间的考验得到了观众的支持,成为央视新闻频道的品牌栏目。

(一)动态新闻节目

新闻频道以新闻立台,所以动态新闻类节目是最为重要的。央视新闻频道成立之时的动态新闻类节目主要有 24 个整点新闻节目。在全天 24 小时的节目系统中,整点新闻处于支柱性的主体地位,构筑起整个频道的框架。

新闻频道成立之初,新闻报道的数量比较丰富,但由于重播率偏高,资讯的实际信息量偏低;内容报道以时政新闻为主,兼顾社会新闻、文教新闻、经济新闻和体育新闻,硬新闻比例偏大;在播报形式上,以录像加解说词为主,口播为辅,个别采用现场报道和电话连线的方式,通过滚动、递进、跟进式报道,在滚动播出原有信息的同时,通过现场报道、电话连线及时报道事件的最新进展,并加入新闻背景和新闻分析,使信息不断更新,并在广度和深度上予以延伸。同时,国际新闻处理的质量相对不足,自采新闻比例较少,信息量偏低。

新闻频道 24 档整点新闻中,最长的 30 分钟,而最短的才只有 10 分钟。其中至少有三分之一的时间要播出国际新闻,而在另外的时间里要保证尽可能多的新闻、尽量大的信息量,因此决定了整点新闻中的深度报道尽量短而深,对问题的揭示、挖掘和解释要尽量做到"一针见血"。新闻频道整点新闻主要有五种表现形式:战役式报道、系列报道、连续性报道、组合式报道、长消息。

战役式报道是对一些同类消息进行有序组合,比较多地用于一些重大活动、重要事件、重大问题的报道。系列报道是通过对同一主题、同一题材做多层次、多角度的报道而形成了一种总体报道的深度,它多着重于组织报道事物的各个侧面,事物的发展进程,将不同角度的报道形成一个整体,增加报道的深度和广度,具有启迪性。连续性报道是指紧跟事件或问题的发展变化进行追踪,这种报道方式多用于突发性事件的报道。组合式报道从不同的报道角度、不同方面入手,集中一组稿件反映同一时间、不同地点的同类情况,这种报道方式多用于报道面较宽、报道对象较多的事件。长消息是相对于短消息而定义的,它反映的是全局性的情况、成就、趋势、动向和问题,"点""面"结合,高度概括,善于分析,把握全局是这一报道形式的特点,由于它在新闻的广度和深度上进行挖掘,并且也是新闻频道整点新闻中"记者调查"、"新闻分析"常用的表现形式。①

从播出内容上来看,整个新闻频道被 24 个整点新闻串联起来,构成了新闻频道的框架,每天播出的总时长达到 9 个小时。但是,由于时间的限制,整点新闻并不能包罗万象,尤其在文化、体育、军事、国际新闻等方面不可避免地存在缺失。所以央视新闻频道试播期间,在整点新闻的基础上,增加了《新闻社区》《文化报道》《体育报道》《国际时讯》几个节目。

---

① 门晓燕:《唱好电视新闻节目的重头戏——央视新闻频道整点新闻之深度报道研究》,河北大学 2004 年硕士学位论文。

《新闻社区》原名《地方社会新闻》，主要介绍全国各地发生的重要事件，从社会大众的需求出发，把社会大众的身边事作为报道的支点，把话筒、镜头对准基层，把画面、时间留给社会大众，采用观众喜闻乐见的播报形式来报道与社会大众的生活、工作、学习息息相关的新闻事件，通过报道对社会大众有影响的事来揭示社会现象或者给出启迪；《文化报道》关注的是世界各地的文化现象、影视戏剧、自然文化等；《体育报道》关注中国和世界各地的体育赛事、体育人物等；《国际时讯》立足于国际视野，全面地对外部世界进行全景式描述，凸显人文色彩。这几档节目穿插在整点新闻节目的播送中，构成了一个较为完善系统的动态新闻模式。

从播出时间上看，整点新闻每天在24个整点播出。《体育报道》每天13：30播出，时长为30分钟。《文化报道》每天15：30播出，时长为30分钟。《新闻社区》播出时间为周一到周五，每天18：30到18：55，播出时长为25分钟。《国际时讯》每天18：10播出，播出时间为20分钟。按照播出的密度可以分成早、中、晚三个板块。其中早间新闻板块从早上6点到10点，这个时段每次播出的时间都是30分钟，总时间长度是150分钟；中午新闻板块从11点到17点，除了14点整点新闻的时间为10分钟以外，其他的几个时间段都是30分钟，总的播出时间长度为190分钟；晚间新闻板块则是从19点到22点，这几个新闻时段除了20点新闻时段是20分钟，其他的都是30分钟，总的新闻时间为110分钟。每天整点新闻节目播出的时间达到540分钟即9个小时，加上其他的四个新闻报道节目时间105分钟，大约1小时45分钟，总共的时间10小时45分钟，大约占到整个每天时间的44.8%，足见其比重之大。①

央视新闻频道动态新闻的比例占到全天新闻事件的44.8%，充分体现了央视新闻频道新闻立台的宗旨，同时也是和国际潮流接轨的。其他著名新闻频道的动态新闻比例也大致在这个水平，央视新闻频道与它们之间并没有太大的差距。

（二）谈话类新闻节目

谈话类节目是以面对面人际传播的方式，通过电视媒介再现或还原日常谈话状态的一种节目形态，有两人参加也有多人参加的谈话。在中国，真正意义上的谈话节目直到20世纪90年代才登上电视荧屏，最早的节目样式为上海台的《东方直播室》。从《实话实说》的走红，中国电视媒体纷纷开办谈话类节目，全国有能力的省、市级卫视都建立了自己的谈话节目。

央视新闻频道开播后创办的几档谈话节目有《新闻会客厅》《面对面》《小崔说事》等。《新闻会客厅》关注的是当日或近期国内重大新闻事件中的人物，突出对人性和新闻性的结合。《面对面》则是一档人物专访节目，以人文的态度关注社会，以开放的事件讲述中国。《小崔说事》是中央电视台2003年7月5日推出的一档由崔永元主持的电视访谈节目。访谈嘉宾既有政府官员、文体名人，也有普通百姓、企业家和外国友人。现场观众充分互动，参与提问和讨论，在生动活泼的气氛中分享不同的

---

① 陈明：《央视新闻频道节目研究》，华中科技大学2004年硕士学位论文。

人生体验、互相交流碰撞，从而得到不同的感悟。

在电视新闻谈话节目遍地开花之时，也遭遇着整体滑坡的尴尬，《实话实说》更换主持人，大量节目同质化、模式化被市场淘汰。而一些优秀的电视新闻谈话节目却逆市上扬，继续探索与创新。央视新闻频道的《新闻会客厅》节目通过"会见新闻当事人"来展示重大新闻事件中有关人物的内心感受与亲力亲为。而《面对面》通过长篇人物访谈，选取一周以来关注度比较高的、比较有开掘深度的一些新闻人物的访谈，主持人冷静犀利。这两档节目都颇受观众喜爱。

基于新闻谈话类节目的特质，节目的节奏、风格和情境等很容易被制作者事先预设，为捕获受众眼球，谈话节目甚至不惜制造悬念；在节目的制作中，对于嘉宾采访的内容比例偏多，而主持人评论的内容较少，节目空有访谈的外壳，却并不能延伸信息的广度和深度，在传达知识和意见时的传播效果大大减弱。电视文化作为一种大众文化，应该生动形象、通俗易懂，但这绝不是节目庸俗的理由，在激烈的市场竞争中，唯有通过节目创新，把握节目的思想文化品位，才能使节目"叫坐又卖好"。未来新闻频道的谈话节目应当是注重创新性、新闻评论性和思想高度性为一体的新型访谈格局。

（三）评论类新闻节目

电视新闻评论节目是电视新闻节目发展的必然产物，具有电视节目的一般性特征，1998年涂光晋教授所著的《广播电视评论学》将"电视新闻评论"定义为："电视新闻评论是综合运用画面、声音、屏幕文字和解说、论述性语言等多种传播手段的声画合一、视听结合的新闻评论，是一种'形象化的政论'。"

央视新闻频道拥有一批新闻评论节目，除了央视一套原有的王牌节目《焦点访谈》，还创办了对国际新闻事件进行评析的《国际观察》和对国内一些热点现象和事件进行评析的《共同关注》。但是，这些节目在频道发展初期也遭遇了一些危机。虽然在开播之初曾以权威的观点和评论受到广大观众的喜爱，但其选题范围狭窄，缺乏个性，最终被观众远离。①

《焦点访谈》是我国第一个以深度报道为主、以舆论监督见长的电视新闻评论性栏目。它于1994年开播，在开播的十年里，获得了巨大的成功，历年在中央电视台收视的排行上都仅次于《新闻联播》；《国际观察》以演播室访谈为主要手段，是以对当日国际时事进行深度加工为目的的大型国际新闻评论节目。反映快速、评论深刻、表达通俗是栏目的特点，著名国际新闻主持人水均益是栏目的制片人；《共同关注》是央视新闻频道的一个以反映民情民意为鲜明特色的栏目，主持人为阿丘，栏目内容以社会类题材为主，反映具有普遍意义的社会热点问题。

在当今这个新闻媒介激烈竞争的时代，新闻资讯固然极其重要，但新闻评论才是决定其质量优劣的关键因素，可以说新闻资讯节目的质量决定了一个电视频道的水准。②

---

① 张禹：《我国电视评论节目特色初探》，华中科技大学2007年硕士学位论文。
② 孟建：《央视新闻频道现象透视》，《中国广播电视学刊》2003年第8期。

在央视新闻频道开播的三年里,其新闻评论节目处于发展起步阶段,整体水平欠佳。

(四)杂志类新闻节目

新闻杂志节目是电视新闻深度报道的重要节目形态之一,这种节目形态吸取了专题报道和集纳性动态新闻的优点并克服了两者的缺陷。新闻频道创办时的新闻杂志型节目有《本周》《东方时空》《世界周刊》《中国周刊》《社会记录》等,其中影响力最大的是《东方时空》。

《东方时空》开办于1993年5月1日,节目自创办起就产生了广泛影响,可谓开创了中国电视改革的先河。《东方时空》从一开始就以新闻杂志类节目定位,开设子栏目《东方之子》《音乐电视》《焦点时刻》。1996年《东方时空》删去了娱乐性质的栏目《音乐电视》,正式开始了新闻杂志之旅。2000年11月27日,《东方时空》在致力于打造"新闻详尽,专题透彻的杂志性早间新闻节目"的定位下,又进行了一次大规模的改版。节目的长度也由1996年的40分钟猛增到150分钟,大量新的子栏目和主持人出现,子栏目总数有十个之多。2001年11月5日,《东方时空》的改版瞄准了"速度与深度的统一",节目长度缩短为45分钟,消息类新闻栏目和资讯类栏目分离出去,在保留原有的《东方之子》《百姓故事》《世界》《纪事》各子栏目的基础上,推出新的子栏目《时空连线》。2003年央视新闻频道开播后,《东方时空》作为央视老牌电视杂志节目,直接被拿到新闻频道中来,其中《世界》由著名国际报道记者水均益担当主持,以独特的视角关注每周最受关注的国际重大新闻事件和新闻人物。《纪事》则是一档以纪实形态为主、长度为30分钟的纪录片栏目,关注国家、社会和人物的命运。《记忆》选择若干在20世纪昭示和影响中国人言行和思想的人物,将节目的基本情节限定在人物最精彩、最戏剧的一年,进而展现主人公和他所生存的时代。

在《东方时空》的影响下,央视新闻频道其他新闻杂志节目也应运而生,但各有自己的侧重点。《社会记录》是一个讲故事的栏目,描述这个世界上正在发生的真实的故事。每晚《社会记录》讲述引人注目的社会事件或是不为人知的凡人小事。《世界周刊》是新闻频道开播时强力推出的一档新闻周刊节目,分为五个板块:"扫描",简介回归一周重大国际新闻事件;"视线",作为周刊的封面文章,体现《世界周刊》对于国际热点时间的独特视角,取材广泛、观点突出;"人物",介绍有特色的国际人物,在人物的选择上注重新闻时效,强调人物的存在价值和深层次的人格魅力;"点睛",选取国外媒体有关国际重大事件的点睛评论,加以整合;"故事",以国外媒体近期报道的新闻事件为线索,挖掘寻找其背后的细节。同样《中国周刊》也是采用基本相同的模式,只是它的关注点在中国境内。《本周》是中央电视台1995年开播的一档新闻综述类节目,原先是在中央一套播出,2003年5月1日起进入中央电视台新闻频道播出,2008年3月24日停播。节目具有鲜明的特色:它用娓娓道来的方式、轻松的语言,用不同于其他新闻节目的视角再现新闻,挖掘新闻的另一侧面,讲述一个个新闻背后的故事。

2004年9月,《东方时空》为达到"中国电视新闻杂志第一高度"的目标,在标识中赫然注明"电视新闻杂志"。长度调整为40分钟,后又调整为50分钟,首播改为央视一套的18:20。①《东方时空》作为众多王牌新闻节目的制作原型,在电视栏目中的作用非比寻常。而电视新闻杂志在新闻频道的出现,很大一部分原因是为了解决观众对某一个特定的地点或者时间段的关注,替观众进行梳理和归纳,这样的节目理所当然地受到观众欢迎。

（五）专题类新闻节目

新闻专题类节目包括新闻背景、新闻评论、新闻调查、舆论监督、民意调查、法制类等节目,是对整点新闻和分类新闻的补充和深化。央视新闻频道开播之时,设立了《新闻调查》《每周质量报告》《法治在线》《天气·资讯》《纪事》《央视论坛》等几档节目。

《新闻调查》是从中央一套节目中直接"拿"来的,这样成熟的节目在央视新闻频道中播出,可以迅速提高频道的知名度。节目注重研究真问题,探索新表达,以记者调查采访的方式寻求事实真相。《每周质量报告》是一档以消费者为核心收视人群的新闻专题节目,节目关注人与质量的关心,关注消费者的物质需求和精神诉求,还对人的生存质量、服务质量、生活质量、消费环境质量等方面给予关注。《法治在线》是法制类节目,介绍每天全国各地发生的法制新闻事件,很受观众的欢迎。作为一档兼具新闻时效性、法治思想性和法律服务性的新闻性法制专题节目,栏目紧扣中国法治进程脉搏,关注法治领域热点,揭示人与法的复杂关系,体现人文关怀和法治精神,以鲜明的现场感和新闻性凸显栏目特色。在央视网站上的新闻频道观众最喜爱的栏目评选中,《法治在线》曾以占总票数15.22%的绝对优势荣登榜首。②

《天气·资讯》是新闻频道的一档以天气预报为主体,包含其他各类生活信息的资讯类节目。栏目内容包括天气预报、出行参考、气象天文知识介绍、从生活资讯角度对新闻事件追踪,以及健康、旅游、住房、汽车、饮食、家居等各类即时信息和实用知识。节目风格注重贴近性、服务性和适度的娱乐性,以通俗和有趣的播报方式介绍专业知识。③

央视新闻频道的《纪事》栏目,原来是《东方时空》的周日版节目,2003年全新改版后进入新闻频道,是目前央视新闻频道唯一的纪录片节目。《纪事》坚持以纪实的影像关注热点事件、关注人物的命运,完成对时代的深刻记录,打造"行进中的影像中国"。

《央视论坛》是央视新闻频道中一档纯粹的评论性栏目。它不采集新闻,而是对

---

① 杨志平:《电视新闻节目杂与不杂的是与非——以〈东方时空〉的第五、六次改版为例》,《媒体时代》2011年第12期。
② 吕艳、钟继红:《电视法治节目传播特征浅析》,《声屏世界》2005年第10期。
③ 陈明:《央视新闻频道节目研究》,华中科技大学2004年硕士学位论文。

各种媒体提供的新闻事实中最引人注目、最具谈论空间的内容进行评论、分析和解读。在新闻频道中，它的功能相当于平面媒体的"时评"或评论员文章。如果用一句话来概括这个栏目的追求，那就是——透过现象说本质。

如果说1993年5月1日开播的《东方时空》是加强评论性节目的第一步，1994年4月1日开播的《焦点访谈》将电视新闻评论类节目推向新的发展，《新闻调查》的创办则是开展了电视调查的第一步。央视新闻频道的节目设置中涉及不同的主题，把新闻信息用不同的角度、不同的形式演绎和完善，这是符合新闻频道理念的，同时也满足了受众不同的新闻需求。

三、直播常规化

所谓新闻直播常规化，是指新闻直播成为日常新闻报道中常用的手段，成为新闻播出形式的首选和主要方式，是新闻报道的重要组成部分。它需要我们的电视理念有所突破，改变过去那种占用整个频道时段，只在特殊情况下才采用特大型直播的方式。2003年5月1日，新闻频道的开播是中国电视进入直播常规化的标志性事件，也体现着电视传播理念的变化，预示了电视新闻直播的新前景。

（一）央视新闻频道的直播表现

电视媒体优于其他媒体的主要特征是画面，而动感画面、特写镜头、蒙太奇手法的运用等，使电视新闻具有无与伦比的优势。央视新闻频道正式开播后，以"贴近实际、贴近生活、贴近群众"为指导，电视新闻从业者对于新闻直播的认知理念发生了质变，直播模式从特殊逐渐被定位为常规，新闻频道现场直播的场数呈现出逐年激增的趋势。

2003年5月1日，新闻频道试播当天，就果断推出三场直播：《抗击"非典"直播特别报道》《北京大学升国旗宣誓仪式》《2003站在第三极——攀登珠峰》，这三场直播就像发令枪和火车头一样，使央视长年积累的重大活动直播和常态化新闻直播的经验得以释放。之后连续播出了11天的《抗击"非典"直播特别节目》，这种大型直播节目有效地强化和提升了中央电视台防止非典型性肺炎的宣传报道效果。从4月26日起，每天16:00现场直播《卫生部对全国及各地区非典型性肺炎疫情进行分析》，5月24日后改为每周播出直至6月24日。新闻节目中心在全国上下顽强抗击"非典"的两个多月时间里共推出了116场包含独立成篇、栏目实时插入、几档新闻栏目递进更新的各种形态大大小小的现场直播报道，及时通报了疫情，鼓舞了士气。①

新闻频道开播后，其直播报道次数和时间大大增加，每当重大国内国际新闻事件发生时，新闻频道立即打通相关栏目和时段进行现场直播，并且直接采用了"演播室＋新闻现场"的方式向观众报道新闻事件的最新进展，同时结合相关背景进行深入分析。小型化、常态化、机动化的直播报道，成为新闻频道与中央电视台其他频道区别最鲜

---

① 赵化勇主编：《中国中央电视台发展史（1998-2008）》，中国广播电视出版社2008年版，第37页。

明的标志。从 2003 年 5 月 1 日到 2004 年 5 月 1 日，新闻频道在一年内共进行 434 场直播，总计直播时间超过 350 小时。2005 年新闻频道全年直播共计 234 场次，直播总时长达到 303 小时，日均直播 50 分钟。现场直播的题材涉猎日益广泛，包括政治、经济、军事、体育、文化等多个方面和领域，这些直播报道使新闻频道在许多国内外大事发生时，成为国际或者国内媒体的新闻来源。①

新闻事件的发生是一个循序渐进的过程，在央视的新闻直播报道中，编导人员充分利用多种报道手段，使整个频道节目内容充实、丰富多彩。

1. 拓展新闻背景

新闻人物是事件的主宰，是推动事件发展的动力，因此新闻事件进程中人物是观众关注的焦点。同时在直播报道中有关新闻背景的交代也是丰富报道内涵的有效手段。在央视新闻频道 2005 年 10 月"神六"发射的直播报道中，不仅有此次发射的航天员聂海胜、费俊龙的资料片，而且有对其家人的采访，以及前任航天员杨利伟的访谈，这些短片通过一些感人的言语和画面吸引了不少观众的眼球。此外专题片的大量运用，也是拓展新闻背景的重要手段。如 2005 年 7 月 26 日的直播《第四轮北京六方会谈开幕会》就通过专题片《朝鲜半岛核问题的由来》《朝核问题大事记》《北京六方会谈的历程》为观众释疑解惑、增长知识，在整个直播报道中起到了重要作用。

2. 美化直播画面

为了使观众更直观、更明白地了解有关情况，很多直播节目会精心地制作一些图表或者电子动画，或者其他辅助主持人解释的设备和道路。如在三峡大江截流的报道中，主持人借助图板介绍大江的截流概况及中央电视台的报道阵容，让人一目了然。在重大的历史性时刻，精编一些重要时刻的经典画面，使观众重温过去的历史，特别是在一些振奋人心的场景中，这些手段的使用非常频繁。如在 2005 年 10 月的"神六"发射直播中，飞船升空的那一瞬间在连续几天的直播中不断地出现，使我们强烈地感受到民族的振兴；同样，航天员与家人和领导天地对话的声音也不时地回荡在我们耳边，无形中使我们对他们的奉献和出色表现肃然起敬。

3. 强化策划意识

新闻报道策划是新闻编辑为使某些报道选题获得预期的传播效果，对新闻报道活动进行规划和设计，并且在报道实施过程中不断接收反馈、修正原先设计的行为。在新闻直播中，为确保直播的成功，必须在直播开始前做好直播准备工作，制定完善详尽的直播方案和计划，这些都强调新闻直播中要有策划意识。

新闻频道编辑部的策划组主要负责直播的策划工作，对直播的创意、方案、串联单、脚本等做细致的规划。2004 年 1 月 18 日和 19 日播出的大型直播节目《直击中国铁路春运》，在直播前的策划安排中，央视新闻频道根据直播的需要确定了八个固定的直播点，并选择了在春运中最具代表性的 T15 次（北京至广州）、K376 次（北京至郑州）、

---

① 赵化勇主编：《中国中央电视台发展史（1998—2008）》，中国广播电视出版社 2008 年版，第 37 页。

派出记者跟随列车进行全程体验报道。

4. 运用连线手段

新闻连线报道是指应用先进的视音频技术，让分布在不同地点的当事者或采访对象对新近或正在发生、发现的新闻实时进行报道，并展开评述或讨论的新闻报道方式。①在新闻栏目中，演播室主持人通过连线新闻事件现场的记者或相关人士，实现在新闻发生时的同步报道，增强直播的现场感。在央视新闻频道成立的前三年里，频道实现了演播室制作与播出的同步。连线手段的运用，保证了新闻的第一时间和第一现场，从某种意义上使单条新闻做到了直播。例如在"神六"发射的时候，新闻频道安排数位主持人和记者分赴酒泉基地和北京航天城、内蒙古回收点等地，通过连线的方式将各个点有机地串联起来，使观众能一目了然，亲眼看见各地的情况。

（二）央视新闻频道直播的不足

开办初期，央视新闻频道的新闻直播仍存在诸多问题。比如，消息类新闻播报只是形式上的直播，即播音员现场播报新闻导语，新闻现场的画面和同期声还是事先编辑；新闻直播使用电话连线增强现场感和时效性，但是电话连线占主要部分，在少有的视频连线中，也存在着欺骗观众的"假连线"情况，即记者或编辑事先和前方记者连线，将节目录好，直播时再播出；在央视新闻频道中占据很大比例的谈话类节目，一直使用录播形式，而国外谈话节目则完全采用直播……将其不足进行归纳，主要有以下几点：

1. 题材选择形式大于内容

电视生于直播，死于录播。直播作为一种最能体现电视传播特性的报道形式，赢得了广大观众的青睐。央视新闻频道在开播的三年里，在直播的技巧上取得了很大进展，但是忽略了对题材的选择。事实上，并不是所有的新闻都适合用直播形式表现。直播中最能吸引观众的是第一时间的现场画面，如果没有足以说明新闻事件的现场画面，开展直播就会显得得不偿失。在电视新闻直播节目的制作过程中，制作者往往以时间的长度作为评判节目质量的一个依据。央视新闻频道动辄以"天"为单位开展直播，每次参与直播的人数众多，准备时间很长，造成了资源和人力的浪费。央视的大型直播报道《见证三峡工程蓄水及永久船闸通航》，虽然连续做了9天的直播报道，但从其收视效果来看结果并不理想。

2. 预知性事件直播多，突发性事件直播薄弱

CNN、BBC在一些重大事件发生时，都会取消原有的节目安排，这种看上去无序的状态给人一种紧张与兴奋感，这正是刺激受众欣赏欲望的因素，也是对新闻人的挑战。纵观央视新闻频道全部的直播节目，真正能给人留下深刻印象的并不多见。同时新闻频道的直播都是对"预知"新闻事件的直播，从传播学的角度看具有相当程度上的"仪式"或"表演"因素，这种直播一般都会用很长的时间去准备，花费巨大的人力、物力。中国主流媒体作为国家形象的代言人，在新闻的报道中要注重舆论的引导和社会职责

---

① 叶子：《现代电视新闻学》，中国广播电视出版社2005年版，第160页。

的坚守,但是这一角色定位在某一程度上也束缚了媒体对一些重大突发性事件的报道。

3. 演播室功能发挥不完善

演播室在电视新闻直播中的一个关键环节,有人把它比作"调度中心"。在每次直播活动中都可能出现各种不确定因素,为了保证直播的连续性和安全性,就必须有一个环节对所有的节目资源进行总体控制和调度,这就是演播室和演播室主持人。① 所以对于大型直播节目来说,演播室不仅是串场和演说,还必须具有灵活性、机动性和调节功能。就央视新闻频道的新闻直播节目而言,演播室的功能发挥仍不尽如人意。部分主持人局限在准备好的脚本上,对现场画面失去了本应有的控制能力,经常出现主持人现场突然沉默的画面。在2005年8月12日上午的"第十届全国运动会火炬传递活动点火起跑仪式"直播节目中,在北京人民大会堂的直播现场,当国家领导人吴邦国委员长点燃"十运会"的圣火时,主持人突然沉默,没有进行任何解说,时间持续了将近一分钟,而对于电视观众而言,这一分钟的时间无疑显得相当漫长,没有任何字幕和解说,只能费力地盯着屏幕。

另外,演播室主持人和嘉宾对相关信息的解说和评论是克服电视直播不适合传递深度信息的有力手段。央视新闻频道有意请相关领域的权威或者新闻事件的当事人做嘉宾,对事件进行深度解读,但是结果却并不理想。

四、重大新闻事件报道取得显著成果

对于央视新闻频道而言,重大新闻事件的报道永远是竞争的焦点,也是提升收视率、树立品牌形象的重要契机。在2005年"神六"特别报道期间,央视新闻频道的收视份额创下了该频道对同一事件报道平均收视率的新纪录。事实上,在"美军虐囚丑闻""阿拉法特去世""铜川矿难""乌克兰大选危机""东南亚海啸""连战大陆行"等一系列重大新闻事件的报道中,央视新闻频道都有不错的收视表现,可见重大事件报道对新闻频道收视份额的提升有重要作用。

(一)对重大事件进行全方位、多角度的同步直播

1997年,是中国电视直播史上具有跨时代、标志性意义的一年。以当年中央电视台的一系列大型直播节目为标志,中国的电视新闻直播开始趋于活跃。这一年,中央电视台先后进行了六次大规模直播活动。2003年5月1日,中央电视台新闻频道试播。央视新闻频道的开播为重大事件的直播报道提供了更大的平台和空间,也为重大新闻事件的直播报道做了必要准备。从此之后,中国电视重大事件的直播报道更加频繁、成熟,而且在预知事件现场直播报道的基础之上,不断尝试突发事件的现场直播报道,并取得了令人瞩目的成果。

央视新闻频道试播的第一天就推出直播特别节目《抗击"非典"直播特别报道》,

---

① 吕艳:《中央电视台新闻直播常规化发展研究》,厦门大学2006年硕士学位论文。

播出时间为 5 月 1-4 日每天的 14：00-17：00，5 月 5-11 日每天的 15：00-17：00，累计 26 小时。在特别节目中，央视新闻频道在卫生部搭建了一套直播系统，以现场直播的方式，让全国观众实时直观地了解每天 16：00 卫生部新闻发布会的具体内容，了解当天的疫情状况，还直播报道了卫生部专家做出的最新疫情分析以及卫生部内正在进行的工作会议。据统计，央视新闻频道累计推出围绕抗击"非典"的现场直播有八十多场。

2003 年 10 月 16 日 6 时 23 分，我国"神舟"五号载人航天飞船成功返回地面，10 月 15 日，央视新闻频道全天共播出了三段"中国首次载人航天飞行特别新闻"；10 月 16 日 6 时 37 分开始，播出覆盖全天的"中国首次载人航天飞行特别报道"；央视新闻频道充分发挥频道容量大、滚动跟进、及时更新、调整灵活的优势，设计了"特别新闻"和"特别报道"两种报道类型。报道中注意调动和发挥电视报道特色，采用口播新闻、滚动字幕新闻、最新图像新闻、新闻特写、新闻背景等多种报道手段，随时递进更新。①

我国载人航天飞船"神舟"六号于 2005 年 10 月 12 日成功发射升空进入预定轨道，央视新闻频道从 10 月 12 日 6：55 起，打破正常的节目编排，贯通各时段和各栏目，正式启动对"神六"载人航天飞行不间断的直播特别报道。除直播特别节目外，新闻频道还在专题栏目和新闻节目中播出大量相关报道，配合直播特别节目。关于"神六"主题的专题节目在 7 个专题栏目中共播出 36 期，累计时长为 29 小时 39 分 30 秒（其中重播 12 小时 10 分钟）；各档新闻节目共播出新闻 200 多条，总时长为 376 分钟。②

（二）大型活动直播报道整合联动

2003 年 10 月 16 日，"神舟"五号成功发射和返回备受世界瞩目，中央电视台多个频道资源，突出不同的频道特色，发挥自身的优势，连续三天在新闻频道、中文国际频道、英语国际频道等播出新闻节目，同时推出每天长达数小时的直播特别报道、新闻现场报道、新闻背景分析、权威人士和新闻亲历者访谈等满足了海内外观众对重大新闻事件的收视需求，树立了专业、权威新闻报道形象。③

2005 年中国国民党主席连战和亲民党主席宋楚瑜先后率团访问大陆，举世关注。中央电视台新闻频道、中文国际频道经过周密的策划和准备，对连宋大陆行进行了全程跟踪报道，新闻频道利用"新闻跟踪＋重大现场直播＋专题跟进"的立体化报道形式进行了充分报道，中文国际频道在连战和宋楚瑜来访期间，新闻、专题、直播等多种节目形态联动并进，现场报道与深度解读相得益彰④。

---

① 韩彪、牛汉杰：《央视充分报道我国首次载人航天飞行》，《中国电视报》2003 年 10 月 20 日。
② 建辉、旭宏、春雨：《与"神六"同行与新闻同步——央视直播"神六"发射圆满成功综述》，《电视研究》2005 年第 12 期。
③ 赵化勇主编：《中国中央电视台发展史 (1998-2008)》，中国广播电视出版社 2008 年版，第 24 页。
④ 赵化勇主编：《中国中央电视台发展史 (1998-2008)》，中国广播电视出版社 2008 年版，第 24 页。

2005年"两会"召开之前,新闻频道以全天24小时播出为主线,对新闻节目整体编排实行了布局。依托主线,新闻频道在白天的节目中采取大时段推进的方式,在上午、下午开设了《"两会"之窗》特别节目,作为白天时段"两会"报道的一个主窗口。此外,新闻频道对晚间黄金时段进行重点设计,新增了《"两会"会客厅》《"两会"之声》《"两会"观察》等专题栏目,以深度访谈、谈话、评论类栏目为重点,加强新闻的深度解读。① 频道成立三年来对党和国家的各种重要会议、党和国家领导人出访等重要外事活动,重要节庆时段活动等都给予了高度重视。在与央视其他频道合作报道的过程中,表现出了无出其右的报道能力和资源优势。

(三)与地方电视台充分合作

央视新闻频道的开播使央视对新闻信息量的要求陡增。在新闻频道开播前,央视新闻中心每天新闻的播出时长为6小时25分钟,而开播后,每天24小时不间断播出新闻节目,尤其是每天多档整点新闻播报使得信息的需求量急剧增加。其中有《新闻联播》《新闻30分》《晚间新闻》《焦点访谈》等重要新闻栏目和全天十多档滚动新闻对消息类新闻和动态滚动报道的需求,也有新闻专题栏目对于地方专题节目的需求。央视新闻频道开播的半年时间里,全国各省电视台的发稿量达17411条,每个月的播出量由过去的平均1670条猛增到2900多条,平均每月增加了1230条。②

央视新闻频道与地方电视台的合作是必然的选择。首先,新闻频道需要从地方电视台获取新闻来源以丰富新闻内容;其次,地方新闻借助央视新闻频道这一国家级的电视新闻传播平台,其影响力必然会显著提升。因此这种表现为新闻资源的整合与共享的合作是一种双赢。

1. 地方电视台提供新闻来源

央视新闻频道开播的半年时间里,有近1/3的消息类报道是由地方电视台提供的,其主要内容有:大型重点工程、民心工程的进展;重要新闻发生后各地的反响;天气变化情况;各地具有较高新闻价值的新发现、新变化;突发灾害事故,如地震、沉船、煤矿透水、滑坡、车祸等。

"央视与地方电视台双方的合作不是简单的叠加和单一意义上的资源共享,而是地方电视台以最直接的方式获得一手画面,央视记者掌握着宏观政策与信息渠道,依此进行深度报道,可以为观众提供及时的、全方位的视听信息。"③

2. 大型直播活动中通力合作

央视新闻频道开播后推出的第一个大型直播报道《抗击"非典"特别直播报道》,各地方电视台将全国的三十多位省级领导请进演播室与央视进行连线直播报道。既注

---

① 冯旭宏:《全线作战重点突破变中求胜彰显个性——谈央视新闻中心2005年"两会"报道》,《电视研究》2005年第5期。
② 王晓真:《新闻频道背景下央视与地方电视台合作的加强》,《电视研究》2003年第12期。
③ 王晓真:《新闻频道背景下央视与地方电视台合作的加强》,《电视研究》2003年第12期。

意了时效性，又突出了在"非典"特殊时期的传播效果。此次大型直播报道，央视与湖北电视台、重庆电视台三方分工合作，在进行整体报道的同时，各自又根据自己频道定位策划了本台的系列节目。

2004年8月22日，中央电视台各部门协作，在新闻频道、综合频道、中文国际频道内，对"邓小平同志诞辰100周年纪念大会"进行现场直播，全国30多家地方台也同步并机直播了大会实况。与新闻节目同步，新闻频道联动专题节目扩大宣传声势：《新闻会客厅》推出特别节目《家人邓小平》《发现邓小平》和《伟人故里归来忆小平》。新闻频道《面对面》推出纪念邓小平百年诞辰两集特别节目《小平往事》。《央视论坛》栏目于8月23日至26日，连续播出四集特别节目《历史的贡献》，分别为《我是实事求是派》《改革是中国的第二次革命》《和平和发展是当代世界的两大主题》《我是一个普普通通的人》。

第三节　方兴未艾：央视新闻频道发展时期（2006—2008）

经过三年的磨合与市场培育，央视新闻频道于2006年进行了第四次改版，改版后频道设有大量的专题节目，包括新闻背景、新闻评论、新闻调查、舆论监督、民意调查、法制等各种节目形态。此次改版也真正意义上提出了央视新闻频道的品牌化战略，扩大了频道的品牌价值，提升了晚间时段节目的竞争力，进一步深化补充了整点新闻及分类新闻。

2008年新闻频道进行了大幅度的架构调整，各档新闻节目在第一时间发布灾情报道，扩大了主流舆论的覆盖面，提升了频道的影响力。建立大编辑部模式，完善了突发事件应急机制，提高了新闻频道的快速反应能力、大规模直播报道能力以及大型专题新闻报道能力，给观众留下了极其深刻的印象。

总体而言，通过央视新闻频道的第四、五次改版，央视新闻频道慢慢走向成熟，熟悉了自身所处的媒介环境，摸清了一定的传播规律，在与观众和市场的不断磨合适应中，积累了宝贵的经验，逐渐形成了适合频道定位的风格特点，以及符合自身发展的传播模式，这一时期的新闻频道处于发展上升阶段。

一、改版轨迹及阶段特征

（一）频道第四次改版

1.改版表现

央视新闻频道在前三次改版中，暴露出频道资讯量少、直播新闻数量欠缺，新闻专业性不强的弱点，2006年6月5日，开播三年的新闻频道第四次全面改版。其总体目标是"要扩大频道影响力，提升频道的品牌价值，具体目标是推出主打栏目，提升晚间黄金收视时段竞争力。频道的近期战略目标是实现新闻化的表达方式，中期战略目标是实现规范的频道化运作，远期战略目标是建成世界一流的新闻频道"。①

央视新闻频道首先增设了两个新栏目：一个是在早间黄金时段6:00到8:30播出的长达150分钟的综合性资讯节目《朝闻天下》，另一个是每周一至周五晚间黄金时段20:00至21:00推出的新闻直播类节目《360°》。

对很多节目进行了重新调整和编排。《军情连连看》和《人物秀》两档探索性的节目自在假期推出以来，很受观众欢迎。在这次改版中，它们一改"长假节目"的身份，正式成为新闻频道的周播节目。前者是军事益智类节目，在每周六12:30播出；后者是集新闻娱乐为一体的新闻人物访谈类节目，每周六20:15播出。

越来越为观众所喜爱的《本周》播出时间由9:30改为10:15；《约会新七天》由以前周六、周日各10分钟调整为每周日10:40和17:40各播出20分钟。新闻频道的品牌栏目《每周质量报告》首播时间由周日调整到了周六的21:50。周日除《防务新观察》外，大型电视行动节目《我的长征》在每周日21:30与观众相约。《媒体广场》除落户《朝闻天下》外，在下午17:00还增加了时长30分钟的下午版。《国际时讯》的播出时间提前了10分钟，由原来的18:10改为18:00；《新闻社区》不仅提前了播出时间，由原来的18:30提前到18:20，时长也由原来的25分钟增加到35分钟。《法治在线》由17:30播出调整到21:30。随后播出的《新闻会客厅》和《社会记录》调整到22:00和22:30播出。

新闻频道的形象标识、演播室都进行了改变。原来的以蓝色为主基调的画面改为清爽的橙色。徽标也改为一环行内嵌"CCTV新闻频道"标志，更体现出紧迫感和时效性。演播室在国内首次使用了"三联屏无缝拼接背景系统"，播报背景可分可合，可满足多个栏目使用。

央视新闻频道的改版得到了社会广泛关注，全国50多家媒体对此次改版进行了报道、专访。改版前连续5场的"中央电视台新闻频道现状与发展恳谈会"上，近百名来自中宣部和国家广播电影电视总局等新闻宣传主管部门、中宣部新闻阅评小组、国家广电总局收听收看中心、国务院各部委行业新闻宣传单位、新闻院所和各大媒体的领导、专家、同行以及不同职业不同年龄组的观众和网友代表等，对新闻频道的改版设计方案给予了评价，并提出了建设性的改进意见和建议。②

2. 改版特征

（1）创新新闻表达方式

主持人不仅是新闻的播报者，新闻信息的传递者，更是一个新闻栏目风格的代表之一。央视新闻频道第四次改版之后，在主持人环节出现了重大改变：首先，一些新面孔加入央视新闻频道，如《朝闻天下》的赵普、李文静和《360°》的石琼璘等。赵

---

① 《打造中国电视第一品牌，央视新闻频道全新改版》，《广告大观（媒介版）》2006年第4期。
② 周玉兰：《央视新闻频道改版轨迹研究》，浙江大学2007年硕士学位论文。

普的主持亲切温和，说话很有分寸；文静的主持清新有活力，像邻家女孩般亲切自然；石琼嶙有着温暖人心的笑容和宁静致远的智慧。这些年轻主持人为央视新闻频道注入了新鲜血液。

新闻报道的魅力在于突发事件的快速播报，这种快速不仅体现在记者报道新闻的速度，还体现在新闻播报的语速上。第四次改版之后，新闻频道主持人语速加快，语言表达更为通俗，新闻播报的节奏感加强。语言播报的改变，不仅体现在《360°》《朝闻天下》等新栏目中，还体现在一些原有栏目中，使得新闻节目整体的主持风格更加亲民近人。

为创新新闻表达形式，此次改版还在新闻节目中加强了与观众的良性互动。比如《朝闻天下》设置了"互动话题"小板块，每天设置一个话题，通过短信、电话等手段加强观众与节目的沟通。在话题的选择上，与老百姓的生活息息相关，如"看病难""关注老龄化"等热点问题，这些话题的贴近性很强，选题范围广泛，从民生到体育文化，从社会现象到事实消息，无所不包，显示了节目极强的包容性和灵活性，最终也实现了央视新闻频道与观众的良性互动。同时新闻频道的政治报道也一改过去循规蹈矩的流水账式报道模式，从受众角度出发来解读新闻，例如2007年1月中国国家主席胡锦涛对非洲八个国家进行国事访问，《360°》对胡锦涛的具体行程，鲜见地做出比较详细的事先披露，使时政新闻的报道更加贴近观众的信息需求。

这次改版，在内容选取上减少了各部委发放的规定条文等公文式报道，拓宽报道题材，加强经济、体育、文化、娱乐等老百姓关心领域的内容报道，注重选取"小口径""低视角"的报道方式，从观众身边的故事讲起，从小事开始反映中国大的主题，采取以小见大、由点及面的方法，用观众喜闻乐见的报道方式使新闻与时代同步。①

在保持原有国内国际时事新闻权威性的同时，《朝闻天下》强化了社会民生新闻、天气出行资讯、文化体育资讯、时尚生活资讯等可视性强的题材，同时强调画面的表现力，注意解说词和画面的有机结合，充分利用250演播室大屏背景。节目的"话题"设置比较灵活，选题范围广，从民生到体育等各类信息，包罗万象。《360°》则在晚间黄金时段新鲜出炉，由水均益、白岩松等名嘴担任主播，风格"活力、生动、个性、明快"，减少了公文式的报道，试图以观众喜闻乐见的低视角报道方式制作"全方位的新闻、最贴近的报道"，成为央视新闻制作的全新尝试。

（2）增加社会民生新闻报道

"推出新栏目、调整节目编排和转变文风、创新新闻表达方式"是本次新闻频道改版的三个重点环节。增加社会民生新闻的报道便是其中的重要内容。

省级卫视的扩张和民生新闻的兴起，对中央电视台在电视新闻领域的霸主地位造成了冲击。2002年元旦，江苏电视台城市频道推出新闻栏目《南京零距离》，这档直播60分钟的栏目定位于"民生的内容、民生的风尚、平民的视角"。这类新闻在报道

---

① 吕辉：《央视新闻频道改版研究》，河北大学2007年硕士学位论文。

角度和报道手法等方面更加符合观众的口味,各地纷纷上马这一类型的民生新闻栏目并屡创收视率高位,于是央视新闻频道也开始了尝试。

在第四次改版中,央视新闻频道着力打造了民生新闻栏目《共同关注》《新闻社区》《本周》,虽然央视新闻频道并没有明确说明哪一档节目是"民生新闻栏目",但在具体的节目表现中都把关注民生放在了首位。《共同关注》将关注点放在中国社会大转型时期大量出现的弱势群体,节目选取百姓中真、善、美的动人故事,呼唤社会真情,展现互助关爱,同时发挥央视作为国家媒体的社会功能,适当介入百姓生活,为帮助者和被帮助者搭建起一个互助的平台。整体节目定位及其具体的新闻实践与地方台民生新闻中"帮扶"类新闻非常相似,不过央视新闻频道为其提供的平台更大、关注范围更广。

《新闻社区》是一档专门提供地方台社会新闻播出平台的栏目,节目由城市电视台提供的播出素材编辑加工而成,其新闻题材偏重"奇闻、珍闻、逸闻"。节目时间安排在晚上 6 点,主要争取晚间时段的收视群体。为了增加收视看点,节目中还有"编辑的话"小板块,向观众解释说明"新闻背后的新闻"。

《本周》节目主要是对一周中播发的题材较"软"的新闻进行风趣、诙谐、幽默的解说串联,这也是央视新闻里第一次出现如此"随性"、"自然"的编排风格,越剧经典唱段、流行歌曲甚至主持人何红梅的方言播报等都出现在节目的编排中,体现了央视新闻频道为民服务的理念和意识。

《法治在线》节目的播出时间调整到 21 点 30 分,其收视竞争对手是其他各级电视台的晚间电视剧,央视新闻频道此举的目的在于拿自己最成功的一档新闻节目同其他电视台争抢收视份额。《法治在线》栏目定位是现场类法治新闻专题,其栏目特性是现场感、新闻时效性、法治思想性和法律服务性。在一再被强调"现场感"的前提下,《法治在线》为观众呈现了可以比拟好莱坞侦破大片的悬疑感、故事性及颇具现场冲击力的"纪实画面"。上述种种表现,与地方台民生新闻的"电视新闻故事化"、"电视新闻娱乐化"在精神实质上是"同宗同族"的。①

对此次改版,也有一些专家学者表达了比较悲观的论调,"这次改版在某种程度上流于形式。标志色彩的更换、主持人名人效应的发挥、口语化新闻文风的运用以及对民生性新闻的关注,都成为一种外在的包装,过多地停留在表层,未能深入到整个频道的精髓之中,改版的形式意义大于内涵价值。央视的新闻节目在很大程度还保留着原有的运作风格,只是突出了外在形式与包装方面的不同之处。"②

(二)频道第五次改版

1. 改版表现

2008 年年初,我国南方地区冰雪灾害严重。伴随着"抗击冰雪"的特别报道,央

---

① 周玉兰:《央视新闻频道改版轨迹研究》,浙江大学 2007 年硕士学位论文。
② 谢耘耕、倪握瑜:《2006 中国电视报告》,《南方电视学刊》2006 年第 6 期。

视新闻频道运用了全新的模式和编辑流程，提高了整个新闻频道的快速反应能力和收视份额，广受观众好评。借此机会，央视新闻频道于3月推出了酝酿已久的第五次改版。

此次改版，央视新闻频道新增了一系列新闻节目，尤其是晚间黄金时段的创新性评论节目《新闻1+1》，白岩松和董倩作为新闻观察员（或是白岩松和李小萌搭档），对新闻事件进行解读、分析、点评，评论颇有见地，内容紧贴社会生活，一经推出就受到观众热捧。出乎意料的是，拥有良好口碑和收视率的《360°》《人物新周刊》《社会记录》等多档栏目被裁撤或易主。收视率很高的《法治在线》，因为与新闻频道新闻立台的理念不够吻合，虽然得以保留，但是剥夺了其在晚间黄金时段播出的机会。

与此同时，基于采编资源的合理利用，央视新闻频道引入了欧美电视新闻频道广为采用的大编辑部制。新闻中心将原有的新闻编辑部、时政新闻部、新闻采访部、社会新闻部、军事新闻部、新闻评论部、地方新闻部、制作部、综合部九个部门存在的工作权限和职责交叉的部分进行重新洗牌。①

整合重建后的新闻中心成立了独立的《新闻联播》编辑部：原有的新闻编辑部、新闻采访部、社会新闻部、新闻评论部合并成新闻专题部、新闻采编部和社会专题部三个部门；地方和军事新闻部、制作部和综合部给予保留；另外还成立了国际新闻部。从强化策划、强化组织、强化编辑、强化编排、强化言论等五个方面改进《新闻联播》，以整点新闻为抓手，充分挖掘组织框架的潜力，强化语态改进，实施直播常态化，提升新闻报道速度，实现常态新闻质量提升；把做好重大事件和突发事件报道作为一种引导舆论、提升频道影响力的重要战略来抓。②

第五次改版后的新闻频道，针对2008年年初南方雨雪冰冻灾害、"3·14"打砸抢烧事件、"5·12"汶川大地震以及北京奥运会等重大新闻事件，第一时间进行了大规模的新闻直播和系列专题报道，取得了良好的社会效益。对这一系列重大事件的报道中，央视新闻频道的快速反应能力、大规模直播报道能力以及宏大的专题新闻报道能力，给广大人民群众留下了极其深刻的印象，央视新闻频道受到了来自社会各界的广泛好评和一致赞誉，社会影响力进一步增强，收视率进一步提高，频道品牌效应进一步强化，为迎来新一轮的改版奠定了坚实的基础。③

2. 改版特征

2008年3月，央视新闻频道实现大幅度的架构调整，突出了三个特点：一是实现新闻采编播合一；二是新闻系统与栏目系统的混合管理变成新闻与栏目，栏目与栏目之间的分类管理；三是强化整个频道的运营管理和节目管理。④在节目形态变迁上，主

---

① 易东方：《央视新闻中心部门重组 新增〈新闻联播〉编辑部》，《京华时报》2008年3月4日。
② 赵化勇主编：《中国中央电视台发展史（1998-2008）》，中国广播电视出版社2008年版，第36页。
③ 樊蓉：《解析第六次改版后的央视新闻频道——以整点新闻为例》，山西大学2011年硕士学位论文。
④ 樊蓉：《解析第六次改版后的央视新闻频道》，山西大学2011年硕士学位论文。

要体现为以下几个方面：

（1）基于受众主体性的生活资讯服务

央视新闻中心凭借着资源和渠道的优势进行改版，节目中呈现出专业主义和平民主义兼顾的风格。首先在时段新闻和整点新闻的基础上发展出生活资讯类节目，新闻综述类节目不仅在内容上兼顾时政资讯、社会民生、文艺体育、热点聚焦以及天气和出行等，更注重采用多种媒介形式，诸如读报、媒介搜索、读图、短信和网络互动以及滚动字幕等手段。在媒介数字化、内容定制化基调下，呈现出一种全新的新闻形态。① 央视新闻频道《东方时空》《朝闻天下》《360°》等纷纷重视生活服务信息，在节目具体的播送方式上，机位的变化、镜头的推拉更加灵活，主持人播报新闻口语增多、语气随和。

融合了资讯服务思维的新闻节目，配合以数字机顶盒的普及，呈现出全新的电视资讯形式。经由这种形式处理过的新闻，更类似于超市里的半加工盘菜，菜色、调味、配料齐全，品种丰富，便于受众在媒介提供的新闻框架里进行信息选择和加工；也突破了新闻节目定时关注、官方解读的形式，让电视新闻节目更深一步介入生活常态。②

（2）基于内容生产的大型事件直播

从突发事件的媒介再现与功能转化来看，央视新闻频道突破了时空界限，打破常规新闻单元，将央视新闻频道塑造成了全时性信息平台。在汶川地震的报道中，中国观众第一次长时间、大量地接触新闻事件的真相。2008年5月12日14：28，我国四川地区发生8.0级特大地震；14：50左右，央视新闻频道播出滚动字幕新闻；15：00整点新闻的头条进行口播，取消了除《新闻联播》《焦点访谈》《朝闻天下》三个栏目之外的所有栏目，拉开现场直播序幕。温家宝总理乘专机从北京起飞赶赴灾区，央视新闻频道的记者跟随温总理一同出发，专机在成都降落十余分钟后，《新闻联播》即播出《温家宝抵达四川成都在专机上发表重要讲话》的消息。从5月13日开始，全国卫视上星台也开始陆续使用中央电视台的直播信号。从5月19日零时开始到21日24时，中央电视台26个开路和付费频道并机播出新闻频道的节目，这在中央电视台的播出史上是史无前例的。自5月25日开始，抗震救灾特别节目《震撼——汶川大地震纪实》，在央视新闻频道每晚《抗震救灾 众志成城》直播节目中播出。③ 由央视这样一个属性特殊的媒体来中和被置于两端的政府机构和个体生命，也牵动着国人身为国民的最基本探求——政府如何对待生命。因此，从意义生产的环节来说，这项直播的重要性还源

---

① 翁亚欣、施海泉：《电视新闻节目的形态变迁——以CCTV新闻中心第五次改版为例》，《现代视听》2008年第12期。
② 翁亚欣、施海泉：《电视新闻节目的形态变迁——以CCTV新闻中心第五次改版为例》，《现代视听》2008年第12期。
③ 中央电视台新闻中心：《抗震救灾报道，我们做到了……》，《电视研究》2008年第7期。

于其普世性,而非仅代表单个媒介或组织的利益。①

与汶川大地震直播相比,新闻频道的奥运报道精心策划、充分准备、全方位调动资源,也创造了更为丰富的节目形态。《全景奥运》首次采用"无延时直播"的方式,在直播手段上采用电子直播间与实景融合的方式。央视新闻频道转变自身职能,从专业新闻媒体变身成为奥运资讯发布站,这种职能放大了奥运会本身的意义。新闻频道采用分视窗、多字幕、金牌榜实时滚动的方式,把聚焦点从主持人、记者、评论员拉向赛场,新闻节目的"语言"更多地由技术手段来实现,这种节目形态无疑不断强化了被生产出来的奥运新闻事件的意义。

(3)基于专业主义和人文关怀的专题节目

新闻频道改版后,专题节目呈现出以分散化为特征的节目形态,在传统节目中占据比例较大的国际新闻被分散到新闻综述类节目中,不仅提升了新闻综述节目的国际感,而且增加了国际新闻的时效性。同时央视新闻频道中社会纪实类栏目虽然比重降低,但是仍然作为一种不可忽视的节目形式传递着不变的人文关怀。《新闻社区》汇集来自全国各地的声音,揭示社会百态,评说人间冷暖,反映民情、透视民心、关注民生,为最广大的观众服务;《共同关注》特别策划《2006圆梦行》《圆梦2008》等反映社情民意的节目;《新闻会客厅》以新闻人物的访谈作为新闻报道的延伸。央视新闻频道在这些节目的编排中,采取较为柔和角度和低视角的关怀,来凸显新闻之余的社会人文性,这类节目关注的是新闻的历史性与人文性,对新闻事实予以"故事化"处理,使得央视新闻频道的社会纪实栏目能够演绎浓郁的社会新闻意味,展现出大台的人文风范和立场。

二、实行品牌化战略,提升频道影响力

2005年年初,中央电视台正式推出"频道品牌化"战略。具体目标是"定位更准,栏目更精,影响更大,创收更多",这是中央电视台不断提升自身品牌的表现。作为中国第一个国家级24小时播出新闻、无间歇的新闻专业频道,央视新闻频道在实施品牌化战略上也不甘落后,面对"一个世界、多个声音"的国际传播格局和国内媒体市场白热化的竞争,2006年央视新闻频道在第四次改版后,真正大刀破斧地实现了"品牌化"战略。

2007年,新闻频道以提升频道影响力为第一诉求,坚持追求"绿色收视率",努力实践专业频道品牌化,在重大性新闻事件报道上实现收视跨越。完成了"两会""香港回归十周年""十七大""嫦娥一号探月工程""建军80周年""内蒙古自治区成立60周年"等多项重大宣传报道,收视成绩在全国专业化电视频道中排名第一,进一步凸显了新闻频道作为主流媒体的核心竞争力。同时频道加强自主选题策划,推出《绿

---

① 翁亚欣、施海泉:《电视新闻节目的形态变迁——以CCTV新闻中心第五次改版为例》,《现代视听》2008年第12期。

色行动，绿色选择》《聚焦儿童》《禁毒最前沿》等一系列新闻周，持续时间长，报道规模大，此外，频道还强化整点新闻编排力量，突出新闻的时效性，注重新闻价值挖掘，促进了新闻报道质量的全面提升。①

2008年是多事之年，中华民族喜忧参半。我国在经济发展的同时迎来了奥运会的举办，同时年初的暴雪灾害、"3·14"西藏暴力事件、汶川特大地震等，又深深刺激着我们的神经。在重重考验面前，央视新闻频道的直播日趋常态化，话语影响力不断提升，品牌化战略不断强化。

（一）塑造频道品牌个性

在内容同质化现象严重的媒体竞争环境之下，明确的频道个性可以使频道与其他竞争者区分，形成自己的特色。美国学者托尼·哈里森也在《传播技巧》一书中指出："传媒定位是指某个传媒的特点在受众心目中的反映，它包括传媒的地位、报道质量、受众类型以及有别于其他传媒的特质或价值。"②

1. 受众定位

中央电视台新闻频道因其国家媒体的权威性，成为观众了解国际国内新闻信息的首选，其首要功能是传播信息、引导受众。如何凸显新闻信息的有效性，进一步满足受众的需求，对目标受众进行精确细致的确认和划分，是央视新闻频道首先需要考虑的问题。

根据央视—索福瑞媒介公司在央视新闻频道试播期间所做的调查数据，频道的受众大致呈现出以下几个特征："从性别上来看，是一个典型的偏向男性的频道；从年龄上来看，年长的观众更倾向于收看新闻频道；从文化程度来看，学生/无业人员是频道的主体观众；从收入来看，家庭平均收入在600元以上的占大多数。"③

央视新闻频道的首要责任是传播受众关注的新闻，特别是对一些重大新闻进行全方位、多层次、多角度、有深度的现场报道。作为一个国家级的新闻频道，它的受众应该在一定程度上能够引导舆论、完善社会民主进程。但是考虑到目前我国特殊的国情：地域广阔、受众教育水平不均、广播电视事业发展良莠不齐，成立之初的新闻频道并没有非常明确的受众定位，主要还是从受众的综合定位出发。

不难看出，当时央视新闻频道现有受众群体和理想受众群体存在较大差异。经过多次改版之后，频道的风格特色更加年轻化、时尚化，新闻直播和评论类节目比重加大，更加符合青年人的收视心理，因此获得了更多的年轻受众。

2. 频道口号

央视新闻频道从2003年开播起就一直把"三个第一（第一时间、第一现场、第一需要）""与世界同步"和"以人为本，贴近生活"作为频道的核心理念。

---

① 赵化勇主编：《中国中央电视台年鉴（2008）》，中国广播电视出版社2008年版，第113页。
② 雷跃捷、张彩：《电视新闻频道研究》，中国广播电视出版社2003年版，第107页。
③ 吕正标、王嘉：《电视节目理念、形态与实务》，中国广播电视出版社2004年版，第72页。

"第一时间"体现了新闻频道对报道时效性的追求,这要求新闻频道要在第一时间提供的最新的消息和观点,引导受众的观点形成和思考。"第一现场"是新闻频道对直播的要求,即希望频道提供与新闻发生同步的现场画面,尽量减少新闻发生与报道之间的时差;"第一需要"是从受众的角度来提炼的一个新闻理念,要求频道在栏目设置、节目内容和表达方式上都尽量满足受众的要求,追求信息的质与量之间的平衡。

时代的选择和社会的挑战使央视新闻频道做出了"与世界同步"的抉择,新闻频道试图用国际化的视野来解读和报道全球各地值得关注的新闻事件。在报道内容上,兼顾国际和国内新闻,培养受众的忠诚度,同时注重多深度、多层次报道,逐步提高在国际社会的影响能力和话语能力;在报道形式上,树立自身传媒大国的国家形象,重视新闻的评论解读,而不只是照搬国外的新闻报道;在报道角度上,公正客观的报道形式一直是新闻频道所追求的,兼顾多方意见,做好舆论引导,最终赢得受众的信赖和尊重。

"以人为本,贴近生活"一直是电视新闻频道的理念。频道在开播之时,由于准备不足,整合了中央电视台许多优秀的节目资源,但并没有形成自己的频道特色,在观众中的口碑也并不高。在此之后,央视新闻频道进行了多方改版,撤销不适合新闻频道定位的栏目,新办了诸如《面对面》《新闻会客厅》等特色栏目,形成了自己的频道特色。

央视新闻频道经过五年的发展,体现出对新闻传播理念的逐步回归。在此基础上,频道进一步加强在个性特色和品牌影响等层面的定位。央视从2004年就开始实施品牌化战略,2005年、2006年两度入选世界品牌500强,而2007年和2008年中央电视台不仅继续入选,而且排名也在进步,2007年跻身前100名,2008年则位居第65位。①

3. 内容建设

就报道内容而言,在国内重大时政新闻报道方面,央视新闻频道具有无可争议的优势。央视新闻频道在确保国内优势地位的基础上,在新闻多样化、平衡报道、民族特色、独特视角等方面加强建设,逐步把触角延伸到世界各地。

(1) 国际新闻报道

作为国内唯一的国家级电视新闻频道,央视新闻频道在发布中国权威、第一手的新闻方面,具有境外媒体无法企及的优势。在中国日益成为舆论焦点的过程中,央视新闻频道也希望借此契机发展成为真正具有国际影响力的专业新闻频道,而全球十几亿的华人群体,正是新闻频道一笔潜在的财富。2001年9月11日,美国遭遇到史无前例的恐怖袭击,事后一部分美国人将责任归咎到本国的大众传媒业。长期以来大多数美国的新闻媒介对国际新闻报道的不重视乃至不断收缩国际新闻的比例,使得美国公众对于国际事件的了解不够深刻。②正是因为对国际新闻的忽视,美国民众对世界现状

---

① 曹灵:《央视新闻频道品牌构建研究》,厦门大学2009年硕士学位论文。
② 丁智擎:《擦亮中国的眼睛——央视新闻频道国际新闻节目现状研究》,《声屏世界》2004年第12期。

的了解少得可怜,才在伊拉克战争爆发后的信息应对中表现得捉襟见肘。

中央电视台新闻频道自开始试播之日起,就确立了"与世界同步"的追求目标,让观众能看到新闻事件的发生、发展。截至2008年4月,中央电视台已在全世界17个国家和地区设立了18个常驻记者站点,派常驻记者62人(台湾驻点人员由于需要每月轮换,不含在内),初步形成了遍布亚非欧美和大洋洲的全球新闻报道网络。[①] 随着中央电视台国际记者站网络的建立,国际新闻采访的网络逐步形成,最终建立一个网络完善、布局全面的新闻网络,中央电视台驻外记者的足迹遍布全球各地。这些记者分布在全球各个角落,具备专业的新闻采写编评能力和国际新闻素质,他们能够在新闻的第一现场迅速采集国外发生的新闻事件,已经成为中央电视台在重大国际新闻事件和国内涉外重大报道中不可或缺的一支生力军。在中央电视台国际新闻采集网络的铺设完全之际,强大的国际新闻采集能力使得新闻频道如虎添翼,增色不少。

(2)国内突发事件报道

历史一次次证明,突发事件是成就一个媒体的大好时机。对于央视新闻频道而言,2008年是一个新闻事件频发的年份,频道成功报道了南方大面积雨雪冰冻灾害、拉萨"3·14"犯罪分子打砸抢暴力事件、"5·12"汶川地震、北京奥运会、三鹿奶粉事件、国际金融危机、改革开放三十年、"神舟"七号载人飞船成功发射以及海峡两岸成功实现大三通等重大报道,特别是对于汶川地震长时间、不间断的报道,体现了频道的整体实力和水平,更体现出一个媒体的社会责任感,在国际上也引起了极大关注。

(3)主持人形象宣传

中央电视台新闻频道汇集了大批中国电视界的优秀人才,也造就了一批著名的主持人,新闻频道拥有国内一流的播音员、主持人队伍,深得全国观众厚爱。新闻节目的主持人呈现出多样化的个性风格,以《新闻联播》为代表的新闻播报主持人,如李瑞英、李修平,风格严肃庄重,稳健有力;《新闻30分》《国际时讯》《晚间新闻》等节目的主持人,风格清新洒脱、亲切自然。而新闻评论类节目的主持人则呈现出理性化的特征,如白岩松、敬一丹、水均益等,他们都有自己的理论底蕴和知识结构,可以鞭辟入里、深入浅出地分析事态的发展及事件的本质,主持风格犀利睿智,充满思想的交锋与碰撞。

新闻频道依托中央电视台,设置多种特别节目,进行主持人的品牌宣传。比如"2008年新年新诗会"上,李瑞英、罗京、赵忠祥、敬一丹、朱军等近30名中央电视台的知名播音员、主持人,走进清华校园,围绕"我们的家园"主题,开展了激情澎湃的新诗朗诵。在突发事件发生之时,新闻频道通过特殊的栏目编排和密集的节目播出,提高主持人的出镜率和认知度,并让主持人随时参与其中,提升其品牌形象。新闻频道采用各种方式和手段对主持人进行宣传、包装和推广,使其成为节目中重要的标识,随着主持人知名度的提高,为主持人量身定做的新闻节目也随之产生,并形成一种良

---

① 赵化勇主编:《中国中央电视台发展史(1998—2008)》,中国广播电视出版社2008年版,第46页。

性的循环。

在新媒体环境下,频道主持人还积极利用新媒体的传播优势,纷纷开通博客和微博,使新闻传播的链条得以延伸。同时央视网上还为符合出镜资格的播音员和主持人建立了个人网页,在不同的公益日、主题日开设主持人在线等不同形式的交流平台,与网民形成积极互动,并及时配发中央电视台主持人参与公益活动的网络专题和新闻报道。[①]

(二)建立频道品牌的视觉识别系统

频道包装是指节目主管部门为适应电视媒体发展规律和观众收视需求,根据节目内容和频道特点,采用鲜明的节目形式,对频道进行整体介绍和宣传,并对节目内容进行精心编排和美化。频道包装涉及台标、宣传片、片头、片花、演播室风格、主持人形象、字幕、画面、音响效果、语言以及时间安排、播出频率等。[②]

2006年6月5日,央视新闻频道进行创办以来的第四次改版。改版后的频道标识以明黄色为主打色彩,颜色、造型呈现出一定的时尚感和动感,风格趋于年轻化。从整体来看,频道标志、栏目片头、频道颜色以及背景音乐的使用形成了一个完善的体系。但是和其他国际频道相比,央视新闻频道的标志还存在有待完善之处,如标志特色不够鲜明,符号个性还不够突出,不能带给观众强烈的视觉冲击,同时标志也没有完美地体现出频道的文化内涵和理念,不易给观众留下深刻印象和回味空间。

改版后的新闻频道,在频道包装上采用了辅助识别的方式,在品牌形象上的管理更进一层。随着频道专业化、栏目个性化向专业频道品牌化的转变,栏目不再是一个独立的频道播出产品,同时也是频道品质的体现,中央电视台新闻频道借鉴科教频道,引入了标识协调机制,使标识既能够作为辅助识别符号承接频道序列号,[③]又能够与频道现有的品牌栏目标志有机融合,并且可持续发展。

在频道色彩设计方面,为了凸显新闻理性,新闻频道大多采用蓝色、白色等比较中性、冷静的色调为主色,同时还采用属于暖色系的黄色,表达新闻的人性关怀。在特殊的新闻事件中,频道色彩也会做适当调整,比如两会期间会加入红色的元素,在汶川大地震的报道中,央视新闻频道将演播室布置成统一的蓝色,主持人服装一律为较深的颜色,妆容也较淡,主持人播报语言比较低沉和严肃,表达对受灾地区的哀痛肃穆之情。在2008年北京奥运报道当中,主演播室的背景是与奥运有关的主题,主持人服装白、黄、红色相搭配,屏幕下方、右边用来出字幕新闻的板块底色为明黄色,而外景记者的服装一律为印有"CCTV新闻"字样的T恤,充分彰显了其作为奥运资讯频道的身份。

央视新闻频道在多次改版之后,节目预告的次数大大增加,每天在片头、片尾都

---

① 赵化勇主编:《中央电视台品牌战略(1958—2008)》,中国广播电视出版社2008年版,第139页。
② 崔晓燕:《电视频道包装浅谈》,《中国记者》2008年第3期。
③ 赵化勇主编:《中央电视台品牌战略(1958—2008)》,中国广播电视出版社2008年版,第199页。

有多次节目的宣传介绍。节目包装和演播室设计等方面更为前卫,频道包装使用最时尚的颜色、造型、富于动感,风格更趋于年轻化。

(三)频道品牌的整体运营

一个频道的品牌建立是一个理性的过程,而紧跟其后的频道经营则是将一个频道的无形资产转化为现实效益的系统工程。①

1. 推广宣传与节目编排

央视新闻频道借助自己的频道资源作为播出平台来进行频道宣传,利用自己频道本身的人脉和资源,可以节省推广宣传的成本。例如,新闻频道通过频道台标、节目预告片、插播广告、形象宣传片等来吸引观众的注意力。这些都是形式上的推广和宣传,最重要的应该是频道品牌的建设,从频道的理念、内容的制作、机制的运行上来形成自己作为一个新闻品牌的优势。当然,央视新闻频道还注意采用节目的编排来实现频道的品牌化推广。

例如早间《朝闻天下》节目,主要是针对年轻受众群体,新鲜、海量,符合上班族的收视习惯;中午《新闻30分》和社会新闻相结合,时间把握适宜;晚间的新闻则突出重点,并对一天的新闻进行回顾整理,让白天上班没时间看新闻的人也能了解到自己需要的资讯。央视新闻频道在节目编排的时候综合使用多种编排策略,在加快提供最新讯息的基础上,有效安排其他固定节目的播出。比如在2008年奥运期间,就只保留了早、中、晚三个时段的主力新闻节目,减少了整点新闻、《天气·资讯》节目的播出次数,而其他节目都被特别节目《一起看奥运》所取代,形成以赛事为核心的资讯集中营,发挥出其他频道所不可比拟的优势。

2. 借力互联网

央视新闻频道最有效的运营方式是建立自己的网站——央视网。互联网作为一种新媒体,其特有的交互性对于电视媒体的冲击是巨大的,据互联网信息中心调查,大多数居民上网的第一目的就是为了获取各方面的信息,他们把新闻作为自己最想获取的信息。②

电视与网络的合作有两个层面:一是选择与强势的门户网站和合作,签署新闻合作协议,将合作网站作为独家发布信息和举办大型公关活动和宣传的伙伴;二是建立自己的网站,利用其进行信息发布和自我宣传。③央视网的成立就是后一种方式,将电视台与网站相结合,形成优势互补,构建自身的品牌形象。央视新闻频道通过央视网,将自己的精品节目介绍、往期节目视频、名主持人博客全面介绍给受众,并通过观众的评价及留言进行改进,进而将电视新闻频道推广开来。

央视网注重打造以图文为基础、以视频为核心、以互动为特色的国家重点新闻网站,

---

① 周鸿铎、夏陈安:《电视频道经营实务》,经济管理出版社2005年版,第179页。
② 张振亭:《电视新闻如何应对网络新闻的挑战》,《电视研究》2002年第5期。
③ 曹灵:《央视新闻频道品牌构建研究》,厦门大学2009年硕士学位论文。

因此央视网的重点在于电视视频业务内容服务。其整体设计风格趋向于多样化,首页分为 15 个板块,分别是热点专题、新闻、电视、电影、电视剧、纪录片、动画片、播客、游戏、体育、综艺、商城、产经、科教、社区,每个板块都有与之相对应的电视节目。

央视网 2000 年 10 月被列入中央重点新闻网站,成为新闻媒体网站的国家队和生力军,其盈利模式主要是版权出售和广告。凭借母体的影响力,央视网将许多重大事件的新媒体转播权稳收囊中。北京奥运会中,央视网获得中国大陆和澳门地区的独家新媒体视频转播权,浏览量甚至超过新华网、人民网和凤凰网。应当说,北京奥运会可以被看作是央视网从 CCTV 的网站蜕变为一家有着广泛影响力的新闻网站的分水岭。①

3. 公关活动与广告投放

央视新闻频道开展了大量的公关活动,通过活动来宣传新闻频道的品牌,在短时间内迅速吸引商家,获取收益。通常采取的手法是:通过新闻发布会,发布关于新闻节目的新闻稿或关于大型活动的策划、宣传新节目和主持人;也可以通过一系列走进社区的活动,比如结合节目的特点和需要与群众进行面对面的接触,让观众通过活动对节目和频道留下更深的印象②。当然,央视新闻频道也可以承担自己的社会职责,通过举办大型公益或社会活动对自己的品牌形象进行宣传。

新闻频道在 2007 年 7 月 9 日至 15 日开展"慈善 1+1"大型电视行动主题宣传周活动,全频道联动报道"慈善 1+1"上发生的各种感人故事,通过媒体造势将品牌打响。同时,新闻频道每月特设时段,播出"慈善 1+1",在各大城市以路演的形式推出特别节目。此次电视节目在当时掀起了一个奉献爱心的热潮,树立起"人人可慈善"的观念。

同时,央视新闻频道也会通过在其他媒体,如电视、网站和露天广告牌等播报关于自己的宣传广告。央视网还购买了国际平面媒体的广告版面,使用 Everybody's watching CCTV(人人都在看央视)的广告语,力图将自己的品牌形象渗透到世界上的每个角落。

4. 新闻资源整合

在建立起自己的品牌和知名度后,央视新闻频道进一步整合了国家各部委的信息资源。就新闻采访部来说,他们与国家安全监督管理局、国家防总、国家林业局、国土资源局等部委建立起突发事件快速反应机制,一旦新闻事件发生,这些部门会第一时间通知给相关联络人,央视的采访部门会第一时间利用字幕或电话连线播出,并及时派出地方兄弟台、其他媒体或本台记者采访,做到了突发事件的快速反应。③

在重大新闻事件的报道中,央视新闻频道四面出击,运用央视多年积累的资源优

---

① 梁志勇:《媒介融合背景下传媒集团新媒体战略比较——以 CCTV、SMG、凤凰卫视、新华社为例》,《新闻大学》2009 年第 1 期。
② 曹灵:《央视新闻频道品牌构建研究》,厦门大学 2009 年硕士学位论文。
③ 肖振生、张蕊:《资源整合与记者动态管理机制——央视新闻频道建立起快速反应机制》,《中国记者》2004 年第 9 期。

势，寻找突破口。央视将台内几个频道的新闻力量凝聚到新闻频道上来，实现新闻共享，频道还努力建成一个全新的新闻选题策划系统、新闻资料管理系统、新闻采访传输网络，聚合台内外力量，中央电视台及各地方台一遇到重大新闻事件，可以通过微波、卫星、转播车、移动卫星站、电话以及互联网络等各种传送手段及时把新闻插到新闻频道播出，实现全国电视新闻网的联合。①

三、回归新闻本源，打造频道核心竞争力

（一）节目框架凸显新闻专业理念

2006年6月央视新闻频道的第四次改版撤掉了《央视论坛》。《央视论坛》所探讨的话题时效性不强，56%的节目都是在谈论长期存在的社会现象；专业性强，其中专家学者占45%，官员身份的嘉宾占42%，使得节目亲民力不够；所谈话题多为对政策文件的解读，而非重要新闻的观点碰撞，使得节目过于生硬。②

此次改版的最大亮点就是重点打造早间优势时段，提升晚间黄金时间竞争力，推出了《朝闻天下》和《360°》两档综合新闻节目。《朝闻天下》体现了新闻性与贴近性的协调统一，一改以往早间节目仅仅梳理前一天新闻的做法，第一时间关注当天焦点事件，提示当天生活服务。在保持原有重大国内、国际新闻权威报道优势的基础上，增加了社会民生新闻、天气出行资讯、文化体育资讯、时尚生活资讯等领域的内容，还增加了"互动话题"板块，为观众开设了一个表达观点和情感的"窗口"，满足了受众需求。改版后新推出的《360°》提出"对当天新闻进行梳理，对最受关注的新闻进行深入报道，对最具贴近性的资讯进行集纳，对突发事件做出快速反应"的理念，有新闻，有评论，报道更为深入。2008年3月的第五次改版，专题类栏目《社会记录》和《人物新周刊》被撤。软评论栏目《社会记录》因其含糊的信息导向和情感访谈充斥其中，节目整体缺乏时效性；《人物新周刊》则是因为节目中硬新闻较少，节目整体缺少时效性而被淘汰。一档时事新闻评论类节目《新闻1+1》开播，加大了对新闻信息的"解读"以满足受众了解新闻第二落点的需要。

（二）报道形式符合新闻专业理念

央视新闻频道在报道形式上力求体现"第一时间""第一现场"的频道理念，直播由"非常态"逐步变成常态化，让滚动新闻滚起来，使受众真正跟踪新闻事实的发展进程。

1. 直播常态化

伴随着媒介竞争的加剧，新闻时效性成为媒体存亡的重大问题，现场直播正是体现电视媒体时效性的重要手段。现场直播对新闻频道扩大在观众中的影响起到了十分重要的作用，每逢有新闻直播，特别是重大新闻事件直播的时候，新闻频道的收视率

---

① 孟建：《中国新闻传播的历史性跨越 中央电视台新闻频道开播刍议》，《新闻记者》2003年第6期。
② 杨蕾：《新闻专业主义背景下的央视新闻频道改版》，山东大学2010年硕士学位论文。

便大幅上升。

直播常态化是现代电视新闻的发展方向，央视新闻频道不但对各种重要活动进行直播，重大突发事件也争取第一时间直播。新闻频道每天24小时不间断播出，为新闻事件的现场直播提供了广阔的平台。新闻频道2006年第一季度总计直播63场次，日均76分钟；新闻频道第四次改版后，自6月5日到18日，直播15场次，总长达到1163分钟，日均83分钟。① 改版后，电话连线、视频连线作为基本的直播方式得到了大量使用，大大提高了新闻的时效性和现场感，同时也丰富了报道手段，使报道方式更加灵活。

2. 让滚动新闻滚起来

央视新闻频道的整点新闻选择多采用"价值递减"原则，很少采用"动态递进"原则，从而造成滚动新闻滚而不动。所谓"价值递减"是指诸多新闻依据时间段不同确定不同的选择价值标准。上不了19点新闻就上18点新闻，上不了18点新闻就上16点新闻，价值依次递减。"动态递进"原则包含两层含义：新闻事件的动态发展进程随着时间变化有更多背景和分析的加入。新闻频道在日常的整点新闻播报中，貌似增加了新闻信息量，其实增加的信息多是无效信息。新闻频道对于当天发生的重大新闻，为了突出其重要性，多用静态滚动的方式，让其在不同时段的整点新闻中多次播出。每次播出都是重复前一次的内容，有时甚至从主持人到主持人的解说词以及新闻画面全都一样，没有更新报道内容，也没有更新报道形式。整点新闻出现简单、机械重复新闻条数的现象，呈现出"滚而不动"的局面。这与新闻频道提出的"第一时间、第一现场、第一需要"和"与世界同步"背道而驰。② 新闻的滚动播出要求在增加每天新闻节目播出次数的前提下，每次播出的新闻节目中既有重要新闻的重复滚动，也有新增的新闻，单条新闻中既有重复内容又有随着事态发展所增加的新内容。③

（三）栏目编排体现新闻专业理念

央视新闻频道定位中的"贴近生活、贴近受众"，凸显新闻专业主义的核心理念。央视新闻频道在第四、第五次改版正是顺应了这一趋势，将提供公共服务，开展人文关怀作为频道的追求。

1. 编排内容体现民生性

2003年央视新闻频道开播时，整点新闻中多以时政、会议新闻为主，然后依次是社会新闻、文教新闻、经济新闻、体育新闻。可见，整点新闻在信息类型的分布上呈现出明显的不均衡状况，时政新闻处于绝对优势地位，其他四类新闻则处于从属地位。④ 随着2002年《南京零距离》的开播，全国掀起民生新闻热潮。2006年新闻频道的改版，

---

① 吕辉：《央视新闻频道改版研究》，河北大学2007年硕士学位论文。
② 薛国林、谢小月：《央视新闻频道整点新闻为何"滚而不动"》，《新闻爱好者》2007年第1期。
③ 胡黎明：《对广播新闻滚动播出的思考》，《新闻知识》1996年第6期。
④ 田秋生：《解读央视新闻频道整点新闻》，《广州大学学报》2004年第2期。

栏目形态开始注重民生化。《朝闻天下》在保持原有重大国内、国际新闻权威报道优势的基础上,增加了社会民生新闻、天气出行资讯、文化体育资讯、时尚生活资讯等领域的内容。《360°》风格定位在"活力、生动、个性、明快"上,试图以观众喜闻乐见的低视角制作一档"全方位的新闻、最贴近的报道"的新闻节目。原央视新闻中心主任彭建明介绍:改版后,我们在内容选取上将拓宽报道题材,加强经济、体育、文化、娱乐等领域的报道,减少公文式报道,注重选取小口径、低视角。在新闻写作上杜绝空泛,进一步转变文风,更贴近百姓、贴近生活、更轻松、更活泼。①

2. 编排形式体现贴近性

电视观众是栏目编排效果的最终实现者,在各个不同时间段安排不同类型的节目满足观众需求。央视新闻频道在第四次改版后,重新构架频道骨干,形成以整点新闻为线,以早、中、晚以及周末名牌栏目为收视重点的格局。

早间是人们最紧张的时刻,多关心交通安全、天气状况、国家大事和政治动态等,这一时段的节目以"听"为特色,观众可以边听电视边干别的事情,央视新闻频道第四次改版之后,在早上6:00到8:30安排了长达两小时三十分的大型直播资讯类节目《朝闻天下》,以消息类新闻和天气预报等服务类消息为主,节奏快,信息量多,短消息较多,具有人情味,符合这个时段收视观众的需求。晚间时段是电视收视的"黄金时段",关系着频道自身的广告收益,自然就成为电视市场竞争最激烈的时段。这一时间全家老小都在家,收看新闻节目的多是家庭中具有经济地位和社会地位的成员,这就决定了这个时段的新闻不能是简单的新闻综述,而应当是深入浅出的评论。央视新闻频道推出《360°》,节目经常邀请专业人士走入演播室对当天的重要事件进行评论,节目形式灵活多样,综合运用直播、电话连线等报道手法,满足家庭成员共同收看的需求。

央视新闻频道在节目编排上更加注重频道整体定位和布局,重新调整了原有部分栏目播出时间,编排更为科学有效。原有多个栏目《法治在线》《新闻社区》《每周质量报告》《我的长征》《本周》《约会新七天》等的播出时间进行大幅调整;增加收视较高栏目的播出频率,如新闻人物访谈类节目《人物秀》、军事益智类节目《军情连连看》等。调整后的栏目播出时间更符合频道目标观众群的收视规律,更利于观众收看。《社会记录》播出时间由原先的22:00调整到22:30后,恰恰符合了这一时段大部分观众即将休息,更愿意选择一些节奏感不是很强的,关注内容大众、有趣,表现形式轻松的节目来收看的需求,从而获得了更多观众的青睐。②

随着公民文化素养和媒介素养的提高,2008年央视新闻频道在第五次改版中新增一档评论类节目《新闻1+1》,节目采用口播评论和图像评论相结合的模式,力求突出电视评论的功能意义。《新闻1+1》注重评论时机的选择,对一些重大新闻事件的评论,采取不抢"第一落点",只抢"第二落点"的做法。因为某些新闻事件需要一个调查

---

① 《央视新闻频道全新改版 遥控器围着新闻转》,《北京青年报》2006年6月15日。
② 吕辉:《央视新闻频道改版研究》,河北大学2007年硕士学位论文。

和处理的过程,如果一开始就陷入舆论的狂躁中,只能增添浮躁的声音。只有当事件逐渐平息后,掌握翔实、准确的材料,对事件有一个全景式把控,观察员才能做出理性而富有建设性的评论。这种新型节目形态不仅在内容需求上满足受众,而且加强了央视新闻频道作为国家权威媒体的议程设置和舆论引导功能。

第四节 勇攀高峰:央视新闻频道成熟完善期(2009至今)

在新闻频道开播的第七年,也就是2009年,频道进入了"七年之痒",进而推出了频道的全新改版。央视新闻频道的第六次改版,并不是一次被动消极的应对,而是主动出击,积极迎接挑战,呈现出一流新闻频道应有的自省意识和创新意识。央视新闻频道2009年的改版给观众带来了全新的感受和体验,引起了学界和业内人士的极大关注。无论是节目形态,还是频道包装,以及新闻理念都进行了革新,也被业界称为新闻频道成立以来的最大一次"变脸"。

如果说,2009年之前新闻频道处于快速发展时期,那我们可以把2009年改版至今的阶段定义为新闻频道自身的成熟完善阶段。

一、第六次改版

2009年5月27日,央视新闻频道的传输模式由原来的加密播出转变为不加密的开路传输,自此有线、卫星均可以接收央视新闻频道的电视信号,频道的覆盖力和传播力进一步提升。这样一来央视新闻频道的信号就覆盖了中国的广大农村地区,这是一个庞大的收视群体,对收视率和收视份额的贡献不容忽视,从而也对央视新闻频道的栏目设置、受众选择、传播理念提出进一步要求。

在频道改版的背后是央视新闻频道组织架构的重新调整。2009年7月2日,中央电视台新闻中心正式组建,大新闻中心整合了原新闻节目中心、广告经济信息中心、海外节目中心、社教节目中心、文艺节目中心的新闻采编系统,下设17个部门(2008年初曾被撤销的新闻评论部恢复运行),统一调度、统一指挥、统一运作。此外,驻外记者站管理处也划归新闻中心。这次调整被视作央视新闻工作的一个全新起点,也是央视加快建设国际一流媒体的重大举措。①

以2009年7月27日《朝闻天下》节目中"美女主播"胡蝶担纲新任节目主持人为第六次改版的标志,从7月27日至8月中旬,随着新版《朝闻天下》《新闻30分》《共同关注》《东方时空》《环球视线》《24小时》的陆续推出,央视新闻频道已形成了早、中、晚、夜四个时段全方位新闻放送的格局。

在每天上午的9:00-12:00,下午的13:00-18:00推出8小时的新闻直播节目——

---

① 蔡莉莎:《以新闻立台以专业制胜——兼议央视新闻频道改版特色》,《新闻爱好者》2009年第24期。

《新闻直播间》,实时播出世界各地正在发生的热点新闻。晚间时段新推出的栏目中,22:30 播出的《环球视线》由水均益主持,这是新闻频道唯一一档对国际新闻事件进行评论的节目。每天 23:00 播出的《24 小时》梳理全天国内外重要新闻,并进行短小精悍地点评,在表达方式上讲求播报和讲述的融合,节目由央视新闻频道新晋主播邱启明、肖艳担任主持,是一档电视新闻杂志节目。

《新闻会客厅》被撤,《实话实说》停播,《每周质量报告》《小崔说事》则迁至央视一套播出,频道内容更加清晰化。本着"淡化专题、强化新闻"的原则,一些老牌节目也改头换面:《东方时空》移至新闻频道每晚 20:00 播出,内容从专题杂志变为新闻汇总,节目时长从 30 分钟增加到 1 小时;《共同关注》不仅改变了节目内容,从一个公益慈善类的专题节目变成了新闻汇总类栏目,而且节目的播出时间也从 25 分钟扩充为 55 分钟,加大了新闻容量,节目内容则从"讲述新闻故事"的专题性新闻栏目转型为"新闻直播资讯"类栏目,选材上更加注重时效性,国际新闻、民生新闻的比重很大。原央视新闻频道《第一时间》节目女主播欧阳夏丹担任节目主持人,由内到外大幅换血。①

在增强信息量与时效性的同时,央视新闻频道还增加了评论的数量、提高了评论的速度、加强了评论的深度。2009 年下半年《新闻 1+1》强化了选题的原创性、时效性,更注意配合新闻热点,同时在评论方面不仅强调观点鲜明,更重视观点的论证过程和论据的获得。除了《新闻 1+1》,央视新闻频道还强化了频道的整体评论机制,一支"评论员的国家队"出现在央视新闻频道的各档新闻节目当中。评论员紧跟新闻,在线发表短评,"新闻+评论+背景"已成为央视新闻频道全天候的常规样态。

在 2009 年 8 月 15 日下午举办的"中央电视台新闻节目改进与提高观众座谈会"上,与会人员普遍认为:此次央视的新闻改进在视觉效果、播报手段、信息量、报道深度,以及新闻时效性等方面都顺应了时代发展潮流,回归了电视新闻应有的样子,"新闻频道看起来更像是新闻频道了",体现了央视的大台风范,也给业内如何"新闻立台"树立了典范。② 2009 年新闻频道改版后,新闻整体收视率上了一个新台阶。在全国范围内,观众每天看新闻节目的人均收视分钟数大幅度增长,达到 9.24 分钟,其中,看央视新闻的达到 5.74 分钟(占总分钟数的 62%)。③

(一)节目富于时尚气息,更加好看实用

央视新闻频道的新闻节目《朝闻天下》于无声中改版登场,破天荒地选择了一位美女主播,在节目包装整体上也有较大的改变,最直观地体现在节目的滚动字幕上:字幕分三行,从上到下分别是新闻发生的地点、新闻标题和固定的滚动新闻,且字幕颜色和字体都有别于原来新闻频道黄底黑字的新闻字幕样式,而是采用蓝底黄字,同

---

① 樊蓉:《解析第六次改版后的央视新闻频道——以整点新闻为例》,山西大学 2011 年硕士学位论文。
② 胡里:《央视新闻频道 新闻回归与大台风范》,《综艺报》2010 年 4 月 15 日。
③ 胡里:《央视新闻频道获年度创新频道》,《综艺报》2010 年 4 月 20 日。

时在三条滚动字幕中采用红、黑、蓝、黄四种颜色，字号也比原来的字幕样式大，标题更加醒目、清晰，主题提炼也更加精练。紧随《朝闻天下》的改版，新闻频道众多老牌节目如《新闻30分》《共同关注》《东方时空》也相继改头换面，三档新栏目《新闻直播间》《环球视线》《24小时》的推出，将央视新闻频道打造成贯穿早、中、晚、夜的全方位新闻播送格局。改版后的节目在注重新闻性的同时，更多的现场报道和同期声成为首选，三维动画复原新闻现场的画面也频频亮相，在秉承新闻权威性的同时，更加注重新闻表达方式的立体化和亲和化，有效地增加了节目的直观性和可视性。

（二）强化动态新闻，深化新闻评论

改版后的多档节目充分利用了电视的传播元素，现场感强，画面冲击力大，从内容上减少了会议报道，增加了实用信息等等。新推出的栏目《新闻直播间》在延续大头像、大字幕、关键词的改版风格之外，更加注重新闻的时效，在长达8小时的直播中，每小时都会将当天的重点新闻滚动播出一遍，且经常插播"最新消息"。王牌节目《东方时空》，为配合央视新闻频道的整体风格，也变身为资讯类节目，时长由原来的30分钟扩充为60分钟，淡化了专题，强化了新闻。

加强新闻评论是本次新闻频道此次改版的一个重要方向，白岩松担纲主持的《新闻1+1》晚间评论板块获得极高重视。此外，改版后全新亮相的《环球视线》成为央视新闻频道目前唯一一档国际新闻评论节目。这档节目使用了关键词、短标题、3D动画等制作方式，由节目主持人水均益与国际问题专家一道针对热点问题进行深度解读，挖掘新闻背后的问题。同时，此次新闻频道的改革加强评论员机制，邀请权威专家打造评论员、观察员队伍，对重大选题进行策划，发挥评论节目各自的功能。

（三）实施国际化改革路线

除推出全新的《国际时讯》《环球视线》和《24小时》栏目外，《东方时空》《共同关注》和《新闻1+1》等几档节目也完成了变脸。首先，国际新闻报道的时长明显增加，内容更为丰富。从时间的安排来看，新版《新闻联播》的国际新闻时长由年初的3至4分钟增加到目前的5至8分钟，《新闻30分》的国际新闻时长超过10分钟；其次，国际新闻的重要性得到重视，国际新闻常被编排在第二、三条的位置。最后，从国际话语权来看，新增栏目《环球视线》报道国际的热点人物和话题，专注于国际新闻评论，对于国际报道的题材与广度不断深化。

（四）紧贴受众需要

改版后，《新闻联播》减少了会议播出比例，增加了舆论监督和批评的内容，在贴近性上下功夫。《东方时空》从多个角度和方面关注人民日常生活中的房价、股市信息等。《新闻30分》栏目加大了电脑特技等电视新闻手段。《共同关注》《国际时讯》《朝闻天下》等栏目主持人的大头像几乎占据荧屏近一半的空间，增加了电视节目的可视性；标题字幕加大了不止一倍，方便了观众阅读；在主持人头像的旁边专门设置了画面窗口和关键词用以解读新闻,使得新闻更加一目了然;同时,通过特约评论员和演播室主持人之间的互动和评论,让新闻报道有深度而不生硬。

(五)新闻保鲜制度和特约评论员机制

所谓新闻保鲜制度,即央视新闻频道所遵循的只播报 6 小时以内新闻内容的规程与准则。涵盖时间新、思想新、事实新三个层面。[①] 央视新闻频道全天 24 小时新闻整点播报,间隔 15 分钟新闻快报为补充,多层次、全方位、连续更新重大新闻事件。第六次改版中,央视新闻频道引入特约评论员机制。央视新闻频道在《朝闻天下》《共同关注》《东方时空》《新闻 30 分》等节目中,相继引入了相关领域的评论专家。对特约评论员机制进行了完善,采用"1+1+X"模式,即每天派一名特约评论员"值班",待在台里随时准备录口播、亮相荧幕,再根据当日新闻事件涉及相关领域邀请权威专家进行点评,"X"未知性较大,往往根据内容更迭选择不同学者担当评论员。[②]

改版后的新闻频道受到了各方关注,各栏目收视率猛增。其中,《朝闻天下》《新闻 30 分》《共同关注》的收视率不断刷新纪录。《朝闻天下》7 月 27 日改版,至 8 月 6 日的平均收视率,较今年改版前同时段平均值提升了 28%,《共同关注》8 月 3 日改版,至 6 日的平均收视率较平均值提升了 25%;《国际时讯》自 8 月 3 日改版,至 6 日的平均收视率较平均值提升了 11%;《东方时空》自 8 月 3 日改版,至 6 日的平均收视率平均值提高了 31%。《新闻 30 分》自 7 月 31 日改版,至 8 月 6 日的平均收视率,较平均值提高了 35%,增幅最高。[③] 央视新闻频道全年完成收视份额 126%,频道对全台的收视贡献率为 3.73%,收看央视新闻频道的观众人均每天收看新闻频道的时间为 1.99 分钟。

在 2009 年,央视新闻频道曾经实行过一段时间的 24 小时直播,但由于各种原因被取消。2011 年 5 月,央视新闻频道再次改革——恢复试行过的 24 小时全天候直播方案。央视新闻频道相关负责人表示,之所以恢复 24 小时直播,主要原因之一是,午夜档新闻多是国际新闻,有助于央视打造国际大台的形象。[④] 午夜档从每天凌晨 1 时至 6 时,不再只是重播节目,而是会在每小时播出《新闻直播间》,保证至少直播 20 分钟即时新闻,如遇重大事件,不仅加长直播时间,还将安排评论员进行直播评论。

二、向世界媒体看齐

进入 21 世纪,中国已然成为推动世界经济增长的重要力量,国际地位日趋提升。但是,中国国家形象被西方媒体有意拔高或贬低,中国媒体有口难言。当代世界传播格局成失衡状,西方少数跨国通讯社垄断全球 80% 的国际新闻报道,欧美掌握 90% 的

---

① 刘成付:《电视新闻频道的理念和运作——以央视新闻频道为例的研究》,复旦大学 2006 年博士学位论文。
② 李幕扬:《央视新闻频道大换血 吴晓波出任特约评论员》,《华西都市报》2009 年 8 月 7 日。
③ 李幕扬:《央视新闻频道大换血 吴晓波出任特约评论员》,《华西都市报》2009 年 8 月 7 日。
④ 《央视新闻频道恢复 24 小时全天候直播》,《成都晚报》2011 年 5 月 8 日。

世界电视节目，发达国家源源不断向发展中国家输出新闻，而发展中国家声音无力超越自己的国界，中国作为世界上最大的发展中国家，西方媒体聚焦中国，以片面臆断言论制造不利于中国发展的国际舆论场。至此，中国媒体竞争国际话语权，获取国际上匹配中国地位的发言权，向世界澄清中国已迫在眉睫。

中国人民大学喻国明教授认为："当互联网等新媒体迅速侵袭生活角落，传统媒体存在空间势必削弱。"互联网作为新媒体迅速崛起，所提供的新闻信息具有传统媒体不可比拟的即时性与延展性。中国互联网络信息中心（CNNIC）发布的《第32次中国互联网络发展状况统计报告》显示：截至2013年6月底，我国网民规模达5.91亿，互联网普及率为44.1%。我国即时通信网民规模达4.97亿，比2012年底增长了2931万，在各应用中增长规模第一。① 新媒体以网络优势对重大新闻事件的非凡影响力致使传统媒体生存空间压缩，影响力削弱。外媒工作者和普通民众已将注意力分散到新兴传媒领域，仅依靠央视《新闻联播》窥视中国晴雨的年代已经过去。

（一）新闻立台理念的全新界定与实践

2009年7月，"主持人错误频发、新闻画面失实、方静身陷间谍门、'国脸'罗京去世"等事件迫使央视新闻频道陷入了前所未有的困境，终于在2009年8月17日完成新闻频道从头到脚的"大变脸"，以新闻形式和内容的变化重提"新闻立台"理念，大胆探索并用勇于实践这一理念。

所谓"新闻立台"，即在电视节目构成中，新闻类节目理应成为所有电视节目中强势与骨干力量，电视观众通过此类新闻节目了解国际风云、国内大政方针，掌握社会发展步伐、生活服务资讯；在频道建设过程中，始终将新闻类节目放于重要位置，致使新闻类节目获得高回报、高收益长效发展。②

从实践层面来看，"新闻立台"理念是指实施路径和评价标准。实施路径要求央视新闻频道改革和改制并行，在加大时政新闻、公共新闻改革力度的同时，改进新闻传播制度，努力营造良好的传播环境，坚持公共利益至上。评价标准要求央视新闻频道在全球传媒激烈竞争的格局下，考虑新闻频道在全台传媒竞争中的影响力。例如，央视新闻频道在大改版中增加新闻信息含量，转变栏目风格、部分栏目呈现专业化趋势；新闻类节目在时效性、报道深度等方面获得突破性进展；《新闻联播》中会议新闻减少、民生新闻增加，等等。在评价标准方面，央视新闻频道在改版中凭借整合央视庞大的新闻采编队伍、覆盖国际国内新闻资源的采集网络和新闻信息平台、代表国家级传媒形象的新闻主持人，成为大陆强势传媒，虽然在传媒全球化视域中尚不能与国际传媒CNN、BBC势均力敌，但差距正在逐渐缩小。

2009年8月17日，央视新闻频道大改版落下帷幕：整个新闻频道时长扩充30分

---

① 中国互联网络信息中心：《第32次中国互联网络发展状况统计报告》，http://tech.qq.com/a/20130717/012952.htm。

② 王丹：《重归"新闻立台"》，《新闻传播》2009年第10期。

钟，新闻信息负载量倍增；新版《朝闻天下》时长增至 180 分钟，7 点后与 CCTV-1 综合频道并机直播，不设截稿时间，首播内容占 50%；①《共同关注》保留栏目名称，沿用统一改版包装，实际播发内容由社会专题向新闻资讯转变，增设驻外记者连线；《东方时空》从电视新闻杂志类节目向时长 1 小时新闻资讯类节目转型，利用现代化电视技术及包装手段，采用多维度视角及全景式报道聚焦当下社会新闻热点。央视新闻频道系列栏目形式改进带给受众耳目一新之感，致使收视率节节攀升，"新闻立台"理念得以全新界定。

在《东方时空》的民生新闻报道中，无论是关涉国民衣食住行的小民生，抑或关注国民生存空间的大民生，工薪市民、农业劳动者、个体工商户、城乡无业失业等社会中下阶层被提上新闻主角位置，成为电视新闻传媒聚焦国民生计、安全问题的始发点，②"以人为本"的核心精神凸显了"新闻立台"理念。

（二）新闻保鲜制度和特约评论员制度

新闻保鲜制度涵盖"时间新""思想新""事实新"三个层面。"时间新"是指新闻的时效性，即新闻报道产生应有社会效果的时间效度，新闻时效性是决定新闻价值的第一因素。央视新闻频道大改版后全天候 24 小时新闻整点播报、间隔 15 分钟新闻快报为骨干，以滚动、更新、递进式报道向受众及时提供国际国内新闻资讯第一手信息，相邻两档节目内容时有交叠并不断注入新鲜资讯，新闻播报与事件突发时间间隔趋近，新闻时效性第一时间获得满足。《共同关注》变为新闻资讯节目，内容从"讲述新闻故事"的专题变成"新闻直播资讯"，新闻的选材上更注重时效性。"思想新"涉及意识观念成分，即舆情动态和舆论格局。央视新闻频道大改版推出早、中、午、晚四时段全方位新闻放送节目新版《朝闻天下》《新闻30分》《共同关注》《东方时空》《环球视线》《24小时》等，并聚焦"国庆60周年""玉树地震""上海世博会"等热议事件，以社会主流价值观引导受众舆论，进而形成全国范围内强劲的向心力。"事实新"涉及事实新鲜、客观真实。报道符合社会主流价值的具体情况，用事实说话，最大限度挖掘新闻价值。

在我国现行体制下，特约评论员具有政府发言人和政治精英的双重身份，发挥着引导舆论的功能。引入特约评论员机制，深度解读现实问题及剖析利害关系，用以把握舆论导向；新闻素材得以挖掘，新闻资源二次利用，新闻传媒机构观点立场通过特约评论员意见隐晦表达；特约评论员深入浅出的评论聚焦多层次受众，进而发掘潜在受众市场；央视新闻频道舆论影响力得以扩大，品牌评论类新闻栏目逐步构建，国际竞争力增强。③ 央视新闻频道注重向深度化方向发展。面对纷繁复杂的信息世界，新闻媒介在进行内容选择、后续报道以及观点提炼时，必须结合现代新闻理念。受众对信

---

① 高磊：《2009 年央视新闻频道改版研究》，北京体育大学 2011 年硕士学位论文。
② 李芸：《解读电视民生新闻的差异化策略》，安徽大学 2007 年硕士学位论文。
③ 胡雅娇：《传媒全球化视域下央视新闻频道改版之特色与不足》，西南政法大学 2011 年硕士学位论文。

息的需求不再只是满足于简单的事实呈现，而需要对新闻现象或事件进行评析和解读。改版后的《朝闻天下》和《东方时空》增加了新闻点评板块，邀请相关领域的专家对新闻话题进行点评。《新闻联播》则完善特约评论员机制，按照政治、经济、社会、文化、法制等领域划分，邀请权威专家担任特约评论员。① 这些举措不仅告知了观众信息，而且提供了一些相对权威的解读和分析。

央视新闻频道的国际化主要表现在节目的包装和编排上。节目包装上，新闻频道的每个整点时段的新闻节目，片头都是 3D 地球仪设计、每个整点时段的时间大特写、标题字体的字号加大、颜色以蓝色为主、三行的标题制作、统一的音乐背景等包装呈现统一包装风格。② 这样时尚新潮的形象比以前的片头包装更加有范儿，颇有国际大台气势。《朝闻天下》主播台的背景变成了流动感很强并且更加生动活泼的 3D 地平线图；《新闻 30 分》片头也运用了 3D 技术，并且运用电脑特技还原新闻现场，增加了新闻的画面感与可视性；《天气预报》采用了类似三维动画的形式；《东方时空》对新闻标题、字幕、配景色等加大优化配置力度。③ 这些与新媒体元素的结合使新闻报道画面更加具有科技感、可视性，给人以一定的感官冲击，同时也能在一定程度上提高观众的兴趣。

在栏目编排上，推出《国际时讯》《环球视线》以及《24 小时》。《环球视线》报道国际的热点人物和话题，专注于国际新闻评论。《东方时空》《共同关注》和《新闻 1+1》等几档节目也有相应改变，国际新闻的内容增加。《新闻联播》的国际新闻时长由年初的 3 至 4 分钟增加到目前的 5 至 8 分钟，《新闻 30 分》的国际新闻时长超过 10 分钟，播报时长增加，国际新闻内容更加丰富，国际报道的题材领域、内容形态也更加多元化。④ 央视新闻频道在 2009 年国际化尝试的基础上更加注重走国际化路线，加强午夜新闻，向世界更好地传播中国。通过央视新闻频道的六次改版可以看出我国电视新闻的发展轨迹，从最初的尝试新闻专业化到民生化，再到与新媒体的竞争和融合，进而更加注重尝试国际化路线。

（三）DESK 组织结构

2009 年 7 月，中央电视台创建了新闻总值班制度，通过它来指挥调度整合后的新闻中心的所有的报道资源，在日常生活中，人们更多用 DESK（新闻桌）来称呼它。

中央电视台整合原新闻、广经、海外、社教、文艺五大节目中心的新闻采编系统，成立了大新闻中心，大新闻中心分为发稿系统、编辑系统、公共系统三个部分，并对外语频道进行业务管理，目前，新闻中心已在国内建立了 31 个记者站，在海外设有北美、非洲两个海外分台，欧洲、俄罗斯、中东、亚太、拉美 5 个中心记者站及 63 个记者站，

---

① 张彦华、卢玲：《央视新闻频道改版研究》，《东南传播》2009 年第 9 期。
② 张彦华、卢玲：《央视新闻频道改版研究》，《东南传播》2009 年第 9 期。
③ 张彦华、卢玲：《央视新闻频道改版研究》，《东南传播》2009 年第 9 期。
④ 张彦华、卢玲：《央视新闻频道改版研究》，《东南传播》2009 年第 9 期。

基本建成覆盖全球的电视新闻采编网络。2012年12月还成立了国际视通（国际视频发稿平台），用英语、法语、西语、阿语、俄语五种语言向全球约120个境外频道或电视台发布视频素材和通稿。①

DESK是新闻中心新闻业务全流程的指挥系统，从选题线索到采访角度再到播出安排，DESK都会介入其中，但不会每一条新闻都干预，主要针对的是重点报道。其核心功能是发掘当日、次日、近期和中长期重点选题。DESK日常工作主要包括以下十项具体内容：统筹选题管理、确定重点报道、动态统筹策划、应对突发事件、做出报道提示、管理文件材料、推动内部沟通、评价考核节目、总结节目经验、召集业务会议。组成人员包括新闻中心的值班主任，所有前后期业务部门的值班主任和各部门自身策划，值班的中心主任被称为总值班，他是DESK的决策者，对值班期间的新闻工作负责。同时每天需要召开四次业务会议，分别是9：00的报题会，14：00的重点选题策划会，17：00的重点版面编排会和19：30的新闻联席会，前三次会议，尤其是前两次，基本是业务层级的会议。19：30之后的新闻联席会是一次决策层级的会议，分管新闻的台领导、值班的中心主任以及前后期各部门值班主任都会参加这次会议，总结全天工作。②

DESK是国际各大媒体通行的新闻生产调度机构，可以形象地理解为大家把桌子搬到一起集中办公，形成决策。③但在实际行动中，DESK常常遭遇着来自新闻编辑的抱怨，由于观点理念的不同和记者水平的参差不齐，有时候一线记者不能完全了解事情的情况，只能按照自己的价值判断进行新闻采集，后期编辑并不能完全按照自己的意愿获得新闻资料，而且事件发生的不可逆性也导致一旦错过某点新闻信息就将永远错过，所以记者和编辑之间的不可协调性使得DESK实行起来很是困难。

针对这个问题，央视新闻频道在肯定DESK作用的同时，也要注重具体实践的调和。有学者认为首先要建立起学习型组织，把衔接前后期组织文化统一起来，稳定在公共服务的理念上。新组建的新闻中心规模庞大，人员构成来源多样，文化素养和价值观千差万别，这种内部生态状况下必须建立学习型组织，不断缩小个体间的新闻价值观差异。④在遇到突发事件的时候，不仅要选择适当的时机和角度，发出自己的声音，还要针对某一类不为人知的社会群体和社会现象分析评价，同时发挥DESK在各栏目中的枢纽作用，对各栏目的统一报道做梳理式的管理。

（四）频道改版中的国际化倾向

1. 改版借鉴国外经验

新闻频道经常删减一些新闻节目，在历次改版中，收视率不佳的节目如《亚洲报道》《文化报》《声音》等节目被撤掉，同时《人物新周刊》《社会记录》等收视上佳的

---

① 梁建增：《高效运转的新闻桌——中央电视台新闻指挥系统概况》，《电视研究》2012年第8期。
② 梁建增：《高效运转的新闻桌——中央电视台新闻指挥系统概况》，《电视研究》2012年第8期。
③ 高传智：《央视新闻频道改版一周年观察》，《中国记者》2010年第6期。
④ 高磊：《2009年央视新闻频道改版研究》，北京体育大学2011年硕士学位论文。

节目也被裁撤，新增一些符合新闻频道定位的栏目如《环球视线》《24小时》《新闻直播间》等，使频道更具有整体性，向世界水平的新闻频道靠近。对比国外电视节目，CNN以新闻访谈、讨论、深度报道类栏目为主，FOX新闻频道以深度报道、辩论类节目为主，而央视新闻频道则以访谈类和深度报道类节目为主，缺乏辩论类和杂志类节目。①新闻频道推出的《朝闻天下》和《360°》等品牌栏目中，《朝闻天下》增加了生活资讯服务，而《360°》则弥补了央视新闻节目编排的不足，是对当天的新事件的梳理。

初创时期的央视新闻频道，对周末节目并没有进行特殊的处理，对比外国新闻频道，我们发现其对平时和周末节目样式会有区分，正是认识到这一点，央视新闻频道在之后的改版中提高了周末节目的可视性与趣味性，新闻军事益智类节目《军情连连看》和人物访谈娱乐节目《人物秀》成为周播节目，同时《我的长征》等较为轻松、活泼的节目也在央视新闻频道的周末节目中呈现。

2. 重点新闻报道选题的节目编排

央视新闻频道在重点新闻选题的编排具有如下特点：采用消息、记者连线直播、现场直播、新闻评论综述等多种报道形式；无重大事件直播时以显著位置（头条或次头条）重播方式保持重点新闻的持续热度；重点新闻报道慎重地采用连线直播及现场直播，保证时效性；新闻评论及时跟进以深化报道内容，采用"消息＋评论"或"记者连线＋评论"的组合形式及时挖掘新闻深度价值；新闻编辑作用显著。②2009年美国总统奥巴马亚洲之行成为一个重大的新闻新闻选题，11月16日，奥巴马访华当天，央视新闻频道"奥巴马访华"相关新闻首发22条，总共播放新闻37条。新闻频道在节目编排中注重以重点新闻选题带动频道整体内容及时更新滚动，利用热点事件新进展来保持公众对频道的整体关注。

央视新闻频道现场新闻直播的方式打破传统的节目编排，开放式的直播使得各栏目形成有机整体。仍以奥巴马访华为例，17日上午央视新闻频道对"胡锦涛主持仪式欢迎奥巴马"和"小范围会谈后胡锦涛、奥巴马发表简短致辞"两个新闻事件进行现场直播，为此将9:00-11:00的三档《新闻直播间》打通，午间时段《新闻30分》栏目接连《新闻直播间》继续进行直播报道。

3. 以时段结构为基础的节目编排

不同的受众对于信息的需求在不同角度是不同的，因此时段的划分非常重要。西方发达国家在时段划分方面是比较精细的，一般不会低于五个时段，多的高达八个时段，依次是早间时段、上午时段、午间时段、下午时段、第一晚间时段（傍晚）、第二晚间、午夜和凌晨时段。③央视新闻频道是24小时播出的，对于时段的划分没有完全意义上

---

① 赵贺：《浅析央视新闻频道改版策略》，《东方艺术》2008年第S2期。
② 秦瑜明、谷训：《论我国当代电视新闻频道的专业化编排》，《当代传播》2012年第4期。
③ 周鸿铎、夏陈安：《电视频道经营实务》，经济管理出版社2005年版，第48页。

的黄金时段和非黄金时段,以大新闻时段为单位实行统筹编排布局。

央视新闻频道编排分为日间和夜间两类。日间新闻主要是 6:00-19:00 的时段,除《朝闻天下》《新闻 30 分》和《共同关注》外,均有同名新闻资讯栏目《新闻直播间》贯通,每逢整点播出,频道编排模式大致为"时事新闻+深度报道+分类新闻"。19:00 之后夜间时段编排相对复杂,19 点、21 点和 22 点三个时段的编排模式为"整点新闻资讯+半点深度报道",22 点、23 点和 0 点三个时段则单独编排一小时的节目,各时段在相互配合的基础上形成差异化,突出各时段特色。① 新闻频道的全天收视率走势中,早、中、晚时段都形成了明显的收视高峰。满足了部分观众在全天收视高峰中对于新闻资讯和新闻专题栏目的收视需求。

尤其是早间,在快节奏的生活方式中,新闻频道凭借自身的新闻优势,在第一时间将首播新闻资讯传递给观众,形成了新闻频道全天中的第一个收视小高峰。《新闻 30 分》《法治在线》联手打造了中午时段新闻频道的第二个收视高峰。《东方时空》《国际时讯》《新闻 1+1》与《新闻联播》《焦点访谈》等栏目共同构筑了晚间时段新闻频道的第三个收视高峰。在这三个高峰时段,新闻频道的竞争力充分得到体现。这些时段的全国上星频道的收视市场环境较为复杂,既有同类节目的竞争,也有电视剧的竞争,还有地域性强的地方新闻的竞争,但这些栏目在全国电视市场同时段节目中表现出了较强的竞争优势,为新闻频道午间和傍晚的收视高峰作出了积极贡献。

第五节 现状与不足

在世界范围内的电视全新闻频道竞争日趋激烈的大背景下,中央电视台新闻频道在开播的十年间,经历了大大小小六次改版。实际上,央视新闻频道从开播伊始,每一次的改版,强调的不外乎有三点:一是强化新闻频道的特质,提高新闻信息量;二是强化直播,转变电视语态和表达方式;三是调整节目编排、开发新的时段节目。

从思路和运作策略上来看,央视新闻频道的这些改变,是与世界电视行业和国际新闻频道的发展道路相一致的。首先,经过十多年的发展演进,央视新闻频道已经不是开播之初那种按照栏目、部门、中心的架构运作,而是以 24 小时实时发稿更新的动态新闻为骨架、以直播和现场报道为常态节目样式,力图搭建大编辑部资源高度整合的新闻运作平台。其次,节目编排力求呈现出新闻频道的整体面貌,白天大时段的直播节目满足新闻滚动的需要,晚间黄金时间不同新闻栏目针对目标观众的差异化诉求,也是提升全新闻频道信息量的重要措施。再次,直播、现场报道、演播室与现场的连线等新闻元素有效强化电视新闻与事件同步的现场性,以充分发

---

① 秦瑜明、谷训:《论我国当代电视新闻频道的专业化编排》,《当代传播》2012 年第 4 期。

挥出电视全新闻频道的独特优势。此外，频道包装的形式感使得屏幕整体风格趋于明快，有助于从视觉元素上吸引观众的注意力。然而，正如有学者指出："《新闻联播》所要去除的不是严肃和无华，而是体制性刻板和僵硬。"① 制度化的制约使得央视新闻频道的改变更多地局限于外在的形式，更多在于其象征意义而非深层次的新闻理念的变化。

一、频道的传播策略

（一）共性化传播

新闻频道的本质决定了它的共性化传播策略。央视新闻频道一直以速度、广度、深度作为立身之本。"第一时间、第一现场、第一需要"是央视新闻频道的宗旨所在。新闻频道的速度要求新闻一旦发生，记者要第一时间出现在现场并予以报道；广度要求哪里有新闻，记者的身影就出现在哪里，为24小时不间断新闻频道的播出提供素材；深度体现在新闻频道利用自己专业化的优势、寻找能够紧密联系最近、最新新闻的事件人物和话题，并进行深度的评论与解读。为此央视新闻频道创建了"整点新闻+现场直播+字幕新闻"的频道节目框架，整点新闻即时更新消息，专题新闻进行深度解读和评论，并且通过早、中、午、夜四个时段的新闻节目安排，对新闻事件予以报道，形成新闻事件的强势传播。

（二）个性化传播

专业新闻频道都有自己特有的传播策略。例如CNN采取了全球化传播策略，在第一时间内向受众传播世界上任何一个角落发生的新闻事件，而央视则可以从三个方面来加强个性化传播：第一，垄断性传播。央视新闻频道不同于其他新闻频道，它能够获得某些特殊的甚至是独家的新闻资源。央视独享对中央和国家领导人公开活动的报道权；同时地方电视台成为央视的集体记者，为央视新闻频道提供第一手的新闻素材；各地有线电视网络无偿转播央视的一些新闻节目；各地有线电视网络必须在晚上7点转播《新闻联播》，这些都使央视新闻频道具有先天优势，在我国电视新闻频道中处于权威地位。第二，规模化传播。央视新闻频道在与央视其他频道进行互动的同时，可以利用自己的先天优势与地方电视台合作，实现重大事件的规模化传播，进而实现规模化效应，提升品牌影响力。第三，品牌传播策略。品牌是电视新闻频道取胜的砝码，在新闻行业竞争激烈的今天，如何维护受众的忠诚度，体现新闻频道的差异性和个性化，是每个新闻频道亟待解决的问题。作为国家级的电视新闻频道，央视新闻频道想要建立起自己的品牌，需要在频道意识、频道个性、频道栏目布局、频道品牌设计和频道品牌维护和推广等方面实现突破。②

---

① 《〈新闻联播〉要去除的是"体制性刻板"》，http://news.163.com/09/0806/06/5G10VJ9U000120GR。
② 胡睿：《电视全新频道研究》，复旦大学2003年硕士学位论文。

二、频道发展面临的问题

（一）内容传播层面

1. 缺乏品牌栏目，改版流于形式

新闻频道信息量与一定时间内新闻条数的多寡密切相关。央视新闻频道创办初期，由于自身力量不足和对整体利益的考虑，把原先CCTV-1的节目直接放在新闻频道中播出，这就导致新闻频道的信息并非自身独有，无法体现频道定位的差异性，同时这些节目在黄金时段并机播出，造成央视新闻频道既缺乏原创性内容又不能合理安排自己的时段资源。

央视新闻频道数次改版一直引领着中国电视传媒发展，牵动着受众的眼球。频道改版追求新闻数量与供给新闻时效性以弥补电视新闻的缺陷，为长期处于信息超载时代下的受众提供信息梳理和过滤，但是将独具特色的新闻节目用"新闻资讯"同一模板打造，忽视电视传媒多维度的深度报道优势，就等于放弃了吸引受众眼球的频道品牌栏乃至传媒立足之本[①]，频道改版因流于形式而缺乏竞争力。

2. 电视直播现场感不足，整体实力有待提高

电视新闻现场直播使受众最大程度地接近新闻现场，在直播状态下，新闻的不可控性、不可重复性可以极大满足观众的求知欲。国外电视新闻频道追求"直播常态化"，注重直播画面的真实感和现场感。而央视新闻频道在现场直播中仍以演播室直播为主，节目主体大多是事先录制好的新闻消息或短片，在重大突发事件报道中多采用电话连线形式，这在国际新闻报道中尤为明显。

央视新闻频道采取大批量滚动新闻播出的形式，但是直播节目中信息量偏少，深度不够，缺乏整体力度，"现场感"不足。归根到底，造成这种现状的原因：一是缺乏必要的技术设备支持；二是突发事件应急机制并不完善；三是新闻从业人员能力欠缺；四是新闻编辑理念尚未同国际接轨。

3. 评论节目缺位

在当今这个媒介激烈竞争的时代，新闻资讯固然重要，但新闻评论往往决定质量优劣的关键因素，可以说新闻评论节目的质量决定了一个电视新闻频道的高下。目前央视新闻频道处于新闻评论节目发展的起步阶段，只有《新闻1+1》和《环球视线》两档评论节目，尚未彻底领悟评论取胜的真谛：评论节目缺乏深度，评论员分量不足，整体评论机制并不完善。

4. 民生新闻薄弱

民生新闻节目具有天然的"三贴近"特性，对民生新闻的关注是对新闻本位理念的回归。当前，我国正处于经济快速发展和社会转型时期，各种社会民生问题频繁出现，民众对于这类新闻有着迫切的需求。然而，央视新闻频道在节目架构中只设置了一档

[①] 段鹏：《电视品牌战略研究》，中国传媒大学出版社2006年版，第36—38页。

专门报道国内民生新闻的节目《共同关注》，每天 55 分钟的节目容量不能满足受众对于民生新闻的需求。

（二）尚未形成频道整体化运作

央视新闻频道借鉴 CNN 经验，实行大编辑部模式，由编辑部门主导新闻生产。但由于我国新闻部门实行事业化管理，编辑并没有直接管理记者的权限，于是各部门各自为政，难以协调。2011 年 3 月日本东部沿海地区发生了大地震，并引发海啸和福岛第一核电站泄露，央视新闻频道第一时间投入到日本大地震的报道之中，进行了大量报道，但是在日本大地震的前夕，我国云南省发生了里氏 5.8 级地震，央视却在报道中对云南地震关注很少，事实上，云南地震造成了数十人死亡，数百人受伤，受灾人数近三十万，也是一个重大事件。这是央视新闻频道在新闻报道层面的缺失，其原因就在于其缺乏高效的管理运作系统。在 CNN 等电视新闻机构中，记者传回的素材由画面编辑剪辑，撰稿人编写导语、提要，制片人根据节目定位指导剪辑、编辑、美工等工作。央视新闻频道内部的各档节目之间缺乏相互协作和沟通。在遭遇重大突发事件之时，频道不能高效整合资源，在紧迫的时间内投入到相应的大型新闻报道中，无法在第一时间开展迅速高效的危机传播。

三、频道的未来发展思路

（一）加强内容和机制创新

1. 内容创新

目前，电视新闻节目普遍存在形式老化、宣传报道模式单一的问题，内容多为领导活动、会议报道、主题宣传等，新闻性和可看性不强。央视新闻频道需要转变视角，关注百姓民生，增强贴近性和感染力。同时，同质化竞争也是严重困扰新闻频道发展的重要因素，开展内容创新迫在眉睫。

央视新闻频道未来的内容改革中，除了常规的主持人和节目包装改革外，可以通过减少同质节目数量、互换频道间节目、品牌栏目重新定位、推出新节目、深化频道化等手段，打通所有资源，整合成为更强大、差异化的平台，同时在报道角度和报道方式上注意贴近性和感染力，成功完成电视新闻从宣传本位向新闻本位的回归。①

2. 完善大编辑部模式

国外电视新闻频道采用集约化的大编辑部管理模式，强调频道整体意识，反对新闻栏目化，提倡以统一的标准整合新闻。为了适应电视新闻频道化运营要求，央视新闻频道应该在大编辑部统筹管理之下进行新闻采集、生产与加工。新闻频道所属的各个部门和栏目要在频道编辑部统一协调和指挥下，把记者采集来的素材归中心编辑统一调配，各部门编辑（科教、财经、文化、体育）等各取所需，实现资源的有效配置，

---

① 朱玲：《地方电视新闻节目发展困境与突围》，《新闻记者》2012 年第 3 期。

降低节目制作成本。大编辑部的真正实现,对于整合频道资源,提升频道品牌有着重要的意义。

(二)走受众中心和舆论中心相结合的道路

1. 树立以受众为中心的传播视角

大众传媒要在信息传播活动中以受众为中心,最大限度维护受众的根本利益。受众本位理念的逐渐强化,表现之一就是民生新闻的逐步扩大和主流化。央视新闻频道在未来发展壮大的道路上,民生新闻是一个不可避免的话题。作为一个国家级电视新闻频道,除了承担政治宣传的职能外,应当学会"弯下腰",制作专门的民生新闻节目,优化节目形式和节目质量,更多地站在人民群众的角度去审视新闻、选择新闻、解读新闻,力争做到以受众为中心,从国家的高度对社会民生问题给予关注。

2. 信息的开放化和国际化

从传媒的社会功能来看,随着社会的发展,传媒业对于受众知情权的保障是其职能所在。社会发展到今天,整个社会环境已经不是微观层面的选择,而是中观体制的变革,这是一种动向。因此,以央视新闻频道为代表的主流资讯领域的开放是一个必然的过程。在保证受众知情权,实现信息透明的基础上,也要求权利与资源的社会分享。①

长久以来,我们的国际传播一直处于闭塞状态,央视新闻频道应尽快实施"走出去"战略,加强国外记者站的建设,健全全球新闻采集系统,扩大国外驻站记者队伍,提高国际新闻的采集能力、报道数量和范围。同时,还应该加强国内新闻的对外传播能力,首先要加快央视新闻频道在海外的落地;其次内容制作要符合国际编辑理念,满足国外受众的信息需求。

3. 坚持"新闻立台"理念,注重新闻的深度

新闻是广电媒体的立台之本,同时也是媒体可持续发展的内在需要。央视新闻频道确立"新闻立台"的理念,是掌握新闻话语权、保持主流媒体强势地位的保证。数字技术极大改善观众获取信息的时效性和范围,新闻节目的影响力更多体现在对海量信息的整理能力和深度挖掘能力方面。②央视新闻频道要高度重视所制播的电视新闻节目的形式、内容、品质,有效整合信息;同时要注重新闻解读的及时性和深度性,在关键时刻敢于亮出自己负责任的观点,避免资讯缺失和意见真空。

当今时代,针对某一新闻事件发表角度独特、鞭辟入里的新闻评论才是真正的稀缺资源,央视新闻频道需要的是分析、比较、论证,在周密思考后发表独到、深刻的思想见解。③因此新闻频道在保证新闻资讯数量和质量的基础上,更要注重评论的深度。

4. 借力新媒体展示传统优势

中央电视台是我国唯一的官方电视台,其身份具有二重性,既是专业的新闻传媒

---

① 喻国明:《别无选择:一个传媒学人的理论告白》,复旦大学出版社2004年版,第24页。
② 左翰颖、郑维东:《电视新闻节目播出收视现状与新闻立台》,《电视研究》2011年第4期。
③ 樊蓉:《解析第六次改版后的央视新闻频道》,山西大学2011年硕士学位论文。

机构，又是国家重要的舆论阵地。央视新闻频道应该发挥"意见领袖"的作用，紧紧围绕目标受众，提供最新、最快、最全面、最有深度的新闻报道，在思想深度、文化层次、审美标准和价值取向上提供与受众认同一致的服务。此外还要敢于在重大突发新闻事件特别是国际新闻事件的报道中发出自己的声音，让观众感受到频道个性所散发出的独特魅力。

在新媒介生态环境下，央视新闻频道可以在专业制作上取胜，立足直播节目，在深度报道和大制作节目上借助中央电视台专业的团队和资金支持。同时，还要借助新媒体的先进理念和技术优势，增强节目的时效性、互动性，优化节目编排，整合媒介资源，开展网台互动，为频道发展注入新鲜血液。

下篇

作为20世纪最伟大的发明之一，电视的出现深刻地改变了人们获取信息的方式以及人类社会的存在形态。电视新闻几乎是伴随着电视的诞生同步出现的，在历次重大社会事件中的突出表现不断巩固并强化着其在电视节目中的主体地位。随着电视新闻的不断发展，为适应细分化的受众需求，电视开始尝试以专业频道为单位对电视新闻节目进行全新的制作和编排，电视新闻频道应运而生。从改变语态到关注民生再到意见表达，中国的电视新闻因时而动、借势成长，在发展的过程中不断革新新闻诉求、调整发展策略，走出了一条具有中国特色的电视新闻发展之路。

新媒体时代的到来建构出传播主体多元化、传播客体交互化、传播载体多样化、传播语境开放化的新型传播环境，新的传播环境与社会生态和受众生态相互作用，不断解构并重塑着电视新闻的媒介生态面貌。新媒体的强势来袭使得新闻传播的疆域版图被重新改写，电视媒体的生存空间受到空前的挤压：随着微信、微博、客户端等新媒体的蓬勃发展，受众注意力取代新闻信息成为稀缺资源；移动终端的全面普及和无线网络的规模化发展，深刻地改变了受众的媒体接触习惯，不断稀释着电视的开机率。在新媒体的全面合围之下，电视新闻的发展举步维艰。

面对新媒体时代新闻传播媒介生态的深刻变革，电视新闻如何突出重围，走出困境，寻找自身的不可替代性，在激烈的媒介竞争中立于不败之地？这是电视新闻必须探索的当务之急，也是亟待学界深入研究的重要课题。

本篇借用媒介生态学理论提出"电视新闻生存空间"这一概念，从电视新闻生存空间的维护、再造、拓展三个维度进行探索，结合电视新闻传播体系构建的不同向度进行论述，将传播学理论与电视新闻传播实践相结合，进行有针对性和应用性的探讨。

第八章
新媒体环境下的电视新闻媒介生态重塑

第一节 新媒体与新媒体新闻

"从语言到文字,几万年;从文字到印刷,几千年;从印刷到电影和广播,400年;从第一次试验电视到从月球传回实况电视,50年;下一步是什么?某些新形式媒介正在地平线上出现……我们正在进入一个信息时代,在这个时代里,与其说是自然资源而不如说是知识有可能成为人类的主要资源,以及力量和幸福的必不可少的条件。"①

早在20世纪70年代,传播学鼻祖施拉姆就对人类传播方式的跨越式发展发出了这样的感慨。在施拉姆著名的"最后七分钟"比喻里,新媒体的出现虽然只占据了短暂的瞬间,但是这瞬间的改变却在新闻传播领域刮起了一场史无前例的飓风,为新闻传播格局带来了颠覆性变革。2006年,"网民"第一次获封《时代》周刊年度人物;2008年,Twitter第一个向全球发出汶川大地震的消息;2010年,手机媒体最先公布玉树地震的第一组照片;② 2012年,中国六成以上的新闻事件首先由新媒体曝光;2014年6月,中国手机上网比例首次超过电脑上网比例,手机网民规模超过八成……迅速崛起的新媒体正悄然改写新闻传播的疆域版图。

一、新媒体

正如罗杰·菲德勒(Roger Fidler)所说,每一种新形式的传播,都从其原先看得出是某种较早形式的延伸,逐渐演变到完全是自身的独特形态。③ 报纸、广播、电视,这些如今的传统媒体都曾作为新媒体的代表出现在人类新闻传播历史上。新媒体的发展始终是一个动态的过程,其作为相对概念具有一定的时间性和历史性,而新媒体的

---

① [美]威尔伯·施拉姆、威廉·波特:《传播学概论》,新华出版社1984年版,第19页。
② 黎斌主编:《电视融合变革——新媒体时代传统电视的转型之路》,中国国际广播出版社2011年版,第7页。
③ [美]罗杰·菲德勒:《媒介形态变化:认识新媒介》,华夏出版社2000年版,第34页。

嬗变轨迹正是传媒技术和传播手段不断进步的真实写照。

作为一个不断发展且颇具争议的研究对象，学界关于新媒体概念的研究成果已经颇为丰富。在部分国外研究者看来，新媒体是指一组数字信息，一种实现了"所有人对所有人传播"的信息流，一种融合了人际传播和大众传播特点的信息呈现方式。这部分研究者认为，和报纸、广播、电视等传统媒体的概念构架模式有所不同，新媒体已不再是任何一种特殊意义上的媒体形式。与此种观点相对应，国内研究者则普遍认为新媒体概念仍然是对传统媒体概念界定机制的补充与延伸，而非对原有概念的完全悖反或颠覆。他们在吸收国外新媒体概念界定思想成分的基础上，顺延了传统媒体的实体性概念架构模式，从外延和内涵两个向度上分别形成了对新媒体概念的界定机制。[①]

清华大学熊澄宇教授认为，所谓新媒体，或称数字媒体、网络媒体是建立在计算机信息技术和互联网基础之上，发挥传播功能的媒介总和。它除具有报纸、电视、电台等传统媒体的功能外，还具有交互、即时、延展和融合的新特征。[②]

中国人民大学匡文波教授把"数字化"和"互动性"作为界定标准，他认为，新媒体是指利用数字技术、通过计算机网络、无线通信网、卫星等渠道，以及电脑、手机、数字电视机等终端，向用户提供信息和服务的传播形态。在具体的外延上，则包括了网络媒体、手机媒体和网络电视三种类型。[③]

凤凰新媒体总编辑吴征认为，新媒体就是指互动式数字化复合媒体，是以个人性为指向的实现了全球化传播的媒体，其具体的传输载体则包括了计算机网络通道和有线卫星电视通道两种形态。[④]

学界和业界的研究者们从新媒体的传播本质、传播方式和传播内容等方面对新媒体概念进行了概括，但是显然在新媒体的传播形态方面，观点仍然存在分歧。在此基础之上，中国传媒大学宫承波教授从传播学视角对新媒体进行了较为系统的分类。他认为，新媒体可分为新兴媒体和新型媒体两大类。新兴媒体是新媒体的典型形态，以网络媒体、移动媒体和互动性电视媒体为代表。它们依托全新的传播技术，以改变传播形态为主要诉求，强调体验和互动，内容生产日趋分散化和个性化；新型媒体包括户外新媒体、楼宇电视和车载移动电视等。它是在传统媒体的基础上依托新技术衍生而来的，其传播形态并未发生根本性改变，但是信息质量获得提高，传播范围更加宽广，达到了以前无法覆盖的区域。[⑤]

以新兴媒体和新型媒体的分类为基础，宫承波教授在《新媒体概论（第四版）》中对新媒体进行了狭义和广义两种界定。广义上的"新媒体"，是利用数字技术、网络技术和移动通信技术，通过互联网、宽带局域网、无线通信网和卫星等渠道，以电

[①] 杨状振：《重组话语：新媒体时代的中国电视批评》，上海交通大学出版社2012年版，第31页。
[②] 熊澄宇、廖毅文：《新媒体——伊拉克战争中的达摩克利斯之剑》，《中国记者》2003年第5期。
[③] 匡文波：《"新媒体"概念辨析》，《国际新闻界》2008年第6期。
[④] 杨状振：《重组话语：新媒体时代的中国电视批评》，上海交通大学出版社2012年版，第33页。
[⑤] 宫承波主编：《新媒体概论（第四版）》，中国广播电视出版社2012年版，第3页。

视、电脑和手机等为主要输出终端，向用户提供视频、音频、语音数据服务、连线游戏、远程教育等集成信息和娱乐服务的所有新的传播手段或传播形式的总称，包括"新兴媒体"，也包括"新型媒体"；而狭义上的"新媒体"专指"新兴媒体"。①

本文对新媒体的审视基本从广义上的新媒体视野展开，即着眼于网络媒体、移动媒体、互动性电视媒体以及新型媒体。

二、新媒体新闻的蓬勃发展

新媒体新闻是指以新媒体为传播载体的新闻信息，既包括新媒体原创性或整合性的新闻信息，也包括传统媒体利用新媒体平台发布的新闻信息。常见的新媒体新闻主要有：新闻网站的超链接新闻、微博的碎片新闻、视频网站的拍客新闻、新闻客户端的定制新闻、微信的推送新闻等形式。

新媒体强烈的消解特征不断冲击着新闻传播格局，搭乘新媒体快车的新闻传播事业蓬勃发展，美国网景浏览器之父马可·安德森（Marc Andreessen）预言，未来互联网新闻行业将会迎来10倍以上的增长。新媒体新闻在驱动新闻传播模式、内容生产模式发生改变的同时，也为新闻媒体的行业重塑提供了新机遇。

（一）新闻网站：超链接新闻

中国的网站新闻是伴随新浪、搜狐、网易等门户网站的圈地运动兴起的。目前的新闻网站主要包括专业性的新闻门户网站（如新华网、人民网）以及商业门户网站的新闻频道（如搜狐新闻频道、新浪新闻频道）等以主营新闻业务为生存手段的网站。

及时快速、互动性强、内容丰富是新闻网站的主要特点，其突出优势在于专题报道的能力。与传统纸媒和电视媒体的专题报道不同，新闻网站的专题内容和报道形式更为多元，网站通过超链接将新闻背景、观点评论、媒体报道、论坛互动等内容进行全方位呈现，利用滚动新闻、图片新闻、视频新闻等方式对新闻进程进行多维化展示。在突发事件和重大事件发生时，新闻网站专题能够迅速汇集多方信息，对新闻资讯进行整合、发布，多视角、多语种、多渠道跟踪事件的进展，为受众提供立体快新闻。新闻网站积极尝试将多种报道形式与新闻专题有机结合，新闻专题的制作水平已经成为衡量新闻网站功力的重要标准。

（二）微博：碎片新闻

空间开放、传播迅速、互动及时、信息多元的传播特性，一方面造就了微博用户数量的迅速扩张，另一方面也改变了新闻信息的存在方式与传播形态。以新浪、腾讯等为代表的微博网站在中国掀起了信息传播的微博热潮，不仅在网络社交平台占据领先地位，而且在新闻传播领域扮演着重要角色。

微博以其"碎片化"的信息传播方式，渗透到社会生活的众多领域。自微博打拐、

---

① 宫承波主编：《新媒体概论（第四版）》，中国广播电视出版社2012年版，第4页。

微博反腐之后，微博成为网友爆料和发表见解的重要场域，为人们搭建起话语表达的公共平台，在网络议程设置和网络舆论监督中发挥着举足轻重的作用。截至 2012 年 12 月底，我国微博用户规模为 3.09 亿。①AC Nelson 的调查显示，网民中，微博渗透已接近 50%，而其中 74% 的人群通过微博获取新闻，69% 通过微博分享新闻。②

（三）视频网站：拍客新闻

正如米尔佐夫（Nicholas Mirzoeff）在其《视觉文化导论》开篇中提到的，现代生活就发生在荧屏上……这绝非日常生活的一部分，而正是日常生活本身。现代人不仅每天面对着各种屏幕，其日常生活的一举一动也被摄像头记录和监视。在网络多元参与和话语权威转移的过程中，一个重要特征就是视频时代的全面到来。

网站自制的视频新闻内容、网友上传的视频新闻内容以及来自传统新闻媒体的视频片段是视频网站新闻的主要组成部分。数码相机、数码摄像机、手机等数码产品的普及，以及智能终端和无线网络的迅猛发展，为用户自制视频并同步上传网络提供了便利条件。相对于电视新闻对社会生活的审视性姿态和居高临下的俯视视角，用户上传的视频新闻内容更多源于对社会生活的自发性关注和感受。其优点在于"原汁原味地还原生活和事件的本来面貌，能使善于独立思考的人从冗长甚至是晃动的画面中寻找到他们认可的细节，使得每个人都会做出自己的选择和判断，而不是让拍摄者代替他们做出判断"。③ 随着网民媒介素养和拍摄制作水平的不断提高，其上传视频的质量和水准也在持续提升，拍客新闻已经成为公民新闻的一个重要分支。

（四）新闻客户端：定制新闻

2014 年 6 月，中国手机上网比例首次超过 PC 机上网比例，手机网民规模超过八成，其中 46.6% 的用户每天使用移动终端超过 3 小时。App 客户端作为移动互联时代的关键性特征，成为新闻信息实现其在移动终端渠道触达的重要工具。"智能移动终端 +App"的移动新闻传播模式正在迅猛发展。

人民网、凤凰新闻等各大新闻网站以及央视新闻频道、凤凰卫视等电视媒体均已推出针对不同移动终端的新闻客户端，以适应多元化、个性化的信息需求，及时为用户提供定制化新闻信息。新闻客户端的出现顺应了都市人群移动化生存的特征，提高了移动人群获取信息的效率，刷新了新闻信息的到达率。借助移动终端，新闻客户端颠覆并重塑了人们的阅读与收视习惯，抢占用户"三上（马上、厕上、枕上）"的碎片时间，成为新闻媒体抢夺注意力资源的全新场域。

（五）微信：推送新闻

"无线互联网真正的价值在于它能够让互联网服务无处不在，用最方便、最低廉

---

① 《新华时报》：《我国微博用户达 3 亿 手机上网成终端第一》，http://news.sina.com.cn/m/2013-01-16/103926047731.shtml。
② 胡舒立：《新媒体、新闻业和新闻人》，http://news.qq.com/a/20121130/000003.htm。
③ 王建磊：《草根报道与视频见证——公民视频新闻研究》，中国书籍出版社 2012 年版，第 73 页。

的方法让互联网全面融入生活，Always online。"与移动互联网的发展轨迹重合，推出时间不足三年，2013年11月，微信用户已经达到6亿，月活跃用户超过2.6亿。①2015年1月出炉的数据报告显示，55.2%的用户每天打开微信10次以上。随着微信公众号的上线，微信超越了最初的人际沟通功能，向公众推送各种新闻信息，从而兼具人际传播和大众传播的双重属性。

微信公众号的新闻推送每天只允许一次，每次四条左右。偶尔有特别重大的新闻事件，允许有类似号外的新闻推送，同时部分信息需要通过用户回复的方式进行获取。其推送新闻的编排采用图配文的形式，一张大图内嵌头条标题，其余新闻用标题加小图的形式依次排列。这种精选推送的方式改变了以往信息轰炸式的传播模式，不仅尊重了用户的信息选择权，也避免了读者因为信息过载而产生抵触情绪，为受众注意力留有空间。

第二节　新媒体环境下的电视新闻媒介生态重塑

一、生态、媒介生态、电视新闻媒介生态

"生态"原本是生物学上的概念，意思是生物在一定的自然环境下生存和发展的状态。后来随着生态研究的不断深入和细分，生态学逐渐发展为一门独立的学科，"生态"的内涵和外延也随之扩展。德国动物学家恩斯特·海克尔（Ernst Haeckel）率先提出"生态学"的概念，并将其定义为研究生物与其环境相互关系的科学。②这里恩斯特·海克尔所说的环境包括生物环境和非生物环境两类。在此基础之上，我们可以对生态学做出进一步界定：生态学是指研究生物和人与环境之间的相互关系及其互动规律，研究自然生态系统和人类生态系统的结构和功能的一门科学，其研究范围包括个体、种群、群落、生态系统以及生物圈等层次。③

传播学者将生态学的概念引入传播领域，媒介生态的概念应运而生。虽然学界对媒介生态的定义众说纷纭，但是核心始终是波兹曼（Neil Potsman）对其最初的理解：将媒介作为环境的研究。本文比较赞同浙江大学邵培仁教授的诠释：媒介生态观念是当代媒介生态学在市场经济条件下为建立"人——媒介——社会系统"的和谐关系和实现媒介生态系统良性循环而做出的新的认识和理性思考。④社会系统、媒介系统和人群是构成媒介生态系统的基本要素。

从媒介生态的定义，我们可以推衍出电视新闻媒介生态的概念。电视新闻媒介生

---

① 陈纪英：《迎接企鹅：阿里的铁桶阵》，《中国新闻周刊》2014年第3期。
② 杨忠直：《企业生态学引论》，科学出版社2003年版，第1页。
③ 邵培仁：《媒介生态学研究的新视野——媒介作为绿色生态的研究》，《徐州师范大学学报》2008年第1期。
④ 邵培仁：《论媒介生态的五大观念》，《新闻大学》2001年第4期。

态是指电视新闻媒介、社会系统和人之间的相互关系及其互动规律。围绕电视新闻媒介这个中心，社会系统主要包括政治生态环境、经济生态环境和文化生态环境，人的要素主要考虑媒介系统与人群之间互动构成的受众生态环境。本节主要研究的是新媒体的蓬勃发展对于电视新闻媒介原有生态系统的破坏与重塑。

二、新媒体环境对电视新闻媒介生态的重塑

新媒体时代的到来建构出传播主体多元化、传播客体交互化、传播载体多样化、传播语境开放化、传播方式移动化的新型传播环境，新的传播环境与社会生态和受众生态相互作用，不断解构并重塑着电视新闻媒介生态的面貌。

（一）政治生态环境

政治生态的长期强势使得政治属性始终是中国新闻媒介的根本属性，电视新闻媒介也不例外。在传统的媒介生态中，一方面政府通过控制信源、支配报道方式，创造有利于其政治诉求的社会逻辑，设置拟态现实的媒介议程；另一方面借助有效的新闻包装将隐藏其中的政治观点呈现给受众，促使新闻媒介成为政府政治合法性依据的重要来源。我国的新闻媒体在经历了从"喉舌论""舆论导向"到"三贴近"再到"走转改"的蜕变后，电视新闻媒介的政治生态环境正不断趋于优化。

1. 政治参与途径多样

伴随着新媒体形式的日益多样，公民政治参与的手段也更加丰富。微信、微博、博客、社交网站等新媒体平台成为颠覆话语霸权和信息屏蔽的有效工具。新媒体在帮助公民参与政治、扩大公民"知情权"的同时，也促使公民精神不断成长与彰显。约翰·基恩（John Keane）在《媒体与民主》中曾透辟地指出：民主需要公民掌握信息。只要公民喜欢平等与公开地表达不同意见，民主的方法就可以使有才智的公民达成一致意见："一个没有大众信息的大众政府，或者一个公民没有办法得到信息的政府，只是一出闹剧或悲剧的开端。"[①] 政治参与途径的多样化迫使政府的信息公开程度空前提高，我国民主政治的能见度随之提升。

2. 舆论监督效力明显

舆论监督作为新闻媒体的基本职能，对于民主政治进程具有重要推动作用。新媒体环境下的舆论监督不同于传统媒体的舆论监督，呈现出普遍化、平民化的新特点。新媒体促进舆论监督效力的增强主要通过以下方式：首先网民在微博、论坛等新媒体平台发布涉及公共利益的信息片段；随后借助社交网络汇集各方信息、线索，试图还原完整的事实真相，伴随围观规模的不断扩大，事件热度持续升温并形成强大舆论压力；最终传统媒体的关注与介入引起相关部门重视，促使事件得到解决。不论是"表哥""表叔""房媳""房姐"，还是早些年的"郭美美事件""李刚事件"，均是通过这样

---

① 凌一、娄悦：《政治传播生态中新媒体的优势》，《当代传播》2009年第2期。

的路径促使电视新闻媒介发挥舆论监督效力。

3. 政治表达更显亲和

在《理想国》中，柏拉图写道："真理不能，也从来没有毫无修饰的存在。它必须穿着某种合适的外衣出现，否则可能得不到承认。"①新媒体时代的民主政治不仅向纵深发展，同时呈现出前所未有的亲民面貌。在新媒体造就的信息无限蔓延和无形外扩过程中，在新媒体商业和娱乐精神的浸染下，更多民众用轻松而不失关切、娱乐而不失追求、微小而影响巨大的精神参与对国家政治和各级政府官员的讨论与监督，政治参与呈现出越来越休闲化的特点，严肃的政治问题被轻松活泼的网络话语所消解，②网络文化和娱乐心态渗透于严肃刻板的政治叙事之中，如今的政治表达更显亲和与平易。新媒体环境下，新闻媒介纷纷丢弃以往全知全能的话语表达和刻板保守的议程设置，民主政治的语境不再只关涉宏大的制度框架和价值规范，更多与民众的生活和命运息息相关，从而营造出有温度、有人情的民主政治环境。

（二）经济生态环境

在电视新闻的经济生态中，对受众资源和广告资源的争夺始终是新闻媒介竞争的核心要素。新媒体环境下，一方面受众被多种传播渠道分流，电视广告的龙头地位不保；另一方面，与广告收入密切相关的电视收视率衡量体系也发生了根本性改变，电视节目的商业价值将与电视节目的传播影响力密切相关。

1. 广告收入分流

广告是电视生存的生命线，广告收入的高低由电视节目的覆盖率以及收视率决定，电视人为提高这两个数据一直在进行着不懈努力。在相当长的时间里，电视广告的收入一直在众多媒介中居于龙头地位，每年央视黄金时段的广告竞标都是备受关注的新闻热点。但是，随着新媒体平台对传统电视的冲击，电视广告的优势地位正岌岌可危。

2013年，中国网络视频广告市场规模达到122.1亿元，较2012年增长38.2%；移动视频广告市场规模为8.3亿元，占整体市场规模的6.8%；2013年第三季度我国网络广告市场规模达到278.5亿元，较2012年同期增长超过30%。③与之形成鲜明对比的是，2013年前三季度，我国传统媒体的广告资源量均呈现下滑趋势，其中电视广告资源量下滑10%。④

无疑，在新媒体的冲击之下，电视媒体广告正在走入发展的低谷期。一方面微博、微信、自媒体等媒体形式分散了观众的注意力，另一方面平板电脑、智能手机等移动终端以及视频网站、IPTV、网络电视等新媒体平台改变了受众传统意义上的收视行为，线状的收视习惯被点状的视频点击所取代。受众注意力的分散、接收终端的改

---

① [美]尼尔·波兹曼：《娱乐至死》，章艳译，广西师范大学出版社2004年版，第28页。
② 王利：《新媒体时代的民主政治发展》，《理论研究》2012年第5期。
③ http://news.eguan.cn/yishijiao_186073.html。
④ 《资源的重聚与强化——2013年我国广告市场回顾与未来展望》，http://www.cicn.com.cn/content/2014-01/07/content_135733.htm。

变、网络视频的冲击,这些因素综合作用不断稀释着电视的收视率,进而导致了电视媒介广告收入的下滑。数据显示,北京地区电视机开机率已经从四年前的 70% 下降至 30%,①正如网友调侃的那样:60 后没时间看电视,70 后偶尔看电视,80 后不看电视,90 后要看就看网络电视。

新媒体在聚合受众和聚集效应层面以加速度的成长方式超越传统媒体的发育过程,不仅整合了传统媒体的各种功能,而且具备了传统媒体欠缺的多种优势。正因为如此,在知识层和年轻人中间,新媒体已经被日益主流化。当越来越多的人选择不看电视或者不打开电视机看电视,在电视媒介与新媒体的博弈中,媒体广告的经营格局必将重新分配。

2. 收视衡量多元

新媒体时代的到来一方面分流了电视媒体的广告收入,另一方面也重新定义了电视收视率的概念。国内现有的收视率统计方法不仅无法准确反映电视媒体的传播影响力,而且极大限制了电视媒体的商业价值。传播渠道的多元化促使电视收视率的衡量指标已不仅仅局限于电视机这一收视终端,搜索引擎、视频网站、社交媒体等新媒体平台均成为衡量电视收视率的全新维度。

第一,传统意义上的电视收视率统计将更为科学而有说服力。随着数字机顶盒、智能电视的普及,电视收视率的统计将告别抽样调查的历史,进入全样本统计的大数据时代。数据统计技术的发展使得通过电脑、移动终端观看视频的数据可以进行精确统计,"全媒体收视率"的概念呼之欲出。第二,电视传播影响力将替代单一的收视指标构筑起综合性的电视传播力评估体系,在这一评估系统中,网络传播影响力将扮演重要角色,电视节目的商业价值也将随之改写。网络传播力的综合指数将包括网民关注度、网民评议度、视频点击量、网民美誉度等多个维度,不仅关注电视节目在全网络各平台的影响范围,也重视电视节目的传播效果反馈。这意味着电视新闻在吸引眼球博取关注的同时,也将更加注重节目的社会效应,从而营造出健康平衡的电视新闻经济生态。

(三)文化生态环境

电视新闻的文化生态原本就环境复杂,我国社会转型期带来的社会思潮与电视文化相互碰撞:大众文化、精英文化、主流文化、小众文化、传统文化、流行文化……名目繁多的文化种类使得电视媒介的叙事方式和表达手段日趋多元。面对新媒体的全面来袭,原有的文化生态被新的技术方式和传播手段赋予时代内涵,新媒体正不断解构并异化着电视新闻的文化生态环境。

1. 泛化娱乐:全民的狂欢

国王加冕和脱冕仪式的基础,是狂欢式的世界感受的核心所在,这个核心便是

---

① 杨春雨、徐进、许云峰:《当危机来敲门——透视 2012 广告增速与投放双下降的背后》,《广告大观(综合版)》2012 年第 7 期。

交替与变更的精神、死亡与新生的精神。狂欢节是毁坏一切和更新一切的时代才有的节日。①

苏联著名学者巴赫金（Бахтинг）将狂欢现象上升为理论，在他的狂欢理论中描述了一种颠覆式的狂欢现象。旧的等级制度和束缚被挣脱，平民阶级获得平等而充分的话语权，在狂欢过程中情感得到充分的宣泄。这种狂欢正好契合了新媒体环境下娱乐文化狂欢的现状。

在著名的传播学者拉斯韦尔（Harold Dwight Lasswell）提出"媒介三功能"学说之后，赖特（Charles Wright）指出了媒介的第四种功能——娱乐。②电视人一直希望能够在娱乐与教育之间找到一种平衡，寓教于乐，使得观众在获得情感释放的同时得到美的体验和心灵的净化。当新媒体裹挟着娱乐文化以其碎片化的传播方式渗透到社会生活的每个角落，新闻娱乐化、纪录片娱乐化等现象蔚然成风，泛化的娱乐正在掀起一场全民狂欢的娱乐浪潮。"泛化的娱乐和着人们的生活节拍不断地狂欢，带来社会智力的集体下降，人们甘心被娱乐，甘心被媒介掏空，仅仅为了获得一种被操纵的快乐。层出不穷的娱乐现象刺激着人们的感官系统，消解了文化的'化感'功能。"③2012年，央视实习生胡悦鑫获封"史上最帅男主播"，网友表示"再也没有什么力量能够阻止自己半夜爬起来看新闻了"；2013年，央视实习生王音棋被赞"最美实习女主播"，观众感叹"只想看美女，不想听新闻"；2014年世界杯期间，央视体育新闻女主播刘语熙再次因为外貌和"乌贼刘"的球衣预言被围观……新闻主播的出名不是因为专业的新闻播报和出色的职业素养，只是因为外表的出众或行为的出位，这种受众审美诉求和价值取向的偏离也从一个侧面反映了娱乐文化的泛滥。

2. 民众化转向：草根文化逆袭

新媒体一方面为人类交流带来了新的天地，使人们的信息交流和精神交往更加方便；另一方面则构筑了一个充满自由与民主理想的"乌托邦"，为人类开辟了一片自由的精神空间。④伴随着新天地和精神空间而来的便是草根阶级的全面逆袭，普通民众利用新媒体占领了话语阵地和表达平台，在新媒体碎片化的传播浪潮中，草根阶级上演了一次完美的逆袭，电视新闻的传播生态随之发生了"民众化转向"。

电视新闻的"民众化转向"并不是站在电视的角度去把握其自身的传播语态，更多地是从普通人的角度出发进行定义，强调普通人"参与电视文化的形式"的变化——即越来越多的普通人进入了电视节目的制作程序中，而他们自身则成了较之以往能动性更强的、更鲜活的电视内容。⑤渗透于"民众化转向"中的参与和互动内涵正是新媒体精神的重要内核。"民众化转向"意味着草根文化在与精英文化角逐中的劣势地位

---

① 转引自程正民：《狂欢式的世界感受——巴赫金文化诗学的哲学层面》，《文学前沿》2000年第1期。
② 赵红勋：《电视娱乐文化的窘境表征与健康发展》，《现代视听》2012年第7期。
③ 李林容、赖黎捷：《电视"娱乐文化"生存路径》，《传媒》2011年第2期。
④ 宫承波：《新媒体文化精神论析》，《山东社会科学》2010年第5期。
⑤ 崔银玲：《当代电视文化研究——以"旭日阳刚"等文化现象为例》，中央民族大学2012年硕士学位论文。

有望得到扭转,关于"普通人与媒介"的命题思考将成为电视新闻创新发展和红海突围的重要方向,"群体自设新闻议程"将消解传统媒介议程设置的影响力。

(四)受众生态环境

传播学效果研究对受众的解读,经历了魔弹论、有限效果论、使用与满足理论等多个的研究阶段,从不同的侧重点对受众进行多维审视。在传统电视媒体的传播过程中,"大众传媒的受众只有收看或不收看的自由,而没有对答回应这种平等交流对话的自由",① 以传者为中心的话语逻辑仍是主导。新媒体环境下,信息传播的通畅与话语权的共享使相对被动的受众获得了空前的解放,电视新闻媒介的生态环境也随之被解构、重塑。

1. 对抗的受众:质疑优先

社会转型期,民间话语与官方话语的裂痕日趋明显,新媒体平台的存在将这种不信任与隔阂进一步放大。中国社科院2013年发布的《社会心态蓝皮书》指出,社会的总体信任指标在2012年进一步下降,已经跌破及格线。群体间的不信任加深和固化,表现为官民、警民、医患、民商等社会关系的不信任,也表现在不同阶层、群体之间的不信任,从而导致社会冲突增加。② 传播学流言流通量公式指出:流言流通量=问题的重要性×证据的暧昧性,当重大事件或突发事件出现后,一旦传统媒体的报道内容暧昧不清,受众质疑优先的态度就愈加明显,"偏磁共振""腐败猜想"等对抗性解码成为受众的定式思维。新媒体去中心化的传播方式在对传统电视媒体进行解构的同时,也不断消解着受众心中电视媒介的光环效应。站在社会信任的十字路口,质疑优先成为受众的惯性思维,加之部分电视媒体确实在信息传播过程中充当了网络虚假信息的二传手,电视媒介从前树立起的话语权威和可信形象在观众心中大打折扣。

2. 主动的受众:公民记者崛起

传播者和接受者之间的界限是媒介受众原始观念的关键所在,而新技术以及新媒介的使用却使得这两者之间原本清晰的界限开始模糊。③"用户"概念的引入意味着电视观众改变了被动接受信息的方式,开始有选择地主动接收并主动参与新闻信息的生产制作,发布新闻、发表评论等传播行为不再是媒体的专利,而是每个人的权利。新媒体开放、互动、自由、个性的特征解放了公民的思想和嘴巴,随着公民精神的不断成长,一场自我赋权的公民新闻运动迅速崛起,公民记者在这场运动中成为主角。公民记者们要求在更广阔的话语空间里参与新闻叙事,新闻生产演变为受众积极参与的主动过程。新媒体时代的受众以公民的身份和社会主人翁的姿态,拿起手中的拍摄设备或者移动终端,随时随地发布着身边的新闻动态,一种"我在场"的主体意识在公民中间迅速蔓延。

---

① 王岳川:《当代传媒的"后现代"盲点》,《文化评论》中华工商联合出版社1995年版,第81页。
② 肖锋:《2013:重启之年》,《新周刊》2013年12月15日(总第409期)。
③ [英]丹尼斯·麦奎尔:《麦奎尔大众传播理论》,崔保国、李琨译,清华大学出版社2006年版,第345页。

3. 非理性的受众：众声喧哗的广场

社会心理学家古斯塔夫·勒庞（Gustave Le Bon）曾在他的代表作《乌合之众》中指出，在群集情况下，个体放弃独立批判的思考能力，而让群体的精神代替自己的精神，进而放弃了责任意识乃至各种约束，最有理性的人也会像动物一样行动。勒庞论述的群体非理性状态正是新媒体环境中人群常常具有的心态。"由于网络与现实的差距，大多数社会人群在网络世界中是'缺位'的，一些理性、真实、有价值的声音由于此起彼伏的网络话语冲击，被陷于谷底。"① 加之我国正处于社会转型的特殊时期，"一只脚踏在向工业化社会转型的高速公路上，另一只脚又踩在向信息化社会（后工业社会）转型的康庄大道上"，② 两个转型过程彼此交织、互相影响，使得不同时期积攒的各种矛盾日益凸显。社会上升通道的阻塞、贫富差距的扩大、生存成本的攀升……矛盾的汇集导致人们心中积攒了大量负面情绪无处发泄，于是开放而匿名的网络空间成为人们宣泄情绪、纾解积郁的最佳选择。草根阶层利用新媒体工具对特权阶层发起猛烈攻击，悲情诉求与情绪化漫骂相互交织，形成非理性的话语场域。在狂欢和围观的背后，公众专注和深度思考的能力被撕成碎片飘荡在众声喧哗的广场上空，媒介接触行为的"浅"层化发展成为受众专注与思考能力缺失的后遗症，人们的精神家园一片荒芜。

第三节 媒介生存空间

"空间"（Space）一词源于拉丁文"Spatium"，作为一个哲学概念，它与"时间"一起构成了运动着的物质存在的两种基本形式。作为人们认识世界的基本框架，地理学意义上的"空间"指某种标示种群生存和发展的活动场域。将这一概念移植到生态学范畴，"生存空间"被赋予了新的含义，意味着"一定时间内，能维持具有一定数量和质量的物种生存与发展的多维要素空间，是对种群生态系统中生态位的有效占据"。③任何物种都受到一定物理、化学及生物等环境因素的控制，这些因素的总和构成了物种的生境，即生态位，而生境所限定的最大环境范围就是所谓的物种"生存空间"。④

将生态学中的"生存空间"概念引入媒介生态系统，为我们研究媒介生存与发展提供了一种系统论的思维方式和多维度的立体视域。在媒介生态系统中，任何媒介的生存与发展都会受到来自政治、经济、文化、受众等众多生态因子的影响，同时通过对时间、空间、营养、功能等生态位的占有与其他媒介种群发生关系，而媒介利用所有生态因子的综合状况以及由此与其他媒介种群产生的相互关系共同构成了媒介的生

---

① 王丹娜、刘鹏飞：《网评：引导网络舆论导向的正向标——对网络评论如何传达权威真实观点、引导舆论的思考》，《新闻与写作》2013年第2期。
② 转引自孟建、董军：《新媒体环境下我国电视新闻的嬗变与发展》，《国际新闻界》2013年第2期。
③ 曾本祥、王勤学 等：《生存空间理论探讨》，《中国人口·资源与环境》，1991年第（3、4）期。
④ 邹欣庆、郝治纯：《边缘幸存空间——一个新概念的提出》，《古生物学报》1995年第4期。

境，这个生境所限定的最大环境范围即是媒介的"生存空间"。"媒介生存空间"的概念深刻地揭示出媒介种群与媒介生境相互依存的内在本质，对于我们研究媒介与环境的关系以及媒介如何不断调整、演进以适应媒介生态，最终实现自身的生存与发展具有重要意义。

这里的"生存"不仅要求某种媒介在激烈的生态位竞争中得以存活，而且要求这一媒介种群能够维持一定的数量与质量，并得到可持续发展与稳定性延续；而"空间"也是一个包含了多维度、多层次的广义概念。文中的"电视新闻生存空间"既涵盖包括政治、经济、文化、受众等要素在内的电视新闻媒介生态系统，也涵盖新媒体环境下，电视新闻对自身生存发展策略的探索。面对新媒体对电视新闻媒介生态的重塑，本篇主要从生存空间的维护、生存空间的再造和生存空间的拓展三个维度对电视新闻的生存发展策略进行探讨，旨在寻找电视新闻的核心竞争力与不可替代性，为扩大电视新闻的生存领地提供建设性的意见与建议。

第九章
坚守与创新：电视新闻生存空间的维护

面对新媒体环境下电视新闻媒介生态环境的嬗变，电视新闻媒体需要在比较视野下探寻自身的优势与核心竞争力，用坚守和创新不断巩固与维护自身的生存空间。虽然新媒体在传播速度、互动程度、聚合效应等方面具有先天优势，但是其无序化、碎片化、浅薄化等缺陷也在新闻实践中愈发明显。依靠强大的平台资源，电视新闻在新闻报道的真实性、敏锐性、深刻性、系统性等方面具有新媒体无可比拟的优势，在主流化内容的生产和传播中占据着垄断地位；凭借专业化的节目制作，特别是在重大时政、国际新闻报道以及突发事件报道中的出色表现，电视新闻在公众中形成了较高的权威性和公信力，这种权威性和公信力作为一种无形资产，使得电视新闻得以维持内容强势。笔者认为专业化的内容生产以及由此构筑的媒体权威与公信力，是电视新闻的不可替代性与核心竞争优势所在。

第一节　电视新闻内容传播的提升策略

一、意义的深度阐释

（一）聚焦个体：挖掘新闻人物特殊价值

十年前，当陈虻问我如果做新闻关心什么时，我说关心新闻中的人——这一句话，把我推到今天。……"人"常常被有意无意忽略，被无知和偏见遮蔽，被概念化，被模式化，这些思维，就埋在无意识之下。……一个国家由人构成，一个人也由无数他人构成，你想如何报道一个国家，就要如何报道自己。[①]

"媒介所带来的信息充满着生活空间，成为一种不可忽视的生活环境……人与人之间的关系，在很大程度上直接表现为人与媒体的关系。"[②] 新媒体环境下的电视新闻

---

① 柴静：《看见》，广西师范大学出版社 2013 年版，序言。
② 孙玉双：《当代传播中的人文关怀现象透视》，《新闻界》2006 年第 1 期。

需要回归以人为本的报道理念,放弃庞大、宏观的空洞叙事,将目光投向真实存在于社会生活中的个体,彰显人物在新闻报道中的特殊价值。在新闻人物的选择上,需要契合当下复杂多元的社会阶层结构,具有广泛性和社会性,同时强调对普通群众的聚焦与关照。这不仅是新闻内容对人物报道的重视,也是话语权从精英阶层向普通群众转移的投射。

1. 新闻人物:电视新闻的永恒焦点

《新闻周刊》和《世界周刊》是央视新闻频道的两档杂志类新闻节目。作为对国内外一周新闻进行盘点、梳理的电视新闻杂志,两档节目都对新闻人物给予了充分的关注。《新闻周刊》中设有固定板块"本周人物"和"一周人物回顾",《世界周刊》则设有固定的"人物"单元。两档节目选择的人物都是群体形象中具有代表性的个体,通过对典型人物的解读引发出对于某个群体或者某种现象的思考,从而实现对新闻深度地升华和对新闻叙事地超越。

《面对面》是央视新闻频道唯一一档人物访谈类节目,秉持新闻性、权威性、关注度、影响力的诉求,节目通过"对话"这种传统方式与新闻人物展开面对面的交流,他们中有新闻事件中的焦点人物,有新闻话题中的权威人物,也有时代变革中的风云人物。节目通过对话人物的方式解读新闻,不仅为观众打开了一本中国当代人物志,也为受众提供了一种更加人文的态度和更为开放的视角。

在对新闻人物的报道上,央视新闻频道首先将个体命运从庞大的社会进程中抽离,而后再将典型个体作为社会链条的关键环节重新放置在社会轨道中思考。通过对个体人物的关照投射群体人物的命运,记录社会变迁的轨迹。现阶段的人物报道已经从单纯关注个体生存过渡到努力改变群体命运的高级阶段:在满足个体诉求的同时,改变整个群体的生存现状;从某个人物的遭遇反思社会体制的掣肘。兼具微观叙事和宏观视角的人物报道变得更有深度,更有情怀。

2. 新闻话语的置换:聚焦普通群众

按照塔尔科特·帕森斯(Talcott Parsons)的"两分法",传统社会人物形象侧重于"道德价值"和"团体取向",在角色上因承担多种功能而具有"扩散性";而现代社会的人物形象则更多带有"功效意识"和"成就取向",更能突出个体的"专一性角色"。[①] 精英阶层作为在政治、经济、文化等领域具有突出成就的人群,一直占据着电视新闻话语主导者的地位。如果说《新闻周刊》《世界周刊》和《面对面》在新闻人物的选取上依然带有精英话语痕迹的话,那么"走转改"风潮促动下的走基层人物报道则真正做到了将视线下移,将姿态放低,主动关注生活在基层甚至是社会底层的平凡群众,实现了精英价值向平民价值的转换。

从2011年"走转改"活动开始以来,央视新闻频道陆续推出了很多以新闻人物为中心的"走基层"系列报道,在这些系列报道中一批平凡人走进了人们的视线,他们

---

① [美]塔尔科特·帕森斯、尼尔·斯梅尔塞:《经济与社会》,刘进译,华夏出版社1989年版,第32-35页。

的名字成为标记中国社会文明进程的里程碑。在《走基层·寻找最美乡村教师》和《走基层·寻找最美乡村医生》的系列报道中,乡村教师和乡村医生成为新闻主角,石兰松、薛跃娥、张振江、居马泰……这些原本普通的名字一时间在全国上下家喻户晓,成为新时代的"美丽"代言人;"凡人善举"系列报道将镜头对准了普通百姓的善心义举:拾金分文不昧的保洁员郑冬花,病危不忘退钱的盲人推拿师汪南南……一股巨大的正能量在社会中间迅速传递。

对弱势群体的关注也是"走基层"报道的显著特征。从2011年开始,央视连续四年推出"央视新春走基层"系列报道,2013年的《新春走基层》除延续往年"在岗位上""百姓心声""回家的礼物"等栏目外,特别推出关照弱势群体的新单元:"吾老吾幼"关注失智老人、空巢老人、留守儿童、流动儿童等边缘人群;《春节回家路》记录农民工等弱势群体的返乡旅程;《流水线上的爱情》讲述年轻产业工人的爱情故事,让城市蚁族产生共鸣……2014年《新春走基层》继续关注弱势群体:《打工者的春晚》跟踪记录"2014打工者春晚"的筹备与彩排录制过程;新春走基层蹲点日记关注临时工的生存状态。

新闻人物特别是普通群众和弱势群体在电视新闻中的出现,充分调动了观众的情感参与和收视热情,"直接勾勒出受众脑海留存的个体记忆与社会影像,召唤起对个体与国家命运的社会关切"。[①] 在电视新闻报道构建的宏大叙事背后,正是平凡普通的个体构成了新闻存在的意义与价值,当电视新闻不再只是空话、官话,而是更多展现真实可触的人物,这样的新闻才更能打动人,也更容易把人们从画面引向情感,最终由情感引向思想。在更高层面上,与新闻人物对话抑或交流,对新闻人物剖析抑或加冕,因为人性表达的普适性,容易在观众内心深处产生较高的认同度。

(二)回归与超越:探索民生新闻的公共价值

从2002年江苏电视台城市频道推出《南京零距离》开启民生新闻的大门至今,电视民生新闻已走过了十二个年头。十几年来,电视民生新闻在革新与蜕变中自我完善,在质疑和责难声中发展壮大,从凤毛麟角到遍地开花,民生新闻日渐成为电视新闻内容构成的重要单元。传播环境与收视环境的转变,使得奇闻逸事、事故火灾、市井纠纷等以拼现场、拼猎奇、拼煽情为标签的民生新闻无法满足受众对新闻资讯的需求和期待。电视媒体的民生新闻报道需要立足新闻本质,在变革中实现回归与超越。

1. 民生新闻内容比重增加

党的十七大报告中第一次出现"民生"这一词汇,党的十八大把保障和改善民生作为重要内容。党和政府对民生问题的高度关注促使电视媒体对民生内容的报道比重不断增加。

---

① 麦尚文:《价值传播与社会认同——〈感动中国〉年度人物价值观呈现与传播分析》,《中国传媒大学第三届全国新闻学与传播学博士生学术研讨会论文集》,2009年。

自 2012 年 9 月 20 日起，中央电视台新闻中心推出了央视新闻公益活动"我的父亲母亲"，关爱全国一千万痴呆老人群体。10 月 19 日的《新闻联播》播出了桂林文氏四兄弟寻母的故事，新闻中公布了老人的照片和她儿子的联系电话，希望依靠大家的力量帮助患病母亲平安回家，这一举动引起外界广泛关注。

长期以来，《新闻联播》一直以"大气"示人，其宏大的叙事风格、"三段论"式的结构，也与民众的琐细生活有些隔阂。① 然而随着"走转改"活动在新闻战线的全面开展，以及央视新闻频道在传播理念上的调整与转向，《新闻联播》不断呼应"贴近民生"的百姓诉求，成为央视新闻回归平民视角的重要窗口。2013 年 1 月 1 日《新闻联播》播出了央视新年述评"中国梦：共享明天丰盈民生"："……如果说我们对 2013 年的生活抱有更高的预期，那是因为我们掂出了民生的分量。谈发展，不再因为平均数很好看，就忽略短板和不足；看国情，不再用冷冰冰的数字和柱状图，代替老百姓的冷暖感受……"由此揭开了《新闻联播》全新改版的序幕，加重社会民生类新闻比重成为此次改版的基调。

在《新闻联播》的带动下，《朝闻天下》《新闻 30 分》《新闻直播间》等节目也在不断提升民生新闻在节目内容中的比重。"以《新闻联播》为代表的老牌电视新闻节目在专业性、提示性和服务性等方面的加强，以及政治教化、社会组织等意味的淡化，无疑会使节目与受众认知之间的接合更加顺畅，尽可能避免受众的对抗式解码。"② 新媒体环境下，央视新闻频道对民生新闻的强势回归，营造出温情、世俗、人性的新闻氛围，进一步扩大和提升了民生新闻的社会影响力和传播效果。

2. 民生新闻定位的公共价值转向

对于大众化媒介的政治功能，菲斯克（John Fiske）从大众文化的角度认为其具备一种特殊的"日常生活的政治"作用，这意味着大众文化在微观政治的层面，而非宏观政治的层面进行运作，而且它是循序渐进式的，而非激进式的。它关注的是发生在家庭、切身的工作环境、教室等结构当中，日复一日与不平等关系所进行的协商。③ 这种现代社会的新型政治形态也被吉登斯称为"生活形态政治"，旨在实现在个体多样化的选择中达成对政治目标的追求。近年来电视民生新闻对"大民生"概念的探索以及对"公共新闻"的标榜正是对媒介政治功能的拓展与强调。

电视民生新闻的转向一直在公众性与公共性之间徘徊。而要真正实现电视民生新闻的转型，必须从公众而非大众的主体定位出发，由聚焦日常生活转向聚焦公共生活，从普通民众的个人经验出发，关注那些将个人、社会、国家关联起来的公共事务和问题，

---

① 人民网：《〈新闻联播〉年末将改版 增加社会民生类比重》，http://media.people.com.cn/n/2012/1026/c14677-19391408.html。

② 人民网：《〈新闻联播〉年末将改版 增加社会民生类比重》，http://media.people.com.cn/n/2012/1026/c14677-19391408.html。

③ [美] 约翰·菲斯克：《理解大众文化》，王晓珏、宋伟杰译，中央编译出版社 2001 年版，第 68-69 页。

通过电视来介入参与公共生活，实现电视民生新闻公共性的回归及提升。① 央视新闻频道作为国家级电视新闻频道，由于所处位置和高度的特殊性，其对民生新闻的内容定位从一开始就与地方媒体不同，多年来并未走入媚俗、猎奇、窥私、琐碎的误区。此番央视新闻频道对于民生新闻公共价值的拓展，真正做到了从关注一个人到关注一类人的转变；完成了"从迎合到引导""从宣泄到沟通"的突破；实现了从展示个体苦难到揭示人情温暖，从反映个体命运到改变群体命运的超越。以电视民生新闻为入口，电视新闻将建构起电视服务的公共平台，赋予了电视新闻新的生命与活力。

对公众政治参与的强调是电视民生新闻向公共新闻演变的重要举措，尊重公民的价值，提高公民社会参与的能力是培育公民社会的必由之路。2013年3月3日到3月16日两会期间，《焦点访谈》推出了系列特别节目《问计"两会"》，节目的第一个板块就叫作民"声"。记者在街头随机采访群众最关心的"两会"话题，观众也可以通过开放式交流平台"焦点爱问"的官方微博和官方微信表达对两会的关注。收入增长、职能转变、环境保护、医疗保障、求职招工、物价房价等关乎民生的重大问题成为备受关注的焦点，这些问题在节目的"会议"板块均得到了相关部委领导以及人大代表的解答。

从公共利益视角，着力开发日常生活背后的政治意义，使普通的民生新闻上升为公共事件，从而实现从日常生活到政治意义的升华。② 若以新闻成就民众的社会秩序，用新闻推动公众参与社会公共生活的热情，电视新闻对民生新闻的公共价值开拓将是一个重要的开始。

（三）大数据时代：数据信息的新闻表达

大数据时代，数据信息已经成为新闻资讯的"富矿"资源，数据信息的新闻表达主要体现在数据呈现、数据分析与数据解读几个方面。精确新闻学的奠基人菲利普·迈耶（Philip Meyer）这样评价数据新闻的时代意义："现在是个信息过剩的时代，对信息进行处理很重要。我们需要做两步：一步是通过分析不断变动的数据以找到其中的意义和结构，另一步则是通过展示让用户了解哪些信息对他们具有重要性和相关性。"③ 互联网之父蒂姆·伯纳斯·李（Timothy John Berners-Lee）甚至宣称数据新闻就是未来。一般认为，人类现在一年生产的数据量是上年的150%。④

数据驱动型报道⑤

大数据时代，电视新闻既要用事实说话，也要用数据说话。数据是经过系统采集

---

① 汪成军：《徘徊于大众性与公共性之间：电视民生新闻的存在与转型——〈夜线60分〉个案研究》，安徽大学2012年硕士学位论文。
② 汪成军：《徘徊于大众性与公共性之间：电视民生新闻的存在与转型——〈夜线60分〉个案研究》，安徽大学2012年硕士学位论文。
③ 方洁：《数据新闻：全球新闻界的新宠》，http://media.sohu.com/20140207/n394563919.shtml。
④ 官建文、刘扬、刘振兴：《大数据时代对于传媒业意味着什么？》，《新闻战线》2013年第2期。
⑤ 彭兰：《"大数据"时代：新闻业面临的新震荡》，《编辑之友》2013年第1期。

与复杂运算之后得到的阶段性成果，具有精确性、客观性与说服力，是展现新闻媒体权威性与公信力的重要手段。为满足受众对新闻信息的深度需求，特别是面对日益增加的政府公开数据，电视媒体有必要以数据信息为出发点进行深入研究，探索数字背后的深层含义，"数据驱动型报道"由此出现。电视新闻在数据驱动型报道的视觉呈现方面天然具有优势。借助新闻动画和信息图表，电视视听语言能够将冰冷、抽象的数字变得具体可感、便于理解。随着电视新闻视觉包装技术的不断升级，央视新闻频道在新闻数据可视化方面的探索对地方新闻媒体颇具借鉴价值。

2013年，对数据驱动型新闻报道的重视在央视新闻频道的节目链条中得到了充分体现。除在日常新闻报道中加强对权威数据和关键数据的关注，还注重以数字为切入点策划新闻选题。2013年年初，《新闻联播》选择用关键性数字对2012年进行盘点，"2012经济年报""数字2012"等特别报道，让GDP增长、居民消费价格总水平等关系民生的热点话题在观众心中有了量化的概念。2014年，春节专题报道《话说春运》引入百度地图LBS定位系统，直观展示春运人潮流动情况；"两会"期间，《晚间新闻》推出"数据哥"作为《话说两会》的主播，不仅创新了报道方式，而且拓展了报道思路。

随着数据驱动型报道的发展与成熟，趋势预测性新闻可能会成为数据新闻的另一个发展方向。从新闻数据中对事物的发展态势做出预判，并对人们的生活决策产生指导，趋势预测性新闻在信息泛滥的泥淖中有可能成为指引方向的一束亮光。

二、观点的多元指向

我认为"评论"二字主要体现对事实、事件和现象的观念与态度，这种观念与态度可以体现在消息报道中的记者、播音员和主持人的语言中，可以体现在调查类报道的事实展示过程中，也可以体现在专题报道的主持人提问和专家分析中……总之，评论应该是一种内容，而不应该是一种形态。①

（一）众说纷纭：新闻评论的多元表达

新媒体环境下，作为电视新闻内容生产的重要支点，对新闻"第二落点"的争夺依然激烈。受媒介接触行为浅层化发展的影响，人们创造的欲望与判断的能力被碎片化的信息和口水化的观点麻痹，受众更加需要思考的力量、原创的观点和新鲜的论证过程。新媒体语境下的电视新闻评论不仅需要提供立场和态度，更需要提供思维方式与逻辑框架。

1. 个性的观点：打造"人格体"新闻评论

新媒体时代，90%的媒体追逐着1%的新闻，大量同质化的新闻内容让追求"独家新闻"成为奢谈，凸显新闻传者个人色彩的观点表达为实现"独家评论"提供了可能性。个性化的意见表达使得电视新闻节目的包容性增强，也在一定程度上扩大了节

---

① 孙玉胜：《十年——从改变电视的语态开始》，人民文学出版社2012年版，第414-475页。

目在人群中的接受范围。个性化的新闻评论不仅需要新闻传者具有新闻评论的意识，还要求新闻传者具有新闻评论的能力。以央视新闻频道新闻评论员杨禹为例，多年从事一线新闻记者的工作经历为他积累了丰厚的知识，于新闻实践中锻炼的认知能力让他的点评干脆利落、直中要害，从而形成了温文尔雅、犀利诙谐的评论风格。

笔者认为，带有强烈个人色彩的"人格体"新闻评论将成为电视新闻在内容层面进行拓展的重要方向。与"人格体"绑定的是个性化的新闻评论员资源，不过就目前央视新闻频道评论员队伍的现状来看，兼具评论能力、个人魅力和表达能力的新闻传者仍然屈指可数。

2. 权威的观点：众声喧哗中的理性光芒

"简单否定是容易的，但它却无助于问题的解决；对现实存在事物不断追问的'问题意识'是可贵的，但还应该不断探讨解决问题的条件。毕竟，离开了批判，建构就失去了目的性意义，而离开了建构，批判就成了无声的呐喊。"①新媒体环境下的电视新闻评论应闪现出理性的光芒，成为对新媒体空间喧嚣媒介话语意见表达失范的一种矫正和纠偏。新的媒介生态要求，电视新闻评论不是要渲染社会问题、撕裂社会情绪，而是要促进问题的解决，为问题解决寻找方案。观点的权威性还意味着拒绝浅薄，尝试进行有深度的思考，为受众提供新闻之外的信息附加值。

3. 开放的观点：用引导代替回答

新媒体环境下的电视新闻评论重在展示论证的框架与过程，淡化对固定答案的追寻，呈现出一种更为开放的姿态。在2014年4月23日的《新闻1+1》"24小时书店：能走多远？"节目中，针对北京三联韬奋书店尝试24小时营业，打造城市"精神地标"的做法外界众说纷纭，评论员白岩松用下面一段话结尾：

我觉得还会去思考很多东西。互联网上卖书，它上来就用很低的折扣卖新书，它是为了做促销，做广告，但是这是合理的竞争吗？我们要不要有相关的保护？比如说新书，或者互联网上最低折扣到什么样的程度？只有一系列相关的动作都做实了，倡导全民阅读才会真正变成现实，我觉得最好的结局不是我们做什么了，而是越来越多的人都愿意拿出更多的时间，手捧起一本书来。

这样的电视新闻评论侧重展现给受众的是思考的过程，在引导中实现对答案的追寻。

（二）寰球视野：国际新闻中的东方视角

全球化的发展浪潮在社会各个领域掀起了波澜，新闻传播领域也不例外。随着传播技术的进步和传播理念的演进，信息传播网络的触角得到了空前的延伸和拓展，国际新闻在电视新闻中所占的比重不断增强。新闻实践和新闻学理的不断发展使得国际新闻的概念已经不仅仅局限于"本国以外的新闻报道"，目前学界对于国际新闻的定义有多种解读，笔者较为认同的是中国传媒大学刘笑盈教授所做的诠释："国际新闻

---

① 刘家伟：《建立起对理性的"强烈信赖"——新闻评论批判性辨析》，《新闻战线》2005年第3期。

是跨越了国家界限并具有跨文化性的新闻,或者更具体地说,新闻有事实、媒体和受众三个基本要素,国际新闻就是新闻要素被国家界限所割断的状态下所呈现出来的新闻。"① 按照刘笑盈教授的观点,在新闻所包含的事实、媒介、受众三要素中,任何一个要素具有国际性或超越国家界限,这样的新闻都可以称之为国际新闻。

电视新闻的国际新闻既要报道外国新闻事件的最新资讯,也要关注国内重大事件在全球的影响。既为观众呈现中国以外的世界图景,也展示世界媒体眼中的中国形象。在时效和观点上形成合力,从而在全球视野下抢占华语新闻频道国际新闻报道的制高点。

1. 强化直播:第一现场记者连线

由于世界媒体的优势资源多数掌握在西方发达国家手中,西方话语体系下的信息传播网络拥有操控世界信息流动方向的力量,因此世界信息传播的格局依然呈现出西强东弱的单向输出态势。单纯地将西方媒体的新闻报道翻译后进行播报,这种充当传声筒,为西方媒体做二次传播的低级做法显然已经无法满足国内受众对于国际新闻资讯的需求。为扭转我国电视新闻媒体在信息传播金字塔中的被动地位,央视不断加强驻外记者的阵地建设,截至 2011 年年底,央视海外记者站达到 70 个,驻海外记者超过 500 人,② 央视的全球电视新闻报道网络已经基本形成。

央视新闻频道在常规性新闻播报中加大国际新闻比重和时长的同时,更加注重对国际新闻事件进行现场报道和直播连线。2012 年 2 月 28 日,一档专门针对驻外记者开办的日播国际新闻栏目《环球记者连线》正式开播。栏目由《环球聚焦》和《环球直击》两个固定板块组成。《环球聚焦》板块选取当天或当下的国际时事热点,以北京演播室为中心,与驻外记者视频连线,通过记者对当地媒体报道进行梳理和总结,还原发生在国外的新闻事件原貌,拼贴出外媒报道中的中国国际形象。《环球直击》板块主要选取当天的地区性热点新闻事件或具有典型意义的社会现象,注重对某一事件或某种现象的深入挖掘,通过本台驻外记者的观察和讲述,探究事件背后的原因。另外,新闻频道的《环球视线》《国际时讯》等国际新闻栏目中也都强化了记者连线的作用。

2. 观点表达:寰球视野中国声音

新媒体技术的迅猛发展和意见表达时代的来临不断重塑着国际新闻的传播格局。时效性已然不是电视新闻媒体竞争的第一要义,第一观点、第一评论成为电视新闻媒体逐鹿的新疆域。作为国家级新闻媒体,如何在国际新闻报道的话语竞争中发出中国声音,是央视新闻频道一直努力解决的问题。

《世界周刊》和《环球视线》是央视新闻频道两档在国际新闻传播中用观点说话的王牌栏目。《环球视线》挑选当天最为重大、最具影响力的国际新闻事件,动态地

---

① 刘笑盈、贺文:《俯视到平视:外国媒体上的中国镜像》,中国传媒大学出版社 2009 年版,第 77 页。
② 李鹏、余艳青、陈笑春、徐栋:《电视新闻:历史契机、深度变革与国际视野》,《中国广播电视学刊》2012 年第 2 期。

进行重点分析和评论，借助实时的新闻画面和现场连线，在主持人、评论员、驻外记者间的互动与交流中揭示事件的本质，带领观众接近事实真相；《世界周刊》用新闻杂志的形式从每周的国际事件中提炼出最有价值的内容，协助正在融入世界的中国人对周遭的环境有全面而理性的认识。在这两档栏目中，时效性不再是节目的唯一追求，在纷繁嘈杂的话语洪流中传递出中国声音、表达出中国态度才是节目的最终目标。

事实上，在寰球视野的报道理念下强调中国声音，是电视新闻对本土化叙事策略的重视。这种本土化的叙事策略一方面拓展了媒体的话语空间，另一方面在全球化的媒介传播潮流中，"本土化叙事也在无意中成为一种奇观化叙事，落入了全球话语的期待视野。"[①]

第二节 电视新闻内容传播的整合策略

新媒体传播环境下的电视新闻内容生产需要在新闻策划和新闻整合两方面做文章，即从"分割"和"聚合"两个层面对电视新闻的传播内容进行创新。"分割"意味着将复杂的新闻事实分时段、分阶段播出，这不仅契合了新媒体碎片化的传播方式而且迎合了新媒体语境下的受众心理。新闻策划在动态中将新闻内容化整为零，不在时间的长度，而是在时间的持续性上做文章，在循序渐进中实现新闻视角的延展和新闻解读的纵深。"聚合"意味着对新闻信息进行解构和重塑，在汹涌的信息洪流中筛选有新闻价值的信息进行梳理，拨开纷乱的新闻迷雾，为受众呈现经过去粗取精、去伪存真的新闻信息。

一、新闻策划：在动态中延展纵深

新媒体的蓬勃发展促使信息网络四通八达：新闻时空纵横交错、新闻信息纷繁复杂，在日益开放的社会语境和激烈竞争的传播环境中，获取独家新闻变得越来越困难，新闻同源、素材同质是新闻媒体面临的共同难题。这种情况下，拓展新闻的广度和深度，在满足受众新闻信息需求的同时，厘清新闻现象的关系，揭示新闻事件的内核，是新闻媒体竞争力的重要来源。

（一）主题报道推陈出新

电视新闻每年都会有常态性的主题报道，例如两会报道、节庆报道、周年报道等，这些报道因为题材和内容的重复性，呈现出"年年岁岁花相似"的状态，要想突破瓶颈，做到"岁岁年年有不同"并不是一件容易的事情。央视新闻频道通过富有创新精神的新闻策划，使主题报道做到了推陈出新，旧瓶子里装进了新酒。

春节是中华民族的传统节日，每年的新春报道都是央视新闻频道的开年大戏。

---

① 张建珍、吴海清：《谁比谁真实》，云南人民出版社2004年版，第52页。

2012年1月10日开始，央视新闻频道在《新闻联播》《新闻直播间》《新闻30分》等多个栏目推出了大型主题报道《新春走基层》，围绕"新春"主题，频道策划了"聚焦春运""回家的礼物""在岗位""问暖""开往春天的校车"五个子系列板块。新春走基层记者的足迹遍布全国各地，采访对象涉及各行各业、各个阶层，连平日端坐在主播台前的新闻主播也加入走基层记者的队伍。这一主题报道的成功策划不仅让"走转改"的春风吹遍大江南北，而且提升了频道在春节期间的收视率。伴随着"新春走基层"主题报道出现的还有报道手法的创新，"新闻连续剧""记者手记""新闻纪实"等报道手法的灵活运用使电视新闻具有了新的生命力。

同样是春节主题报道，《焦点访谈》选择的策划角度则是"记忆"。在2012年、2013年和2014年，《焦点访谈》分别推出了"龙年记忆""蛇年记忆""马年记忆"系列报道，对新中国成立以来的龙年春节、蛇年春节、马年春节进行盘点，发生在特定年份里的春节记忆成为标记百姓生活变迁与社会时代进步的重要符号。这些符号作为全国人民共性记忆的有机组成部分，能够在受众中间引起广泛的共鸣与回响。春节记忆的主题策划跨越了观众年龄和新闻时效的障碍，让受众在回忆中创造新的春节记忆。

（二）正面报道借船出海

正面报道作为电视新闻引领社会舆论导向、端正社会风气的重要武器一直是央视新闻频道常规性报道的重要组成部分。特别是在社会道德失范、人际情感冷漠的当下，适时树立正面典型，对人们的道德和行为给予指引和规范显得十分必要。但是新媒体兴起带来的传播环境改变，使得受众对于正面报道往往带有抵触心理，避免高大全的形象塑造，还原真实的先进个体成为受众的共同呼声。

央视新闻频道通过新闻策划，将正面宣传报道与公益活动相结合，有效地消解了受众心中对于正面报道的反感心理。继2012年"寻找最美乡村女教师""寻找最美乡村女医生"公益活动之后，2013年再度推出"寻找最美消防员""寻找最美孝心少年"等品牌活动，同时在《新闻联播》《朝闻天下》《法治在线》《新闻直播间》等新闻栏目中开辟专栏对入围者的事迹进行介绍。借由"最美"概念，央视新闻频道在线上宣传和线下活动之间找到了结合点，不仅带动受众参与评选，而且在全社会掀起了寻找"最美"的风潮。

随着社会的发展，网络文化在经历了从"审丑"到"审美"的转变后日渐主流化，"最美"的概念已经不仅仅停留在对人外貌的形容，更多的是对个体内在品质的褒奖。从身受重伤不忘保护乘客安全的杭州司机吴斌到三入火海排险救人的北京战士高铁成，再到车轮下勇救学生的小学教师张丽莉，这些平凡人的不平凡举动均被网民们冠以"最美"头衔。寻找"最美"的社会意义在于给人以力量和鼓舞，引导民众坚持正确的价值导向，促使道德进步与经济发展同步。寻找"最美"不仅是对传统道德的回归，也是对电视新闻平民语态的延续：在这种平视甚至是仰视百姓的低姿态中，没有空洞的华丽辞藻，有的是朴实的对白和真实的纪录，没有震撼的视觉画面，有的是简单而纯粹的细节镜头，"寻找最美"努力在寻找中实现对人们行动的感化。当"寻找最美"在社会中间转变为"争当最美"的力量，这样的新闻策划就真正实现了从感动到行动是飞跃。

二、深度整合：碎片化时代的新闻领袖

新闻整合其实是媒介融合背景之下，新闻在内容形态融合层面进行的初步探索。央视新闻频道的新闻整合并不是简单地对新闻内容进行物理上的剪裁和拼贴，而是用观点和态度将不同信源、不同视角的新闻信息进行粘合，产生新的化学反应，从而在信息碎片化的时代，充当民众的新闻领袖。

（一）共鸣与溢散：与网络议程互动

随着新媒体平台在新闻传播领域的全面覆盖，人们对社会认知和理解的过程越来越体现出媒介化社会的特征。从新闻事件到媒介议程再到公众议程，如今的议程设置在传统媒体与新媒体合作互动中完成。作为媒体核心竞争力的集中体现，媒介的议程设置能力"一方面体现为媒体把握议题、参与议题的能力，另一方面体现为媒体的社会影响力和公信力。前者决定了媒体能否及时参与议程设置，后者决定了一个媒体能否引起其他媒体和公众的广泛关注，从而引领媒体议程乃至公众议程"。[1] 通过"共鸣效应"与"溢散效应"，央视新闻频道在议程设置上与网络媒体进行了良性的互动。

早在2004年，新华社总编辑南振中就曾提出过"两个舆论场"的说法，他认为"社会上存在传统媒体的官方舆论场和网络舆论场两个不同的舆论场"[2]，"共鸣效果"主要指在报道某个新闻事件时，传统媒介与网络媒介在议程设置和舆论引导上形成共振与合鸣。这种现象在当前的媒介议程设置中已经较为普遍，共鸣效应中传统媒体往往在议程设置和舆论引导中占据主导地位，网络媒体同步跟进报道，形成舆论共振。而在新媒体环境下，电视新闻议程设置更为突出表现的则是被称为"溢散效应"的网络议程反向输出。"溢散效应"指议程由边缘媒体向主流媒体流动的议题设置方式，这种议程设置的逆向流动更加凸显了网络舆论场的强大威力。

2012年11月23日，《新闻1+1》播出了《雷书记的"雷人"视频！》，2013年1月25日跟进播出节目《如何让"不雅"变成"不敢"！》，2013年1月3日《新闻1+1》播出节目《"房妹"曝出的，不仅仅是房子！》，1月24日跟进播出了《他们的户口，他们的房！》。雷政富不雅视频、郑州房妹、陕西房姐、山西房媳……这些议题均是由网络媒体首先爆出，迅速在网络上得到网友的强烈回应后引发传统媒体的关注。但是与网络议程设置缺乏深度、转移迅速不同，央视新闻频道在接受网络议程"溢散效应"的同时，更注重站在主流新闻媒体的立场上对新闻事实的主体框架和关键性

---

[1] 吴滨：《浅议传统媒体如何强化议程设置》，《当代电视》2012年第12期。
[2] 南振中：《密切新闻报导与人民群众的联系》，http://news.sohu.com/20060226/n242024460.shtml。

信息进行阐释，同时由一个议题向多个议题辐射，在持续关注中提升新闻深度、实现新闻功能。在对雷政富不雅视频事件进行报道后，节目跟进对官员不雅视频背后的诈骗集团进行了曝光；在郑州房妹成为舆论关注焦点之后，节目将"房妹"、"房姐"、"房媳"归为"房氏家族"的行列，深入探究多个户籍与巨额房产之间的关联，由此引发出对官员腐败和户籍管理的拷问，触目惊心、发人深省。

（二）盘点与梳理：媒体信息跨界整合

正如尼葛洛庞帝在《数字化生存》一书中所介绍的那样，"在这个世界中所有的信息都可以用最简单的数字表示，这种数字技术使原来具有独立形态的各种信息内容都可以变成'0'和'1'，原来的文本、图片、图像、动画和声音都可以转化为统一的数字形态，并且可以方便地进行转换。"[①] 不同媒介载体的信息内容在媒介融合的背景下得到了统一。

新媒体时代，受众需要的是在最短时间内获得最有效的信息内容。《新闻1+1》《东方时空》作为在夜间时段打造新闻深度话语场的重要节目，在对媒体信息进行跨界整合方面做出了重要的尝试。节目对不同媒介载体的信源进行整合，报纸、微博、网站甚至是网络视频等都成为电视新闻内容的组成部分。《世界周刊》《新闻周刊》是央视新闻频道周播的杂志型新闻节目，这两档节目着力于信息的整合，力图打破不同媒体的间隔，开辟独具特色的全媒体地带。两档节目从海量的信息碎片中捕捉出中国与世界发展的轨迹，从每周的国内、国际新闻事件中提炼最有价值的内容，按照一定的线索进行盘点和整理，帮助受众厘清发展中的中国和世界。

打破媒介之间的界限，对新闻信息进行跨界盘点与整合，促使电视新闻的呈现更具综合性和多维性，在信息洪流中，筛选出有价值的新闻信息，并对同类的新闻信息进行归并，新闻信息的整合能力日渐成为考查电视新闻媒体综合实力的重要指标。

---

① 宫承波、庄捷、翁立伟编著：《媒介融合概论》，中国广播电视出版社2011年版，第28页。

第十章

转型与重构：电视新闻生存空间的再造

移动终端的全面普及和无线网络的规模化发展，改变了受众的媒体接触习惯，不断稀释着电视的开机率。电视新闻媒介生态环境的改变为电视新闻带来了前所未有的挑战。政治生态和文化生态的改变需要电视新闻在传播理念上做出新的调整，受众生态的改变需要电视新闻尝试使用新的叙事方法和话语表达，经济生态的改变则需要电视新闻积极打造自身优势，在媒介暗战中再造电视新闻的不可替代性。总之，新媒体语境下的新闻传播使得电视媒体和电视新闻的生存空间受到空前挤压，变革和转型已是必由之路。正如达尔文（Charles Robert Darwin）所说："重要的不是环境怎样变换，而是适应环境的能力怎么改变。"

第一节 电视新闻传播理念的转型与重构

新闻传播理念是新闻传媒或大众传媒的伴生物，它同时代、社会、阶层、民族、个人对传媒的需求和使用的意念紧密相关，它随着社会的发展而发展，因而也是动态的。[①]新媒体对电视新闻媒介生态的重塑需要电视新闻传播理念适时进行转型与重构。

一、新闻定义与新闻价值体系的重构

（一）新闻定义的重塑：新闻泛化

新媒体环境下，海量的新闻信息和多元的信息需求，使得传统意义上的新闻定义已经难以适应新闻传播发展的时代要求。"新近发生或正在发生的事实的报道"显然已经无法对今天的新闻进行概括。虽然关于科学而确切的新的新闻定义，学者们仍然莫衷一是。但是可以肯定的是，新闻泛化的趋势已经成为不争的事实。

正如杜骏飞教授在《弥漫的传播》中提及，今天的新闻已经越来越多元化，并通

---

① 吴文虎：《社会变革与新闻传播理念的演变》，载《冲突·融合：新闻传播与社会发展——中国新闻传播国际论坛论文集》，2005年。

过多元化甚至达到了实在化。它进入人们生活的每一个角落，使受众对事件的外观下所蕴含的各种各样的讯息都确知无疑，这正是信息化社会能够赋予这个世界非常强大的实在的动力的重要原因。① 新媒体时代，新闻的内涵和外延都被无限扩展，新闻被生产者和消费者同时定义，成为一个泛化而多层次的概念；电视新闻为受众展现出的是一副多元化的信息图景，其触角延伸至社会生活的各个侧面，更注重对新闻过程和新闻人物的多维展示，从而为受众开辟更为广阔的报道空间。

（二）新闻价值体系的重构

只有与日常生活相关的内容才是最重要的，才能产生意义——就是这些相关性使新闻变得意义重大，使新闻不胫而走，街谈巷议，从而成为日常生活文化中举足轻重的一部分。② 这种相关性就是新闻价值的重要体现。而在新媒体环境下，这种相关性的范畴正在发生变化。

新闻价值是为了解决究竟选择什么事实才会引起公众兴趣这个难题。主要指事实本身所包含的引起社会各种人共同兴趣的素质。③ 一直以来，学界和业界关于新闻价值的讨论主要围绕"五要素"，即时效性、接近性、趣味性、重要性和显著性展开。新媒体的冲击之下，新闻价值的判断标准也在悄然发生改变。新闻接近性跨越了地域的界限，开始向与受众的心理接近、利益接近等层面迈进。而新闻的显著性也不再只以著名人物为选择标准，新闻的目光向草根和百姓的日常生活转向，新闻价值的评价体系呈现叠加式的复合取向。

1. 时效性与全时性

众所周知，新闻一直是易碎品。时效性不仅是新闻存在的意义也是新闻竞争的重要比拼要素。新媒体技术的革新和传播手段的发展进步，不断刷新着新闻时效性的概念，同时也将新闻的时效性带入全时性的时空概念。新的传播环境之下，新闻不仅要满足受众在第一时间获悉新闻的需要，同时要在新闻的时间跨度上具有延展性，不仅要在横向上满足受众在某一时间点获取特定信息的愿望，同时还要满足受众对于了解某一新闻事件在纵向上发展演变的迫切愿望。世界上众多24小时新闻频道的开播，正是为了适应新闻全时性的发展要求。全时性新闻的出现突破了电视新闻时间档的限制，强调不仅与事件发生同时，而且与事件发展同步。

2. 接近性与亲近性

新闻传播一个重要的条件就是环境，新闻传播总是在一个相对稳定的时空环境中存在和运行。具有时间根据的新闻事实能否成为人们特别关注的新闻事实，还要受制于各种"距离根据"，这种距离根据就是各种各样的接近性。传统意义上新闻的接近性主要包括地理上的接近与心理上的接近两部分内容，所以传统新闻倾向于人以域聚

---

① 杜骏飞：《弥漫的传播》，中国社会科学出版社2002年版，第148页。
② ［美］约翰·费斯克：《解读大众文化》，杨全强译，南京大学出版社2001年版，第149页。
③ 李良荣：《新闻学概论》，复旦大学出版社2009年版，第307-308页。

或者人以群分，把地理要素和心理诉求作为新闻选择的重要标准。但是在新媒体传播环境中，一方面互联网强化了地球村的概念，突破地域的界限将地球碾平；另一方面LBS位基服务的出现，在精确地理定位的同时，也在不断冲击受众对于自我存在的认知。随时随地变换生活空间和不断移动重新定位的生活状态，使得受众需要在移动生活和快速节奏中找到慰藉和归属，新闻的亲近性随之出现。亲近性突破了地域的枷锁和心理层面的局限，从更深刻而广泛的意义上满足受众的需求，与受众形成共鸣，使得受众的情感诉求、精神诉求等深层次的心理需求得到满足。

3. 趣味性与人文性

新闻的趣味性就是我们通常所说的奇事趣闻，富有人情味和高尚的生活情趣，能引起人们情感上的共鸣。① 网络文化与娱乐精神有着天然的契合性，在娱乐文化的冲击下，新闻的趣味性正在被无限放大，甚至出现了新闻娱乐化的危险倾向。在这种情况下，在趣味中间注入人文精神是对新闻娱乐化的一种平衡和矫正。在娱乐至死的时代，当人们在娱乐节目的感官刺激和情绪宣泄之后，感到空虚和孤独的时刻，新闻中的人文关怀将让钢筋水泥丛林中的迷失人群得到片刻心灵的宁静和精神的升华。在娱乐大潮蜂拥而至的社会，对人文精神的坚守也将是新闻履行社会守望者职责的重要手段。

4. 重要性与工具性

新闻的重要性主要指新闻与社会生活或者受众切身利益关系的密切程度。在新的传播环境下，新闻与受众切身利益的关切程度被愈加凸显，新闻的工具性得到了传播媒介的重视。艾伦·鲁宾曾把媒体的使用分为两种类型：仪式性的和工具性的。仪式性的使用比较被动，缺乏明确目标，它把媒体使用当成一种习惯性的消磨时间和娱乐放松的活动。而工具性的使用则主动性较强，具有明确目标，对媒体内容选择性接触，参与程度高，它为了某种信息需求而搜索特定的媒体内容，会导致人们接触大量新闻和信息性内容。② 按照艾伦·鲁宾的理论，新媒体环境下的电视新闻媒体显然倾向于工具性的使用氛围。工具性意味着受众个人意识的逐渐增强，受众更注意新闻与"我"的关系，更具接近性的新闻报道不再是发生地域在"我"附近的报道，而是与我的移动社交圈更为贴合的新闻报道。这种对受众自我意识的满足也被一些学者称为"以用户为中心"的新闻。

5. 显著性与草根性

新闻的显著性突出的是新闻的名人效应，于是西方新闻教科书中出现了著名的公式：名人+普通事=新闻。在当今新媒体和媒介融合浪潮的冲刷下，在名人新闻的领域之外，"草根新闻"的新闻场域正在迅速扩大，新闻价值不再局限于用知名度和显赫性来衡量。草根新闻的出现与互联网和新媒体的草根精神密不可分，新媒体对传统媒体权威性的解构以及非权威信息的膨胀，使得"去名人化"成为受众新的接受习惯。

---

① 李良荣：《新闻学概论》，复旦大学出版社 2009 年版，第 309 页。
② 转引自刘海龙：《大众传播理论：范式与流派》，中国人民大学出版社 2008 年版，第 227 页。

随着公民记者队伍的壮大，民本取向、平民视角的公民新闻随之兴起。对草根新闻的价值挖掘成为新闻媒体在雷同题材竞争中推陈出新的重要棋子和筹码。草根新闻的涌现使新闻传播逐渐走出名人策略的宏大叙事。这种传播价值转向带来的是，除了搭建起"老百姓讲述老百姓故事的舞台"，也使明天的历史不至于因为缺少细节而失去真实性、完整性。①

二、电视新闻传播理念的转型与重塑

传统媒体的忧虑不是网络媒体的先进，而是新闻观念的陈旧，使我们的传统媒体丧失了报道的勇气、主动性和机动性甚至是责任感。②电视新闻在技术手段、传播策略、传播内容等方面进行变革的同时，首先应该改变的正是居于指导地位的传播理念。在新媒体语境和传统电视语境不断融合的传播环境之下，电视新闻需要从传播理念入手，赋予电视新闻新的时代内涵与色彩。

（一）凸显人文关怀

人文关怀是人文精神的核心价值，意味着关照人的存在，对人的价值、人的命运等有关人生存的根本问题予以关注和思考。保罗·莱文森（Paul Levinson）在其"补偿性媒介"理论中提出，任何一种后继的媒介，都是一种补救措施，都是对过去的某一种媒介或某一种先天不足功能的补救和补偿。他认为：技术发展的趋势是越来越人性化，技术在模仿甚至复制人体的某些功能，是在模仿或复制人的感知模式和认知模式。③新媒体自由、感性、冲动的"酒神精神"，成为对电视媒介严肃拘谨、居高临下、理性冰冷形象的有益补充，平衡之下，电视新闻将更加凸显人性化的传播理念。在这个人们的注意力变得支离破碎，感性变得迟钝薄弱的时代，电视新闻中人性的升华和焦虑的释放可能成为通往观众内心世界的最好入口。

1. 灾难报道中的人文关怀

在经历了汶川地震、舟曲泥石流、雅安芦山地震等灾难事件的洗礼之后，电视新闻在灾难报道中表现得更加沉稳从容，冷静客观之余注入了更多温暖的人文关怀。人格化、情感化的传播体现着生命至上的人文关怀。

在灾难新闻中，知情权一般有两方面的体现：一是受众作为新闻接受的主体所具有的对灾难有关情况了解的权利；二是遇难者亲属和受难受害人对事件全部真实情况与细节了解的权利。④2011年3月11日日本发生9.0级大地震，央视新闻频道在震后立即进行24小时全天候的直播报道。当时正逢"两会"报道，频道果断采取日本地震和"两会"内容交替报道的非常态新闻编排方式。《新闻直播间》《东方时空》《环

---

① 张国军：《新闻世俗化与意义真实》，《新闻界》2007年第1期。
② 李希光、孙静惟主编：《下一代媒体——来自清华园的思想交锋》，南方日报出版社2002年版，第173页。
③ [美]保罗·莱文森：《手机——挡不住的呼唤》，何道宽译，中国人民大学出版社2004年版，第86页。
④ 王雄：《灾难情境中的新闻伦理学》，《前沿观察》2008年第4期。

球视线》《新闻1+1》等栏目采用三维动画、演播室背景屏幕、卫星图片、视频连线等多种视觉传播方式,准确直观地表现了地震引发核电站危机的即时信息。在地震报道的第一周中,频道加大了直播连线报道的力度,力求同步跟进灾情动态。"平均每次连线报道的时长都接近4分钟,一天之内连线总时长差不多在一个半小时左右,全凭借连线记者的口述。这一方式的普遍使用与其说是为了获取现场的第一手信息,不如说利用现场报道的形式将记者的个人情感和感受充分表现出来,显示了新闻对'个人情感'表达的重视。"① 新闻频道将关注的焦点主要对准灾民救援、安置以及市民正常的交通、供电、食物供应等涉及民生的问题,频道还特别对日本民众面对地震的冷静反应、良好国民素养及震后恢复家园的积极精神状态等进行了大量报道。特别是在后期报道中连续报道了"福岛50人"的感人事迹,这与我们在"5·12"地震报道中对"可乐男孩"等的报道如出一辙。情感的宣泄和激励,成为我们在人文关怀中浓墨重彩的一笔。② 此后,在央视新闻频道的历次灾难报道中,凸显人文关怀的理念都得到了较好的体现。

2. 释放善意的包容姿态

新闻报道从来不是以鞭笞、批判为目的,鞭笞、批判只是实现新闻报道触及本质、改变现状的工具。在新闻媒介群雄争霸的当下,部分新闻媒体为了打造有轰动效应的新闻报道,一味苛责人性、揭露黑暗,离人文关怀的方向越来越远。笔者认为,在报道中适当释放善意,有底线地保持宽容,对复杂人性予以谅解,这样的新闻传播可能更加契合当下的社会心态与受众心理。

传播理念的转变,促进话语表达的转向。在2012年伦敦奥运的报道中,新闻频道不再过分关注奖牌的颜色和数量,跨越奖牌榜冰冷的数字,频道凸显的是体育精神的博大与奥运赛场的包容。终点有时并不是目标,出发就是对自己的超越。

2012年8月7日,刘翔出现在伦敦奥运会的110米跨栏赛道上,这次刘翔的出现没能再次创造奇迹,飞人由于旧伤复发意外在第一个跨栏摔倒,悲壮地结束了自己在伦敦的奥运赛程。刘翔的跌倒立刻成了国内外各大媒体的新闻头条,面对来自网络和现实空间巨大的舆论压力,央视新闻频道给予了刘翔莫大的宽容和充分的肯定。在随后播出的《奥运1+1》特别节目中,欧阳夏丹连线白岩松对这一事件进行回顾和点评,白岩松表示:刘翔经过四年的努力能够重新站在起跑线上就是战胜自己的标志,因为他毕竟出发了;而目前最值得关注的是刘翔的伤情,因为虽然比赛结束了,但是人生的比赛远远没有结束。节目的尾声,白岩松用"对你的爱越深就越来越心疼"表达了自己对刘翔的关切和担心,伴随着音乐的响起,画面中出现刘翔在历届奥运比赛的画面。

---

① 孙振虎、孟繁静:《试论中日媒体突发事件报道的差异化——以央视新闻频道与NHK地震报道为例》,《电视研究》2011年第6期。

② 孙振虎、孟繁静:《试论中日媒体突发事件报道的差异化——以央视新闻频道与NHK地震报道为例》,《电视研究》2011年第6期。

"遗憾是正常的,难过可能也是必然的,但责难就不必了,首先最应关注的是刘翔的伤情":新闻报道基调的确定充分体现了电视新闻的善意与包容。

3."无障碍"的信息传播

一样的信息,不一样的分享,实现信息共享是新媒体环境下信息传播的重要目标。为建立信息传播的共享机制,央视新闻频道《共同关注》栏目提出了"更多传播 更少障碍"的传播理念。2011年10月22日开始,《共同关注》增设了手语主播,在原有新闻主播播报当日新闻资讯的同时,手语主播同步用手语将节目内容翻译给聋哑残障人士收看。"央视从1995年开始尝试手语新闻播报,2008年白岩松主播的《新闻周刊》中也曾加入手语同译,但在直播日播类新闻节目中实现手语实时播报还是第一次。"① 2012年3月3日,央视新闻频道直播全国政协十一届五次会议开幕式时,首次增设手语同步直播,让聋哑人能与正常人一样收看电视新闻,在3月5日的十一届全国人大五次会议第三次全体会议直播过程中,频道再次为听障观众加入了手语翻译。手语传播突破了听觉障碍的瓶颈,为听障人士了解新闻资讯、洞悉时事变化推开了一扇新的窗。

(二)秉承公共服务理念

"公共服务"一词最早由法国学者莱昂·狄骥(Léon Duguit)提出。狄骥认为:"任何因其与社会团结的实现与促进不可分割、而必须由政府来加以规范和控制的活动,就是一项公共服务,只要它具有除非通过政府干预,否则便不能得到保障的特征。"② 新媒体的传播环境下,随着公民精神和权益意识的不断增强,价值观念与利益诉求的日趋多元不仅为电视新闻的传播理念转变提供了土壤,也促进了电视新闻理念的公共服务转向。

公共服务与公平正义、社会团结之间具有必然联系。公平正义是实现社会团结有序的必要前提,提供良好的公共服务则是保证公平正义、实现社会团结有序的物质基础。因此,公共服务是载体和手段,公平正义是价值取向,社会团结有序是基本目标。③ 公共服务理念的实施能够对社会转型期的负面心态和网络文明影响下的文化失衡进行调试。秉承公共服务的传播理念,大量服务性资讯在央视新闻频道出现,电视媒体的公共服务意识正不断觉醒,公共服务功能得到不断强化与拓展。

1.服务资讯常态播出,特殊时段升级扩容

在公共服务理念的指导下,大量的服务性资讯在央视新闻频道出现。不仅气象信息、交通路况、生活常识等成为新闻报道的常态内容,"生活服务台""新闻提示""气象服务台"等也成为频道新闻播报的固定板块。特别是在早间、午间、傍晚三个电视新闻收视的高峰时段,服务性资讯的比例较从前明显增加。

---

① 金力维:《直播新闻央视手语同步》,《北京晚报》2011年10月22日。
② [法]莱昂·狄骥:《公法的变迁·法律与国家》,冷静译,春风文艺出版社1999年版,第53页。
③ 陈旭鑫:《公共服务视域下我国电视新闻报道的创新空间与路径》,《电视研究》2013年第1期。

在特殊时期或者节庆假期时段新闻频道专门设置了"异常天气服务台""春运服务台""新春服务台""假日服务台"等特别板块，对服务性资讯进行升级扩容。2013年春节期间，新闻频道特别推出了"春运服务台""直击春运购票"等特别报道，对春运交通和购票信息进行及时通报，方便民众安排出行计划，顺利踏上返乡旅程。2013年5月，面对"史上最难就业年"的来袭，央视新闻频道特别推出"大学生就业季·服务台"系列报道，为观众提供人才招聘的最新情况。作为2013年的年度关键词，"雾霾"一直是央视新闻频道重点关注的议题，对正确选用和佩戴口罩的指导一度成为服务资讯中的重要内容。"雾霾天催热口罩市场 专家称作用有限""雾霾影响健康 公众应加强个人防护"……诸如此类的生活提示让受众对雾霾天气有了清晰的认知，同时在个人防护方面得到了科学指导。

2. 密切关注公众利益 维护社会公平正义

公众利益是多数社会成员所共同享有的利益。当我国的经济发展进入快车道的时候，确保社会成员共享利益成果，最大程度地维护社会公平正义，成为新闻媒体的重要使命。央视新闻频道以此为出发点，在节目设置和报道选题等方面形成合力，全方位践行了电视新闻媒体公共服务的职能。

《每周质量报告》作为我国电视新闻质量新闻领域的标杆性节目，在产品质量和食品安全领域打假除劣、独树一帜，为百姓的生产、生活保驾护航；《新闻1+1》节目就涉及公共利益的重大时事政策、公共议题和突发事件等进行评论、解读，引领主流舆论的风向标；《法制在线》以关照社会法制进程的视角，传播法制观念，推动社会民主的不断完善……这些节目单元或周播或日播，形成节目群体效应密切关注公众的根本利益。在节目的内容设置方面，物价、房价、菜价等关系公众切身利益的话题成为新闻报道的重头戏。2013年年初，新闻频道连续推出了"关注菜价上涨""菜价观察""起起落落看物价"等系列报道关注物价问题，综合分析物价起落的原因，解答受众心中的困惑。

电视新闻对公共服务理念的践行突出表现为对社会公平正义的维护。央视新闻频道的"走基层"系列报道折射出的正是央视作为国家级电视新闻媒体在履行公共服务职能、维护社会公平正义、推动社会团结进步方面所做出的努力与尝试。该报道不同于以往的创新之处在于对弱势群体的关注和对不同社会群体利益诉求的反映，报道在国家级媒体的宏观叙事与民生类新闻的微观叙事之间找到了平衡，记者蹲点采访、体验采访的方式使电视新闻重新回归了朴实、真挚的本色。"该系列报道对弱势群体和'三农'的关注，向世人展示了一个处于发展中的真实、全面的中国图景。"[①] 在此风气的促动之下，农民工、农民、留守儿童、留守老人等弱势群体的形象在电视屏幕上变得鲜明而生动。

---

① 陈旭鑫：《公共服务视域下我国电视新闻报道的创新空间与路径》，《电视研究》2013年第1期。

（三）树立受众本位意识

从"魔弹论""皮下注射理论"，到"有限效果论"，再到后来的"使用与满足理论"和"选择性理论"。传播学对受众的研究经历了一个逐渐深入和走向明晰的过程。新媒体环境下的受众在媒介接受心理和媒介参与程度上呈现出新的特点，电视新闻媒介在传播理念上也需要做出相应的调整与改变。

1.对话意识

真诚的对话通向我们的人性，就好比血液流向我们的身体：当血液的流动停止或成为病态时，身体就会死亡；当对话停止时，爱就会消失，仇与恨便可能产生。①

对话作为人与人之间的一种交流方式，古往今来一直是人类深入思考和探寻真理的有效方式。西方苏格拉底的对话体、中国诸子百家的语录体都秉承了对话古老而有意义的精神内核——共享性思维，这也是互联网精神的重要内核。独白向对话的转变、单声向多声的复合，让话语进程的每个参与者不仅分享语言交锋的快感，并且对思想火花的碰撞有所贡献。对话意识反映了现代人孤独封闭的生存状态和渴望沟通交流的心理特征。由于不满足单纯在网络公共话语空间喊话，受众希望电视通过休闲化的新闻传播，实现人与媒介之间的对等交流，获得进入私人话语空间的认同感。主持人与观众的对话状态让观众在信息接收过程中更为顺畅，主持人与嘉宾的对话使得观点能够多元化呈现，为受众展现思辨的过程，不再代替受众做出判断和选择。

包容的对话

包容是以承认他人的独特性和差异性为前提的，任何一方只有把自己放在与他人的关系中自身才有意义，任何无视他人的存在或压制他人个性和声音的态度都必然导致对话的失败，或产生敌视相对而告终。②包容是对话能够顺利进行的前提，也是新媒体时代对主体意识和个性特征强调的需要。

央视新闻频道深度调查类节目《新闻调查》在对话包容性方面一直有自己的坚守和探索，新媒体环境下，特别注意多方观点的呈现和对于质疑声音的包容成为节目的新特点。由于节目选材常常针对负面新闻的真相进行探寻，因此包容性的对话也是节目在纷繁复杂的媒介话语世界追求理性，力图平衡和深入的重要体现。在2012年8月18日的《慈善之惑》节目中，节目围绕由儿童杜传旺受伤被救治所引发的对天使妈妈基金的慈善质疑展开，节目中网名为"港怂夏莎"的男子成为引发这场质疑的关键性人物，在他与记者张晓楠的对话中有这样一段内容：

张晓楠：你在那条微博里头还提到说孩子的爸爸是智障？

港怂夏莎：对，原话是孩子的爸爸脑子有问题。微博140字，我得把它缩短，那么我应该译成什么呢？脑子有问题有几种。真是笨，智商低，精神病，智力障碍。最好的一个应该就是智力障碍了我觉得，我觉得要是这么说的话。

张晓楠：那你觉得你的这个意思上面有没有不准确的地方呢？

---

① 赖彦：《新闻话语对话性的文本分析与阐释》，南京师范大学2011年博士学位论文。
② 赖彦：《新闻话语对话性的文本分析与阐释》，南京师范大学2011年博士学位论文。

港怂夏莎：没什么不准确的，有什么不准确的，智力有些障碍怎么了。

在这段对话中记者张晓楠明显觉得港怂夏莎的微博有失实之嫌，而事后其微博也确实被新浪微博认证为不实消息，但是在整段对话里，张晓楠一直没有打断对方的话语，反而仔细认真地倾听，正是这种包容的态度促使港怂夏莎后来对记者坦言：其实在微博上发布消息就是为了引起人们对于这件事情的关注，所以其中有过火的地方。这种尊重对方说话权利的意识，不仅完整展现了被访者的心理状态，而且使观众从一个侧面认识到微博碎片的局限和网民理性的缺席。

平等的对话

独白走向对话文化中很大一部分内容就在于广泛的扩散，幸福的交流——其意义仅限于在两个以上的人之间创造分享的氛围——它依靠的东西基本上是参与者的想象力、自由和团结，而不是在会话中平等地分享时间。①

对话中的平等意味着谈话双方传播地位的平等以及传播心态的平等。《面对面》作为一档新闻人物访谈节目，始终将平等的对话精神贯穿其中。2012年7月1日的《特首眼中的香港》一期中，正值香港回归十五周年，央视三位女记者石岩、长江、董倩分别对梁振英、曾荫权、董建华三位香港特首进行采访。不论是石岩的细腻，还是长江的干练，抑或是董倩的知性，三位女记者在访谈过程中都遵循平等的对话原则，在对话高官时既体现了基本的尊重也坚持了平视的原则，体现出惯有的职业精神和专业素养，让受众看到了一场真诚而亲切的高端访谈。将香港十五载的风雨历程浓缩于三场对话之间，于对话之中展现出三位特首的执政理念和人格魅力，让镜头还原了真实的香港和香港特首。

同样是在《面对面》栏目，2013年1月13日的《袁厉害：收养之痛》节目中，记者古兵与袁厉害的对话则在平等中间给予了这位普通农村妇女澄清真相的空间和尊严。2013年1月4日，兰考县的一场大火让"爱心妈妈"袁厉害的"弃婴王国"彻底覆灭。对于袁厉害收养弃婴行为，媒体舆论随之出现各种极端的报道，质疑、责备、谩骂的声音一时间铺天盖地，袁厉害立刻成为舆论漩涡中的核心人物。带着万千观众的疑问，记者古兵冷静而理性地与病床上的袁厉害进行了对话。这位农村妇女朴实的河南方言和毫无遮掩的话语表达，让一场大火烧出的真相变得五味杂陈。在平等对话过后，古兵将兰考大火的生命之痛引申到袁厉害的收养之痛，直指收养体制的漏洞和弊端，一场对话让袁厉害在一个人的申辩与舆论审判的力量悬殊中，获得了平等的表达空间。

互补的对话

单一的声音，什么也结束不了，什么也解决不了，两个声音才是生命的最低条件，生存的最低条件。② 多重声音存在的互补对话使自由的思想流动成为可能。对话的鲜活与弹性给思想的表达以更大的空间，而对话的互动使不同的思想文化相遇并发生碰撞。

---

① [苏联]巴赫金：《巴赫金全集（第五卷）》，晓河译，河北教育出版社1998年版，第379页。
② [苏联]巴赫金：《诗学与访谈》，白春仁、顾亚玲译，三联书店1992年版，第344页。

每个人都在向对方表达自己的思想,由此引发共同的思考,激发人们的创造力与洞察力,继而为发现未知领域并提升彼此的思想提供平台。①

央视新闻频道的《24小时》节目由一男一女两位新闻主播搭档,对一天的时事新闻热点进行回顾和盘点。每期节目都设置"主播点评""主播关注"等由两位主播对新闻话题进行简短点评的环节,很多精辟的见解和独到的评点都是在两位主持人互补性对话的碰撞中诞生的。通过下面的两个例子可见一斑。

2012年12月24日的"主播点评"在平安夜对校车安全进行了拷问。柴璐和徐卓阳的配合默契让一连串问题地抛出发人深省。

徐卓阳:今天,很多人都说今天是平安夜,就看在"平安"这两个字的份儿上,一定要把接下来这些问题问出去,并希望它们尽快有答案。首先今天出事的这个幼儿园叫春蕾幼儿园,它没有经过审批,是无照经营的,无照经营为什么一直能够经营这么长的时间,它到底经营了多长的时间,进一步再问一句孩子们为什么要去上无证的幼儿园,这里面有蹊跷……这辆车一路开一路接孩子,最远的它要开十里地……为什么孩子不选择在离自己家近一点的地方上?

柴璐:其实也透露出在这个范围内可选择的幼儿园非常少。

徐卓阳:这可能就是我们需要问的问题。但我们仍然希望相关部门能够给出一个确切的答案。……校车安全真的只是车的事儿吗,是不是还有校的事儿,除了校和车之外,是不是还有其他的事儿?关于这件事情我们要持续关注。

2012年8月31日的"主播关注"中,对山东济南小伙公交车上不让座被掌掴的事件进行点评,围绕暴力"呼唤"不来让座的文明,两位主播展开了如下对话:

徐卓阳:公交车的座位我们平时都是看到人会安静地坐上去,但是如果说这个座位是抽耳光抽出来的话,这样的座位坐上去该是一种什么样的感觉呢?

和佳:其实让座是一种美德,也不是法律责任。不让座应该谴责,但也不至于大打出手。双方如果能够换位思考多一些理解多一些包容,这样的状况可能就能少发生。

徐卓阳:你说的这个太重要了,换位思考千万不能使用暴力,否则今天他是受害者,明天你是受害者。

包容的对话、平等的对话和互补的对话,这些都是新媒体环境下电视新闻对话精神中必须具备的要素,虽然央视新闻频道在上述方面已经积极探索、不断调整,但是冲突性的对话呈现依然是央视新闻频道在对话精神中的薄弱环节。论辩与对峙,差异与交锋在央视新闻频道的对话中表现得并不鲜明,波澜不惊、和风细雨式的呈现方式虽然也是一种选择,但是在这个观点碰撞、全民发声的时代,也许我们也需要一种激烈冲突的新闻框架维持我们对于真理的信仰和对新闻的依赖。

2. 互动意识

清华大学的崔保国教授曾提出一个蕴含哲理意味的比喻:媒介是条鱼。他把媒介

---

① 赖彦:《新闻话语对话性的文本分析与阐释》,南京师范大学2011年博士学位论文。

看作是有生命的东西,而只有互动起来,媒介才具有生命的灵动。[①] 在媒介融合的背景之下,央视新闻频道非常重视与受众的互动,受众不仅亲身参与新闻内容的生产,而且能够通过各种新媒体渠道与新闻节目进行互动和沟通。

受众参与电视新闻节目内容生产的方式主要有两种:一种是直接参与,这种方式主要指受众本人或者受众的自制内容出现在节目中,成为节目内容的构成元素;另一种是间接参与,主要指受众通过与媒体之间的多种反馈渠道使自己的想法、建议获得采纳,最终对节目制作或者节目进程产生影响。直接参与主要是受众直接参与内容的制作,而间接参与则集中在受众信息的收集和反馈层面。不论是直接参与还是间接参与,渗透其中的都是明确受众主体地位,满足受众个性需求的"参与式传播"理念。受众的主体性和能动性被空前地激发与调动,受众正不断由"自在"走向"自为"。

受众的直接参与

新媒体环境下的电视新闻不仅更加注重对普通民众的采访,让普通民众出现在节目中发声,而且开通微信、微博、网站等新媒体渠道,满足公民记者拍摄和表达的愿望。中国网络电视台的"爱西柚"频道,优酷的拍客频道就是视频网站为受众上传自制新闻内容而专门开辟的板块,而这些视频片段也常常成为电视新闻频道的节目素材。

自2012年9月29日开始,《新闻联播》在十一黄金周期间展开街头调查,"你幸福吗"随之成为十一长假最受追捧的公共话题之一,并带动全民对于幸福展开自我叩问。在总共九期的"幸福调查"中,记者的话筒和镜头出现在各行各业、各个阶层的民众面前。借鉴真理电影的创作方法,记者在受访者毫无防备的状态下提问,以期倾听被采访者源于心声的表达,记录被采访者最原生态的反应。本次采访中百姓是唯一主角,不加剪裁的完整呈现和细节镜头的抓取让人们透过此次街头调查看到了央视新闻改革的新步伐。习惯于宏大叙事和俯瞰众生的《新闻联播》开始走下神坛,用平易近人的方式与受众展开交流,这不能说不是一次勇敢的创新。让普通民众成为节目内容的创造者,"幸福调查"在给予公众表达空间和体现公众的普遍参与方面做出了有益的探索和尝试。随后,街访调查成为央视新闻的常态报道形式得以保留,关注孩子性教育的"你从哪里来"、聚焦中国梦的"你的梦想是什么"、回归传统文化的"家风是什么"……这些话题的街访调查均在一定时期引发了广泛的社会反响。

2013年元旦期间,《新闻联播》推出《百姓"连连拍"喜庆过新年》特别节目。在新年到来之际,用普通人拍摄普通人的方式,通过百姓不太专业的镜头记录下辞旧迎新之际老百姓的真情实感。节目中DV摄像机被传递到社区居委会主任贾大爷和北京外国语大学老师陈爽的手中,他们分别用DV记录下社区居民和外籍留学生对2012年的感受以及对2013年的期望。节目中贾大爷和陈爽不仅是节目内容的制作者,也是节目内容的组成部分,他们不仅以记者的身份对身边的百姓进行提问和拍摄,同时他们采访的过程也被记者记录在专业的摄像机镜头中。在受述者与叙事者的身份转换中,

---

[①] 牛光夏:《融合、转型——电视新闻传播新论》,复旦大学出版社2012年版,第141页。

两位拍摄者完成了从被动参与到主动叙事的转变,这也预示着公民新闻即将成为电视新闻内容生产的重要组成部分。

2014年春运期间,央视新闻在国内五个火车站(西安、广州、沈阳、重庆、郑州)设置了"春运说吧",旅客们可以进入设置在火车站的小红亭,面对镜头说出自己在春运路上想说的话,"春运说吧"成为春节期间央视新闻的重要节目单元;"两会"期间,央视再次在北京、上海、广州、重庆、郑州、沈阳六个城市的人流密集区搭建名为"两会说吧"的小红亭,百姓可以在小红亭里为两会献言献策,央视每天会选取优秀的建议和愿望在节目中播出。这种让普通民众自主出镜,自由表达心声的尝试,为新媒体环境下受众的电视新闻参与开创了全新模式。

受众的间接参与

借助互联网和手机网络,央视新闻频道在频道与受众之间搭建起立体化、全方位的互动网络。受众可以通过央视网中的央视论坛社区与频道进行互动,也可以在微博平台,通过评论、转发、@、私信等方式与央视新闻或者频道栏目微博展开互动。互动的传播理念消除了受众与频道的距离,随时随地的沟通和交流,不断扩大着新闻频道在受众中的影响,也提高着受众的参与热情。

"@微观天下"是《24小时》节目中整合微博平台信息的固定板块,每天在同一主题下对各方的微博观点进行梳理和点评。在2012年年末,央视新闻微博与新浪微博合作开展了微博采访"我的2012",收集网友们在2012年的记忆片段,并连续12天提出12个年度热词,每个热词成为《24小时》节目中"微观天下"板块中的今日话题。

2012年《焦点访谈》利用网站和微博征集网民观点问计"两会"。节目中主持人敬一丹将收集到的网民观点作为问题向人大代表提问,并由此展开深入的探讨和交流。这种互动的方式不仅使受众关注的热点问题得到了解答,而且提升了受众与电视频道网台互动的现实意义。

2013年再次借助新媒体平台启动向网民问计的绿色通道。《焦点访谈》联合《东方时空》《新闻1+1》等栏目联合推出了名为"焦点爱问"的官方微博和官方微信平台,向网民征集关于两会热点问题的线索和建议,并公布了具体的邮箱地址。通过此种方式的互动,央视新闻频道既希望提高百姓对两会报道的关注度,准确聚焦民间舆情热点,也期待广大网民能够集思广益、聚沙成塔,谏睿智之言,献务实之策,为国家发展助力。

第二节 电视新闻视觉语言的转型与重构

语言可以为每一类型的思维提供一个清晰明确的符号,帮助维持感觉世界固有的秩序。词语就像一个个指针,将这些有意义的峰尖从绵延在地平线上的山脉轮廓中凸显出来。①

---

① 黄匡宇:《关于电视新闻语言构成研究方法的思考》,《现代传播》1999年第5期。

视觉语言和听觉语言是电视新闻语言符号的重要组成部分,电视新闻视听语言的组合与互动构成了电视新闻的意义表达和传播指向,本节我们将从电视新闻视听语言的转型与重构入手,探讨新媒体环境下电视新闻的全新视听形态,看电视新闻如何从视觉和听觉两个层面重塑电视新闻的生存空间。

一、电视新闻视觉语言的转型

综合运用多重视觉元素使得电视新闻的"时间意识"空前提高。众所周知,时间有物理时间和心理时间上的区分。就电视新闻而言,其物理时间即是屏幕时间,指节目播出所耗的时钟时间。① 而心理时间则是指由于观众注意力和耐心的有限度性,对客观时间的主观感受。对多重视觉元素的叠加使用,丰富了受众的视觉体验和感性认知。由于屏幕时间的传播效果最终仍要通过观众在心理时间上的感受进行衡量,因此在有限的屏幕时间内,传达更加丰富的信息内容,使观众陷入沉浸式观看,正是如今的电视新闻审美所追求和强化的。

(一)注重运用细节镜头

热奈特将叙述语式划分为"讲述"和"呈现"两种,从媒介特点来看,电视新闻的声画语言长于"呈现"式叙事,报纸新闻则以"话语"型叙述方式为主。在展现有着现场形象和生动细节的事件时,电视新闻无疑具有得天独厚的传播优势。② 新媒体环境下人们对视觉冲击和感官愉悦的追求达到了无以复加的地步,为了适应受众诉诸视觉的感官需求,电视新闻在镜头的选取和运用上更加注重对细节镜头的使用。

黄匡宇教授在《电视新闻语言学》中这样定义细节:电视新闻的细节是指能够突出新闻的五个"W"和一个"H"的语言符号语言和非语言符号语言。③ 据此定义我们将电视新闻中的细节镜头定义为突出人物性格、时间发展、社会情境、自然景观等局部环节的镜头语言,是丰富信息含量、丰满人物性格、增强艺术感染力的重要手段。细节镜头一般指近景、特写、大特写等小景别的镜头语言,有时镜头甚至将人物的头顶和部分面部切出画面以达到特殊的表达效果,这种小景别画面的影像风格很容易形成新闻节目可识别的影像叙事模式。

《新闻调查》作为注重研究新问题、探索新表达的深度调查类节目,在细节镜头的使用上尤为见长,通过细节镜头的选取,让观众在视觉上更接近真相。在某种程度上,细节的存在也满足了受众窥探的欲望,成为激发和保持受众兴趣的刺激点。以《新闻调查》2012年6月2日的节目《被拷问的死亡飙车》为例,节目中记者对2012年5月26日发生在深圳滨海大道的飙车肇事案件进行采访,针对在民众中普遍存在的顶包猜疑,记者展开了深入调查。在对肇事人侯某进行的采访中,记者多次使用细节镜头记

---

① 黄匡宇:《电视新闻语言学》,中国广播电视出版社2000年版,第253页。
② 欧阳照:《电视新闻的叙事学研究》,重庆大学出版社2010年版,第113页。
③ 黄匡宇:《电视新闻语言学》,中国广播电视出版社2000年版,第273页。

录下侯某的面部表情（图10-1），显示出其情绪的复杂与内心的焦灼。侯某空洞却充满悔恨的双眼不断增强着观众对于画面的记忆深度。在深入深圳市交警大队事故车辆停放场的采访中，记者运用一系列细节镜头记录下事故车辆的车体残骸：电动出租汽车内部变形的金属物、汽车后部巨大的凹陷、化为灰烬的汽车电池；红色跑车内驾驶位安全气囊上提取血迹后留下的小洞，驾驶位侧门把手血迹样本提取处的特写（图10-2）……这些富有冲击性的画面不仅传达出车祸事故的惨烈程度，而且拉近了新闻事件与电视受众的距离，一定程度上改善了传受双方的关系。细节镜头的运用带领观众身临其境地进入新闻现场，而对细节镜头的剪接也容易呈现出蒙太奇的表达效果，对表现新闻主题起到推进和升华的作用。运用细节镜头分析新闻事实，展现新闻事件过程，揭示新闻事件结果，不仅能满足受众的信息诉求，而且能够穿透表象，到达事物的本质。

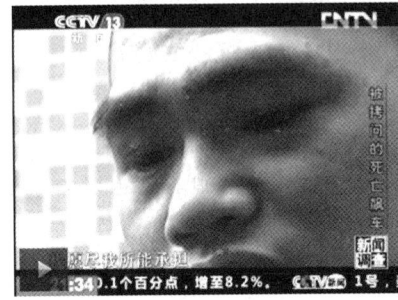

图10-1 细节镜头：
犯罪嫌疑人侯某

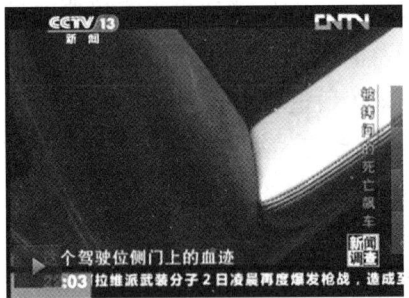

图10-2 细节镜头：驾驶位侧门
把手血迹样本提取处

（二）字幕语言全面转型

在新媒体的冲击和影响之下，作为电视新闻传播符号的重要元素，新闻字幕也在不断调整自身的内容表达与呈现方式，试图在新闻的信息量、时效性、易得性等方面取得新突破。

1. 整屏字幕：扩充信息量

整屏字幕，指字幕代替画面呈现新闻主要内容，并充满整个电视屏幕的字幕使用方式。此时字幕在新闻中不再是辅助画面传播信息的手段，而是占据主导地位的信息传递方式。网络新媒体的信息传播方式是以节点为单位的"超链接"跳转式呈现。这种交叉联想的方式，打破了传统顺序、线性传播方式的局限，为信息的全方位、立体化呈现提供了可能。整屏字幕的出现和应用正是传统媒体向新媒体超链接文本借鉴的产物。整屏字幕常常是为了解释较为复杂的新闻信息或者强化关键性的信息内容，当字幕信息有序地呈现在电视屏幕上，受众通过收看整屏字幕并配合主持人对文字的讲解，有效地提高了信息的传播效率和记忆程度。同时字幕取代画面成为屏幕的主导，有效去除了感性画面对于观众的干扰，不仅扩充了信息含量，同时为电视新闻的深度延展提供了可能。在目前的深度报道和新闻评论节目中，对整屏字幕的使用已经较为常见。

第十章
转型与重构：电视新闻生存空间的再造

2012年11月23日的《新闻1+1——雷书记的"雷人"视频》节目中，主持人董倩借助整屏字幕对事件发展的时间表进行梳理（图10-3），从而指出63小时内，一个正厅级干部被微博舆论"秒杀"的惊人事实，微博舆论的强大影响力立时展现。2012年11月30日的《新闻1+1——男孩儿危机！真的假的？》节目中，男孩危机的四个方面清晰的呈现在屏幕上（图10-4），配合白岩松的点评使受众对男孩危机有了进一步的认识和理解。

 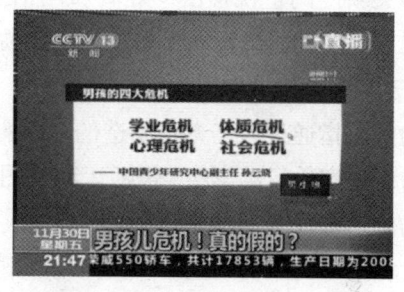

图10-3　雷政富事件时间发展表　　图10-4　"男孩的四大危机"字幕

2. 标题字幕：更大更醒目

传播学者研究的数据结果显示，阅读文字能够记住10%。收听语言能够记住20%，观看画面能够记住30%，而边听边看能记住50%。① 由此可见，"视、听、读"三位一体能够有效促进观众对于新闻的记忆程度。加深信息的记忆度、帮助受众更好地理解信息，这就是标题字幕存在的价值。目前的电视新闻频道已经越来越重视对"标题重点式"字幕的包装，新闻标题字幕在字号上更大、在颜色上更醒目。这正好迎合了网络传播对于文字视觉理念的解读："大就是美丽的"（Big is beautiful）、"更大文本"（Bigger text）②。简洁、实用成为运用新闻字幕的新标准。

图10-5　《24小时》标题字幕　　图10-6　《午夜新闻》标题字幕

3. 滚动字幕：强化时效性

由于受到电视新闻节目播出时段、制作流程等的限制，电视新闻在时效性、信息

---

① 巨浪编著：《电视新闻》，浙江大学出版社2010年版，第198页。
② Pixel Acres, *The visual design of Web 2.0*, http://f6design.com/journal/2006/10/21/the-visual-design-of-web-20.

容量等方面往往落后于新媒体,随时插播的滚动字幕新闻不仅使得电视新闻在时效上追平了新媒体,而且扩大了电视屏幕的信息容量。一方面,突发新闻事件的出现具有不可预知性,电视新闻滚动字幕的出现能够及时通报新闻事件发生、发展的状态,追踪最新的时事动态。另一方面,由于时长所限,并非所有的新闻信息都能够以节目的形式出现,一些稍微次要的或者缺乏画面的信息通过滚动字幕的形式出现在屏幕下方,大大提高了电视新闻的传播效率。① 同时,对重要信息的反复滚动播出,也能引起受众对于相关新闻的重视程度,提高新闻信息的到达率。目前央视新闻频道的滚动字幕在信息更新速度和信息发布数量上均有所提升。

(三)大量使用新闻动画

动画泛指通过人工方式制造的动态影像。对于新闻节目而言,其中的动画是指人工制作的而非实拍运动影像,包括运动的图形、图像、文字等画面要素。故新闻动画是指采用动画形式作为新闻信息的表现手段,它通过动画语言报道、评论事实,是新闻性与艺术性相结合的纪实动画。② 新闻动画既包括纯粹的动态画面,也包括画面构成元素中使用的动态效果。

新闻动画是对传统新闻传播策略的有益补充,是对现实主义的另类挖掘,它为新闻提供了新的呈现形式,是新闻节目视听语言的创新手段。③ 随着受众对新闻信息视觉化呈现的需求日盛,电视新闻已经不局限于使用图片和视频资料表现新闻画面,新闻动画在电视新闻中得到了大量使用。

1. 新闻动画补充画面信息内容

由于很多新闻事件的发生具有突发性和瞬间性,为及时获取有效的新闻图像带来了很大困扰,加之一些具有过去时和将来时的新闻画面无法从现实生活中获取,新闻画面信息的缺乏往往成为影响电视新闻节目质量的重要因素。新闻动画的出现有效地避免了新闻画面匮乏时电视画面单调乏味的尴尬。新闻动画不仅能够展现事件发生的场景,演示事件发展的过程,而且能够对过去或者未来的场景进行模拟,使得画面内容充实丰富,充分发挥电视新闻视觉引导的优势。

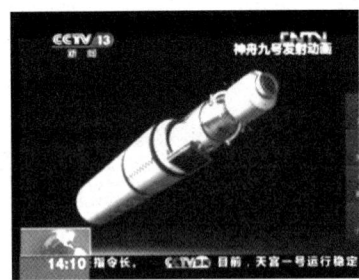 

图 10-7 "神九"发射动画模拟　　图 10-8 模拟皮斯托瑞斯枪杀女友现场

---

① 巨浪编著:《电视新闻》,浙江大学出版社 2010 年版,第 198 页。
② 杨于卓:《新闻动画应用现状探析》,《西南民族大学学报·自然科学版》2012 年第 5 期。
③ 杨于卓:《新闻动画应用现状探析》,《西南民族大学学报·自然科学版》2012 年第 5 期。

2.新闻动画展示事物原理

在新闻报道过程中必然会遇到许多抽象性的原理和概念，单一凭借主持人或者专家的讲解，并未充分发挥电视媒介的视觉优势。新闻动画的出现可以将抽象原理化为具体可感的电视画面，在动画演示的过程中促使观众对于相关概念和原理有更加直观而深刻的理解。如图10-9所示，对"神舟"九号与"天宫"一号空中对接的原理展示动画，使得抽象的对接过程变得生动易感，

图 10-9 "神舟"九号与"天宫"一号空中对接原理展示动画

深奥、空洞的科学原理借助新闻动画的模拟展示，真正做到了深入浅出、平易近人。

2013年"两会"期间，《新闻联播》特别推出了"聚焦两会·看图知两会"（图10-10）的板块，借助新闻动画对第二天的两会议程进行展示，利用动态的图像和字幕信息，平面、抽象的两会议程变得立体可感，配合轻快的背景音乐，一条短新闻让观众观看过后产生了意犹未尽的感觉。

图 10-10 《新闻联播》——"聚焦两会·看图知两会"

3.新闻动画增强画面表现力

在涉及数字、变化趋势等的财经类新闻或科技类新闻中，常常涉及图示、图表的使用。新闻动画利用三维建模产生的立体画面，为坐标、曲线、图标、色块等加入了动态元素，生动地将上升下降、增长减少的变化趋势和拐点、峰值、谷值等关键性信息进行动态阐述，在强调用数据说话的新媒体时代，新闻动画对于数据的解读和演绎无疑符合观众的审美心理与视觉期待。直观、简洁成为这个时代对新闻数字呈现的要求。另外，新闻动画还在新闻图片、字幕、线条等画面构成元素中加入了动态效果，相对于静止的画面，动态变化的元素更具有表现力和冲击力。

 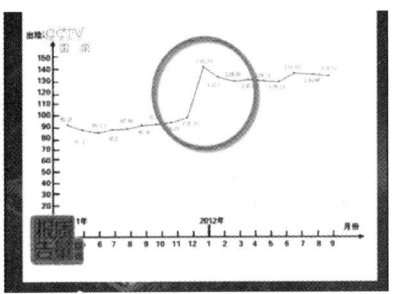

图 10-11　富于动态的新闻图表　　图 10-12　对峰值的动态标注

二、传媒技术对电视新闻视觉语言的重构

一直以来传播媒介与传播技术的关系一直在学界饱受争议，有学者认为媒介坐在技术的"膝头"上任其摆布，最终将沦为技术的奴隶。也有人对媒介与技术的关系给予了更加乐观的预判，认为"人可以对技术进行理性选择，我们可以精化技术、指引技术，使之按照适合我们感知和需要的道路发挥作用"。[①] 但是无论如何，传播技术的日新月异和飞速发展为电视屏幕带来了前所未有的视觉体验，不断刷新着人们对于视觉感受的期待。媒介技术的每一次进步，都浸透着人类渴望突破自身交流困境的努力，而每一种新的媒介技术的使用和普及，都在其特殊的社会文化背景之中形成了一种全新的交流景观。[②]

从传播学的角度看，受众的收视行为存在一种选择性机制，可归纳为选择性注意、选择性理解和选择性记忆三个层次。受众的这种选择性心理意味着，受众在接受信息、感知图像的过程中，不仅容易受到自身偏好、审美、价值观等的影响，也容易被信息编码的清晰程度所左右。根据施拉姆的媒介选择公式：选择或然率＝报偿保证/费力程度，也就是说受众更多注意能够简单接收、轻松获取的信息。目前的电视新闻充分利用各种技术手段调动多重视觉元素，不仅满足了观众对于感官刺激的推崇，也在很大程度上使得信息编码清晰准确，减少了受众理解偏差的可能，降低了观众曲解信息后再做二次传播的概率，大大提高了信息被受众理解和接受的质量。

（一）增强现实技术与全息影像

1. 增强现实技术

增强现实技术最让人记忆深刻的视觉体验可能是在央视春晚上的裸眼 3D 效果。增强现实技术（Augmented Reality，简称 AR）是利用计算机生成逼真的视、听、力、触和动等感觉的交互技术，它借助计算机图形技术和可视化技术产生现实环境中不存在的虚拟对象，并通过传感技术将虚拟对象准备"放置"在真实环境中，通过显示设备

[①] [美] 保罗·莱文森：《数字麦克卢汉》，何道宽译，社会科学文献出版社 2001 年版，第 287 页。
[②] 赵晶：《大众文化语境下的电视新闻叙事特征分析》，四川外国语学院 2012 年硕士学位论文。

将虚拟对象与真实环境进行无缝融合，为使用者呈现一个感官效果逼真的新环境。①

它是在虚拟现实基础上发展起来的新技术，是通过计算机系统提供的信息增加用户对现实世界感知的技术，并将计算机生成的虚拟物体、场景或系统提示信息叠加到真实场景中，从而实现对现实的"增强"。它将计算机生成的虚拟物体或关于真实物体的非几何信息叠加到真实世界的场景之上，实现了对真实世界的增强。同时，由于用于与真实世界的联系并未被切断，交互方式也就显得更加自然。②

2. 全息影像

从2012年1月1日起，中央电视台推出国内首个立体电视试验频道。③这标志着中央电视台在立体电视的道路上迈出了重要的步伐，也为全息影像时代的到来奏响了序曲。全息影像与立体电视机中呈现的立体幻想并不完全相同，全息影像能够使立体影像得到360度的完整呈现，不同距离和不同角度的观看都会产生不同的效果。全息影像的出现不仅会改变受众与电视的互动方式，也会颠覆人们对电视的收视习惯。有人预言，未来的全息电视机可能不是背靠电视墙放置，而是放置在客厅的中央，全家人围坐在电视机前从各自喜欢的角度全方位地观看影像画面。虽然央视新闻频道尚未将全息影像纳入日常的节目内容范畴，但是央视纪录片频道在纪录片的拍摄中已经有所涉及。可以预见，全息影像一定是未来电视新闻不断进行探索和创新的方向。

（二）虚拟演播室技术与虚拟演播室

1. 虚拟演播室技术

虚拟演播室技术是在传统色键抠像技术的基础上，充分利用计算机三维图形技术和视频合成技术，根据前景摄像机的变焦、聚焦以及左右摇移等参数，使三维虚拟场景的透视关系与前景保持一致；经过色键合成后，使前景中的人物（道具）看起来完全沉浸于计算机所产生的三维虚拟场景中，而且能在其中运动，从而创造出逼真的、立体感很强的电视演播室效果。④虚拟演播室技术的出现突破了传统演播室场景制作方式的局限，适应了新媒体环境下追求多变、崇尚创意的传播理念。通过将计算机三维建模软件和贴图软件相结合，电视新闻节目的技术人员可以根据需要制作出富有想象力的虚拟场景。虚拟场景中的立体三维效果克服了传统抠像技术背景平面、呆板的视觉缺陷，使得电视画面更具有视觉冲击力和感染力，最终实现丰富节目效果的目的。

2. 虚拟演播室

央视新闻频道利用虚拟演播室技术营造出不同形态的虚拟演播室，不仅让观众能够获得直观的视觉感受，而且营造出视觉的美感。正如信息论美学的创始人莫尔斯在审美信息理念提出的：在审美活动中人们从审美对象那里接收到的信息可以分为两类，

---

① 姚皓韵、李培铣：《论增强现实技术对电视视觉语言的丰富》，《现代传播》2012年第9期。
② http://www.baike.com/wiki/%E5%A2%9E%E5%BC%BA%E7%8E%B0%E5%AE%9E%E6%8A%80%E6%9C%AF。
③ 阿碧：《全息电视呈现完美立体影像》，《科学之友》2012年第7期。
④ 夏春玲、周小军、汪红潮：《虚拟演播室技术在新闻资讯节目中的应用》，《现代电视技术》2008年第10期。

一类是语义型信息,另一类是审美型信息。虚拟演播室的出现无疑在满足观众信息需求的同时满足了受众的审美需求。三维立体的动感影像带给观众生动而富有层次的视觉体验,促使观众产生对于呈现影像的沉浸感。

以央视新闻频道在2012年6月16日对"神舟"九号的特别报道为例,主持人张泉灵在虚拟演播室内,为观众介绍航天员在"天宫"一号内的工作生活环境(图10-13)。屏幕上"天宫"一号从星空中驶来,舱门打开,主持人"走进"舱体为观众详细讲解航天员的试验区和健身区的主要情况。接着"天宫"一号关闭舱门进行了一次转身,再次打开舱门,主持人已经出现在"天宫"一号舱体的休息区内。这种带领观众身临其境的讲解方式让航天器复杂的内部结构变得直观易懂,大大加深了受众对于信息的理解深度和记忆程度。

2013年大年初二至大年初七,央视新闻频道在21:30时段推出了《新春五洲行》春节特别节目,其中的特别板块《在新闻中穿行》采用虚拟演播室技术,将央视评论员们置身于所行走国家地区的新闻现场:亚太棋局、美国纽约(图10-14)、德国车库、非洲草原均作为评论员穿行的场景出现在节目中。评论员借助虚拟的演播室场景,带领观众"边走边看",身临其境的视觉效果配合评论员精辟独到的见解,让观众在俯仰间洞悉全球局势变迁。这是国内的新闻节目中首次实现新闻场景的再现。

图10-13　虚拟演播室:
"泉灵"探"天宫"

图10-14　虚拟演播室:
虚拟的美国大都会

(三)在线包装技术和网页化新闻

1. 在线包装技术

在线包装系统是实时图形图像应用的典型系统,更是电视台集中创作、实时控制播出的资源共享系统。"通常包含模板制作工作站、播出控制工作站和播出服务器三个模块。"① 在线包装技术是指可以在演播室、转播车、播出机房的节目转播过程中,在播出线上实时将模板与文字、图表、实时资讯等内容结合、渲染、播出的技术,是集多时间线处理技术、数据库技术、实时视频开窗等多功能于一体的综合性计算机技术。其内容主要包括:标题字幕条、人名字幕条、视频窗、滚动字幕、图表、角标、栏目信息、

---

① 高敏:《在线图文包装在新闻节目中的应用》,《影视制作》2012年第6期。

节目预告等。① 在线包装是"在播包装"的重要组成部分，它和整体包装的目的相同：是对电视频道品牌形象的建立和维护，是按照整体包装规范下的形象识别，是将整体形象进行一系列的外在形式的规范和强化。②

2. 网页化新闻

在一个静态的电视新闻节目屏幕界面中，可以看到包括频道名称、频道标识（Logo）、节目播出形态（直播或重播）、新闻形态（视频连线、电话连线或现场播报）、时间显示、新闻标题、新闻关键词、新闻画面、出镜人员信息、滚动字幕等内容（图10-15）。这种将信息"填满"整幅电视画面的包装形式被一些台湾学者描述为"电视新闻画面的网页化发展"，即像网络一样提供大量的实时的信息。③ 另外，将屏幕界面分成若干视窗，用新闻画面配合人物评论或者将持有不同立场观点的人物放置在不同视窗内并列呈现的界面分割方式，也是新闻画面网页化发展的重要表现。

在线图文包装与触摸屏和背景屏的结合是电视新闻界面网页化的又一个表现。在主持人面前的触摸屏上，主持人不仅可以通过电子笔对屏幕上的文字或图片进行圈点、批注，而且可以通过触摸屏幕实现信息切换、局部放大，缩小，方向性移动等多种功能。加之在线图文包装技术对屏幕与主持人画面的无缝切换，迎合了新闻节目大容量信息的需求。通过主持人、嘉宾背后的交互式背景屏，能够呈现出来自不同渠道的信息内容，通过对各路信号的综合调度最终实现对信息的综合利用。同时，在主持人、嘉宾与观众对背景屏的共同观看过程中，受众能够更好地融入节目内容，形成一种共赏效应，强化电视的仪式感与公共性。

图10-15 《新闻1+1》的新闻界面

第三节 电视新闻听觉语言的转型与重构

在进行听觉感知时，外耳和内耳同大脑听觉中枢神经的联系是眼睛同大脑视觉中枢神经联系的三倍。……同视觉感知相比，听觉感知从发展史上看更接近于人的天性。④

---

① 童莉、杨杰：《浅析在线图文包装系统》，《媒体时代》2012年第11期。
② 童莉、杨杰：《浅析在线图文包装系统》，《媒体时代》2012年第11期。
③ 徐曼曼：《国际英语频道在播包装研究初探——文化发生与传播的视角》，中国社会科学院2012年硕士学位论文。
④ [德] W. 舒里安：《影视心理学》，罗悌伦译，四川人民出版社1998年版，第221页。

长久以来，关于电视新闻声音与画面的关系，学界一直存在争论。从画面主导到声画结合再到声画同构，虽然对电视新闻听觉语言的重视程度在不断加强，但是电视新闻图像崇拜的倾向一直在学界和业界占据主导。黄匡宇教授在20世纪90年代末期就曾对电视新闻的声画关系提出过"语言叙述、画面证实"的观点，强调听觉语言在电视新闻中的基础作用。这种观点一直以来并未得到充分的重视。在电视新闻传播环境发生深刻改变的当下，强调电视新闻视觉语言的冲击力和感官刺激无可厚非，但是在新环境下对电视新闻听觉语言进行转型和重塑也是大势所趋。

众所周知，电视画面在形象生动地传播新闻信息的同时也存在着负面功能。单纯的新闻画面并不会自动产生或提供任何含义，与电视画面具象性相伴而生的便是电视画面概括力的缺乏。曾有人做过这样的实验，在收看《新闻联播》时，把声音关掉仅看图像，发现顶多能看懂1-2条；而把图像关掉仅听声音，几乎所有的新闻全能听懂。[①] 这说明，语言与画面相比具有不可比拟的系统复杂性和有序性，因此在传播信息的有效性方面，声音比画面更具有优势。媒介竞争空前激烈背景之下，电视新闻在听觉语言上进行了新的探索和尝试。

一、故事化叙事的延续与革新

电视新闻从诞生之日起就继承了广播和电影的两大传统，从而为电视新闻在视觉与听觉两个通道中进行创新与尝试奠定了基础。新媒体的冲击使得电视在时效性、画面语言和感染力等方面的优势几乎消失殆尽。电视新闻听觉语言的故事化叙事倾向看似是在新媒体大潮冲击下电视新闻向广播媒介进行的借鉴，事实上也是电视新闻听觉语言的再次回归。听觉语言的故事化叙事可能成为电视新闻突围的新利器。

互联网和新媒体的盛行，使得以商品性、通俗性、娱乐性和媒介性为代表的大众文化裹挟着网络文化充斥在整个媒介生态中。与精英文化的独立、理性、艰深不同，大众文化与网络文化强调感性解放和自我愉悦，娱乐性、消遣性成为衡量文化的主要意义。特别是现代社会快节奏、高强度的生存状态，加剧了受众对于新闻叙事转向的需求。人们反感电视新闻生硬、严肃的播报，渴望听到具有缓释与调剂色彩的新闻信息。电视新闻故事化叙事方式的强化，不仅符合受众的心理期待，而且迎合了网络文化盛行下快速审美的需求。新媒体环境下，电视新闻需要深刻剖析、鞭辟入里的深度模式，也需要诉诸感性的故事模式。电视新闻被受众解读的过程也是新闻故事被受众消费的过程，当新闻与故事相结合被受众消费，二者的精神内核无疑在消遣中同时被削弱，但是电视新闻的生命的持续却不得不依赖越来越频繁的快速审美消费。[②]

受众收看、收听电视新闻的过程并不是正襟危坐、全神贯注的状态，更多时候是一种漫不经心的伴随式存在。在受众解码的过程中，故事化新闻解码过程的正式程度

---

① 巨浪编著：《电视新闻》，浙江大学出版社2010年版，第194页。
② 赵晶：《大众文化语境下的电视新闻叙事特征分析》，四川外国语学院2012年硕士学位论文。

更低，解码效率更高，传播后延续时间更长，传者与受众之间的关系也相对更加亲密。① 新闻故事化的概念是由美国普利策新闻奖得主富兰克林最早提出，其基本内涵主要包括两个方面：一是"新闻学的本质是故事"；二是新闻是新近发生的事实的报道，故事具有新闻性、可读性和传播性。听觉语言的故事化表达唤起了受众儿时听故事经验，在听觉上最大限度地借鉴和吸收了日常生活中最富表现力的语言表述方式。

为适应观众快速审美消费的需求，央视的新闻故事讲得更短，节奏更快，新闻信息的密度、落点均呈现出新变化。

故事更短　节奏更快

早年新闻播音的速度是每分钟160-180字，到了20世纪80年代变成了每分钟220-240字，90年代以后，再次要求速度加快，变成了每分钟280-300字。现在随着信息量增大，播音速度的要求将达到每分钟320字左右。② 伴随着新闻播音速度的加快，电视新闻讲故事的节奏也越来越快。

《新闻纪实》栏目中每集故事只有十五分钟，《世界周刊》的"故事"板块每集也控制在十分钟左右。讲故事时间的压缩意味着讲故事节奏的加快，为了将现实运动的节奏、故事叙述的节奏以及观众的心理节奏进行统一，在新闻深度和故事长度之间找到平衡，新闻故事解说和配音的语速、语调也相应发生了转变。

2013年3月3日的《世界周刊》故事"蓝可儿之死"中，讲述了21岁的加拿大华裔女孩蓝可儿在美国洛杉矶赛琪儿酒店神秘遇害的故事，节目中主持人康辉的演播室解说理性而庄重，引导观众步入离奇命案的重重疑团；视频资料中的男性解说感性而跌宕起伏，加上不断变换的背景音乐，烘托出阴森、恐怖、紧张的氛围，观众仿佛置身于悬疑片的听觉环境之中。为了加快叙事节奏，新闻故事在叙述时常常采用贴标签的形式压缩信息容量，选用几个富有概括性的关键词在短时间内为描述对象定性，提高观众在听觉上获取信息的效率以及记忆深度。"好莱坞、奥斯卡、大明星、红毯秀，这些是洛杉矶光彩夺目的名片，但是这座被誉为'天使之城'的繁华都市也有着阴暗恐怖的一面……"节目中用寥寥几个关键词勾勒出洛杉矶的名片，然后话锋一转直击其阴暗恐怖的侧面，信息浓缩，增强了听觉的识别度。

央视新闻故事的叙述不仅仅局限于从感性上刺激受众的视听，更注重从感性中总结出理性的要素启发观众思考。节目结尾康辉说了这样一段话："……我们希望蓝可儿死亡之谜能够早一天解开，因为这对于她的家人来说也许能够带来些许的安慰，这样一个年轻的姑娘在独自的旅途当中遭遇了如此的不幸确实非常非常令人惋惜，也正因为如此，我们也非常不理解为什么她殒命的那家酒店现在又成了当地热门的旅游景点，预定爆满，一个年轻生命的逝去不该被这些猎奇者做如此的消费了。"在视听的

---

① 赵晶：《大众文化语境下的电视新闻叙事特征分析》，四川外国语学院2012年硕士学位论文。
② 人民网：《〈新闻联播〉年末将改版 增加社会民生类比重》，http://media.people.com.cn/n/2012/1026/c14677-19391408.html。

刺激之后回归新闻本身，启发受众对蓝可儿之死的背后原因进行探究和思索，这才是新闻运用视听手段和多种形式的意义所在。从情感中抽离出事理之间的关联，于现象中推衍出事物背后的本质，这样的新闻才不仅仅是讲好了一个故事。

二、口语表达的强化与创新

新媒体时代，视觉元素的狂轰滥炸让受众应接不暇的同时，也让受众在视觉上产生了疲惫之感。在生活节奏不断加快，社会心态日趋浮躁的传播环境下，观众很难全神贯注地收看电视新闻，很多情况下观众的收视状态是一边处理手中的琐事一边伴随性地收听电视，视觉元素在此时已经沦为听觉元素的陪衬，在新的媒介生态中探索电视新闻口语表达的新形式是提升电视新闻竞争力的必由之路。

新闻即是一种再现的话语。电视新闻播报中的"口语"并不等同于我们常说的"口头语言"，它不是指日常生活中不加修饰的语言表述，而是一种介于书面语和口头语言之间的"精粹口语"。它既借鉴了书面语的严谨、准确、规范，又吸取了口头语言的自然、通俗、平易。配合主持人或者评论员"说"新闻的播报状态，使得电视新闻的语言表达呈现出简洁而质朴的特点，在心理上拉近与受众的距离，在听觉上化繁为简，明了易懂。目前央视新闻频道的口语表达强化主要体现在新闻配音的口语化和主播表达的口语化两个层面。"观众场"与"新闻场"两个场域的话语方式正在趋向同构。

（一）新闻配音的口语化：记者配音"接地气"

2011年8月9日开始，一场"走基层、转作风、改文风"的活动在全国新闻战线展开，央视新闻频道在《新闻联播》《朝闻天下》《新闻直播间》等栏目中均开辟了"走基层"专栏，将镜头对准普通百姓，记录基层群众工作和生活中的酸甜苦辣。2012年和2013年的春节期间，央视新闻中心推出大型系列主题报道"新春走基层"，不仅使得《新闻联播》在收视率上取得了突破，而且在广大人民群众中间引起了热烈的反响。随着"走转改"活动的深入进行，不难发现越来越多的新闻记者在基层采访中发出了自己的声音。在走基层采访中，电视新闻改变了以往后期配音由播音员统一标配的做法，而是让采访记者亲自对新闻画面进行配音解说。记者们的解说虽然无法达到播音员吐字归音、声断气连的专业水准，但是去专业化的发声状态和嗓音，反而有利于为受众构建出人际交流的场域，使受众在听觉上形成一种对"'新闻价值'共同的'私人'感觉"。① 由于记者是对自己亲自采访的新闻画面进行解说，在解说词的写作上显得更为准确生动，同时"吾口播吾稿"的配音方式，在情感表达上显得更为真诚感人。目前央视新闻频道的很多新闻节目都在尝试采用记者配音的方式解说新闻，试图在电视新闻的仪式化与日常性之间找到一种观众更愿意接受的表达方式。

---

① ［英］斯图亚特·艾伦：《新闻文化》，方洁等译，北京大学出版社2008年版，第111页。

（二）主播表达的口语化：播报、评论显亲和

作为新闻传者最重要的组成部分，主持人在电视新闻的传播过程中占据着重要的位置。央视评论员杨禹在给北京电视台播音员主持人培训班上课时，曾对央视的新闻主播进行过个性总结：胡蝶型"少说"，文静型"猛说"，启明型"敢说"，康辉型"会说"。[①] 显然，主播的个性化发展是新媒体环境下电视新闻突围的重要武器，毕竟主持人的人格魅力在吸引观众、形成黏性方面有重要作用。很多观众打开电视机看电视新闻正是为了看到自己喜欢的新闻主播。在央视新闻主播个性日趋鲜明的背后，不难发现其富有共性的话语表达特征，那就是强化口语表达，尽显亲和风采。事实上新闻主播口语表达的强化也与当前电视新闻的直播常态化有密切关系，在无法预测的新闻事件和瞬息万变的电视直播面前，口语表达的凸显也是电视新闻传者即兴表达增多的投射。

下面是2012年8月12日《奥运1+1：2012伦敦奥运会：乌龙！》节目中主持人欧阳夏丹与评论员白岩松展开的对话：

欧阳夏丹：岩松，今天我看到一句特别调侃的话，说自打它这个吉祥物文洛克问世之后，就只能预示着我们要睁一只眼闭一只眼来看这次奥运了。

白岩松：即使睁一只眼闭一只眼，有很多事情也是躲不过去的。大家都知道奥林匹克的口号是"更高、更快、更强"，现在我们有了更新的版本。"更高"指的是伦敦市的市长都因为吊索出现问题，被卡在了空中，跟所有奥运会举办城市的市长比他更高。"更快"指的是裁判改判更快，但这还不算，而是主火炬的圣火熄灭得更快，哪有点燃之后的主火炬熄灭一回，后来又再点燃，再等到今天凌晨的时候再熄灭呢，人家伦敦奥运会一共闭幕两次，多不容易啊。"更强"是18200名的军人来负责安保，其中相当一部分参加安检，有空座的时候居然也得去，你说这观众多强啊。但是不管怎么说，大家都是一种轻松的心态，优点还是有很多的，在安保方面没有出现任何问题，天公很作美，对运动员出成绩不一定有利，但是观众很舒适。另外，我觉得还有很多很多大家感受到各国人们聚在一起的这样的一种笑脸等等，我觉得很正常。

欧阳夏丹：那很正常，整个过程马上就要接近尾声的时候，我相信方方面面各种各样的评价也会陆陆续续出来了。国际奥委会在评价2008年北京奥运会的时候用到一个词"无与伦比"，我不知道这次各大媒体会用什么样的词来形容伦敦奥运会？

白岩松：我有一个词叫"不用去比"，很多人同意这个说法。……我觉得任何一届奥运会在不同的国家所在的城市里来主办，都一定带有不同国家他的一些文化的特色、民风，然后这种个性色彩等等，这才是奥运轮流在不同的城市和国家来举办，能带给人类很幸福的一件事情，所以干嘛要进行比较呢。每一个城市都有它独特的一面，也许"乌龙"和"质疑"这样的词汇会陪伴伦敦奥运会在未来我们的记忆当中，但也许会有另外一些很好的感受也会陪伴我们，这就是伦敦奥运会，干嘛要去比呢，是吧，夏丹？……

---

① 郭一茹：《论"新闻主播"的个性化》，《中国传媒科技》2012年第6期。

两人的对话听上去口语意味极强，特别是白岩松对伦敦奥运会"更高、更快、更强"的吐槽让网友大呼过瘾。在白岩松和夏丹的对话中，两个人都没有使用过于复杂的词汇，"自打""干嘛"这样生活化的词汇频繁出现在两人的话语之中，"呢""啊""吧"这样的语气词使得两个人的对话有了交流感和对话空间。特别值得注意的就是两位主持人都习惯使用"我""我们""我想""我觉得"这样主观色彩很强的词汇表达自己的看法，这种在场意识的凸显正是新闻口语表达的重要体现。第一人称的出现褪去了主播身上的光环，使主播以独立个体的身份出现，将主播同观众置于话语表达的同等平台：时而将观众抽离，单纯表达"我"的观点态度，时而又将观众囊括其中，指出"我们"的共同看法。在"我"与"我们"的转换中，实现了对受众的引导和传播，最终使得受众认同"我"的观点，成为"我们"中的一员，这也正是口语传播的魅力所在。

（三）声音元素的丰满

电视新闻的声音要素主要包括同期声、解说、音乐和音响几种类型。为了在听觉上为受众提供更为丰富的声音元素，央视新闻频道对电视新闻中的音乐和音效给予了更多的重视和运用。

1. 新闻背景音乐使用比重增加

音乐被视为"情感的艺术"，新闻则要求理性客观，这两个看似矛盾冲突的事物却能够在电视新闻中相得益彰，获得意想不到的传播效果。新闻背景音乐的出现不仅能够渲染烘托新闻画面的气氛，而且有助于形成画面的节奏，使得画面剪辑连贯。电视新闻中的音乐，就好像是情感的一个放大器，将叙述者和新闻事件人物的语言表述和态度行为融入其中，耐人寻味。[①]在《世界周刊》2013年3月3日的节目"蓝可儿之死"中，短短九分钟的影像里共出现了9次音乐，几乎贯穿节目的始终。忧伤的大提琴旋律、沉重的交响乐曲和阴森恐怖的电声音乐分别作为背景音乐在新闻故事的不同节点出现，为整个故事的叙事蒙上了神秘色彩，同时启发人们思索蓝可儿的真正死因是什么，隐藏在洛杉矶繁华背后的隐忧又是什么。新闻背景音乐的运用将新闻主体的评判、倾向等用隐性的方式诉诸受众的听觉，在呈现事实，展示真相的同时，使得冰冷、灰暗的新闻有了温度和色彩。

另外最近在很多数据新闻中也频繁使用新闻音乐，例如在2013年"两会"期间，《新闻联播》推出的"聚焦两会·数字两会"系列节目，在节目中运用新闻动画与新闻音乐相结合的方式配合播音员的解说，在轻松明快的音乐中，观众对冰冷的数字有了感性而深刻的感知，在视听的愉悦之中达到了信息接收的最佳效果。

2. 特殊音效强调重点信息

特殊音效是电视新闻中十分丰富而具有表现力的听觉语言符号，有着其他电视语言符号无法替代的表情达意功效。对重点信息的强调成为特殊音效的重要功用，其在新闻报道中的作用日渐凸显。

---

① 潘佳佳、蔡之国：《论电视新闻听觉语言的主观性》，《现代视听》2012年第7期。

在2012年12月31日和2013年1月1日的《新闻联播》中，央视连续播出了两期新年述评：《中国梦：朝着百姓的美好向往走起》和《中国梦：共享明天丰盈民生》，作为央视《新闻联播》改版微调的表现之一，两则述评中都运用音效对重要信息进行了强调。在《中国梦：朝着百姓的美好向往走起》带有"呼啸"效果的音效对屏幕上放大的"梦"字进行了强调。在《中国梦：共享明天丰盈民生》中，随着"从今天起取消或免征30项行政事业性收费"的字幕从屏幕右侧移入，"唰"的音效引导人们关注屏幕上红色的字幕信息。

在电视新闻对视听语言的追逐近乎疯狂的时候，我们也要清楚地认识到，形式始终是为内容服务的，不能为了追求视觉效果的华丽和听觉感受的震撼冲淡新闻内容的厚重与深刻。在2012年"两会"期间的"杨禹热评"（图10-16）中，一个白色的写字板出现在两会现场，评论员杨禹会提前把一些关键词、关键数据和关键图标写在板上，并随着评论的进行随时在写字板上勾画。正如他所说"评论的形式，是用来为内容服务的。如果加分，就用；如果减分，就舍。写字板虽简陋，全无声光电效果，但取其朴实简单，反而不张扬"。[①] 2013年"两会"的"杨禹热评"依然延续了同样朴实简单的方法（图10-17）。在电视新闻试听语言全面转型与重构的同时，也要充分考虑形式与内容的搭配，不要走得太远却忘记我们为什么出发。

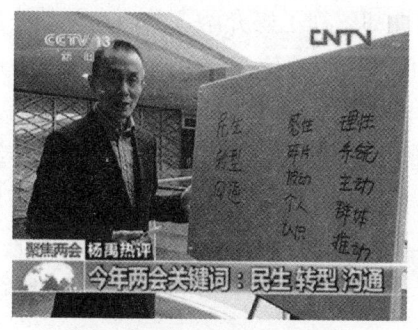 

图 10-16　　　　　　　　　　图 10-17
2012年《聚焦两会·杨禹热评》　　　2013年《聚焦两会·杨禹热评》

---

① 杨禹：《无限准备》，《电视研究》2012年第4期。

第十一章
变革与开拓：电视新闻生存空间的拓展

微内容、极速性、多终端、个性化，日新月异的网络新媒体深刻改变了人们的生活方式、思维习惯和社会关系，① 媒体的传播策略与传播格局因此产生裂变，处于传统媒体核心地位的电视正在经历一场前所未有的危机和变局。对处于激荡转型期的电视媒体而言，这是最坏的时代，也是最好的时代。

杰·尼尔森曾在专栏文章《传统媒体的终结》里预言："未来的五到十年间，大多数现行的媒体样式都将寿终正寝，它们将被以综合性为特征的网络媒体所取代。"这一论断在很长一段时间里引起了传统媒体不小的恐慌，"电视消亡论"的声音也不绝于耳。杰·尼尔森的预言强调了网络媒体的渗透性却忽视了媒介融合的内在驱动。事实上，一旦某种媒体确立了自身满足人类某些核心需求的地位，它就会继续在更为广泛的传播体系中发挥作用。十几年时间过去了，电视媒体非但没有消亡，反而搭乘新媒体快车，开启了媒介融合的全媒体时代。在媒体多元化的嬗变中，网络媒体与传统媒体之间的界限已经被永久性地打破，电视新闻频道传播策略的变革为电视新闻拓展出新的生存空间。新媒体环境下的电视思维不是一定要把受众拉回电视，而是要把节目送到受众喜欢的渠道上。

第一节 电视新闻传播策略的变革与开拓

一、电视新闻的网络传播策略

传播技术作为媒介生态的技术因素，为媒介的发展提供了物理动力，促进媒介传播方式与媒介形态的转变。② 面对互联网和新媒体对电视新闻的冲击，网络化生存成为电视新闻的必然选择。这不仅是电视新闻在新媒体时代拓展自身生存空间的明智抉择，

---

① 黎斌主编：《电视融合变革——新媒体时代传统电视的转型之路》，中国国际广播出版社2011年版，第6页。
② 牛光夏：《融合、转型——电视新闻传播新论》，复旦大学出版社2012年版，第41页。

也是其在媒介融合思维指引下为寻求突破而进行的变革。

（一）平台型网站的聚合式传播

经过若干年的成长与发展，电视媒体网站已经从最初的窗口性展示渠道发展成为兼具多种功能的综合性信息服务平台。其基于传统媒体的丰富资源，使用全新的传播技术和互动化的传播方式，成为挖掘电视媒体资源、开发网络技术和拓展营销渠道的集成性平台。① 以央视新闻频道为例，2010年7月1日，央视网（CCTV.com）与中国网络电视台（CNTV）实现了业务归并，www.cctv.com 和 www.cntv.cn 的域名共同指向中国网络电视台首页（如图11-1）。选择相应语种便可正式进入网站主页，用户可以在央视网与中国网络电视台之间实现轻松切换。

图11-1 中国网络电视台首页页面

依托平台型网站的综合效应，央视新闻频道实现了节目内容的多次传播，有效提升了电视节目的影响力。进入央视网首页，在频道栏目中点击"CCTV-新闻"就可以进入央视新闻频道主页，主页分为频道、栏目、主持人、搜视指南、直播、点播、论坛、博客、CCTV广告八个栏目，用户可以在网页上收看电视直播、查看往期节目、搜索栏目及主持人信息或者参与互动话题讨论；在中国网络电视台的首页，点击"直播中国"栏目中的CCTV-新闻能够同步收看央视新闻频道的电视直播，另外也可点击相关链接进入央视新闻频道主页。作为综合性的视频服务网站，中国网络电视台还特别推出了以用户上传为主的视频分享平台——"爱西柚"，该平台主打用户自制视频内容，同时整合SNS功能，成为目前公民视频新闻的重要传播平台。总之，综合性平台网站有效拓展了电视新闻频道的传播阵地与互动手段，其服务功能与互动功能的日益完善将不断丰富电视新闻频道的传播形态与互动方式。

（二）无处不在的电视新闻

《数字化生存》的作者尼葛洛庞帝曾这样说过："理解未来电视的关键，是不再把电视当作电视看待。"以数字电视、IPTV为代表的新兴电视媒体以及以户外彩屏、楼宇电视、车载移动电视为代表的新型电视媒体彻底颠覆了传统的电视形态，加之移

---

① 王烨：《电视台网站服务母体的形式与空间》，《中国广播电视学刊》2006年第5期。

动互联网络的飞速发展和移动终端的全面普及,电脑屏、手机屏、Pad 屏成为受众接收电视新闻的全新窗口。如果说传统的电视媒体是一种束缚:受众必须在规定时间、规定地点收看电视节目,那么互联网络和新媒体的出现则是一种解放:受众可以在任何时间、任何地点收看视频内容。毫无疑问,传统电视机作为客厅终端,家庭媒介的地位将不断趋于式微,但是无处不在的电子屏幕却将电视新闻的传播范围延伸向了更广阔的世界。

正如英剧《黑镜子》中预言的那样,未来的世界将是屏幕的世界,而多屏融合也将是未来视频行业的发展方向。2013 年年初,鉴于互联网络平台化、移动化、社交化的发展趋势,中国网络电视台制定了面向移动互联网的"一云多屏、全球传播"发展战略。这里的"云"主要包括内容云、服务云和技术云,"一云"指的是以国家网络视频数据库为核心的内容产品体系建设;所谓"屏"是指电脑屏、手机屏、Pad 屏、电视屏以及户外屏。"一云多屏"体系的建设,意味着任何一个节目都可以通过首尾的终端进行传播和互动,任何一个用户都可以通过一个账号来浏览收看任何的节目,并且可以进行互动,真正做到在任何时间、任何地点,真正做到"TV 无处不在"。①一云多屏的传播策略使得央视新闻频道的新闻传播能够在不同屏幕之间实现自由联动,新闻信息的到达率以及电视节目的影响力均得到了有效提升,今后电视新闻的传播将进入无处不在的全新时代。

二、电视新闻的"微传播"策略

美国学者亨利·詹金斯在其著作《融合文化:新媒体和旧媒体的冲突地带》中曾经指出:"我们每个人都是借助于零碎的、从媒体信息流中获取的信息来构建个人神话,并把它转换成我们赖以理解日常生活的资源。"新媒体时代,信息传播的碎片化趋势尤为明显,随之而来的便是受众媒介接触行为的"浅"层化发展:微博的字数限制在 140 字之内,微信的语音长度限制在 60 秒之内……在"微时代","微"传播、"微"内容成为电视新闻对"碎片化"的另一种解读。

电视新闻的"微"传播策略,突破了以往视频传播的局限,文字、图片、语音、超链接等多种新媒体话语方式均被应用其中,不断丰富着电视新闻的传播手段和接收方式,为其在"微时代"的策略化生存打开了全新视野。电视新闻频道的"微"传播必须紧紧围绕频道母体的传播定位进行,同时在不同的传播平台上有所侧重。

(一)微博传播策略

微博作为强内容的新媒体传播平台,在电视新闻频道的"微"传播策略中扮演着重要角色。微博平台不仅能够及时发布新闻信息,追踪新闻事件发展动态,在客观条件无法满足迅速回传视频的情况下,以新媒体的方式发布信息,弥补电视新闻频道在

---

① 《汪文斌:"一云多屏 全球传播"的新媒体发展战略》,http://news.cntv.cn/2013/07/23/ARTI1374547775142422.shtml。

时效性上的不足；而且能够利用视频链接等新媒体形式对电视节目内容进行二次传播，同时通过微博话题讨论进行二次议程设置，引发网友关注与热议，最终在电视屏幕与新媒体的有效互动中提升电视节目的亲切感与影响力；另外一些囿于频道节目时长限制，在电视屏幕上无法完整播出的视频内容，也可以通过微博平台进行发布，从而实现一种素材多种呈现方式的高效利用。在某些特殊情况下，微博原创内容甚至能够对电视屏幕进行反向输出，真正实现了电视屏幕与新媒体平台的互利双赢。

中央电视台新闻中心在新浪微博、腾讯微博和央视微博均注册有"央视新闻"的官方账号。本文将以新浪微博为例，对央视新闻频道的微博传播策略进行解析。2012年11月1日，中央电视台新闻中心官方微博"央视新闻"正式登陆新浪网，[1] 迈出了央视新闻进军新媒体的重要步伐。此前央视新闻频道的很多栏目以及主持人早已入驻新浪微博，并且拥有了数量庞大的粉丝群体：女主播张泉灵的微博粉丝数量接近800万，精品栏目《焦点访谈》的粉丝数量也达到了150多万。利用微博平台，"@央视新闻"积极报道热点新闻事件，发表深度实事评论，对精彩节目进行预告及回顾，同时配合央视新闻中心活动展开调查、征集等网络互动，截至2014年5月，"@央视新闻"新浪微博的粉丝数量已经超过1800万。

以首发新闻、独家报道、视频优势为特色，"@央视新闻"依靠央视新闻中心强大的新闻采集能力和快速反应能力，结合网友爆料获取新闻线索，并能及时将网络舆情在电视节目中进行反馈，微博原创报道反哺电视屏幕成为"@央视新闻"新浪微博运营中的重要亮点。2013年1月22日晚，"@央视新闻"微博编辑在网上发现了白血病患者、大学生吴志辉在进行骨髓移植手术之前遭遇骨髓供体临时拒捐而命悬一线的新闻线索，敏锐地捕捉到了事件中所蕴含的新闻价值，在向医院证实此消息的真实性后，当晚通过官微发布了上述微博（图11-2）。此条微博迅速引发强烈反响，随后微博编辑前往医院探视并从医院发出现场照片，随后在微博上为患者寻找供体、募集手术费，并持续跟进，向公众普及骨髓捐献的科学知识，通过微评论、邀请主持人进行微访谈等形式发起了一场"如何看待骨髓供体临时拒捐该不该"的社会讨论。同时，此消息的相关内容及网友评论被央视新闻

图 11-2　大学生吴志辉遭遇骨髓拒捐微博截图

---

① 《央视新闻中心官方微博（央视新闻）正式上线》，http://news.sina.com.cn/m/2012-11-01/091125486472.shtml。

频道采用,在《共同关注》《24小时》等节目中播出,成为新闻中心新媒体原创报道反哺电视屏幕的首次尝试。

(二)微信传播策略

自2011年初,微信走进人们的视线,这种适应了互联网络移动化、消费时间碎片化、人际交往社群化的传播工具迅速演变为一种生活方式改变着人们获取信息的习惯。随着微信公共账号的出现,微信的社交功能与信息传播功能不断复合,手机这个带有体温的移动终端越来越成为人们接收信息的主要渠道。与微博点对面的围观式传播不同,微信能够实现信息精确到达的点对点式传播。

微信拥有强大的语音、图文、视频等多媒体功能以及群聊、分享等社交功能,这种多重功能叠加的传播方式,能够满足电视新闻媒体对信息传播立体式到达的要求。同时基于熟人关系的社交网络与社群化的传播方式,使得微信具有其他新媒体形式不可比拟的优越性。由于信息传播的数量得到了有效控制,同时基于强关系的社群传播,信息传播的深度拓展与社群互动,成为电视新闻进行微信传播时重点探索的领域。

搜索与央视新闻频道有关的微信公众账号,可以看到"央视新闻""央视晚间新闻""央视新闻周刊""央视评论"等多个公共账号,不过影响力最大的还是"央视新闻"的微信公众账号。2013年4月1日,经过一个月的试运行,"央视新闻"微信(图11-3)正式上线,"央视新闻"公众号主打突发新闻、视频新闻、语音互动三项内容,每天由央视新闻频道主持人就热点话题与观众展开互动。每天推发一组图文消息,并在第一时间推发新闻。观众可以通过手机客户端、扫描二维码或者搜索微信公众号的方式关注"央视新闻",同时可以通过文字、语音、图片、视频等形式向"央视新闻"现场直播突发事件,发表对新闻事件的评论和看法。2013年4月20日8时,四川雅安芦山县发生7.0级地震。央视新闻微博、微信迅速响应,成为所有媒体中最早发布地震消息的媒体之一,以最快、最全的信息发布成为公众关注震区的重要渠道。通过微信推送权威信息、灾情动态报道,同时创新性地将电视直播"搬上"微信,利用微信公众平台独自研发移动直播通道,彻底打通电视与移动终端的界限,实现手机屏幕、频道屏幕无差异、无时差,在所有电视媒体中独家实现"一讯多屏","随时随地观看新闻频道"第一次成为现实。

(三)新闻客户端传播策略

"央视新闻客户端"于2013年5月1日正式上线,具有现场直播、视频回放、图解新闻、话题投票等功能,上线三个多月后,用户下载量已超过700万。

"央视新闻客户端"重新定义了"泛资讯时代"的移动新闻,依托央视强大的新闻采集和快速反应能力,力求重大新闻权威发布,突发事件及时播报,通过独家视频和民生视角,与用户分享权威、优质的新闻资讯和深度报道。坚持"独家、权威、深度、辨伪"的内容定位,央视新闻客户端突出视频特色,为用户传播"看得见的新闻"。针对视频直播层面的服务,央视新闻客户端回归受众听觉属性增加了"听电视"功能,不仅为用户节省了流量,而且可以后台收听不影响其他操作,成为一大亮点。

2014年3月,为能更人性化地报道"两会"内容,央视新闻客户端特别增加了"两会"主题皮肤和图文直播功能,力争在内容和形式上优化贴合用户体验。

图 11-3　央视新闻微信界面

图 11-4　央视新闻客户端

至此,"央视新闻"的品牌价值延展到微博、微信、新闻客户端三大新媒体领域,构成其微传播策略的"三驾马车"。目前三个平台资源共享、优势互补,差异化运营,形成微博首发消息,微信推送专题、吸引互动,客户端视频直播的立体化新媒体发布模式。

2014新年前夕,央视新闻部门已搬入新台址,为中央电视台新闻战略的升级提供了良好契机。"搬家"不仅意味着物理空间的变化,更为创新提供了新技术、新工艺、新流程的全面支持。中央电视台新的总部大楼营造出全程文件化、网络化、高清化的电视节目制作播出环境,能够实现节目、数据、资源的充分共享,建立多渠道采集、共平台生产、多终端分发的运营新格局,将会全面推动中央电视台多媒体战略。

第二节　媒介融合视域下的电视新闻生存空间

媒介种群之间各司其职、共存共生的关系使媒介间的借鉴合作成为可能。生态位整合是媒介拓展自身生存空间、保持生态平衡的常用策略之一。这种整合即是在媒介融合视域下,探讨电视新闻媒介与新媒体的协作共赢,与传统媒体的合作共生。通过跨界融合发展，与其他媒介共享资源，发挥集约效应，不仅能够增强电视新闻媒介的生存能力，也能够整合与重构媒介生态要素，最终促进整个媒介生态得到健康可持续的发展。

一、电视新闻的频道概念弱化

随着媒介融合的深入，电视新闻频道的频道概念将不断趋于弱化。无论是电视还是其他终端，都成为一个"屏"的功能，内容通过有线或者无线的方式传输，用户可以用任何一个方便的屏接收自己需要的内容。完整的新闻节目可能会以若干视频片段的形式出现供受众选择，电视新闻的视频化生存进一步强化。同时，电视新闻视频中的关键性信息节点将会被标记，方便对视频信息进行检索和分类。

最终，电视新闻频道有可能发展成为同时拥有制作和播出能力的全媒体机构，演变为综合性的信息服务平台，为受众提供内容丰富、形式多样的新闻信息，目前以报纸、广播、电视为基础的信息表达模式将转变为以网络为基础的多媒体表达形式，而以不同媒介符号语言为特征的信息分野也将不再清晰。

二、全媒体新闻节目形态诞生

电视节目形态，是指电视节目内容的表现形式和结构方式。不同元素的排列组合或者编码方式将构成不同的节目形态，呈现出不同的风格气质与功能。正如尼葛洛庞帝在他的《数字化生存》中曾经预言的："前所未有的节目将从全新的资源组合中脱颖而出。"随着电视新闻与新媒体的不断融合，全媒体的节目形态呼之欲出。

所谓全媒体，就是运用所有媒体手段和平台组合而成的一个大的报道体系，其信息的源头是多元化的，传播的终点也是多元化的。全媒体包含了所有单一媒体形式载体的总和，包括杂志、报纸、电视、音像、电影、出版等。同时，全媒体也代表着各种形式和各种功能的媒体互相融合及互动的成果及趋势，具体体现在传播载体形态、传播内容形式、传播信息渠道等方面。

三、自媒体视频彰显个人魅力

2013年，是众多知名电视人投身新媒体的转折之年。先是杨锦麟团队与腾讯公司合作推出"锦麟频道"，由杨锦麟亲自担纲主持的《天天评》与《夜夜谈》视频节目新鲜出炉；随后主持人王凯离职央视，8月其自媒体视频产品《凯子曰》正式上线；从2012年就开始试水新媒体的前央视媒体人罗振宇也在2013年将《罗辑思维》的脱口秀视频打造成独一无二的媒体品牌。差异化、可识别、带有强烈个人色彩的脱口秀视频成为电视媒介在新媒体平台进行拓展的重要方向。未来新闻信息将越来越属于有魅力的个人，大平台、小团队、社群化的发展路线将会让电视新闻对内容和传播者进行更为准确地细分，电视新闻富生态的传播局面将进一步强化。

正如网友调侃的那样："广播的竞争对手不是电视也不是网络电台，而是打车软件。"互联网和新媒体改变的不是新闻媒介的竞争规则，而是受众资源和注意力的分配方式。对互联网思维的跨界运用不仅是电视新闻人自我反省的危机意识，也将是推动电视新闻变革的重要动力。新媒体环境下，电视新闻的发展将是突破边界的生长跨越，这种跨越既依托电视媒介技术和新媒体技术的发展，也取决于电视新闻人的创造力和想象力。最终，政策调控、媒介环境与电视新闻的自我成长将共同形成合力，把电视新闻带入新的发展阶段。

新闻传播寄托着人类的共同理想，关乎每个个体的生存与尊严。也许有焦虑、有困惑、也有未知，但是这依旧是一个最好的时代，因为它允许多种可能性的发生。

主要参考文献

1. [美]里斯·舍恩菲尔德:《铸造 CNN》,机械工业出版社 2004 年版。
2. [美]Tony Tang:《全球最大的新闻频道 CNN》,上海财经大学出版社 2007 年版。
3. [英]露西·金-尚克尔曼:《透视 BBC 与 CNN》,彭泰权译,清华大学出版社 2004 年版。
4. 王纬:《镜头里的"第四势力"——美国电视新闻节目》,北京广播学院出版社 1999 年版。
5. 王宇:《传媒巨子和他们的王国》,中国国际广播出版社 2006 年版。
6. 王利芬:《对话美国电视》,中信出版社 2006 年版。
7. 陆生:《走进美国电视》,复旦大学出版社 2007 年版。
8. 苗棣 等:《美国有线电视网》,中国广播电视出版社 2008 年版。
9. [美]斯科特·科林斯:《狐狸也疯狂——福克斯电视网和 CNN 的竞争内幕》,张卓译,华夏出版社 2007 年版。
10. [美]沃纳·塞佛林等:《传播理论:起源、方法与应用》,孟颖等译,华夏出版社 2000 年版。
11. [美]尼尔·波兹曼:《娱乐至死》,张艳译,广西师范大学出版社 2004 年版。
12. 郭庆光:《传播学教程》,中国人民大学出版社 1999 年版。
13. 王菊芳:《BBC 之道——BBC 的价值观与全球化战略》,三联书店 2013 年版。
14. 郭镇之:《中外广播电视史》(第二版),复旦大学出版社 2012 年版。
15. 袁军、庞亮:《中外广播电视史》,高等教育出版社 2012 年版。
16. 陈永庆:《解密 BBC——世界传媒王国的成长之路》,华夏出版社 2009 年版。
17. 李书藏:《冲突、妥协与均衡——英国公共广播电视体制的生成探源》,中国社会科学出版社 2011 年版。
18. 徐琴媛:《世界一流媒体研究》,中国广播电视出版社 2009 年版。
19. [美]休·迈尔斯:《意见与异见》,黎瑞刚译,学林出版社 2006 年版。
20. 胡正荣、关娟娟主编:《世界主要媒体的国际传播战略》,中国传媒大学出版社 2011 年版。

21. 房宁：《新帝国主义时代与中国战略》，北京出版社 2003 年版。

22. 祁明：《企业创新标杆》，科学出版社 2009 年版。

23. [美] 梅尔文·门彻：《新闻报道与写作》，展江主译，华夏出版社 2003 年版。

24. 张志安：《企业营销案例分析》，华夏出版社 2004 年版。

25. 龙一春：《日本传媒体制创新》，南方日报出版社 2006 年版。

26. 龙锦：《日本新媒体产业》，中国国际广播出版社 2012 年版。

27. 胡正荣主编：《外国媒介集团研究》，北京广播学院出版社 2004 年版。

28. 张学智：《日本电视》，中国电影出版社 2001 年版。

29. 黎斌：《国际电视前沿聚焦》，中国传媒大学出版社 2007 年版。

30. 程曼丽、王维佳：《对外传播及其效果研究》，北京大学出版社 2011 年版。

31. [美] 威尔伯·施拉姆、威廉·波特：《传播学概论（第二版）》，何道宽译，中国人民大学出版社 2010 年版。

32. 马立诚、胡百精：《凤凰魂——凤凰卫视的精神追求》，中国友谊出版公司 2006 年版。

33. 钟大年、于文化主编：《凤凰考：建构一个新传媒》，北京师范大学出版社 2004 年版。

34. 喻国明：《传媒影响力：传媒产业本质与竞争优势》，南方日报出版社 2003 年版。

35. 张林 等：《大事背后》，中国和平出版社 2005 年版。

36. 吕宁思：《凤凰卫视新闻总监手记》，昆仑出版社 2005 年版。

37. 麦楠、王多多、张林：《凤凰术——凤凰卫视企业文化》，中国友谊出版公司 2006 年版。

38. 钟大年：《香港内地传媒比较》，北京广播学院出版社 2002 年版。

39. 韩彪：《现场直播——新闻改革的标尺》，当代中国出版社 2007 年版。

40. 《中国广播电视年鉴》编辑委员会：《中国广播电视年鉴（2004）》，中国广播电视年鉴社 2004 年版。

41. 赵化勇主编：《中国中央电视台年鉴（2004）》，中国广播电视出版社 2004 年版。

42. 赵化勇主编：《中国中央电视台发展史（1998－2008）》，中国广播电视出版社 2008 年版。

43. 叶子：《现代电视新闻学》，中国广播电视出版社 2005 年版。

44. 雷跃捷、张彩：《电视新闻频道研究》，中国广播电视出版社 2003 年版。

45. 吕正标、王嘉：《电视节目理念、形态与实务》，中国广播电视出版社 2004 年版。

46. 赵化勇主编：《中央电视台品牌战略（1958－2008）》，中国广播电视出版社 2008 年版。

47. 周鸿铎、夏陈安：《电视频道经营实务》，经济管理出版社 2005 年版。

48. 段鹏：《电视品牌战略研究》，中国传媒大学出版社 2006 年版。

49. 喻国明：《别无选择：一个传媒学人的理论告白》，复旦大学出版社 2004 年版。

50. 黎斌主编：《电视融合变革——新媒体时代传统电视的转型之路》，中国国际广播出版社 2011 年版。

51. [美] 罗杰·菲德勒：《媒介形态变化：认识新媒介》，华夏出版社 2000 年版。

52. 杨状振：《重组话语：新媒体时代的中国电视批评》，上海交通大学出版社 2012 年版。

53. 王建磊：《草根报道与视频见证——公民视频新闻研究》，中国书籍出版社 2012 年版。

54. 杨忠直：《企业生态学引论》，科学出版社 2003 年版。

55. [英] 丹尼斯·麦奎尔：《麦奎尔大众传播理论》，崔保国、李琨译，清华大学出版社 2006 年版。

56. 柴静：《看见》，广西师范大学出版社 2013 年版。

57. [美] 塔尔科特·帕森斯、尼尔·斯梅尔塞：《经济与社会》，刘进译，华夏出版社 1989 年版。

58. [美] 约翰·菲斯克：《理解大众文化》，王晓珏、宋伟杰译，中央编译出版社 2001 年版。

59. 孙玉胜：《十年——从改变电视的语态开始》，人民文学出版社 2012 年版。

60. 刘笑盈、贺文：《俯视到平视：外国媒体上的中国镜像》，中国传媒大学出版社 2009 年版。

61. 张建珍、吴海清：《谁比谁真实》，云南人民出版社 2004 年版。

62. [美] 约翰·费斯克：《解读大众文化》，杨全强译，南京大学出版社 2001 年版。

63. 刘海龙：《大众传播理论：范式与流派》，中国人民大学出版社 2008 年版。

64. 李希光、孙静惟主编：《下一代媒体——来自清华园的思想交锋》，南方日报出版社 2002 年版。

65. [美] 保罗·莱文森：《手机——挡不住的呼唤》，何道宽译，中国人民大学出版社 2004 年版。

66. [法] 莱昂·狄骥：《公法的变迁·法律与国家》，冷静译，春风文艺出版社 1999 年版。

67. [苏联]巴赫金:《巴赫金全集(第五卷)》,晓河译,河北教育出版社1998年版。

68. [苏联]巴赫金:《诗学与访谈》,白春仁、顾亚玲译,三联书店1992年版。

69. [美]保罗·莱文森:《数字麦克卢汉》,何道宽译,社会科学文献出版社2001年版。

70. [德]W. 舒里安:《影视心理学》,罗悌伦译,四川人民出版社1998年版。

71. [英]斯图亚特·艾伦:《新闻文化》,方洁等译,北京大学出版社2008年版。

72. 牛光夏:《融合、转型——电视新闻传播新论》,复旦大学出版社2012年版。

73. 黄匡宇:《电视新闻语言学》,中国广播电视出版社2000年版。

74. 欧阳照:《电视新闻的叙事学研究》,重庆大学出版社2010年版。

75. 巨浪编著:《电视新闻》,浙江大学出版社2010年版。

76. 宫承波主编:《广播电视概论(第三版)》,中国广播影视出版社2015年版。

77. 宫承波主编:《新媒体概论(第四版)》,中国广播电视出版社2012年版。

78. 宫承波、庄捷、翁立伟编著:《媒介融合概论》,中国广播电视出版社2011年版。